A CONVENÇÃO SOBRE OS DIREITOS DAS PESSOAS COM DEFICIÊNCIA

Luís Fernando Nigro Corrêa

Mestre e Doutor em Direito Internacional
pela Faculdade de Direito da Universidade de São Paulo (USP)

Mestre em Integração Europeia pela
Faculdade de Direito da Universidade de Coimbra

Juiz de Direito no Estado de Minas Gerais

A CONVENÇÃO SOBRE OS DIREITOS DAS PESSOAS COM DEFICIÊNCIA

Del Rey editora

Belo Horizonte
2021

Impresso no Brasil | *Printed in Brazil*

EDITORA DEL REY LTDA.

www.livrariadelrey.com.br

Editor: Arnaldo Oliveira

Editor Adjunto: Ricardo A. Malheiros Fiuza (*in memoriam*)

Coordenação Editorial: Letícia Neves

Diagramação: Know-how Editorial

Revisão: Responsabilidade dos autores

Editora:
Rua dos Goitacazes, 71 – Lojas 20 aw 24
Centro – Belo Horizonte – MG
CEP 30190-050

Comercial:
Tel: (31) 3284-3284 / 3293-8233
vendas@editoradelrey.com.br

Editorial:
editorial@editoradelrey.com.br

Dados Internacionais de Catalogação na Publicação (CIP)
Tuxped Serviços Editoriais (São Paulo, SP)

C824c Corrêa, Luís Fernando Nigro. A convenção sobre os direitos das pessoas com deficiência / Luís Fernando Nigro Corrêa; Prefácio de Carla Biancha Angelucci. - 1. ed. - Belo Horizonte, MG : Editora Del Rey, 2020. 336 p.; 15,5x22,5 cm.

Inclui bibliografia.
ISBN 978-65-5791-029-0

1. Convenção. 2. Direito. 3. Pessoas com Deficiência. 4. Pessoas com Necessidades Especiais. I. Título. II. Assunto. III. Corrêa, Luiz Fernando Nigro.

CDD 341.27:649.8 CDU 342.7-056.26

ÍNDICE PARA CATÁLOGO SISTEMÁTICO

1. Direitos Fundamentais; Cuidados com pessoas idosas, doentes e deficientes.

2. Direitos fundamentais; pessoa deficiente física.

Ficha catalográfica elaborada pelo bibliotecário Pedro Anizio Gomes CRB-8 8846

*Às pessoas com deficiência, seus familiares
e todos aqueles engajados na luta diária
pela implementação dos direitos delas.*

SUMÁRIO

PREFÁCIO

Precisamos deste livro. Precisamos.

Um profundo exercício de compromisso ético com o reconhecimento da dignidade intrínseca a cada ser humano; esta é a característica fundamental do trabalho de Luís Fernando.

Este trabalho de explicitação do entrelaçamento de ordenamento jurídico, histórica política em torno dos direitos das pessoas com deficiência e campos de força que atuam na sua assimilação em território brasileiro, é marcado pela generosidade. Tal característica está expressa na organização dos argumentos, na retomada da cronologia dos documentos, na discussão diligente (mas não simplificadora) dos sentidos plurais que os termos e as movimentações semânticas cunhadas na Convenção sobre os Direitos das Pessoas com Deficiência produzem no campo de direitos das pessoas com deficiência. Sua generosidade também é expressa no convite a uma companheira de pesquisa para prefaciar seu livro. Tal honra costuma ser atribuída a pessoas renomadas, com vistas a auxiliar na filiação da obra recém-lançada ao conjunto de produções reconhecidas publicamente como de excelência. Ocorre que Luís Fernando decidiu, não pelo caminho da *filia*, mas da *fratria*. Vem tecendo rede comigo desde sua entrada no Programa de Pós-Graduação da Faculdade de Direito da Universidade de São Paulo, quando encontrou em minha disciplina, ministrada na Faculdade de Educação, a possibilidade de interlocução entre Direito e Educação. Vicissitudes da vida acadêmica impediram a realização da disciplina, mas o laço manteve-se (mantém-se) à medida em que se tornaram sistemáticas conversas, planos, intercâmbios de leituras, enfim, experiências de sustentação de processos inclusivos lá e cá, Minas Gerais e São Paulo. Rede que se amplia também, conforme outras *fratrias* são reconhecidas: colegas da sociedade civil organizada, pessoas com deficiência e seus/suas familiares, instituições e entidades que buscam a efetivação dos direitos das pessoas com deficiência passam a constituir chão em que pisamos e repisamos para estabelecer estratégias de promoção de direitos.

* * *

Os trabalhos de Luís Fernando – e aqui é preciso expressar a interpolação das tarefas de pesquisador, operador do Direito e cidadão politicamente situado – convidam-nos a criar situações de encontro entre pares que ousam inventar formas de resistir aos cristalizados processos de opressão contra pessoas com deficiência. Criamos eventos, textos, projetos, pesquisas. Criamos laços que enodam o compromisso ético com a participação direta das pessoas com deficiência, não apenas nos temas específicos afetos ao campo da deficiência (a educação especial, o benefício de prestação continuada, a avaliação psicossocial da deficiência), mas em qualquer tema, a qualquer tempo, como qualquer pessoa.

Ao longo de sua tese, agora livro, Luís Fernando discute a centralidade do conceito de deficiência e da definição de deficiência para a compreensão das profundas mudanças operadas pela Convenção na lógica da garantia de direitos das pessoas com deficiência. Tais mudanças são possíveis apenas porque se parte da afirmação de que a deficiência se configura como sistema de opressão. Ora, se reconhecemos i) a dignidade intrínseca de toda e qualquer pessoa humana; ii) os tantos corpos, estilos cognitivos, funcionalidades, formas de organização sensorial como expressões da variabilidade humana; iii) em diferentes projetos societários, em diferentes tempos e organizações político-sociais, a produção de formas ostensivas de hierarquização, apagamento e violação da existência de muitos segmentos da população, entre eles, o de pessoas com deficiência; é preciso reconhecermos também que a existência assumida por um determinado corpo-sujeito neste mundo não é o que o constitui natural e inextricavelmente como pessoa com deficiência. A deficiência, tal como expresso na Convenção, constitui-se como situação derivada do encontro de certas formas de existência com um mundo que se recusa insistentemente a reconhecer seu direito de existir.

Nesse sentido, vale destacar no livro o diligente exercício de apreensão da definição de pessoa com deficiência na Convenção. Cotejando versões do texto nas línguas oficiais da Organização das Nações Unidas e remetendo-as aos fundamentos do documento, o autor convoca-nos a considerar sua extensão e seu potencial de instrumento de proteção e promoção de direitos humanos. É possível que a essa altura do texto, consideremos exagerada a indicação da abrangência da definição e nos indaguemos: "mas essa definição comporta quase todo mundo em alguma medida?! Não é um exagero". E esse momento, se bem aproveitado, pode ter caráter mutativo. A Convenção não se propõe a ser o novo manual diagnóstico da deficiência.

Não se propõe justamente porque desloca a deficiência do campo biomédico para o campo dos direitos humanos. E esse movimento nos desaloja. É possível perdermos horas brigando com o texto ou buscando contemporizar as afirmações que ali encontramos. Sugiro que utilizemos essas horas para, na companhia do autor, dedicarmo-nos a compreender o que significa em sua radicalidade retirar a deficiência do campo biomédico, refutar a adesão ao modelo reabilitador e tomar o significante *deficiência* como um operador do campo dos direitos humanos. Um operador que indica que um processo ideológico está ocorrendo, qual seja, uma forma de existência humana está sendo impedida, violada, sob a justificativa de que não é capaz de existir. E esse raciocínio lacunar, tal como já nos ensinou Marilena Chauí[1], carece de exame aprofundado. A pessoa existe como pode existir: com um braço; com um corpo que se organiza no espaço a partir da audição e do tato; com pernas que não deambulam; comunicando-se por meio de suas expressões faciais, por movimentos de braços. Entretanto, é impedida sob a acusação (sim, trata-se de um julgamento) de que não é capaz de existir adequadamente, suficientemente. Ora, o que não existe é o reconhecimento de si como legítima expressão do humano. E toda e qualquer situação em que essa distorção ocorra deve ser compreendida como situação de deficiência, pois a centralidade do fenômeno opera sobre o não reconhecimento de sua legítima forma de existir. Aí está a deficiência como sistema de opressão.

Cabe também destacar o trabalho de Luís Fernando sobre o sistema constitucional de proteção das pessoas com deficiência no Brasil. Reconhecendo a importância do acolhimento da Convenção no Brasil como emenda constitucional, bem como seus singelos efeitos em leis e políticas vigentes, o autor aponta possibilidades e nos convoca a realizar importantes exercícios de efetivação da Convenção. Como seria uma política de Estado que garantisse a capacidade jurídica das pessoas com deficiência, tal como disposto na Convenção? E não se trata tão somente de garantir processos formais de tomada de decisão apoiada quando necessário – o que, de fato, é preciso estabelecer como procedimento básico pelo Sistema Judiciário. Mas trata-se de pensar todo o reordenamento das políticas sociais de maneira que as pessoas com deficiência não fossem meramente seu alvo, mas que agissem em sua proposição, implantação, implementação e monitoramento.

[1] CHAUÍ, M. O Que é Ideologia?. São Paulo: Círculo do Livro, 1981.

No que tange ao direito à educação, adverte-nos Luís Fernando, a Convenção é explícita e coerente com os princípios que a fundam e com os demais artigos que versam sobre direitos políticos: os estados-partes *devem* ofertar sistemas de ensino inclusivos. Se atentarmos às discussões trazidas pelo autor acerca dos artigos 24 (que versa sobre o direito à educação), 12 (que se refere ao igual reconhecimento perante a lei) e 14 (que trata da liberdade e segurança), não nos restará dúvidas de que a segregação de pessoas com deficiência constitui-se como gravíssima violação ao disposto na Convenção, inclusive no concernente à matrícula em instituições educacionais exclusivas.

Ao final da leitura, temos argumentos históricos, legais e sobretudo éticos que estabelecem a Convenção sobre os Direitos das Pessoas com Deficiência como valioso documento emendado à Constituição Federal e que, portanto, precisa de esforços consistentes e sistemáticos de tradução em formas de o Estado operar desde os poderes Legislativo, Executivo e Judiciário. Luís Fernando, em sua generosidade (sem condescendência, pois exige nossa leitura atenta!), apresenta-nos possibilidades relacionadas aos três poderes. Convoca-nos, assim, desde o lugar que ocupamos, de pessoas sem ou com deficiências, a ampliarmos a extensão das redes de resistência ao sistema de opressão que nega o reconhecimento de tantas formas de existir. E, caso não tenha ficado explicitado até o momento, cabe assim formular: a negação das formas de existir de tantas gentes implica o empobrecimento de nosso projeto societário, implica a violação de nosso direito humano de entrar em contato com a riqueza e complexidade de todo o patrimônio humano para, conhecendo-o, transformá-lo. E transformá-lo em que sentido? Para que sentido? Transformá-lo para que mais e mais formas de existir sejam reconhecidas como parte da experiência humana. Essa é a riqueza do legado que podemos deixar às pessoas que nos sucederão no trabalho, na família, no governo, no laço social. Essa é a reparação que podemos fazer às existências a que negamos trabalho, família, governo, laço social.

Experimentemos a alegria de compor rede; trabalho árduo a que a leitura deste livro nos convoca.

Julho de 2020.

Biancha Angelucci

APRESENTAÇÃO

IMPORTÂNCIA SOCIAL DA CONVENÇÃO SOBRE OS DIREITOS DAS PESSOAS COM DEFICIÊNCIA.

É grata a oportunidade de apresentar a obra de Luís Fernando Nigro CORREA sobre a Convenção das Nações Unidas sobre direitos das pessoas com deficiência e seu Protocolo facultativo, ambos assinados em Nova York, em 30 de março de 2007, pela importância social de que se reveste este instrumento internacional, para o conjunto da comunidade internacional e, obviamente, também para nós. Depois de ratificada pelo Brasil, foi promulgada pelo Decreto 6949, de 25 de agosto de 2009, e se tornou direito vigente, criando direitos e obrigações, para o Brasil, no plano internacional e também no plano interno.

Pela primeira vez, com esta Convenção, fez-se uso do procedimento do artigo 5º, parágrafo 3º, acrescentado pela Emenda constitucional n. 45. de 2004, ao texto da Constituição da República, de 1988, dispositivo esse que estipula: os tratados e convenções internacionais sobre direitos humanos que forem aprovados em cada Casa do Congresso nacional, em dois turnos, por três quartos dos votos dos respectivos membros, serão equivalentes às emendas constitucionais. Apesar de algumas imprecisões na redação, o dispositivo destinava-se a suprir a lacuna anterior de falta de especificação sobre as relações entre direito interno e internacional, no ordenamento jurídico brasileiro.[2]

Tudo indicaria estar o caminho preparado para a plena adesão do país ao estado da arte na regulação do tema, com necessária e oportuna mudança de mentalidade e da forma de tratamento da matéria entre nós, após a adoção da Convenção – tanto mais que isso se fez em prazo razoável, passados pouco mais de dois anos, desde a sua assinatura – e dada a

---

[2] Como examinado em P. B. CASELLA, Direito internacional e direito interno na CR 1988 (in 20 anos da Constituição cidadã de 1988: efetivação ou impasse institucional?, org. J. RIBAS VIEIRA, Rio de Janeiro: Forense, 2008, p. 483-508) e tb. Constituição e direito internacional (in Direito da integração, coord. P. B. CASELLA e V. L. V. LIQUIDATO, S. Paulo: Quartier Latin, 2006, p. 31-55).

relevância da matéria, auspiciosamente inaugurando-se o mecanismo de "constitucionalização" de tratados sobre direitos humanos, instaurado pela EC 45 de 2004.

Infelizmente, as coisas não se mostraram tão fáceis de serem colocadas em efetiva operação. Passado o prazo legal, para a adaptação das instituições aos ditames da Convenção, ditames estes que se tornaram norma vigente no plano interno, e também obrigação internacionalmente pactuada, cujo descumprimento pode, inclusive, ensejar a responsabilidade internacional do Brasil, a matéria foi levada à apreciação do Supremo Tribunal Federal, com pedido de mais tempo, para poder proceder a tais adaptações. Tentativa essa, felizmente rechaçada pela nossa Corte constitucional, como examina o autor.

Apesar das boas intenções do legislador, com a adição do parágrafo 3º ao art. 5º que consolidou a inserção no ordenamento pátrio da nova categoria de tratados de direitos humanos, com hierarquia constitucional, como apesar da enorme relevância da matéria de proteção dos direitos das pessoas com deficiência, passados mais de dez anos da ratificação pelo Brasil, ainda se encontram resistências à sua plena efetivação e exata implementação. O que é sobremodo preocupante, e precisa ser combatido e esclarecido, para que não perdurem tais desvios de conteúdo e distorções de técnica jurídica, além de perpetuar a injustiça contra as pessoas portadoras de deficiência, que padecem, dia a dia, em razão de tais omissões e tergiversações.

Justamente por conta do tempo histórico e do contexto cultural em que se inscreve, esta obra de Luís Fernando Nigro CORREA se mostra, no meu entender, oportuna e necessária. Além de ter ensejado ao autor alcançar o título de Doutor em direito internacional pela Universidade de São Paulo, sob a minha orientação, a partir de agora, publicada em versão impressa e divulgada também *on line*, passa a ter a missão social de informar os desavisados, de converter os indiferentes e fornecer subsídios, conceituais e legais, para que se trabalhe em nossa sociedade no sentido de implementar definitivamente os direitos e as obrigações estipuladas, de modo a sanar a gravíssima omissão do Brasil em relação às pessoas portadoras de deficiências. Estas pessoas às quais se atribuem "deficiências" constituem numeroso e diversificado grupo humano, que padece com as inconsistências das políticas públicas e as hesitações dos operadores privados, em honrar a obrigação do estado e da sociedade brasileira, como um todo, no sentido de atender tais necessidades. Diante disso é preciso superar a condição desumana e degradante, que se impõe, sobretudo aos menos favorecidos, enquadrados dentre as múltiplas categorias de pessoas com deficiência.

Com suas credenciais de magistrado e de doutor em direito internacional pela USP, e com a indignação do cidadão consciente, mostra Luís Fernando Nigro CORREA quão arraigados se mostram modelos ultrapassados e preconceitos recorrentes em relação aos meios e modos de "tratamento" das pessoas com deficiência; ele nos alerta quanto é preciso educar a sociedade e cada um de nós, para superar os obsoletos modelos de viés "manicomial" e equivalentes tentativas de "neutralização" de tais indivíduos, em favor da integração das pessoas com deficiência na sociedade.[3]

A tese de Luís Fernando Nigro CORREA já cumpriu seu papel acadêmico: como cidadão, como estudioso do direito internacional, e como magistrado, deu-se conta, no exercício da profissão, da necessidade de expor as grandes linhas do conteúdo e as obrigações legais que decorrem da Convenção – como texto de lei vigente no país, promulgado pelo Dec. 6949, de 2009, para que se lhe assegure a efetividade e o pleno cumprimento. Esse foi o motivo da escolha do tema. Quando me propôs o tema, que tinha intenção de desenvolver, no seu doutoramento em direito internacional, eu o acolhi com satisfação, depois de o ter orientado no mestrado em direito internacional, alguns anos antes, na mesma instituição. A universidade pública mostra assim que sabe cumprir a sua função, e que se justifica a alocação de fundos públicos, para atender a necessidades da sociedade que nos financia, e para a criação de conhecimento, em várias áreas.

Cabe elogiar a consciência social e humana que norteou a escolha do tema, o empenho e por vezes, a justa indignação com os quais o autor tem trabalhado a matéria – não somente em seminários na Faculdade de Direito da USP, como tive ocasião de assistir, como igualmente em inúmeros eventos e contextos, para divulgação do conteúdo e das obrigações, decorrentes da Convenção, junto a instituições, públicas e privadas, bem como associações de pais e mestres, junto às quais o autor tem feito palestras e se

3 Ver tb. Rita Cristina C. de Medeiros COUTO, **Nos corredores do Pinel – eugenia e psiquiatria** (prefácio Paulo B. CASELLA, São Paulo: LiberArs, 2020).

empenhado na divulgação da Convenção e das obrigações dela decorrentes para o estado brasileiro, e para nossa sociedade em geral, no sentido de acolher e de integrar as pessoas com deficiência.

Seria desnecessário insistir que a Convenção das Nações Unidas sobre direitos das pessoas com deficiência é direito vigente e tem de ser plenamente aplicado e cumprido, no plano interno e isso também é necessário para evitar a responsabilização internacional do estado brasileiro, por descumprimento de obrigação internacionalmente pactuada. Mas cabe, sobretudo, alertar que essa Convenção tem o propósito de garantir tratamento digno e visa a integração de seres humanos às respectivas sociedades, das quais são cidadãos, nas quais estão insertos, e essas sociedades tem a obrigação legal, social, humana e moral – e notadamente a nossa sociedade brasileira tem grande passivo a saldar, nessa ingente obrigação de fazer o necessário para ensejar graus adicionais de humanidade de tratamento e algo mais de integração de todos os seus integrantes.

Apregoar e defender as obrigações da sociedade brasileira para com todos os seus integrantes, e especialmente em relação a todas as pessoas com deficiência se faz ainda mais oportuno e necessário, entre nós, em contexto no qual, voluntária e perniciosamente, parecem se acirrar os preconceitos e voltar à tona posições ideológicas historicamente obsoletas, intelectualmente insustentáveis, conjugadas com atitudes socialmente degradantes e humanamente injustificáveis, reacionárias e contrárias à liberdade e à diversidade humanas – posições essas ainda mais odiosas, por se disfarçarem sob alegações espúrias de necessidade de defesa da família, da moral, dos bons costumes, e que profanam o nome de Deus, colocando-O como anteparo para o que existe de mais odioso e repulsivo entre os homens – a ignorância, a má fé e o preconceito – além de tudo, covardes, porque se escondem atrás de Deus e a ele atribuem as sombras e mágoas que trazem em seus corações, em lugar de se assumirem em suas verdadeiras condicionantes de desumanização, de intenções assassinas de exclusão e de incitação à violência, almejando, por vezes, deixar de lado, esconder em asilos ou depósitos de indesejáveis, como se fez até tempos não tão remotos, quando não se trata de proceder à eliminação dos que se diferenciam da massa informe do que se costuma considerar "normal". Em Sua infinita sabedoria e bondade, Deus não pode compactuar com tais desatinos; sequer se pode conceber tamanho absurdo!

As pessoas com deficiências estão entre nós: elas existem e são milhões; é preciso enxergar e acolher, é preciso entender as razões e amparar as dificuldades de cada um. Espero que essa obra de Luís Fernando Nigro CORREA contribua para alguma mudança social, que o Brasil tanto necessita, porque não é possível perseveremos nessa linha de degradação do tecido social e da desumanização das relações entre os indivíduos, que nos atinge a todos, nos diminui, como indivíduos e como sociedade, nos amesquinha como pessoas e como grupo social, nos joga nos erros do passado, a ponto de precisarmos repetir que a evolução das espécies não é somente uma teoria de Charles DARWIN, corroborada pela ciência e pela arqueologia, desde o século XIX e, mais ainda, termos de reafirmar que terra é redonda, séculos depois de Nicolau COPÉRNICO, e negando o que qualquer satélite em órbita retrata e transmite para o planeta. Tais desatinos seriam cômicos, se não fossem trágicos, porque a civilização e a cultura não são lineares, o progresso da humanidade não é espiral ascendente inexorável e todos os seres humanos precisam ser educados e desenvolvidos, com espírito de humanidade, de respeito à tolerância e à diversidade, como mostram as pessoas "com deficiência", como ainda as designamos, mas não podemos esquecer são, antes e acima de tudo, pessoas e das quais se impõe reconhecer e proteger a dignidade humana.

De São Paulo para Belo Horizonte, junho de 2020

Paulo Borba Casella[4]

[4] Professor titular de Direito internacional público da Faculdade de Direito da Universidade de São Paulo; Presidente do IDIRI – Instituto de direito internacional e relações internacionais, de São Paulo; Coordenador do GEBRICS – Grupo de Estudos sobre os BRICS e do CEPIM – Centro de Estudos sobre a Proteção Internacional de Minorias da Universidade de São Paulo; ministrou Cursos na Academia de Direito internacional da Haia (2020), nos Cursos de Direito internacional da OEA (2009 e 2015), Conferência Gilberto Amado na Comissão de Direito internacional da ONU em Genebra (2013).

1

INTRODUÇÃO

A compreensão da deficiência no curso da história revela-se envolta em preconceito que atribuiu o estigma da incapacidade e/ou da periculosidade às pessoas com deficiência, acarretando a prática da eliminação ou da marginalização de tais indivíduos.

Por séculos, a sociedade prescindiu do convívio das pessoas com deficiência, menosprezando-se a relevância de sua participação na sociedade e a própria existência de tais pessoas, por vezes consideradas como vidas que não valeriam a pena serem vividas, em um modelo de prescindibilidade.

O presente trabalho situa nesse modelo de prescindibilidade, as "instituições totais" que durante séculos foram utilizadas como depósitos de pessoas com deficiência e, ainda que com lastro em um discurso médico, na verdade tinham como escopo marginalizar tais indivíduos.

Ainda na segunda metade do século XX, com o advento do movimento de desinstitucionalização, quando surgiu a necessidade de se buscar uma forma de propiciar o retorno das pessoas com deficiência à sociedade, a solução encontrada foi a integração de tais indivíduos na sociedade pela "normalização", por meio da qual a pessoa com deficiência poderia ser aceita na sociedade desde que se aproximasse do que se considerava o padrão de normalidade.

Ou seja, tolerava-se que tais pessoas saíssem de seus locais de isolamento para viver em sociedade, desde que se aproximassem do padrão de comportamento por ela aceito. O que se busca evidenciar é que tal modelo médico desconsidera as singularidades das pessoas com deficiência, atenta contra a sua dignidade, e atribui a elas a "culpa" pela não integração na hipótese de tais indivíduos não se amoldarem ao padrão desejado.

Ante tal cenário, necessário observar que na década de 1970, nasce no seio do movimento das pessoas com deficiência, o modelo social que tem tal denominação exatamente por se contrapor à individualidade do modelo médico, por isso também chamado modelo individual. Tal paradigma social considera a deficiência não centrada no indivíduo, mas nas barreiras existentes para a inclusão deste na sociedade.

Embora o aludido modelo social seja o único dos mencionados paradigmas a propiciar a inclusão da pessoa com deficiência na sociedade, com suas características próprias, sem que dela se exija um processo de normalização ao padrão imposto, o fato é que, ainda hoje, verificamos na prática, que conceitos pertencentes aos modelos anteriores estão bastante arraigados em nossa sociedade, embora não tenham eles amparo no ordenamento vigente.

Nesse sentido, importante verificar como tais modelos foram e estão sendo aplicados no Brasil que, mesmo com suas peculiaridades, apenas confirma o percurso de preconceito e estigma sofrido pelas pessoas com deficiência, como ocorrido alhures.

Se o percurso histórico é marcado por práticas de pouco apego à dignidade das pessoas com deficiência, o certo é que elas foram as primeiras vítimas do nazismo e tal fenômeno deve ser descortinado, inclusive no que concerne aos seus antecedentes lastreados no movimento eugenista, pois revela de forma cristalina até onde o preconceito e o estigma pode chegar.

No período pós-Segunda Grande Guerra, especialmente no seio da Organização das Nações Unidas (ONU), os direitos das pessoas com deficiência foram objeto de discussão e, finalmente em 13 de dezembro de 2006, a Convenção sobre os Direitos das Pessoas com Deficiência foi adotada pela Assembleia Geral da Organização das Nações Unidas, por meio da Resolução 61/106, entrando em vigor no âmbito internacional em 03 de maio de 2008.

A análise do próprio percurso na ONU, desde a Declaração dos Direitos Humanos até a mencionada Convenção é profícua no sentido de revelar o desenvolvimento do tema traduzido em documentos adotados pela entidade que espelhavam os respectivos modelos preponderantes no momento e o próprio caminho até se chegar ao texto da Convenção lastreado no modelo social.

Tão augurado instrumento internacional que especifica princípios e regras que compõem um sistema de proteção dos direitos das pessoas com deficiência e foi adotado pela imensa maioria dos Estados, lastreia-se no modelo social de compreensão da deficiência e, resguardando a dignidade inerente de tais indivíduos, propõe a inclusão e a participação plena e efetiva das pessoas com deficiência na sociedade.

O que se verifica, contudo, é que a Convenção enfrenta obstáculos na sua implementação nos Estados Partes, inclusive no Brasil. Certamente uma das razões centrais que explica tal dificuldade está na própria falta de conscientização quanto ao modelo social adotado e a premência pelo abandono das práticas lastreadas nos modelos de prescindibilidade e médico, como forma de se interromper as práticas de marginalização ou normalização das pessoas com deficiência.

Portanto, necessário destrinchar os princípios e regras convencionais que apontam de forma detalhada o caminho a ser seguido para se atingir a augurada participação social plena das pessoas com deficiência.

No Brasil, a Convenção ganhou o relevante *status* constitucional, ao ingressar no ordenamento pátrio pelo mecanismo insculpido no artigo 5º, parágrafo 3º, da Constituição da República de 1988. Assim, aqui, os princípios e regras da Convenção com assento constitucional, compõe o sistema constitucional de proteção dos direitos das pessoas com deficiência.

A análise das consequências da existência de tal sistema em sede constitucional é deveras importante seja no sentido de sedimentar tal conquista normativa de décadas de luta, especialmente dos movimentos das pessoas com deficiência, seja para que se vislumbre qual o caminho para sua efetiva e plena concretização.

Aqui, salienta-se a pertinência do presente trabalho iniciar pela abordagem dos modelos de se compreender a deficiência adotados em diferentes momentos da história, de forma não linear e tampouco excludente, mas que revelam o enorme passo dado pela Convenção sobre os Direitos das Pessoas com Deficiência ao abraçar o modelo que tem por escopo assegurar a elas, finalmente, seu lugar em uma sociedade marcada pela diversidade que lhe é inerente.

A Convenção é uma conquista no sentido de estabelecer um sistema, que no Brasil é constitucional, de proteção dos direitos das pessoas com deficiência, e sua implementação exige um olhar para as práticas preconceituosas, excludentes e repugnantes do passado, o reconhecimento de que várias de tais práticas ainda se verificam no presente e da identificação das respectivas razões de tal fato, para, assim, estabelecer o caminho para eliminar o descompasso ainda existente entre as conquistas normativas e a prática, em nome da dignidade das pessoas com deficiência.

2

OS MODELOS DE COMPREENSÃO DA DEFICIÊNCIA

Em que pese as variantes no tratamento dispensado às pessoas com deficiência no curso da história nas mais diversas sociedades permeadas por valores os mais distintos, ressalta recorrente a consideração da pessoa com deficiência com um estigma, situação precisamente definida por Ervin Goffman (1988, p. 4) como aquela do "indivíduo que está inabilitado para a aceitação social plena".

Para se apresentar modelos que norteiam a relação entre a sociedade e as pessoas com deficiência, oportuna se faz a menção a algumas passagens históricas que vêm exemplificar o estigma recorrente nas considerações sobre tais indivíduos que, de certa forma, explicam tais modelos e revelam o estágio atual em que nos encontramos. Observa-se, desde logo, que podemos, ainda hoje, perceber a presença dos três modelos que serão abordados, quais sejam, o de prescindibilidade, o médico e o social, já que a augurada implementação plena deste último, afastando os demais, exige que se elimine o persistente preconceito relacionado à incapacidade e/ou periculosidade das pessoas com deficiência e a discriminação respectiva, elementos que alimentam o estigma.

Goffman (2008, p. 6) traça a característica do estigma ao mencionar que: "enquanto o estranho está à nossa frente, podem surgir evidências de que ele tem um atributo que o torna diferente de outros [...] Assim, deixamos de considerá-lo criatura comum e total, reduzindo-o a uma pessoa estragada e diminuída". O efeito de tal consideração da pessoa lastreada no estigma a deprecia e a reduz a uma pessoa de menor valia no seu respectivo meio social.

Acrescenta Goffman que haveria três tipos diferentes de estigmas:

> Em primeiro lugar, há abominações do corpo – as várias deformidades físicas. Em segundo, as culpas de caráter individual, percebidas como vontade fraca, paixões tirânicas ou não naturais, crenças falsas e rígidas, desonestidade, sendo essas inferidas a partir de relatos conhecidos de, por exemplo, distúrbio mental, prisão, vício, alcoolismo, homossexualismo, desemprego, tentativas de suicídio e comportamento político radical. Finalmente, há os estigmas tribais de raça, nação e religião [...]. (2008, p. 7)

Da leitura das espécies de estigma mencionadas por Goffman, evidencia-se que as pessoas com deficiência estão abarcadas, especialmente, nos dois primeiros grupos aludidos pelo sociólogo canadense.

Pode-se buscar em relatos históricos exemplos indicativos do tratamento dispensado às pessoas com deficiência em diferentes momentos e contextos sociais, observando-se que, embora a história não se desenvolva de forma linear, tais exemplos podem auxiliar a revelar o recorrente signo da segregação que insiste em macular as pessoas com deficiência.

Em Esparta, destaca Aranha (2001, p. 2) "[...] os imaturos, os fracos e os defeituosos eram propositalmente eliminados". No mesmo sentido aponta Pessotti (1984, p. 3), ao observar que:

> De todo modo, é sabido que em Esparta crianças portadoras de deficiências físicas ou mentais eram consideradas sub-humanas, o que legitimava sua eliminação ou abandono, prática perfeitamente coerente com os ideais atléticos e clássicos, além de classistas, que serviam de base à organização sócio-cultural de Esparta e da Magna Grécia.

Os considerados "sub-humanos",[5] em tal contexto, eram submetidos ao que se denominava de "exposição", eufemismo empregado para o ato de

---

[5] Na antiguidade, as pessoas que não integravam a nobreza ficavam alijadas do exercício de poder político, social e econômico, sendo a elas conferida pouca importância no meio social. Assim, as pessoas com deficiência não eliminadas, provavelmente juntar-se-iam aos serviçais excluídos nas atividades de agricultura, pecuária e artesanato; ou, ainda, no esdrúxulo papel de palhaços ou bobos da corte, considerados neste cenário como objetos de curiosidade e zombaria.

abandonar as crianças à própria sorte ao relento, levando-as, inevitavelmente, à morte. Tal prática, aliás, foi aceita por Platão e Aristóteles (PESSOTTI, 1984, p. 4).

Prática igualmente cruel verifica-se na Roma antiga como lembra Aranha (2001, p. 2), "[...] os romanos descartavam-se de crianças deformadas e indesejadas... em esgotos localizados, ironicamente, no lado externo do Templo da Piedade".

Com o advento do Cristianismo, a prática da "exposição" tornou-se inaceitável, na medida em que se considerava que as pessoas com deficiência também teriam alma e, eliminá-las seria atentar contra os desígnios de Deus. Com lastro na doutrina cristã, as pessoas com deficiência deveriam ser consideradas como *les enfants du bon Dieu*, o que exigia tolerância e rogava por um tratamento pautado pela caridade visando apenas e tão somente a sobrevivência delas.

Ocorre que, da mesma forma que o Cristianismo, pela caridade, recebe as pessoas com deficiência, provendo-lhes o mínimo para a sobrevivência, passa a exigir de tais pessoas agora consideradas como tal e, ainda, pertencentes ao Cristianismo, um comportamento ético e religioso. Demais disso, as pessoas com deficiência, por vezes, passaram a ser consideradas culpadas por sua deficiência, que adviria de pecados[6] anteriormente cometidos por si ou seus antecedentes (PESSOTTI, 1984, p. 6).

Esta culpa, em alguns casos, passou a ensejar a consideração das pessoas com deficiência como indivíduos possuídos pelo demônio, o que levou a cruéis práticas de exorcismo, tudo a apontar uma característica no tratamento da pessoa com deficiência pautada pela ambiguidade da caridade/castigo.[7]

Nesse passo, interessante mencionar que no Novo Testamento há diversas passagens que revelam que as pessoas com deficiência eram

---

6 Piccolo e Mendes (2012, p. 34) observam que "Em razão de os homens serem encarados como filhos e semelhantes a Deus, cuja imagem porta a perfeição nos traços, aqueles com corpos diferentes foram considerados como não semelhantes ao criador, portanto, obras do pecado".

7 Entendem Piccolo e Mendes (2012, p. 35) que "[...] inexiste contradição entre a malignidade e proteção. Protegia-se também para afastar e evitar o contato, destarte, não causa espanto que os leprosários se situassem nas zonas limítrofes de cada cidade".

consideradas pessoas com males que reclamavam cura. Mateus (BÍBLIA. Novo Testamento, 4:23-24, 1987, p. 4), revela que:

> 23 E Jesus rodeava toda a Galiléia, ensinando nas suas Sinagogas, e pregando o Evangelho do reino, e curando toda a casta de doenças, e toda casta de enfermidades no povo. 24 E correu a sua fama por toda a Síria e lhe trouxeram todos os que se achavam enfermos, possuídos de vários achaques, e dores, e os possessos, e os lunáticos, e os paralíticos, e os curou.

Ainda em Mateus (BÍBLIA. Novo Testamento, 8:5-6,7 e 13, 1987, p. 7):

> 5 Tendo porém entrado em Cafarnaum, chegou-se a êle um centurião, fazendo-lhe esta súplica, 6 e dizendo: Senhor, o meu criado jaz em casa doente de uma paralisia, e padece muito com ela. 7 Respondeu-lhe então Jesus: Eu irei, e o curarei. 13 Então disse Jesus ao centurião: Vai, e faça-se-te segundo tu creste. E naquela mesma hora ficou são o criado.

Por seu turno, em Marcos (BÍBLIA. Novo Testamento, 7:32-35, 1987, p. 37), destaca-se:

> 32 E lhe trouxeram um surdo e mudo, e lhe rogavam que pusesse a mão sobre ele. 33 Então Jesus, tirando-o de entre o povo e tomando-o de parte, meteu-lhe os seus dedos nos ouvidos: e cuspindo, pôs-lhe da sua saliva sobre a língua. 34 E levantando os olhos ao céu, deu um suspiro, e disse-lhe: *Ephphetha*, que quer dizes, abre-te. 35 E no mesmo instante se lhe abriram os ouvidos, e se lhe soltou a prisão da língua, de sorte que entrou a falar expeditamente.

Diversas outras passagens do Novo Testamento, como as acima aludidas, revelam o que seriam milagres efetuados no sentido da cura das pessoas com deficiência. O que tais passagens sedimentam de especial pertinência para o presente trabalho é exatamente o estigma que cerca tais pessoas, consideradas portadoras de enfermidades ou tormentos relacionados a demônios e outros males.

No curso da Idade Média, observa-se que, na já aludida ambiguidade pautada na caridade/castigo, este último acaba por ter especial destaque com a Inquisição Católica, que na caça de hereges e endemoniados, acabou por exterminar muitas pessoas com deficiência. Como bem esclarece Pessotti (1984, p. 7): "É quase um lugar-comum afirmar-se que a inquisição católica sacrificou como hereges ou endemoniados milhões ou centenas de milhares de pessoas, entre elas loucos, adivinhos e deficientes mentais ou amentes [...]".

A sorte das pessoas com deficiência não mudou com o advento da Reforma Protestante, na qual permaneceu a superstição relacionada a uma suposta identidade sobrenatural das pessoas com deficiência, estigmatizando-as como seres diabólicos, sujeitando-as a castigos cruéis com o escopo de livrar aqueles corpos do demônio.

Aranha (2001, p. 5) bem sintetiza a realidade a partir da Reforma Protestante:

> [...] dois sistemas político-religiosos passaram a coexistir e concorrer, dominando, por muito tempo, o direcionamento da história da humanidade (grandes navegações, descobrimentos, repartição de áreas geográficas, colonizações). Ambos concebiam a deficiência como fenômenos metafísicos, de natureza negativa, ligados à rejeição de Deus, através do pecado, ou à possessão demoníaca.

Verifica-se, assim, que a Reforma Protestante manteve o tratamento conferido às pessoas com deficiência pautado no estigma de relacionar tais pessoas a possessões demoníacas, tratamento este deveras depreciativo, mantendo, assim, o caminho de se efetuar julgamentos sobre pessoas com deficiência por crenças religiosas.

Tal cenário começou a mudar com o trabalho do médico e alquimista Paracelso no século XVI, pois "[...] pela primeira vez uma autoridade da medicina, reconhecida por numerosas universidades, considera médico um problema que até então fora teológico e moral" (PESSOTTI, 1984, p. 15). Necessário salientar que Paracelso entendia que o "louco" ou "idiota" seriam doentes ou vítimas de forças sobre-humanas cósmicas ou não, ou seja, retirava deles a pecha de criaturas endemoniadas e, em vez de os submeter a açoites, sugeriu que tais pessoas seriam dignas de tratamento.

No curso da Idade Moderna, observa-se a sedimentação da influência da medicina nas considerações sobre as pessoas com deficiência com a consequente redução da influência religiosa até então predominante.

Conforme sintetizaram Picollo e Mendes (2012, p. 37-38), "o médico passa a se transformar em novo árbitro do destino do deficiente".

Contudo, a medicina praticada na Idade Moderna era muito distinta da atual, como apontou Foucault (1978, p. 329):

> [...] o pensamento e a prática da medicina não têm a unidade ou pelo menos a coerência que nela agora conhecemos. O mundo da cura se organiza segundo princípios que são, numa certa medida, particulares, e que a teoria médica, a análise fisiológica e a própria observação dos sintomas nem sempre controlam com exatidão. A hospitalização e o internamento – já vimos qual era sua independência em relação à medicina; mas na própria medicina, teoria e terapêutica só se comunicam numa imperfeita reciprocidade.

No contexto histórico de ascensão da burguesia e a formação dos Estados modernos, as pessoas com deficiência são consideradas improdutivas, indivíduos que oneram a sociedade já inserida no capitalismo. Salienta Aranha que:

> Começam a surgir os primeiros hospitais psiquiátricos, como locais para confinar, mais do que para tratar, os pacientes que fossem considerados doentes, que estivessem incomodando a sociedade, ou ambos. Na eventualidade de tratamento, este se constituía do uso da alquimia e da magia.

Portanto, as pessoas com deficiência, sob o prisma do capitalismo então praticado já se revelavam de pouca importância para a sociedade, e o caminho da segregação surgiu, mais uma vez no curso da história, como sendo a regra.

Neste cenário, se não era aceita como outrora, a punição ou o abandono das pessoas com deficiência, por outro lado, não desejava o governo e a própria sociedade assumir os cuidados de tais pessoas no bojo da sociedade. A solução encontrada foi a segregação, partindo-se para o "depósito" das pessoas com deficiência inclusive naqueles estabelecimentos anteriormente ocupados por pessoas com lepra, situação que precisamente resumiu Pessotti (1984, p. 24): "[...] o leprosário representa a solução para o dilema social: respeitar e socorrer o cristão marginal ou aberrante e ao mesmo tempo livrar-se do inútil, incômodo ou anti-social".

O caminho do "depósito" de pessoas em instituições foi de tal magnitude que Foucault aponta que poucos anos após a fundação do Hospital Geral de Paris em 1656, 1% dos habitantes de tal cidade havia sido internado em tal local, movimento que seria fruto da preocupação burguesa "de pôr em ordem o mundo da miséria", apontando o aludido filósofo francês que tal hospital não se assemelhava a nenhuma ideia médica (1978, p. 57-63).

No entanto, no que concerne às pessoas com deficiência sensorial, a idade moderna revelou interessantes experiências. Quanto às pessoas com deficiência auditiva, ainda no século XVI, Cardano, inspirado pelo desejo de auxiliar seu filho surdo, desenvolveu pesquisas a apontar que a escrita representava ideias e pensamentos e não só ideias faladas. Por seu turno, o monge Ponce de León educou dois surdos Francisco e Pedro de Velascos, integrantes de uma importante família de espanhóis. Seu trabalho enfatizava o ensino da fala aos surdos, com foco na linguagem escrita, pois acreditava que essa deveria ser a primeira; já a fala era vista somente como um instrumento que a traduzia e a complementava (CRUZ; ARAÚJO, 2016, p. 375).

Foi na idade moderna que a educação das pessoas surdas avançou com os trabalhos iniciados ainda na década de 1760 por Charles-Michel L'Épeé[8] que seriam o embrião da primeira escola para surdos do mundo. Por tal razão, L'Épeé é considerado o "pai dos surdos", tendo defendido a língua de sinais, sendo que seus métodos influenciaram novos educadores.

No que tange às pessoas com deficiência sensorial visual, há um importante marco situado ainda na idade moderna, em meados da década de 1780, que foi o trabalho desenvolvido por Valentin Haüy[9], resultando na criação do então denominado Instituto Real dos Jovens Cegos de Paris,

---

[8] Ponderam Estimado e Sofiato que a "chave matriz para o sucesso e o reconhecimento internacional do trabalho desenvolvido por L'Épée com os surdos está nos chamados por ele exercícios públicos dos surdos e mudos. Tratava-se de demonstrações que ele organizava com seus melhores alunos, visando impressionar possíveis espectadores afortunados que pudessem se interessar em financiar a educação dessas crianças e promover a publicidade do abade e o reconhecimento de seu método de ensino" (2019, p. 4).

[9] Estimado e Sofiato apontam que "Haüy era um frequentador recorrente dos exercícios públicos dos surdos-mudos realizados por L'Épée e não escondia o seu interesse pelo trabalho do abade. Inferimos, com efeito, que o interesse de Haüy pela educação dos cegos teria advindo, sobretudo, da constatação da notabilidade adquirida por L'Épée com seu método" (2019, p. 5).

sendo que seu criador Haüy pretendia prover as pessoas com deficiência visual a educação lastreada na utilização do tato.[10]

Interessante que, já no início do século XIX, foi exatamente um aluno de tal escola, Louis Braille que, vislumbrando as dificuldades do método de grandes letras em alto-relevo de Haüy e, inspirado pelo sistema de comunicação táctil mediante pontos dispostos em um retângulo utilizado pela artilharia francesa em batalhas que lhe foi apresentado pelo capitão reformado Charles Barbier, desenvolveu o sistema de comunicação táctil que recebeu o nome de seu criador.[11]

---

10 Joseph Guadet que esteve na direção do Instituto (já não mais Real) por três décadas, a partir de 1840, relatou quanto ao início do Instituto que: "Haüy comprehendia muito bem que não bastava fazer cousas boas, mas que mesmo no interesse dessas cousas importava que ellas fossem muito conhecidas. Assim elle não perdia a occasião de chamar a attenção do publico para a sua escola e seus alumnos. Haüy pensava mesmo que, a bem do seu estabelecimento ainda tão novo, era necessário que os alumnos apparecessem a fim de solicitarem um interesse de outro gênero. [...] Nessas solemnidades havia sempre uma collecta a favor do estabelecimento dos cegos" (1851, p. 34-35).

11 Outro notável aluno do Instituto foi o brasileiro José Alvares de Azevedo que nele ingressou em 1844, aos 10 anos e ali permaneceu até 1850, aos 16 anos. No prefácio da tradução da obra de Guadet sobre o Instituto dos Meninos Cegos de Paris, José Alvares de Azevedo acentua sobre a educação dos cegos que: "Nunca a antigüidade delles se occupou. De feito, durante uma longa serie de séculos, nada se tentou para melhorar sua sorte. Não só se esqueceram delles; ainda se fez mais: maltrataram-n'os." (GUADET, 1851, iii). Azevedo mencionou, ainda, diversos exemplos de alunos do instituto que se destacaram nas mais diversas atividades, propiciando-lhes desenvolver atividades laborativas em sociedade para concluir que em todos os países deveriam ser implantadas instituições seguindo tal modelo, pois "por este meio dão-se á sociedade braços e talentos, de que ella estaria privada, braços, e talentos que podem servil-a e illustral-a" (GUADET, 1851, vii). Quando escrevia tal prefácio, o jovem José Alvares de Azevedo já augurava fosse criado no Brasil um ente semelhante ao Instituto dos Meninos Cegos de Paris, ponderando que: "Quanto a nós, devemos esperar tudo do grande Imperador, que felizmente nos rege, e dos illustrados conselheiros da sua coroa; nós conhecemos bem de perto sua bondade para duvidar um só momento de que elle deixe, de acolher com enthusiasmo, e de dar sua alta e munificente protecção a um projecto que a nada menos tende do que a restituir, por assim dizer, á existência, uma grande porção de seus subditos" (GUADET, 1851, viii). Em 1854 foi fundado o Imperial Instituto dos

Se tais avanços mostraram-se relevantes aos deficientes sensoriais, o certo é que a passagem para a idade contemporânea não afastou o predomínio do modelo de prescindibilidade das pessoas com deficiência, ou seja, a sociedade segregava tais pessoas em instituições, dispensando seu convívio, sendo que raras foram as tentativas de inclusão efetiva das pessoas com deficiência no século XIX.

Paralelamente a tal segregação em instituições, o inglês Francis Galton, inspirado pelo trabalho de seu primo Charles Darwin propõe o conceito de eugenia como uma forma de melhoria da espécie humana, incluindo-se a aplicação do conceito de reprodução seletiva.

As ideias de Galton tiveram terreno fértil para proliferação nos Estados Unidos da América, onde na primeira metade do século XX, mais da metade dos seus estados adotaram leis que amparadas na ideologia da eugenia permitiam a esterilização compulsória de pessoas com o escopo de evitar a proliferação das pessoas indesejadas, dentre elas as que possuíam alguma deficiência mental.

Tal movimento eugenista foi inspirador para Hitler e, como todas as demais atrocidades cometidas pelos nazistas, foi elevada aos extremos da crueldade com o assassinato em massa de pessoas com deficiência como purificação da raça.

Ainda após a Segunda Guerra Mundial, a prescindibilidade das pessoas com deficiência persistiu com lastro na prática da institucionalização, por vezes sob o pretexto de alguma intervenção médica nesses locais e deixaram marcas permanentes nas pessoas que carregavam o peso da institucionalização por toda vida.

Embora evidentes os efeitos deletérios de tais instituições sobre os indivíduos internos, somente na década de 1960 é que a obra "Manicômios, prisões e conventos" do sociólogo canadense Ervin Goffman apresentou uma crítica profunda às chamadas "instituições totais", e as descreveu como:

Meninos Cegos no Rio de Janeiro por D. Pedro II, influenciado por um de seus médicos José Francisco Xavier Sigaud que tinha uma filha com deficiência sensorial visual, educada pelo método Braille exatamente por José Álvares de Azevedo, outro incentivador da ideia. Desafortunadamente, o jovem José Álvares de Azevedo, faleceu aos 19 anos, meses antes da inauguração do aludido instituto.

> [...] um local de residência e trabalho onde um grande número de indivíduos com situação semelhante, separados da sociedade mais ampla por considerável período de tempo, levam uma vida fechada e formalmente administrada. (1974, p. 11)

As crescentes críticas ao modelo da prescindibilidade por meio da marginalização em instituições totais vieram ao encontro do problema acarretado pelo próprio custo de manutenção dessas instituições que se revelaram inócuas a propiciar o retorno de tais pessoas ao convívio social após anos de internação.

Contudo, em regra, o processo de desinstitucionalização não se deu de forma planejada, de sorte que muitas pessoas foram simplesmente desligadas das instituições sem que fossem analisadas as possibilidades de reinserção no convívio familiar e social, como um todo.

Isto porque a desinstitucionalização veio seguida de uma ideologia de normalização, na qual as pessoas com deficiência deveriam ser integradas à sociedade por meio de intervenções que as aproximassem dos padrões das pessoas consideradas "comuns".

Ou seja, se a sociedade no paradigma da prescindibilidade dispensava a presença das pessoas com deficiência, afastando-as do convívio social, no bojo do processo de desinstitucionalização, a integração de tais pessoas à sociedade seria aceita desde que elas se aproximassem dos padrões considerados normais de convívio social.

Portanto, o foco desta normalização é a mudança da pessoa com deficiência e, para tal, deveriam ser implementados serviços para auxiliá-las a ter uma existência próxima à das normas e padrões sociais, com especial destaque à medicina que, na busca de tal cura a propiciar a integração da pessoa com deficiência à sociedade, tem o seu protagonismo no então denominado modelo médico, também denominado modelo de reabilitação, pautado pelo critério biológico.

Evidente que ao se exigir que a pessoa com deficiência tenha que buscar se normalizar para ser inserida na sociedade, acompanha tal pensamento cristalino desapreço pela pessoa que "não seja tão comum quanto as outras".

Ora, simplesmente a diferença da pessoa com deficiência, seja no modelo de prescindibilidade, seja no modelo médico, não é aceita. No primeiro isola-se o indivíduo e, no segundo, o que se pretende é modificá-lo, curá-lo, em muitos casos, anulando-o como sujeito.

Em 1975 a UPIAS – *Union of the Physically Impaired Against Segregation* em reunião com a *The Disability Alliance*, sustentou que "deficiência é uma situação causada por condições sociais", apontando que pessoas com deficiência eram desnecessariamente isoladas e excluídas da participação plena na sociedade, tornando-se um grupo oprimido no contexto social, opressão esta que teria como sintoma a pobreza (UPIAS, 1976, p. 3-4, tradução nossa).

Esse deslocamento do foco da pessoa com deficiência para as condições sociais que impedem sua plena participação na sociedade é o cerne do modelo social.

Em tal paradigma, a ideia de integração adotada no modelo médico, cuja atenção está voltada ao indivíduo que deve ser "normalizado" para se integrar à sociedade é substituída pela da inclusão, na qual o foco está nos obstáculos existentes na sociedade que impedem a plena participação da pessoa com deficiência.

Neste modelo não se olvida a pessoa com deficiência, mas se acolhe o indivíduo com suas características próprias e são providenciados os suportes físicos, psicológicos, sociais e instrumentais para o acesso à vida em comunidade (ARANHA, 2001, p. 20).

Lançada a semente pela UPIAS, coube ao professor da Universidade de Greenwich, Michael Oliver, delinear os contornos do modelo social, paradigma que valoriza a pessoa com deficiência e exige uma atuação da sociedade para que as barreiras à inclusão sejam eliminadas.

Aludido modelo foi contemplado na Convenção sobre os Direitos das Pessoas com Deficiência que, ao defini-las, assentou em seu artigo 1°, o foco nas barreiras sociais que podem obstruir a inclusão:

> Pessoas com deficiência são aquelas que têm impedimentos de longo prazo de natureza física, mental, intelectual ou sensorial, os quais, em interação com diversas barreiras, podem obstruir sua participação plena e efetiva na sociedade em igualdades de condições com as demais pessoas. (BRASIL, 2009a)

O fato da Convenção ter sido ratificada por 182 países[12] revela a opção política em âmbito mundial pela mudança de paradigma para a efetiva

[12] Segundo dados da Organização das Nações Unidas, disponível em: https://www.un.org/development/desa/disabilities/convention-on-the-rights-of-persons-with-disabilities.html. Acesso em: 26 out. 2020.

inclusão das pessoas com deficiência, com o compromisso de eliminação das barreiras existentes para tanto.

Em que pese o modelo social ter sido adotado pela Convenção[13], o que se verifica na prática é que os três modelos de se considerar a deficiência ainda são encontrados, o que se explica pelo próprio estigma que as pessoas com deficiência carregam, derivado de séculos de história recheada de preconceitos e exclusão que, certamente, não poderiam ser eliminados em algumas décadas.

Passa-se, assim, a examinar tais modelos de relação entre a sociedade e as pessoas com deficiência, iniciando a análise pelos modelos de não aceitação efetiva das pessoas com algum tipo de deficiência, seja pela eliminação ou pela segregação (modelo de prescindibilidade), seja pela exigência de "normalização" (modelo médico); para então, apreciar os contornos do modelo social adotado pela Convenção sobre os Direitos das Pessoas com Deficiência.

A abordagem sobre a aplicação dos três modelos no Brasil revela uma história marcante que ilustra com precisão as diferenças entre os paradigmas e evidencia a importância da conscientização da sociedade para a efetiva concretização do modelo social como caminho para o reconhecimento da dignidade inerente às pessoas com deficiência.

2.1 O MODELO DE PRESCINDIBILIDADE

De início, importante esclarecer o que se entende e o que abarca o denominado "modelo de prescindibilidade".

Durante séculos, como já abordado, as pessoas com deficiência sofreram com a postura da sociedade de evidente exclusão, sedimentando-se a consideração de que tais pessoas não teriam nada a contribuir com ela.

Aludida exclusão se aperfeiçoava ora com a marginalização de tais pessoas, ora com sua efetiva eliminação e, por tal razão entende-se que o

13 Interessante observar que há autores que empregam o termo "modelo de direitos humanos" como sinônimo de "modelo social". Nesse sentido, André de Carvalho Ramos menciona que: "Já o modelo de direitos humanos (ou modelo social) vê a pessoa com deficiência como ser humano, utilizando o dado médico apenas para definir suas necessidades" (2018, p. 118).

modelo de prescindibilidade, cuja denominação foi precisamente sugerida por Agustina Palácios (2008, p. 26), divide-se em submodelo de eliminação[14] e de marginalização.

No submodelo de eliminação, considera-se que a pessoa com deficiência é um ser cuja vida não vale a pena ser vivida. Como salienta Palácios, na hipótese de se detectar diversidades funcionais congênitas, prática comum seria a de eliminar crianças (2008, p. 38). Entende-se que a melhor denominação para este submodelo em que a vida das pessoas com deficiência era aniquilada é o de "submodelo de eliminação", pois nele o preconceito levava ao efetivo extermínio de tais indivíduos. Quanto ao submodelo de marginalização, lembra Palácios que a característica principal presente neste é a exclusão, seja em decorrência de se subestimar as pessoas com deficiência e considerá-las objeto de compaixão, ou em razão de temor ou rejeição por considerá-las produto de malefícios ou advertência de um perigo iminente. Assim, seja por menosprezo, seja por medo, a exclusão parecia ser a resposta social que geraria maior tranquilidade (PALÁCIOS, 2008, p. 54).

Comum aos aludidos submodelos mencionados por Palácios é o sentimento de que tais pessoas seriam dispensáveis, não havendo aporte que elas pudessem fazer em prol da sociedade, o que justifica a inserção de tais submodelos sob a égide do paradigma da prescindibilidade.

Há variantes nas soluções encontradas pelos diferentes povos em locais e momentos históricos próprios para se implementar a exclusão das pessoas com deficiência do convívio social; em todos os casos, a marca comum é a inobservância da dignidade de tais pessoas.

No que concerne à prescindibilidade das pessoas com deficiência externada pela sua eliminação, por meio de práticas como a já mencionada "exposição" em Esparta, ou mesmo a insculpida na Tábua IV, das Doze Tábuas que propiciava ao pai matar seu filho que nascesse disforme, mediante

[14] Palácios denomina o submodelo de eliminação de eugenésico (2008, p. 38), colocando-o ao lado do submodelo de marginalização sob a égide do modelo de prescindibilidade ("prescindência"). Entende-se que a denominação "submodelo de eliminação" melhor revela as práticas abarcadas em tal submodelo, complementares àquelas do "submodelo de marginalização", proposto pela própria Palácios, para formar, então, o "paradigma de prescindibilidade".

o julgamento de 5 vizinhos (MEIRA, 1972, p. 169), salienta-se que sua ocorrência não ficou adstrita a tempos tão remotos.

Desafortunadamente, tem-se um exemplo repugnante de eliminação em massa de pessoas com deficiência em pleno século XX. Kenny Fries em artigo publicado no The New York Times, intitulado "The Nazis' First Victims Were the Disabled" (2017, p.1), lembra do programa de "eutanásia" nazista para exterminar as pessoas com deficiência, apontando que aproximadamente 300.000 pessoas com deficiência foram assassinadas sob a égide de tal iniciativa.

Aqui se faz oportuno debruçar sobre a política nazista de eliminação das pessoas com deficiência que, efetivamente, foi um prólogo do Holocausto e revela até que ponto pode chegar a discriminação e a intolerância à diversidade.

No entanto, para entender tal extermínio em massa, necessário retroceder à origem do próprio movimento eugenista que tem estreita relação com a iniciativa nazista relacionada às pessoas com deficiência.

Quem cunhou a expressão "eugenia" no final do século XIX foi Francis Galton, matemático inglês que ficou conhecido como o "pai do movimento eugenista". Em seu livro *Hereditary Genius,* publicado em 1869, Galton já esclarecia que pretendia mostrar em tal obra que a genialidade seria herdada, bem como o seriam as habilidades naturais do homem, como aplicável a todo mundo orgânico (GALTON, 1869).[15]

[15] Galton já inicia sua obra indicando seu propósito: "Proponho mostrar neste livro que as habilidades naturais de um homem são derivadas da herança, sob exatamente as mesmas limitações que a forma e as características físicas de todo o mundo orgânico. Consequentemente, como é fácil, apesar dessas limitações, obter por seleção cuidadosa uma raça permanente de cães ou cavalos dotados de poderes peculiares de corrida ou de fazer qualquer outra coisa, por isso seria bastante viável produzir uma raça altamente dotada de homens por casamentos criteriosos durante várias gerações consecutivas. Mostrarei que as agências sociais de caráter comum, cujas influências são pouco suspeitas, estão neste momento trabalhando para a degradação da natureza humana e que outras estão trabalhando para o seu aperfeiçoamento. Concluo que cada geração tem um poder enorme sobre os dons naturais daqueles que seguem e manter isso é um dever com a humanidade para investigar o alcance desse poder e exercê-lo de uma maneira que, sem sermos imprudentes em relação a nós mesmos, seja mais vantajoso para os futuros habitantes da terra" (GALTON, 1869, p. 1, tradução nossa).

Galton sugeria que, com casamentos prudentemente estabelecidos entre pessoas com determinadas características no curso de subsequentes gerações, evitando-se "cruzamentos indesejados", seria possível produzir uma raça superdotada.

Em sua obra *Inquiries Into Human Faculty and Its Development* (GALTON, 1883), ele propõe uma nova atitude mental das pessoas, voltada à evolução da raça humana por meio de uma seleção artificial daquelas pessoas consideradas superiores.[16]

Como aponta Friedlander (1995, p. 2):

> A teoria da evolução de Darwin propiciou as bases biológicas para julgar a condição humana. [...] Mas no final do século, teorias baseadas na obra de Gregor Mendel ganharam ascendência, sustentando que a hereditariedade segue um padrão rígido não afetado pelo ambiente.

No início do século XX, o movimento eugenista ganhou especial destaque nos Estados Unidos da América, tendo sido criada em 1910 a *Eugenics Record Office* (*ERO*). A *ERO* teve como fundador o biólogo Charles Benedict Davenport, que acreditava na melhora da raça humana por meio de uma "melhor reprodução". Davenport indicou o eugenista Harry Hamilton Laughlin para ser superintendente da *ERO*.

Laughlin utilizou-se da estrutura da *ERO* como plataforma para atividade política em prol do movimento da eugenia. Os dois maiores exemplos de tal atividade foram seu depoimento perante o Comitê sobre Imigração e Naturalização do Congresso, precedido de uma extensa pesquisa, e o seu *lobby* para a adoção de leis estaduais em favor da esterilização eugênica, tendo inclusive elaborado um modelo de lei de esterilização.

---

[16] Galton concluiu a obra *Inquiries Into Human Faculty and Its Development*, resumindo que: "O principal resultado dessas pesquisas tem sido o de suscitar o significado religioso da doutrina da evolução. Ele sugere uma alteração em nossa atitude mental e impõe um novo dever moral. A nova atitude mental é de um senso maior de liberdade moral, responsabilidade e oportunidade; o novo dever que deveria ser exercido concomitantemente, e não em oposição aos antigos dos quais o tecido social depende, é um esforço para uma maior evolução, especialmente a da raça humana" (GALTON, 1883, p. 337, tradução nossa).

Como resultado de sua atuação, em 1924 entrou em vigor o "The Johnson Act", também conhecido como "Ato de Restrição de Imigração" e vários estados americanos adotaram leis permitindo a esterilização (ALLEN, 1986, p. 247).

O primeiro estado dos Estados Unidos da América foi o de Indiana em 1907, sendo que em meados da década de 1930, mais da metade dos estados já havia adotado legislação a permitir a esterilização de pessoas internadas em instituições para doentes mentais, pessoas condenadas mais de uma vez por delitos sexuais, aqueles considerados débeis mentais em consonância com testes de Q.I., degenerados morais e epiléticos. Em 1927 uma dessas leis, o Estatuto da Virgínia, que autorizava diretores de instituições estaduais a ordenar a esterilização compulsória de pacientes deficientes diagnosticados como acometidos de uma forma de insanidade ou imbecilidade hereditária, foi levada à apreciação da Suprema Corte dos EUA (FRIEDLANDER, 1995, p. 8).

Naquela época em que o tema seria enfrentado pela Suprema Corte, as leis estaduais de esterilização tinham aplicação reduzida, sendo mesmo considerada "letra morta" pelo fato dos tribunais nos estados considerarem as leis de esterilização inconstitucionais (NOURSE, 2013, p. 102).

O caso tratava, em resumo, de um pleito do superintendente da Colônia de Epiléticos e Débeis Mentais do Estado da Virgínia formulado à sua Diretoria para esterilizar Carrie Buck, uma interna de 18 anos à qual se atribuía a idade mental de 9 anos, sendo que sua mãe seria "débil mental", assim como a filha de Carrie. O pedido lastreava-se no argumento de que Carrie Buck seria uma ameaça genética à sociedade já que a mãe dela também seria débil mental e teve uma vida de prostituição e imoralidade. O pedido mencionava que Carrie seria incorrigível e teria tido um filho ilegítimo.[17]

[17] As bases fáticas suscitadas no pleito para a esterilização então realizada são contestadas atualmente, conforme aborda Nourse: "Hoje sabemos que a Commonwealth of Virginia esterilizou Carrie Buck com premissas falsas. A criança de Buck não era imbecil, mesmo sob os padrões técnicos da época (e '*imbecile*', juntamente com '*moron*' e '*idiot*', eram termos técnicos usados por sociólogos, psicólogos, zoólogos e até geneticistas da época). Costuma-se dizer que Carrie foi enviada ao asilo por ser mãe solteira ou 'garota má'. A verdade é que Carrie foi enviada ao asilo por ter sido estuprada por um parente e a família queria encobrir a verdade" (NOURSE, 2013, p. 104, tradução nossa).

A Diretoria emitiu uma ordem para a esterilização e o guardião de Carrie recorreu para o Tribunal do Condado de Amherst que manteve a decisão de esterilização e, novo recurso levou o caso ao Supremo Tribunal de Recursos do Estado da Virgínia que negou-lhe provimento.

Novo recurso foi então submetido à Suprema Corte dos EUA, contestando a constitucionalidade da esterilização.

Nos argumentos elencados pela parte recorrente, destaca-se um trecho que acabou por apontar o que viria a ocorrer anos após do outro lado do Atlântico:

> Se este ato for válido, então os limites do poder do Estado (que, no final, não é nada mais que a facção que está no controle do governo) de se livrar daqueles cidadãos tidos por indesejados segundo seus padrões, por meio de esterilização cirúrgica, não foram fixados. Nós teremos 'estabelecido no Estado a ciência da medicina e um correspondente sistema de judicatura.' Um reinado de médicos será inaugurado e em nome da ciência, novas classes serão adicionadas, até raças podem ser trazidas dentro do âmbito de tal norma, e as piores formas de tiranias praticadas. (US SUPREME COURT, 1927, p. 202, tradução nossa)

Contudo, a Suprema Corte dos EUA, em um julgamento considerado por Nourse "uma tragédia de indiferença à constituição e a seus princípios mais basilares" (2013, p. 101, tradução nossa), confirmou a decisão do Supremo Tribunal de Recursos do Estado da Virgínia. Seguindo o voto do Relator, juiz Oliver Wendell Holmes Jr., sete outros integrantes da Suprema Corte, havendo uma única divergência, do juiz Pierce Butler, que não registrou sua opinião divergente. Nourse menciona que se especulou que a divergência teria se dado pelo fato de ser o juiz Butler católico e, por tal razão, haveria repugnância à mutilação do corpo humano necessária à esterilização (2013, p. 113).

No julgamento, o juiz Holmes pontuou que:

> É melhor para todo o mundo, que em vez de esperar para executar a prole degenerada para o crime, ou deixá-los morrer de fome por sua imbecilidade, a sociedade possa impedir que aqueles que são manifestamente inaptos continuem sua espécie. [...] Três gerações de imbecis são suficientes. (US SUPREME COURT, 1927, p. 207, tradução nossa)

O lamentável veredito da Suprema Corte dos EUA serviu para ressuscitar a aplicação das leis estaduais que propiciavam a esterilização, afastando entendimentos das cortes inferiores contrárias à possibilidade da esterilização forçada (NOURSE, 2013, p. 115).

O resultado é que mais de 60.000 esterilizações foram levadas a efeito nos EUA, sendo que o estado de maior incidência foi o da Califórnia, onde, entre as décadas de 1920 e 1950, foram esterilizadas aproximadamente 20.000 pessoas (STERN, 2016, p. 195-196).

O desenvolvimento do movimento da eugenia também se verificava na Alemanha, por meio de psiquiatras com experiência em medicina e biologia que atuavam em hospitais e clínicas universitárias, sendo que até a República de Weimer não diferiu tal iniciativa do movimento então em curso nos EUA, com a observação que na Alemanha havia certa centralização na *German Society for Race Hygiene* (*Deutsche Gesellschaft für Rassenhygiene*) (FRIEDLANDER, 1995, p. 9).

Em 30 de janeiro de 1933, Hitler foi nomeado Chanceler da Alemanha e, já em 14 julho de 1933 foi promulgada uma lei de esterilização que previa a possibilidade de médicos do serviço público de saúde, diretores de hospitais, asilos e prisões, efetuarem o pleito de esterilização sem o consentimento da respectiva pessoa a ser esterilizada.

Poderiam ser esterilizadas pessoas com: deficiência mental congênita, esquizofrenia, psicose maníaco-depressiva, epilepsia hereditária, doença de Huntington, cegueira hereditária, surdez hereditária, deformidade física hereditária severa ou alcoolismo severo.

Entre 1934 e 1936 foram efetuadas, sob a égide da aludida lei, 168.989 cirurgias de esterilização, sendo que 437 pessoas morreram em decorrência da intervenção cirúrgica. Mais da metade dos casos referia-se à hipótese de deficiência mental congênita. Embora não haja dados precisos de quantas esterilizações foram implementadas após 1936, estima-se que no mínimo 300.000 pessoas tenham sido esterilizadas e, após o início da guerra, possivelmente mais outras 75.000. O total de 375.000 corresponderia a expressivo 0,5% da população da Alemanha (FRIEDLANDER, 1995, p. 28-30)

Em meados da década de 1930 havia uma intensa propaganda nazista, especialmente em filmes que buscavam fixar a ideia de que as pessoas com deficiência teriam uma "vida indigna de se viver". Hitler, em 1935, já teria dito a Gerhard Wagner, o médico chefe do Reich, que iniciada a guerra, ele implementaria a eutanásia (FRIEDLANDER, 1995, p. 39).

Um impulso para tal se deu em razão do caso Knauer em 1938, relativo a um recém-nascido com deficiência, da família Knauer que foi levado à clínica para crianças da Universidade de Leipzig e, ali, o pai da criança pleiteou que seu filho fosse morto. O pedido foi negado pelo diretor da clínica, Werner Catel. O pai, então, recorreu a Hitler rogando a autorização para tal eliminação. Hitler determinou que fosse verificado se as condições da criança eram aquelas mencionadas no pleito do pai, para que, em caso positivo, fosse feita a "eutanásia". Após tal análise, o bebê foi assassinado.

Após o caso Knauer, Hitler autorizou oficiais de alta patente a estabelecer um programa estatal para matar crianças com deficiência. Ele criou um Comitê para o "Tratamento Científico de Doenças Severas Geneticamente Determinadas". Em agosto de 1939, antes da invasão da Polônia, o comitê preparou um relatório disseminado entre os entes governamentais, exigindo que todas as parteiras e médicos que participassem do parto de criança com deficiência deveriam comunicar tal fato, além de declinar a natureza da deficiência. Além dos recém-nascidos, deveria ser relatada a existência de criança com deficiência de até três anos. O descumprimento da determinação geraria a aplicação de multas elevadas (MOSTERT, 2002, p. 161).

Destaca Friedlander que os casos em que a comunicação se fazia necessária eram os seguintes: (a) idiotice, bem como, mongolismo (especialmente casos envolvendo cegueira e surdez), (b) microcefalia, (c) severa ou progressiva hidrocefalia, todas deformidades, especialmente ausência de membros, deficiência severa no fechamento da cabeça e na coluna vertebral, etc., e, (d) paralisia, incluindo diplegia espástica (1995, p. 45).

Os relatórios eram encaminhados ao Ministério da Saúde do Reich e apreciados por um painel de três indivíduos que apenas com o contido nos relatórios, decidiam se as crianças poderiam continuar a viver ou não. No respectivo formulário eles poderiam lançar o símbolo "+", indicando inclusão no programa e, consequentemente, sua morte; ou o conceito "-", apontando que a criança não deveria ser inserida no programa e, assim, poderia continuar a viver. Na hipótese de dúvida por parte de algum dos participantes do painel, a decisão era postergada para que fossem angariados outros elementos.

As crianças selecionadas eram colocadas em alas para tratamento especializado de hospitais e clínicas. A denominação relativa a cuidado especializado das aludidas alas, como se fossem dedicadas a terapias avançadas e inovadoras no intuito de salvar as crianças da deficiência permanente, escondia o seu verdadeiro propósito, qual seja, o de funcionar como centros de extermínio de crianças com deficiência.

O assassinato de crianças com deficiência prosseguiu até o término da guerra, sendo que crianças mais velhas, inclusive adolescentes, foram inseridas no programa para extermínio, sendo estimado que pelo menos 5.000 crianças tenham sido assassinadas sob sua égide.

O ímpeto de Hitler de eliminar as pessoas com deficiência fez com que, ainda no ano de 1939, tivesse início a política de extermínio de adultos com deficiência. O primeiro passo para tal foi selecionar conselheiros para planejar os procedimentos, sempre com o intuito de esconder a participação da Chancelaria do Fuhrer (KdF) no projeto.

Uma preocupação que foi suscitada pelos conselheiros referia-se ao fato de que os médicos receavam ser processados por matar os pacientes, ante a inexistência de lei a descriminalizar a conduta. Hitler, contudo, não desejava promulgar uma lei em razão da publicidade e seu eventual efeito negativo, de sorte que se limitou a assinar um documento de autorização, o que naquela época, na Alemanha, seria o suficiente para dar a certeza aos médicos que não seriam processados pelos assassinatos, já que a palavra do Fuhrer tinha força de lei para eles.

A aludida autorização tinha o seguinte teor (FRIEDLANDER, 1995, p. 67, tradução nossa):

> Berlim, 1º. Set. 1939.
>
> O Líder do Reich Bouhler e Dr. med. Brandt estão encarregados da responsabilidade de ampliar as atribuições de certos médicos, designados nominalmente, de modo que aos pacientes que, com base no julgamento humano, sejam considerados incuráveis, possa ser concedida a morte misericordiosa após um diagnóstico criterioso.
>
> (assinado) A. Hitler

A Chancelaria do Fuhrer não tinha funcionários suficientes para trabalhar no projeto de extermínio de adultos com deficiência como desenvolvia aquele referente às crianças com deficiência, o que fez com que fossem disponibilizados novos funcionários e uma nova sede em uma vila de judeus confiscada no número 4 da Tiergarten StraBe, endereço que deu nome à operação de extermínio dos adultos com deficiência, "Operation T4" ou apenas "T4".

O procedimento para extermínio dos adultos com deficiência seguiu aquele traçado para as crianças, exigindo a coleta de dados em relatórios para que o destino de tais pessoas fosse determinado pelos especialistas e, em sendo incluídos no programa, transferidos para instituições especiais que, na verdade, eram centros de extermínio.

Todas as instituições que abrigassem pacientes com doença mental, epilepsia e deficientes intelectuais deveriam encaminhar relatório com os seguintes dados: (1) pacientes institucionalizados por cinco ou mais anos, (2) pacientes que não conseguiam exercer atividades laborais na instituição ou apenas desempenhavam atividades rotineiras e que apresentassem algumas destas condições: a) esquizofrenia, b) epilepsia, c) doenças senis, d) paralisia resistente à terapia e outras formas de sífilis, e) encefalite, f) doença de Huntington ou outras doenças neurológicas terminais, g) todo tipo de debilidade mental, (3) pacientes insanos criminosos, (4) pacientes sem cidadania alemã, (5) pacientes que não tivessem sangue alemão ou relacionado com alemão.

Os itens 4 e 5 *supra* merecem destaque pois já se verifica a relevância para o T4 do fator raça, porquanto ao inserir tais dados no relatório a ser apreciado pelo grupo, a vida ou morte das pessoas com deficiência poderia também ser definida pela condição de "ariano" ou não.

Assim como no extermínio das crianças com deficiência, o T4 procedia à análise dos relatórios por meio de painéis de especialistas. Uma primeira análise era feita por um painel formado por especialistas juniores e, em segunda análise, o caso era apreciado pelo painel de especialistas seniores, utilizando-se o símbolo "+" em vermelho para inclusão no programa, ou seja, a morte; ou "-" em azul, para não inclusão, ou seja, continuar a viver e, em casos que suscitavam dúvidas, o símbolo de interrogação era lançado, sendo que a decisão final caberia ao painel dos especialistas mais experientes, os seniores.

O critério que tinha bastante relevância para impedir a inclusão da pessoa no programa de extermínio T4, era o econômico. Considerava-se que os indivíduos que não trabalhavam e, portanto, não produziam, eram seres "comedores inúteis", não havendo razão para prosseguir o curso da vida.

Importante salientar que a transferência destas pessoas dos locais de internação que se encontravam para centros de extermínio, não ocorria com a anuência da família ou do próprio indivíduo. A instituição que abrigava a pessoa, com a transferência dela para o centro de extermínio, comunicava à família que o seu ente havia sido transferido para outra instituição e que posteriormente seria contatada diretamente por tal nova instituição.

Ulteriormente, os familiares recebiam a notícia de que o paciente havia morrido e que em razão de perigo de contágio o corpo havia sido cremado e que a urna com as cinzas poderia ser obtida. Neste particular, quando a família mostrava interesse em obter as cinzas de seu parente, eram separadas cinzas aleatoriamente, até porque muitas cremações eram feitas com vários corpos juntos, e encaminhadas à família como se do respectivo ente fossem.

O procedimento de queima de corpos, normalmente de dois a oito corpos por vez, era chamado de "desinfecção" por quem trabalhava no T4. Aliás no T4 considerava-se o procedimento de "desinfecção" tecnicamente mais difícil do que o procedimento de matar as pessoas, pois quanto a esta primeira etapa, as câmaras de gás se desincumbiam de ceifar a vida de dezenas de pessoas em curto espaço de tempo.

Salienta-se que alguns corpos, antes da cremação eram submetidos à autópsia com o propósito de estudos médicos. Os pacientes que tinham ouro nos dentes eram marcados com uma cruz em suas costas para que fosse retirado o ouro antes da cremação.

Em 24 de agosto de 1941, após ao menos 70.273 pessoas assassinadas sob o programa T4 e, considerando que o programa acabou por ser descortinado ao conhecimento público, na medida em que este enorme contingente de pessoas foi eliminado, sempre em sequência ao procedimento de transferência para novas instituições. A igreja também se opunha a tais procedimentos e, neste cenário, é que Hitler determinou que cessasse o T4 (FRIEDLANDER, 1995, p. 109-111).

No entanto, a ordem de Hitler de que fosse cessado o programa T4 não interrompeu o extermínio de pessoas com deficiência pelos nazistas. A única diferença é que se abandonou o procedimento de avaliação médica, o subterfúgio de cartas encaminhadas para as famílias mencionando supostas tentativas de tratamento em centros especializados e, posteriormente, outras comunicando o falecimento de tais pessoas; enfim, o extermínio passou a se dar sem a tentativa de encobrir o massacre.

Exatamente isto é o que ocorreu com os moradores de hospitais e lares de idosos na Pomerânia. As pessoas consideradas como incuráveis foram levadas para a cidade de Neustadt e assassinadas em uma floresta próxima. O procedimento era simplesmente ordenar que prisioneiros de um campo da SS cavassem largos poços para servir como vala comum. Com a chegada dos pacientes, eles eram assassinados com tiros na região da base do crânio e já caíam nas valas que, quando cheias, eram preenchidas de terra pelos prisioneiros.

Portanto, a ordem de que o T4 cessasse as suas atividades em nada obstaculizou o extermínio das pessoas com deficiência, sendo que após a referida ordem, cresceu o número de pessoas assassinadas pelos nazistas em atos de extermínio descentralizados, estimando-se um total de aproximadamente 300.000 pessoas assassinadas (FRIES, 2017, p. 1). Nos hospitais, os métodos mais comuns para o extermínio, eram o de deixar os pacientes deficientes morrerem de fome ou por meio da ministração de overdose de medicamentos ou sedativos. Este método decentralizado de extermínio das pessoas com deficiência nos hospitais foi denominado "eutanásia selvagem" (FRIEDLANDER, 1995, p. 152).

O procedimento de extermínio das pessoas com deficiência pelos nazistas, em especial o programa T4, serviu como modelo para a "solução final" nazista de extermínio dos judeus, inclusive no que concerne à logística de transporte das pessoas a serem eliminadas, a utilização das câmaras de gás, e o "procedimento de desinfecção" nazista.

Foram efetivamente as pessoas com deficiência as primeiras vítimas do extermínio em massa praticado pelos nazistas, mas, no curso da história este é apenas mais um exemplo de política adotada para aniquilamento de tais pessoas, prática que está abarcada no modelo de prescindibilidade, dentro do submodelo de eliminação. Sob o discurso da melhoria da raça, certamente os nazistas levaram o propósito de extermínio das pessoas com deficiência às últimas consequências.

Se as pessoas com deficiência foram os primeiros alvos dos nazistas, em um plano de extermínio que não foi inédito, haja vista que são vários os exemplos históricos de eliminação de tais pessoas, o certo é que dentro do modelo de prescindibilidade encontramos, ainda, o submodelo de marginalização, pelo qual considera-se tais pessoas como perigosas ou objeto de compaixão, e são elas retiradas do convívio social, destacando-se neste escopo de isolamento nas instituições totais que, segundo Aranha existem desde o século XVI (2001, p. 8).

Se neste submodelo as pessoas com deficiência não são assassinadas, são elas excluídas da sociedade, pois passam a ser isoladas do convívio social por serem consideradas incapazes e perigosas, por extensos lapsos temporais ou mesmo durante toda a vida, considerando que o cotidiano de tais instituições marca de forma indelével as pessoas nelas internadas.

Importante salientar que a segregação por meio da institucionalização, ainda que atrelada a um discurso médico, em nada se confunde com o modelo médico que veremos mais à frente, que ganha especial importância na década de 1960. Isto porque a institucionalização tinha por escopo efetivo e primordial afastar as pessoas tidas por "inconvenientes" à sociedade.

Precisa a ponderação de Foucault sobre o caráter de segregação da internação:

> O classicismo inventou o internamento, um pouco com a Idade Média a segregação dos leprosos; o vazio deixado por estes foi ocupado por novas personagens no mundo europeu: são os 'internos'. (1978, p. 61)

Ou seja, o propósito de tais locais de internação centrava-se no isolamento das pessoas que a sociedade poderia prescindir de seu convívio. Foucault destaca o ano de 1656, em alusão à fundação do Hospital Geral de Paris, salientando que "em seus propósitos, o Hospital Geral não se assemelha a nenhuma ideia médica. É uma instância da ordem, da ordem monárquica e burguesa que se organiza na França nessa mesma época". Arremata Foucault, "antes de ter o sentido médico que lhe atribuímos, ou que pelo menos gostamos de supor que tem, o internamento foi exigido por razões bem diversas da preocupação com a cura" (1978, p. 57 e 72-73).[18]

---

[18] Foucault destaca, ainda, as origens da internação na Inglaterra que remontam a 1575, em um ato relativo à "punição dos vagabundos e alívio dos pobres", determinando a construção em cada condado de, ao menos, uma "casa de correção". Tal sistema espalhou-se pela Europa e, ao final do século XVIII recebiam condenados, vagabundos, insanos e mesmo pessoas que perturbavam suas famílias (FOUCAULT, 1978, p. 63).

Evidencia-se, assim, que não se pode inserir o movimento de institucionalização sob a égide do modelo médico, também denominado modelo de reabilitação, pautado apenas em um discurso médico que justificava internações, sendo evidente que o objetivo precípuo era o de excluir tais pessoas da sociedade e não de as reabilitar para o convívio social.

Em tais instituições de internação o que prevalecia era um tratamento moral, assentado em castigos. Lembra Foucault que:

> A justiça que reina no asilo de Pinel não empresta da outra justiça seus modos de repressão; inventa os seus. Ou melhor, utiliza os métodos terapêuticos que haviam sido difundidos no século XVIII, deles fazendo formas de castigo. E essa conversão da medicina em justiça, da terapêutica em repressão, não é um dos menores paradoxos da obra 'filantrópica' e 'libertadora' de Pinel. Na medicina da época clássica, banhos e duchas eram usados como remédios de acordo com a imaginação dos médicos sobre a natureza do sistema nervoso: tratava-se de refrescar o organismo, de distender as fibras ardentes e ressecadas. (1978, p. 544)

Aliás, o próprio ingresso das pessoas em tais estabelecimentos era desprovido de um critério que pudesse propiciar uma definição quanto a se tratar de pessoa com deficiência física, sensorial, intelectual, mental, ou a conjugação de mais de uma delas, pois, por vezes, o foco estava centrado nos comportamentos tidos por antissociais de tais pessoas que poderiam não se tratar de pessoas com deficiência, mas apresentavam uma conduta que não se adequava àquele considerado "normal" pela sociedade ou mesmo pela respectiva família.

A falta de acuidade na identificação da efetiva condição da pessoa ao ser recebida nas instituições de internação[19] que, por vezes, se dava apenas

[19] Tal ausência de acuidade na internação de pessoas, nos remete ao conto de Machado de Assis, "O alienista". O perspicaz autor, ainda no século XIX, narra o caso da personagem principal, o médico Simão Bacamarte. Tal médico, ao se deparar com o cenário em que "[...] cada louco furioso era trancado em uma alcova, na própria casa e, não curado, mas descurado, até que a morte o vinha defraudar do benefício da vida; os mansos andavam à solta pela rua. Simão Bacamarte entendeu desde logo reformar tão ruim costume; pediu licença à Câmara para agasalhar e tratar no edifício que ia construir todos os loucos de Itaguaí e das demais

por um comportamento não aceito pela sociedade, ou mesmo pela própria família do internado, assentava-se na imprecisão de teorias como a das degenerescências de Morel, que se lastreia na "concepção de que a herança que se transmite através das gerações não se restringe ao plano biológico, mas inclui dimensões morais e de comportamento – virtuosos ou viciados" (PEREIRA, 2008, p. 492).

Ou seja, a subjetividade é o que imperava no ingresso dos internados. Fatores familiares, sociais, biológicos poderiam levar à consideração da pessoa como "degenerada" e abrir o caminho da internação, sendo que a singeleza do ingresso no estabelecimento mostrava-se inversamente proporcional à dificuldade de reinserção na sociedade da pessoa que restou internada, na hipótese dela sobreviver às agruras da internação.

A obra que descortinou tais instituições de internação com precisão, revelando que não apresentavam o condão de reabilitar as pessoas, mas, sim, impingiam aos internos uma rotina que os afastou ainda mais da possibilidade de um posterior convívio social efetivo, foi "Manicômios, Prisões e Conventos" de Erving Goffman. Nela, o sociólogo canadense assenta a consagrada definição das chamadas instituições totais, que seriam locais de "[...] residência e trabalho onde um grande número de indivíduos com situação semelhante, separados da sociedade mais ampla por considerável período de tempo, levam uma vida fechada e formalmente administrada" (GOFFMAN, 1974, p. 11).

---

vilas e cidade [...]". O conto revela que a casa de internação foi construída e o que logo teria chamado a atenção foi a imprecisão dos diagnósticos. "O alienista dizia que só eram admitidos os casos patológicos, mas pouca gente lhe dava crédito. Sucediam-se as versões populares. Vingança, cobiça de dinheiro, castigo de Deus, monomania do próprio médico, plano secreto do Rio de Janeiro com o fim de destruir Itaguaí qualquer gérmen de prosperidade que viesse a brotar, arvorecer, florir, com desdouro e míngua daquela cidade, mil outras explicações, que não explicavam nada, tal era o produto diário da imaginação pública". O resultado foi que o Dr. Simão Bacamarte, após internar 4/5 da população local, concluiu que o desequilíbrio seria normal e o equilíbrio ininterrupto, a patologia. Tratou, assim, de desinternar todas aquelas pessoas e internar as que se encontravam no gozo das faculdades mentais, estes integrantes da minoria. Tal mudança de teoria precedeu à última conclusão do personagem, de que os cérebros considerados equilibrados eram, na verdade, desequilibrados como os outros, concluindo que não havia loucos em Itaguaí, isolando-se o próprio na instituição até a morte (ASSIS, 2016).

Goffman aponta como aspectos centrais de tais instituições:

> Em primeiro lugar, todos os aspectos da vida são realizados no mesmo local e sob uma única autoridade. Em segundo lugar, cada fase da atividade diária do participante é realizada na companhia imediata de um grupo relativamente grande de outras pessoas, todas elas tratadas da mesma forma e obrigadas a fazer as mesmas coisas em conjunto. Em terceiro lugar, todas as atividades diárias são rigorosamente estabelecidas em horários, pois uma atividade leva, em tempo predeterminado, à seguinte, e toda a seqüência de atividades é imposta de cima, por um sistema de regras formais explícitas e um grupo de funcionários. Finalmente, as várias atividades obrigatórias são reunidas num plano racional único, supostamente planejado para atender aos objetivos oficiais da instituição. (1974, p. 17-18)

Nessas instituições totais cria-se um ambiente diverso daquele do meio social no qual a pessoa se encontrava, despreza-se sua individualidade, submetendo-se o sujeito que nela ingressa a uma série de "rebaixamentos, degradações, humilhações e profanações do eu. O seu eu é sistematicamente, embora muitas vezes não intencionalmente, mortificado" (GOFFMAN, 1974, p. 24).

A "mortificação do eu", por vezes atrelada a um "tratamento moral" é uma marca indelével cravada nas pessoas internadas em instituições totais. Desde o ingresso em tais instituições, o que se verifica é a perda da condição de sujeito e o afastamento das condições para o retorno ao convívio social.

O resultado da internação é que o internado perde os hábitos do convívio social e, ainda, carrega o estigma de ser um "ex-interno". A sua liberação "significa passar do topo de um pequeno mundo para o ponto mais baixo de um mundo grande" (GOFFMAN, 1974, p. 69). Isto porque quando o internado submetido à repressão inerente ao tratamento moral curva-se às regras impostas no ambiente de internação, pode este sistema entender que ele tem condições de voltar à sociedade, retorno este que na grande maioria dos casos foi desprovido de um acompanhamento e preparação adequados a propiciar uma verdadeira ressocialização.

Não é difícil imaginar quão cruel e marcante é a "mortificação do eu" que bem poderia ser chamada de anulação do sujeito, pois já na entrada na instituição total, de um momento para outro, o indivíduo perde "direitos, liberdades e satisfações do civil, e termina numa enfermaria psiquiátrica, despojado de quase tudo" (GOFFMAN, 1974, p. 121).

Ora, evidente que a sensação do indivíduo submetido a tal marginalização é de abandono pela família, pela sociedade e, independente da existência de deficiência efetiva, a anulação de sua condição de sujeito vem na via oposta de qualquer possibilidade de reinserção no meio social, o que afasta qualquer pertinência de inserir as instituições totais no chamado "modelo de reabilitação". Pensar no aparato de anulação da pessoa, ou como definiu Goffman, a "mortificação do eu", como reabilitação, chega a ser um escárnio, ficando evidente que as instituições totais, na verdade, segregam a pessoa não só no período de internação, mas a degradação se revela tamanha, que ainda que retorne ao meio social, a pessoa estigmatizada persiste atada às amarras introjetadas no curso da internação.

Interessante observar que, ainda que os internos pudessem ter planos para deixar a instituição um dia, a proximidade de tal liberação impingia profunda angústia neles, pois em razão da degradação sofrida na internação, a autoestima apresentava-se deveras combalida e a incerteza quanto à possibilidade de reinserção em uma sociedade que anteriormente os havia rejeitado apenas agravava a situação.[20]

Demais disso, raramente existia um acompanhamento adequado do procedimento de reinserção da pessoa no meio social. Aliás, na segunda metade do século XX, com o crescente fechamento de tais instituições é que ficou ainda mais evidente o descaso do retorno dessas de tais pessoas ao convívio social. Resumiu com precisão Saraceno que o que se deu foi a transferência de "multidões de pacientes do abandono manicomial ao abandono extra-manicomial" (2001, p. 23).

De qualquer forma, é em tal período que se inicia um movimento de redução da população das instituições de internação. Como salienta Saraceno (2001, p. 23), houve nos EUA entre 1955 e 1985 a redução de 80% na população manicomial e, embora existentes movimentos civis antimanicomiais, o fator principal para tal diminuição foi o intuito de reduzir despesas com os hospitais manicomiais.

Aliás, Saraceno pontua que o mesmo movimento ocorreu na Inglaterra, salientando que:

---

20 Verificou-se distúrbios em tais pessoas desinternadas como "baixa auto-estima, ausência de motivação para a vida, desamparo aprendido e distúrbios sexuais" (ARANHA, 2001, p. 10).

> A diminuição de internados na Inglaterra é um fenômeno mais recente no qual se cruzam motivos de natureza econômica (a racionalização dos gastos que considera mais conveniente a alocação dos recursos para a psiquiatria voltados a estruturas terapêuticas extra-hospitalares e motivos de natureza técnica (a confirmação que o Hospital Psiquiátrico é um lugar com baixo potencial terapêutico).
>
> [...] Em particular se produziu, na maior parte dos países europeus e na América do Norte, uma tendência decisiva em direção à desinstitucionalização [...]. (SARACENO, 2001, p. 23)

No que concerne à motivação econômica para a desinstitucionalização, importante lembrar que uma das justificativas para o procedimento de eliminação das pessoas com deficiência na Alemanha nazista era exatamente o custo de tais internações, contudo, na Alemanha de Hitler a solução para a desinternação foi o extermínio.

Evidente que o custo da internação foi um fator relevante para a diminuição da população das instituições totais, mas não foi o único, sendo que na Itália, por exemplo, a substancial redução de tal população desde o início dos anos 1970 decorreu, em grande parte, da repercussão do movimento de crítica à institucionalização iniciado em Gorizia, nos anos 1960, por Franco Basaglia e propagado nos anos 1970 em outras localidades (Trieste, Parma, Arezzo, Ferrara, Perugia), amparado pela lei de reforma psiquiátrica de 1978 (SARACENO, 2001, p. 22).

Se hoje as instituições de internação são amplamente combatidas, o fato é que ainda é possível encontrar situações em que, especialmente indivíduos com deficiência, são segregados do convívio social, não sendo possível asseverar que o "submodelo de marginalização" esteja abolido. Para que isso ocorra é necessária a efetiva conscientização das pessoas quanto à necessidade da convivência com a diversidade e tal conscientização deve ter início desde cedo, junto aos mais jovens que devem crescer convivendo com as diferenças, para que não tenhamos no futuro, novas espécies de instituição funcionando como depósito de pessoas, ou mesmo locais para eliminação delas. Somente a consciência de que nenhuma pessoa é dispensável, o que certamente se consolidará com a plena convivência das pessoas com deficiência em sociedade, abolirá o "submodelo da marginalização".

2.2 O MODELO MÉDICO

Com o movimento de desinstitucionalização ocorrido na segunda metade do século XX, surgiu a necessidade de se buscar uma forma de direcionar o retorno das pessoas com deficiência ao meio social. Desafortunadamente, o caminho encontrado foi aquele lastreado na ideia da "normalização", por meio da qual a pessoa com deficiência poderia ser reintegrada na sociedade desde que se aproximasse do que se considerava de uma condição "normal" dos seus integrantes.

Ou seja, aceitava-se que tais pessoas deixassem as internações ou os locais de isolamento em que se encontravam, desde que pudessem se adaptar para viver uma vida "normal".

De início, constata-se a consideração da existência de uma condição "normal", para evidentemente classificar a pessoa com deficiência como aquela que apresenta um "desvio" em relação a tal padrão de normalidade. É aí que o aporte médico se considera oportuno, para "curar" o indivíduo ou, ao menos, trazê-lo a condições mais próximas do considerado "normal" pela sociedade.

Aranha salienta que:

> Ao se afastar do paradigma da institucionalização (não mais interessava sustentar uma massa cada vez maior de pessoas, com ônus público, em ambientes segregados; interessava desenvolver meios para que estes pudessem retornar ao sistema produtivo), criou-se o conceito de integração, fundamentado na ideologia da normalização, a qual advogava o 'direito' e a necessidade das pessoas com deficiência serem 'trabalhadas' para se encaminhar o mais proximamente possível para os níveis de normalidade, representada pela normalidade estatística e funcional. Assim, integrar, significava, sim, localizar no sujeito o alvo da mudança, embora para tanto se tomasse como necessário mudanças na comunidade. Estas, na realidade, não tinham o sentido de se reorganizar para favorecer e garantir o acesso do diferente a tudo o que se encontra disponível na comunidade para os diferentes cidadãos, mas sim, o de lhes garantir serviços e recursos que pudessem "modificá-los" para que estes pudessem se aproximar do 'normal' o mais possível. (2001, p. 16-17)

Destarte, o foco desse processo de integração sob a égide do modelo médico, que também é conhecido por modelo de reabilitação, centra-se no indivíduo que deveria ser modificado para que pudesse ingressar na sociedade, evidenciando-se o desvalor da sua condição de pessoa com deficiência, pois em tal condição não mereceria acolhida no meio social.

Ou seja, de um modelo de prescindibilidade, no qual se dispensava a participação do indivíduo com deficiência, seja pela eliminação, seja pela marginalização, parte-se para outro modelo, igualmente discriminatório, que impinge a tais pessoas que elas sejam modificadas para serem aceitas na sociedade.

Nesse sentido, Sara Goering pondera que:

> Um resultado do entendimento médico comum de deficiência é que pessoas com deficiência frequentemente relatam sentirem-se excluídas, desvalorizadas, pressionadas para se enquadrar em um padrão questionável, e/ou tratadas como se fossem integralmente incapazes. (2015, p. 134, tradução nossa)

Tamanha é a desvalorização da pessoa com deficiência no modelo médico que, para muitas delas, a principal desvantagem que vivenciam não decorre diretamente de seus corpos, mas da maneira negativa com que são recebidas pela sociedade (GOERING, 2015, p. 134). A sensação de tais pessoas não poderia ser outra, ante a consideração de que o cerne das desvantagens experimentadas por elas está nas suas limitações funcionais, que só poderiam ser superadas por um tratamento.

Neste contexto, o caminho oferecido para as pessoas com deficiência foi o da reabilitação, entendida neste modelo médico, como o processo que propiciaria o nível de funcionamento ótimo mental ou físico, provendo-se a tais pessoas instrumentos para compensar suas limitações em comparação com o que se tinha por um padrão de "indivíduo normal".

Portanto, neste paradigma, acredita-se que a deficiência é uma questão individual, que diz respeito à limitação da pessoa com deficiência, olvidando-se por completo que o meio social apresentava-se firme no sentido de "excluir pessoas que não se ajustam ao padrão e, como tal, a reabilitação assegura a manutenção de sua força de 'definir, apontar e marginalizar'" (KUMAR, 2011, p. 402, tradução nossa).

Segue, por conseguinte, o estigma das pessoas com deficiência que, para poderem participar da vida social, devem buscar ocultar ao máximo sua própria condição física, mental, intelectual ou sensorial que divirja da predominante na comunidade, em um cenário em que à sociedade apenas incumbiria oferecer a "normalização" por meio da reabilitação, sem o reconhecimento de que esta deveria derrubar as barreiras existentes nela própria para propiciar a inclusão das pessoas com deficiência.

Aranha (2001, p. 16-17) lembra que podem ser divididas em três fases a atenção dispensada às pessoas com deficiência neste modelo. Na primeira, trata-se da "avaliação" de seu estado por equipe multidisciplinar com o escopo de se identificar o que precisa ser alterado para "normalizá-lo".

Após realizado o diagnóstico nas modificações do indivíduo para sua adequação aos padrões de normalidade, passa-se à segunda fase, denominada de "intervenção" que pode se dar nas diferentes áreas, com o escopo do devido treinamento e capacitação da pessoa para colocá-la o mais próximo possível do padrão socialmente exigido e, quando isso ocorre, tem-se a terceira fase, qual seja, a "integração" à vida em sociedade. Assim, todo o modelo médico centra-se no sujeito com deficiência, como se dependesse apenas dele a possibilidade de efetiva participação na sociedade.

Em análise precisa do modelo médico, Areheart aponta que nele presume-se que a deficiência de uma pessoa é um problema médico pessoal, exigindo uma solução médica individualizada, olvidando-se que pessoas com deficiência enfrentam problemas causados pela sociedade e as políticas sociais deveriam ser utilizadas para aperfeiçoar tal situação. Considerando-se o problema individual, a assistência apropriada seria restrita aos cuidados de reabilitação para possibilitar o indivíduo superar os efeitos da deficiência ou a atenção médica para a cura da pessoa (2008, p. 185-186).

Salienta o mencionado professor que a "adesão ao modelo médico encoraja a visão de que os direitos das pessoas com deficiência são 'especiais', semelhantes de alguma forma à caridade para perdedores biológicos" (AREHEART, 2008, p. 186, tradução nossa).

Sob a égide do modelo médico, Areheart sugere a existência de dois estereótipos, o do "pôster da criança digna de pena" e do "'superdeficiente' inspirador" (2008, p. 187).

No primeiro estereótipo – "pôster da criança digna de pena" –, as pessoas com deficiência são consideradas incapazes, objeto de piedade. Tais indivíduos são tidos como infantis e necessitados de caridade, dentro do que poderia se chamar de uma roupagem de "modelo de caridade"[21], próprio do paradigma médico. Afinal, diversas pessoas com deficiência simplesmente não logram êxito em se normalizar para poderem ser aceitas na sociedade. São, então, colocadas nesse modelo quando não se encaixam na posição de "'superdeficiente' inspirador".

Para a sociedade pode ser cômodo em vez de efetivamente buscar a inclusão das pessoas com deficiência, deixá-las excluídas nos respectivos tratamentos médicos buscando a normalização e, eventualmente, praticar a caridade, com doações para que paire um sentimento que algo está sendo feito em prol de tais pessoas.

Evidente que doações são importantes especialmente se atreladas a programas que têm por escopo a reinserção social, o acolhimento do indivíduo com suas características e não movidas pelo puro sentimento de pena, como se o indivíduo com alguma deficiência fosse digno de piedade. Ou seja, não basta apenas doar a uma instituição certo valor para intervenções nos indivíduos e não participar de um movimento para modificação do próprio meio social a propiciar a inclusão efetiva de tais pessoas no seio social.

No que tange ao estereótipo de "'superdeficiente' inspirador", Areheart menciona duas de suas características, quais sejam: a ênfase em superar a deficiência buscando a cura; e, a indiferença em relação à acomodação social necessária para a inclusão. O exemplo citado pelo aludido professor é o do ator Christopher Reeve que se notabilizou por interpretar o papel do Super-Homem nos filmes e, que devido a um acidente quando andava a cavalo ficou tetraplégico. A busca da cura a todo preço e o desinteresse pela oportunidade de utilizar sua popularidade (talvez o mais popular indivíduo entre as pessoas com deficiência nos EUA desde Franklin D. Roosevelt) na luta por melhores condições sociais para as pessoas com deficiência faria dele um exemplo de tal estereótipo, segundo Areheart (2008, p. 207).

---

[21] Areheart menciona o exemplo do Telethon, então conduzido nos EUA pelo humorista Jerry Lewis com o escopo de angariar fundos para a *Muscular Dystrophy Association*. Segundo o aludido professor, tal programa anual reforçaria o estigma das pessoas com deficiência, focando nas condições fisiológicas de tais indivíduos e no que eles precisariam ser modificados, sem menções à necessidade de alteração das estruturas sociais. Nesse contexto, as pessoas com deficiência são colocadas na posição de seres humanos dignos de pena que precisam ser curados (2008, p. 199-200).

Portanto, o que se verifica no bojo do modelo médico, independente do estereótipo que se confira à pessoa com deficiência, é que a pessoa é encarada como um ser doente que necessita cura. Aliás, o filme "Menina de Ouro" (*Million Dollar Baby*) do diretor Clint Eastwood traz um exemplo no cinema do ideal do modelo médico. Na aludida película, a jovem boxeadora interpretada por Hilary Swank acaba por ficar tetraplégica após uma luta e seu treinador, interpretado pelo próprio diretor Clint Eastwood, acaba por atender ao pedido da pugilista e promover a eutanásia. Ou seja, a ideia que se passa é que a deficiência é um problema individual e, se a pessoa não pode ser curada, a morte seria a opção, já que não se cogita das adaptações sociais para propiciar a inclusão da pessoa ao convívio social, com o necessário aporte para tanto.[22]

Embora exista uma impressão equivocada sobre deficiência no cerne do modelo médico, pois as limitações da pessoa com deficiência são tidas por inerentes, o que leva a uma natural exclusão da sociedade, o certo é que tal modelo médico ainda está arraigado em nossa sociedade que insiste em se pautar por seus ditames, esperando que a pessoa com deficiência se amolde à sociedade e não o contrário (AREHEART, 2008, p. 189-192).

Assim, o que se constata na prática do modelo médico é que as pessoas com deficiência são consideradas incapazes de exercer funções sociais em razão de condições médicas e, em consequência, tais pessoas ou são excluídas das oportunidades sociais, como ao receber benefício assistencial em vez de oportunidade de trabalho, ou têm permitida participação social limitada, como no caso da educação de crianças com deficiência, em escolas separadas (STEIN, 2007, p. 86).

Talvez o que há de mais efetivo para que o modelo médico esteja tão arraigado em nossa sociedade é o seu efeito na seara da educação. Com a ideologia de que a questão a ser superada para o acolhimento em sociedade encontra-se na pessoa com deficiência, cabendo a ela se amoldar

---

22 Areheart observa que o diretor Clint Eastwood já havia causado revolta nos movimentos sociais das pessoas com deficiência quando criticou a legislação americana sobre esses indivíduos, o *Americans with Disabilities Act (ADA)*, após ter sido processado por não prover banheiros e estacionamentos acessíveis em seu hotel situado em Carmel. Ele teria gasto US$6.7 milhões com adaptações em seu hotel, mas não deixou de expressar que não haveria razão para empreendimentos como o seu serem forçados a acomodar indivíduos com deficiência (2008, p. 194-196).

aos padrões exigidos nas escolas regulares, ainda que com apoio de equipe multidisciplinar que deve "moldar" a pessoa que pretende sua integração ao considerado "normal".

Para as instituições de ensino, sob a égide do modelo médico, na hipótese de a pessoa com deficiência não lograr êxito em se enquadrar no padrão de normalidade dentro do que se entende por tal, resta a essa pessoa o caminho da educação em espaços separados, ou seja, o caminho da exclusão.

Como resultado de tal prática, de um lado, a criança com deficiência sente desde a mais tenra idade que seu lugar não é o meio social como os demais infantes; e, de outro, as crianças tidas por "normais" são tolhidas do contato com as crianças com deficiência, o que impede a formação de uma cultura construída de convivência na diversidade, onde haja espaço para a reflexão sobre a relevância da diversidade para a cidadania, sem a vitimização indevida das pessoas com deficiência, o que é absolutamente fundamental para a mudança de tal paradigma.

Exatamente, por exigir alterações na pessoa com deficiência para que esta possa conviver plenamente em sociedade, o modelo médico acaba por se perpetuar, já que as pessoas tidas por "normais" não convivem, efetivamente, com as pessoas com deficiência que não tenham sido "normalizadas" e isso potencializa o estigma que separa as pessoas com deficiência das demais.

Se o modelo médico ainda está presente, embora o ordenamento jurídico adote o modelo social, isto se dá porque as pessoas, por crescerem sob a égide do paradigma médico, que é não inclusivo, como, aliás, o que lhe antecedeu (modelo de prescindibilidade), não tiveram a oportunidade do convívio com a diversidade no que tange às pessoas com deficiência e apenas fomentaram-se as crenças que tais pessoas seriam incapazes ou mesmo perigosas, mantidas à margem da vida social.

Isso explica a insistência do discurso preconceituoso que permeia o modelo médico de que a pessoa com deficiência é um peso para a sociedade. Tal colocação só tem sentido neste modelo excludente que não encontra amparo legal em nosso país, como de resto em todos os países em que vigora a Convenção sobre os Direitos das Pessoas com Deficiência que adotou o modelo social.

Atrelado ao modelo médico vem a ideia da reabilitação que teria por escopo curar o indivíduo para reinseri-lo na sociedade como uma pessoa produtiva. Se a reabilitação nasceu no século XIX, o certo é que com a desinstitucionalização dos indivíduos que ficavam segregados em instituições totais, ocorrida especialmente na segunda metade do século XX, ela ganhou importância, já que o retorno de tais pessoas à sociedade exigia, sob a égide do modelo médico, a "normalização" do indivíduo.

Saraceno bem observou que o interesse pela reabilitação "nasce de uma exigência precisa de responder à demanda de 'entretenimento extra-manicomial' e, em alguns casos, de melhora da qualidade da assistência de grandes massas de pacientes" (2001, p. 24).

A íntima relação entre o paradigma médico e a reabilitação entre as décadas de 1950 e 1980 ressalta a ideia de que o indivíduo deva se tornar produtivo e, para tal, o foco da intervenção deveria se dar exclusivamente no campo biológico dele (OTHERO, 2010, p. 20).

Interessante observar que o trabalho de normalização da pessoa, em grande parte dos casos não se tratava de uma reabilitação, mas, sim, uma verdadeira habilitação no que concerne àquelas pessoas que já nasciam com determinados impedimentos físicos, mentais, sensoriais ou intelectuais.

Evidente que, assim como o modelo médico, a reabilitação centrada exclusivamente no indivíduo, como se os fatores sociais fossem irrelevantes para a reinserção social, estava fadada ao insucesso. Como bem exemplificou Othero sobre a reabilitação no paradigma médico:

> Na prática da assistência às pessoas com deficiência, porém, o ciclo não se completa; ou seja, na realidade concreta da vida das pessoas estar reabilitado fisicamente não implica necessariamente em independência e autonomia no cotidiano familiar e sociocultural. Além disso, em muitos casos, o ganho e/ou o retorno de funções motoras tem limitações importantes, o que ocasionaria – neste paradigma – nunca estar apto a realizar suas atividades e se relacionar em seu contexto. (2010, p. 20-21)

Evidente que o modelo médico não logrou êxito em integrar as pessoas com deficiência à sociedade, até porque nunca teve por escopo a acolhida efetiva de tais pessoas, mas, apenas, imputar a responsabilidade pela diferença a elas mesmas que, como pessoas com deficiência, não seriam aceitas no seio da sociedade.

A saga das pessoas com deficiência, assim, prosseguiu. Escaparam do modelo de prescindibilidade, em que poderiam ser eliminadas ou excluídas, para caírem na armadilha do modelo médico, no qual para serem "aceitas" no convívio social, deveriam se transformar em algo próximo ao padrão augurado pela sociedade, pois como pessoas com deficiência não teriam lugar nela.

2.3 O MODELO SOCIAL

Evidente que com lastro nas práticas do modelo médico, as pessoas com deficiência não restaram incluídas na sociedade como tal. Ou se "normalizaram" ou ficaram à margem da sociedade, submetidas, em qualquer das hipóteses, a um procedimento de modificação para que pudessem ser toleradas pela comunidade.

Nesse cenário é que em 22 de novembro de 1975, houve a reunião entre *The Union of the Physically Impaired Against Segregation (UPIAS)* e *The Disability Alliance*, importante marco do surgimento de um novo paradigma a se contrapor ao modelo médico.

Naquela reunião, assentou-se que:

> [...] deficiência é uma situação causada por condições sociais que requer para sua eliminação, (a) que nenhum aspecto, tal como renda, mobilidade ou instituições, seja tratado isoladamente, (b) que pessoas com deficiência devam, com conselhos e auxílio de outros, assumir o controle de suas vidas, e (c) que profissionais, peritos e outros que buscam ajudar devam estar comprometidos em promover tal controle pelas pessoas com deficiência.
>
> [...] é a sociedade que desabilita as pessoas com impedimentos físicos. Deficiência é algo imposto sobre nossos impedimentos, de forma que nós somos desnecessariamente isolados e excluídos da plena participação na sociedade. As pessoas com deficiência são, assim, um grupo oprimido na sociedade. (UPIAS, 1976, p. 4, tradução nossa)

Observa-se que a deficiência é relacionada às condições sociais, sendo certo que se estabelece uma diferenciação entre os termos "impedimento" e "deficiência". Tal distinção entre "impedimento" e "deficiência" é deveras importante. Como bem diferencia Michael Oliver:

> Deficiência é a desvantagem ou limitação de atividade causada por padrões políticos, econômicos e culturais de uma sociedade que não considera ou considera pouco as pessoas que tem

> impedimentos e, assim, as exclui das principais atividades. (Consequentemente, deficiência, como racismo ou sexismo, é discriminação e opressão social). Impedimento é a característica da mente, do corpo ou dos sentidos dentro do indivíduo, que são de longo prazo e podem ser ou não resultado de uma doença, genética ou de lesão. (2012, p. 16, tradução nossa)

A diferenciação acima propicia pensar a deficiência não centrada no indivíduo, mas nas barreiras existentes para a inclusão deste na sociedade, diferentemente do que se fazia no modelo médico, no qual a superação dos impedimentos era o caminho oferecido para a aceitação do indivíduo.

Não por outra razão é que o já aludido professor da Universidade de Greenwich ao lançar em 1983, com lastro nas ideias assentadas pela UPIAS na década anterior, o modelo social, o fez em contraposição ao modelo então vigente (modelo médico) o qual chamou de modelo individual em que a medicalização seria um componente significante. Ponderou Oliver que o modelo social considera deficiência "todas as coisas que impõe restrições às pessoas com deficiência", exemplificando que tal abarcaria "desde preconceito individual à discriminação institucional, de prédios públicos inacessíveis a sistemas de transporte inutilizáveis, da educação segregada às disposições laborais excludentes e assim por diante" (1996, p. 33, tradução nossa).

Retira, assim, o modelo social a indevida pecha lançada sobre as pessoas com deficiência imposta pelo modelo médico que apontava o "problema" na pessoa com deficiência que tinha de ser corrigido para que ela pudesse participar da sociedade. O destaque de Oliver ao propor o modelo social em contraposição ao que chamou "modelo individual" é pertinente, já que uma importante característica do chamado "modelo médico" é exatamente a de centrar no indivíduo a intervenção, olvidando-se do aspecto social.

Ou seja, no modelo médico, ou individual, como denominou Oliver, a modificação deveria se dar no impedimento apresentado pela pessoa, impedimento este que o professor inglês conclui que é nada menos que "a descrição do corpo físico" (1996, p. 35) e, para fins do modelo social, não se confunde com deficiência.

Aliás, Oliver salienta que o "modelo social não é uma tentativa de lidar com as restrições pessoais do impedimento, mas com as barreiras sociais da deficiência". Aponta o idealizador de tal modelo que não se trata de negar a existência de impedimentos, mas de buscar "identificar e expressar temas que possam ser alteradas por meio de ação coletiva em vez de tratamento médico ou de outro profissional" (1996, p. 38).

Nesse passo, importante observar que o modelo social em contraposição ao modelo médico, busca eliminar as barreiras externas existentes entre a pessoa com deficiência e a plena participação social, independentemente dos impedimentos que a pessoa apresente. Tal não significa de forma alguma que questões relativas à saúde da pessoa com deficiência devam ser olvidadas por tal modelo, pois às pessoas com deficiência, como a todas as demais, deve ser garantido o direito à saúde, mas, aqui, não se busca por eventual tratamento na seara da saúde outro objetivo que o bem-estar da pessoa, e não modificá-la para atender aos padrões sociais, o que era próprio do modelo médico, por meio do processo de normalização.

Nesse sentido, oportuna a menção à lição de Aranha que alude ao suporte que deve ser disponibilizado à pessoa com deficiência, sem que tal aparato vise a normalização do indivíduo:

> De modo geral, passou-se a discutir que as pessoas com deficiência necessitam, sim, de serviços de avaliação e de capacitação, oferecidos no contexto de suas comunidades. Mas também se começou a defender que estas não são as únicas providências necessárias, caso a sociedade deseje manter com essa parcela de seus constituintes uma relação de respeito, de honestidade e de justiça. Cabe também à sociedade se reorganizar de forma a garantir o acesso de todos os cidadãos (inclusive os que têm uma deficiência) a tudo o que a constitui e caracteriza, independente de quão próximos estejam do nível de normalidade.
>
> Assim, cabe à sociedade oferecer os serviços que os cidadãos com deficiência necessitarem (nas áreas física, psicológica, educacional, social, profissional). Mas lhe cabe, também, garantir-lhes o acesso a tudo de que dispõe, independente do tipo de deficiência e grau de comprometimento apresentado pelo cidadão. (2001, p. 19)

Sob os auspícios de tal modelo social não se busca normalizar as pessoas com deficiência, isso porque considera-se que as pessoas, independente do impedimento que apresentam, são importantes, pois elas "têm muito a contribuir com a sociedade, mas para tal, devem ser aceitas tal como são, já que sua contribuição encontra-se subordinada e mesmo relacionada com a inclusão e a aceitação da diferença" (PALACIOS, 2008, p. 104, tradução nossa).

É exatamente a aceitação da diferença que propicia à pessoa com deficiência ser incluída na sociedade independentemente do impedimento que possua. A conscientização de que na diversidade da coletividade, a diferença é ínsita à sociedade e afasta a possibilidade de grupos oprimidos serem considerados "cidadãos de segunda classe".[23]

Portanto, se as pessoas com deficiência têm tanto a contribuir com a sociedade como qualquer outra pessoa, num cenário social natural de diversidade, não há justificação plausível para excluí-las da plena participação na vida social, bem como não há sentido em se negar às pessoas sem deficiência a convivência com a diversidade apresentada pelas pessoas com deficiência, convívio este que enriquece a formação de todos. Nesse ponto, constata-se que retirar uma pessoa com deficiência da plena convivência social, em razão exclusiva de seu impedimento, revela que todos sairemos perdedores, em uma verdadeira equação "perde-perde".

A contribuição das pessoas com deficiência à sociedade somente pode vir com a conscientização quanto à importância da inclusão de tais pessoas na sociedade. Para tanto, em substituição à ideia de "integração" própria do modelo médico, no modelo social tem-se o conceito de "inclusão". A ideia de "integração" do modelo médico refere-se à forma tolerante que as pessoas com deficiência devem ser recebidas na sociedade. Em tal "integração", "as pessoas, os professores, e as crianças devem ser estimulados e educados para a aceitação e a tolerância daqueles *desviados* da normalidade" (PALACIOS, 2008, p. 129, tradução nossa).

Já a inclusão "desafia a verdadeira noção de normalidade na educação – e na sociedade – sustentando que a normalidade não existe, senão

[23] A luta pelos direitos das pessoas com deficiência teve um impulso considerável nas décadas de 1960 e 1970, especialmente pelo movimento que pugnava pela vida independente de tais pessoas no seio da sociedade (*independent living movement*). Nesse aspecto, aliás, podemos ponderar que tal movimento que augurava a vida independente das pessoas com deficiência influenciou o modelo social, na medida em que apontou para o protagonismo das pessoas com deficiência na peleja pelo reconhecimento de seus direitos humanos a serem exercidos sem segregação, exigindo a derrubada de barreiras existentes na sociedade para tanto.

que é uma construção imposta sobre uma realidade em que só existe a diferença" (PALACIOS, 2008, p. 129, tradução nossa).

Assim, na integração "se procura investir no 'aprontamento' do sujeito para a vida em comunidade", enquanto que a inclusão social "não é processo que diga respeito somente à pessoa com deficiência, mas sim a todos os cidadãos" (ARANHA, 2001, p. 20).

Conforme ensina Oliver, a inclusão diz respeito a todos pois,

> [...] não são as limitações individuais, de qualquer natureza, que são a causa do problema mas o fracasso da sociedade em propiciar serviços apropriados e adequadamente assegurar que as necessidades das pessoas com deficiência sejam plenamente consideradas em sua organização social. (1996, p. 32)

Vale ressaltar que o fato de o modelo social se contrapor ao modelo médico, não significa que a pessoa com deficiência não deva ter todos os cuidados relativos à saúde, dentro de "um modelo de medicina mais biopsicossocial" (GOERING, 2015, p. 136) quando necessitar, como de resto fazem jus todas as demais pessoas. O que precisa ser entendido é que a intervenção médica não tem o propósito da normalização da deficiência que é fenômeno que extrapola o indivíduo e seu eventual impedimento.

Neste cenário, observa Goering (2015, p. 137) que o "modelo social de deficiência merece mais absorção dentro da medicina". Se no modelo social não incumbe a tal ciência o mister de obrar para normalizar os pacientes com deficiência, pode ela ter um papel importante nos cuidados de saúde de tais pessoas, tendo como escopo, agora, o bem-estar da pessoa com deficiência que não se obtém por outro meio que a inclusão social.

Interessante observar que, se a reabilitação ou habilitação, no modelo médico estava intrinsecamente ligada à cura, no modelo social, o objetivo é a inclusão na sociedade, reconhecendo-se e aceitando-se a diferença. Com os questionamentos quanto ao paradigma médico de reabilitação, salienta Othero que:

> Começou a haver, neste momento, propostas de inclusão de reabilitação na atenção primária, com incentivo à participação da comunidade, suprindo necessidades básicas e diminuindo-se as diferenças de oportunidades. [...] Parte-se do pressuposto que as necessidades das pessoas com deficiência estão atreladas ao contexto social em que estão imersas. (2010, p. 21)

O psiquiatra italiano Benedetto Saraceno nos brinda com a noção de reabilitação dedicada aos pacientes psiquiátricos:

> A cidadania do paciente psiquiátrico não é a simples restituição de seus direitos formais, mas a construção de seus direitos substanciais, e é dentro de tal construção (afetiva, relacional, material, habitacional, produtiva) que se encontra a única Reabilitação possível. (2001, p. 18)

Saraceno pontua que "necessitamos pensar mais sobre as vidas reais dos pacientes e sobre as vidas reais dos serviços", apontando como variáveis reais a serem consideradas na reabilitação: o paciente, o diagnóstico, o contexto, o serviço, os recursos e as leis, na proposta de "reabilitação como cidadania", observando o psiquiatra italiano que tal processo "implica a abertura de espaços de negociação para o paciente, para sua família, para a comunidade circundante e para os serviços que se ocupam do paciente" (2001, p. 83 e 112).

A ideia de buscar a reabilitação com cidadania é o que deve prevalecer nos cuidados com as pessoas, com ou sem deficiência, já que eventuais impedimentos transitórios que requeiram intervenção médica, psicológica, social, também merecem o mesmo cuidado voltado à cidadania. Ou seja, a necessidade da reabilitação como cidadania proposta por Saraceno pode ser aplicada a todos que necessitem de intervenção biopsicossocial.

Quando Oliver lançou o modelo social em contraposição ao modelo individual dominado pela medicalização para a normalização, estabeleceu claramente a diferenciação entre impedimento e deficiência, sustentando que "os médicos tentam utilizar seus conhecimentos e habilidades para tratar a deficiência ao invés da doença" (1996, p. 36, tradução nossa), observando que segundo o modelo social, "deficiência não tem nada a ver com o corpo. É uma consequência da opressão social. Mas o modelo social não nega que o impedimento está intimamente relacionado com o corpo físico" (1996, p. 35, tradução nossa)

Mas Oliver também observou que:

> O modelo social não nega que algumas doenças podem resultar em consequências desabilitadoras e muitas pessoas têm doenças em diversos momentos de suas vidas. Demais disso, talvez seja inteiramente apropriado para médicos tratarem doenças de todos os tipos [...] médicos podem ter um papel para desempenharem nas vidas

> das pessoas com deficiência: estabilizar suas condições iniciais, tratando de quaisquer doenças que possam surgir e que podem ou não ter relação com a deficiência. (1996, p. 35-36, tradução nossa)

Portanto, o que o modelo social assenta é que o papel dos médicos, diferentemente daquele do modelo anterior, não em vão chamado de modelo médico, não é o de atuar sobre a deficiência, mas, eventualmente, sobre a doença que acometa a pessoa com deficiência. Desta forma, não se desvia o foco das barreiras externas que impossibilitam que as pessoas com impedimentos sensoriais, físicos, mentais ou intelectuais sejam plenamente incluídas na sociedade.

Neste contexto é que Oliver rechaçou o foco da intervenção no indivíduo com deficiência, pois era isso que, de um lado, acentuava o menosprezo à condição da pessoa com deficiência que deveria ser curada para ser integrada à sociedade e, de outro, os médicos, terapeutas ocupacionais, psicólogos e demais profissionais que se lançavam no tratamento de pessoas com deficiência buscavam normalizá-las para que tal integração ocorresse, em um procedimento que apenas acentuava o estigma dessas pessoas.

Nesse ponto, entende-se que, preservando o modelo social na sua essência, possível acentuar a importância de se considerar qual seria então a intervenção na doença, nos impedimentos, enfim, no indivíduo e qual seria seu objetivo, já que a premissa é que certamente não será o de incluí-lo na sociedade pela mera intervenção médica. Sobre o tema, relevante a ponderação de Hughes e Paterson de que o modelo social logrou êxito em deslocar os debates sobre deficiência do campo médico para o da política e da cidadania, no entanto, "o debate sobre o corpo e o impedimento ressurge no movimento da deficiência". Sugerem os aludidos autores que seria hipótese de se acrescentar uma noção de deficiência que não se olvide do corpo (HUGHES; PATERSON, 1997, p. 325-326).

Asseveram Hughes e Paterson que "a distinção entre deficiência e impedimento desmedicaliza a deficiência, mas simultaneamente deixa o corpo com impedimentos na jurisdição exclusiva da hermenêutica médica" (1997, p. 330).

Destarte, possível manter intacto o preceito fundamental do modelo social que desloca do indivíduo para o social o foco da atuação para garantia da plena participação de tais pessoas em sociedade e, de outro lado, delinear o norte que deve guiar todos os profissionais que atuem no tratamento de doenças ou outras demandas biopsicossociais das pessoas com deficiência.

Nesse sentido, assim como fez Saraceno ao apresentar a "reabilitação como cidadania", o que deve guiar as intervenções biopsicossociais no indivíduo é o objetivo de se lhe propiciar bem-estar, considerando as peculiaridades que fazem de cada ser humano uma pessoa única, igualmente digna, vislumbrando, nas intervenções, que a pessoa com deficiência tenha maior autonomia e independência e, para tal, sejam respeitadas suas peculiaridades, sem o propósito de normalização, pois não será pelas intervenções biopsicossociais em caráter individual que se solucionará uma questão que é social, a ser enfrentada no cenário coletivo.

Vale dizer, todas as intervenções pelos diferentes profissionais (*e.g.*: médicos, psicólogos, terapeutas ocupacionais, fonoaudiólogos, etc.) que venham melhorar a qualidade de vida[24] da pessoa com deficiência são válidas, observando-se tal fenômeno pelo aspecto individual, desde que preservada a dignidade e a própria singularidade do sujeito.

Aliás, a própria Convenção sobre os Direitos das Pessoas com Deficiência, em seu artigo 1º, adotou definição de pessoa com deficiência pautada na diferença entre "impedimento" e "deficiência", apontando que a deficiência se encontra na interação dos impedimentos com as barreiras sociais existentes, nos termos propostos pelo modelo social. Ela também trouxe a disciplina quanto ao direito de saúde, habilitação e reabilitação. Aqui não há nenhuma incongruência, pois, é de todo desejável que as intervenções nestas áreas sejam pautadas pelos princípios da Convenção, em especial pelo da dignidade inerente e da autonomia individual[25], visando a plena e efetiva participação e inclusão da pessoa com deficiência na sociedade[26], e não a mera normalização da pessoa em práticas que afrontam a dignidade da pessoa com deficiência.

Nesse passo, oportuna a menção a Paul Harpur ao reconhecer que a ideia do modelo social foi abraçada pela Convenção, contudo, tal modelo que promove os direitos das pessoas com deficiência removendo barreiras na sociedade, "pode negligenciar o papel dos impedimentos"[27], apontando,

24 Interessante notar que "mensurar a qualidade de vida de um indivíduo diz respeito não só à avaliação do seu estado de saúde, mas também à compreensão do paciente centrada na percepção sobre o funcionamento dos diversos aspectos de sua vida" (REBOUÇAS *et al.*, 2016, p. 73).

25 Artigo 3º, "a" (BRASIL, 2009a).

26 Artigo 3º, "c" (BRASIL, 2009a).

27 Nesse sentido, Beaudry observa que o modelo social ao negar a abordagem individual e médica, corre o risco de sugerir que o impedimento não é um problema (2016, p. 223).

ainda, que a Convenção iria mais além e introduz "um novo paradigma dos direitos das pessoas com deficiência" (2012, p. 3-4).

Entende-se que a própria definição de pessoa com deficiência evidencia que o modelo social foi efetivamente adotado pela Convenção, sendo certo que a pertinência de que o modelo social passe a tratar de questões relativas à saúde, habilitação e reabilitação, apenas revela a necessidade de se revigorar tal modelo, hipótese, aliás, aventada pelo próprio Oliver (2012, p. 1026).

A renovação do modelo social deve passar pelo reconhecimento da importância de que as intervenções na área da saúde, habilitação e reabilitação resguardem a dignidade da pessoa com deficiência, com o escopo de promover bem-estar e propiciar o próprio exercício da cidadania, sempre com o objetivo de se buscar a plena e efetiva participação e inclusão na sociedade, dentro de uma abordagem biopsicossocial.

Assim, é possível uma atualização de tal modelo já com mais de 35 anos e após o advento da Convenção para nele fazer incluir os aludidos cuidados, até para que se possa assegurar que em tais áreas, os princípios da Convenção serão observados, garantindo-se que tais atividades não sejam desenvolvidas com o escopo da mera normalização do indivíduo, mas como instrumento a propiciar o bem-estar, com o propósito da inclusão social, reconhecendo-se, contudo, que cuidar de doenças ou impedimentos não se confunde com se ocupar da deficiência.

Importante observar que não obstante o modelo social ter sido delineado em 1983 por Michael Oliver, com influência das discussões havidas na década anterior pela *UPIAS* e a *The Disability Alliance*, o fato é que o modelo médico ainda está arraigado na sociedade (AREHEART, 2008, p. 183). Não é incomum nos dias atuais perceber-se abordagens depreciativas às pessoas com deficiência, lastreadas na ideia de que elas devem ser curadas, normalizadas para serem toleradas em sociedade, o que nos apresenta o grande desafio do modelo social que é sua efetiva implementação.

Um dos elementos fundamentais para tanto é a conscientização da sociedade para a mudança de paradigma e as razões que levaram a isso. E ao se mencionar conscientização, pensa-se que a área que é fundamental para o exercício de tal conscientização, ainda que não exclusivamente, é a da educação, nos seus diversos níveis.

Contudo, para que tal conscientização possa ser praticada e difundida nas escolas, evidente que, diferentemente do que ocorria no modelo médico, no qual a criança deveria se amoldar aos padrões sociais, inclusive àqueles escolares, a escola deve estar imbuída no sentido de propiciar um ambiente acolhedor à criança com deficiência, tendo como objetivo a educação para a formação de cidadãos respeitados na sua diversidade e que respeitem, consequentemente, os outros na sua diferença.

O sucesso dessa empreitada educativa passa, fundamentalmente, pelo comprometimento dos profissionais de ensino e das próprias instituições que desenvolvem tal atividade em promover tal inclusão no aludido ambiente que deve valorizar a diversidade. Nesse sentido, propõe Oliver "que a diferença não seja meramente tolerada e aceita mas que ela seja positivamente valorizada e celebrada". O idealizador do modelo social pondera que "o século XXI verá a batalha das pessoas com deficiência pela inclusão tornar-se cada vez mais bem-sucedida. Em tal batalha, a educação especial não tem espaço" (1996, p. 89, p. 93-94).

A conscientização quanto à relevância da mudança de mentalidade na educação para que se viabilize uma escola que acolha com valorização a diversidade é o caminho mais profícuo para que as futuras gerações tenham uma relação natural com a diferença, o que propiciará a inclusão das pessoas com deficiência não só no ambiente escolar, mas na própria sociedade, sepultando, assim, a prática da busca da normalização que leva à marginalização que, na seara da educação, traduz-se no isolamento das crianças com deficiência em locais segregados de educação. Não por outra razão a assertiva de Oliver quanto à impertinência da educação em espaços separados no contexto do modelo social.

Isto porque o caráter absolutamente excepcional da educação especial em locais segregados invariavelmente foi sabotado pela expectativa dos educadores, própria do modelo médico, de normalizar os alunos com deficiência. A impossibilidade da normalização dos indivíduos com deficiência conduziu grande parcela deles às escolas especiais. Ou seja, tolerava-se a presença das pessoas com deficiência e havendo questões que apontassem que o indivíduo não poderia se aproximar do padrão de aluno augurado pela instituição, o caminho era a educação especial em um molde de isolamento.

Evidente que à míngua de um comprometimento efetivo com a inclusão, dentro da noção de uma educação para a cidadania calcada na valorização da diversidade, a empreitada educacional de pessoas com deficiência está fadada ao insucesso e, consequentemente, o caminho excepcional da educação especial em espaços isolados torna-se muito mais largo do que sua condição de excepcionalidade exige.

Assim, na educação também encontram-se sinais de como está arraigado o modelo médico na sociedade, sendo que sua aplicação na seara educacional gera um duplo prejuízo. De um lado, pratica-se o não acolhimento da diversidade, afastando-se as crianças com deficiência do convívio social já nos primeiros anos de vida; e, de outro, frustra-se a possibilidade das demais crianças do contato diário com a diferença, acentuando-se a ideia de que as crianças com deficiência e as demais não dividem o mesmo espaço na escola e, tampouco, na sociedade.

Por tais razões é que a superação do modelo médico depende da educação para a cidadania mencionada por Oliver, sob pena de eternizarmos um paradigma que impede o exercício da cidadania por todos.

Em que pese o modelo social ter sido concebido na década de 1980, o fato é que há um longo caminho para sua implementação efetiva, o que não afasta o reconhecimento de que sua adoção pela Convenção sobre os direitos das pessoas com deficiência é um elemento bastante relevante e que assenta o compromisso da maior parte dos estados em observar o aludido modelo.

Como bem salientou o próprio Oliver, "os modelos são meras formas de nos auxiliar a melhor entender o mundo" (1996, p. 40, tradução nossa). Esclarece o professor da Universidade de Greenwich que "nunca viu o modelo social como nada mais do que uma ferramenta para melhorar a vida das pessoas" (2017, p. 1025, tradução nossa).

Nesse ponto, não há dúvida de que o modelo social ao estabelecer a diferença entre impedimento e deficiência e, com isso, pregar que as modificações necessárias à inclusão das pessoas com deficiência deverão ser implementadas na sociedade, confere o reconhecimento às pessoas com deficiência da dignidade que deve ser reconhecida a todas as pessoas, afastando a menos-valia própria do modelo médico que exige a normalização da pessoa para sua aceitação em sociedade.

Importante observar que o modelo social foi elaborado por uma pessoa com deficiência e, talvez, por tal razão, consiga estabelecer de forma tão precisa o verdadeiro anseio dos indivíduos com deficiência de uma aceitação plena pela sociedade, sem estigmas, e não de uma tolerância preconceituosa lastreada na caridade ou na própria exigência de normalização.

Exatamente pelo objetivo coincidente do modelo social e da Convenção, qual seja, a inclusão pautada pela dignidade da pessoa com deficiência, é que se vislumbra possível a ampliação deste paradigma para reconhecer a relevância de se submeter os temas relacionados ao próprio impedimento, especialmente na seara da saúde, habilitação e reabilitação aos preceitos que garantam que tais intervenções estejam pautadas na dignidade da pessoa com deficiência, observando-se a cidadania própria de tais indivíduos, propiciando-lhes o bem-estar que somente se verifica no contexto da inclusão social.

2.4 A APLICAÇÃO DOS MODELOS DE PRESCINDIBILIDADE, MÉDICO E SOCIAL NO BRASIL

No Brasil, verifica-se a presença do estigma que acompanha as pessoas com deficiência na relação com a sociedade que atribui a tais pessoas a condição de inabilitação para a aceitação social plena. Seja nas práticas lastreadas no modelo de prescindibilidade, seja no modelo médico, o que se constata é a impossibilidade de inclusão da pessoa com deficiência, como tal, no seio da sociedade.

Neste contexto é que o modelo social também no Brasil, embora estampado no ordenamento em vigor, enfrenta dificuldades na sua implementação em razão do aludido estigma que está muito presente em nossa sociedade, advindo, inclusive das práticas assentadas nos modelos de prescindibilidade e médico.

Acentua Figueira que a maioria dos temas relativos às pessoas com deficiência no Brasil, "[...] como mecanismos de exclusão, políticas de assistencialismo, sentimentos de piedade, caridade, inferioridade, oportunismo, dentre outras, foram construídos culturalmente" (2008, p. 17).

O aludido historiador em uma incursão no que chamou de "primeiros ecos históricos" do tratamento conferido às pessoas com deficiência no Brasil, inicia sua jornada apontando a existência de relatos referentes aos povos indígenas:

> Quando nascia uma criança com deformidades físicas era imediatamente rejeitada, acreditando-se que traria maldição para a tribo, ou coisas desta natureza. Uma das formas de se livrar delas era abandonar os recém-nascidos nas matas, ou atirá-las de montanhas e, nas mais radicais atitudes, até sacrificá-las em chamados rituais de purificação. (FIGUEIRA, 2008, p. 22)

Portanto, este primeiro relato referente à forma como as pessoas com deficiência seriam então recebidas pelos povos indígenas, evidencia a prática do modelo da prescindibilidade, especificamente nos moldes do submodelo de eliminação.

Com a chegada ao Brasil dos jesuítas em meados do século XVI, pessoas bem instruídas naquele contexto, passaram eles a aplicar seus conhecimentos da arte médica europeia e, paralelamente, conhecer as práticas curativas dos indígenas. Um destes jesuítas foi José de Anchieta que, em uma de suas cartas, revelou que se encontrava "[...] raramente um cego, um surdo, um mudo, um coxo [...]" (FIGUEIRA, 2008, p. 33), o que aponta para o paradigma de prescindibilidade que vigorava na sociedade, na qual as pessoas com deficiência eram excluídas do convívio social.

Interessante observar que com o tráfico de escravos para o Brasil surge um novo contingente de pessoas com deficiência. Isso porque os escravos sofriam com castigos físicos, eram submetidos a péssimas acomodações, alimentação precária, acabavam acometidos de doenças como raquitismo, beribéri e escorbuto. Alguns destes indivíduos já chegavam ao Brasil da longa e desumana viagem nos navios negreiros em condições físicas tão precárias que ninguém os queria como escravos, restavam, pois, abandonados à própria sorte, mendigando pelas ruas em busca de sobrevivência. Os que eram selecionados no mercado de escravos acabavam por sofrer castigos e desgraças nos engenhos que, por vezes, levavam à deficiência (FIGUEIRA, 2008, p. 45-50).

Eram castigos corporais comuns o açoite, a mutilação e até mesmo a execução. Tal contexto de profundo desrespeito a tais indivíduos que tinham sua dignidade absolutamente ignorada ante a consideração de que não seriam sujeitos, acarretou o surgimento de um contingente de pessoas com deficiência, especialmente, de ordem física, decorrente das mutilações.[28]

[28] Interessante a correspondência do Rei de Portugal Pedro II dirigida ao governador-geral do Brasil D. João de Lencastre, datada de 1° de março de 1700, da qual se extrai indignação com os maus tratos, inclusive mutilação de membros, então praticados: "[...] Cruéis castigos, por dias e semanas inteiras, havendo alguns que por anos se acham metidos em correntes, sendo mais cruéis as senhoras em alguns casos para com as escravas, apontando-se alguns que obram tanto os senhores como as senhoras com tal crueldade como são pingar de lacre e marcar com

Neste cenário do Brasil colônia o que predominava era a exclusão das pessoas com deficiência. Há relatos de crianças com deficiência física ou mental "abandonadas em lugares assediados por bichos que muitas vezes as mutilavam ou matavam" (JANNUZZI, 2004, p. 9).[29]

Criou-se em 1726, na cidade de Salvador, a primeira "Roda dos Expostos", posteriormente, também implementada no Rio de Janeiro (1738), Recife (1789) e São Paulo (1825), elemento que marca o início de uma prática típica do modelo de prescindibilidade que se estendeu até meados do século XX. As "Rodas dos Expostos" tiveram origem na Itália, na Idade Média, com o propósito de receber bebês abandonados. O nome da roda deriva do aparato de forma cilíndrica que ficava separado ao meio por uma divisória, propiciando que a pessoa colocasse o bebê na roda e a girasse para que ele já estivesse do lado de dentro da instituição, sem que a pessoa que o ali abandonava tivesse qualquer contato com as pessoas da instituição.

Ainda no bojo do modelo de prescindibilidade, sob a égide do submodelo de marginalização, marcante é a prática da exclusão por meio de instituições totais. Salienta-se nesse sentido, a criação do Hospício de Pedro II por Decreto de 1841, que veio a ser inaugurado em 1852, posteriormente denominado Hospício Nacional de Alienados e, finalmente, Hospital Nacional de Alienados. No mesmo ano de 1852 nascia em São Paulo, o Hospício Provisório de Alienados que seria substituído pelo Hospício do Juqueri, inaugurado em 1898.

O Hospital Nacional de Alienados funcionou até 1944, sendo que os internos que ainda ali se encontravam foram transferidos para a Colônia de Jacarepaguá (posteriormente denominada Colônia Juliano Moreira).

Outras instituições totais para receber alienados também foram criadas ainda no século XIX, nos Estados de Pernambuco, Pará, Bahia, Rio Grande do Sul e Ceará (ODA; DALGALARRONDO, 2005, p. 986).

---

ferro ardente nos peitos e na cara, executando neles a mutilação de membros. De Francisco Pereira de Araujo se diz que cortou as orelhas a um, e pingou com lacre; outro veio do sertão, a quem o senhor cortou as partes pudendas, entendeu com uma sua negra; de outro, que se curou no hospital, se diz que foi tão cruelmente açoitado do seu senhor que lhe provocara especialmente o rigor da Justiça Divina, pelo que é de razão" (FIGUEIRA, 2008, p. 47).

[29] Lembra Jannuzzi (2004, p. 9) que no final do século XVII, foi apresentado pedido de providências ao rei de Portugal pelo governador da província do Rio de Janeiro contra tal prática do abandono de crianças que acabavam mortas.

Às pessoas internadas em tais instituições era aplicado o tratamento moral pautado nas ideias de Pinel, com os efeitos próprios de anulação do sujeito, desprezando-se sua individualidade, submetendo-se a pessoa internada a uma série de rebaixamentos, degradações, humilhações e profanações do eu. Como bem observa o sociólogo canadense Goffman, o eu do internado é sistematicamente, embora muitas vezes não intencionalmente, mortificado (1974, p. 24).

Um relato para ilustrar como se dava o ingresso dos indivíduos no Hospital Nacional de Alienados nos é dado por um ilustre internado, Lima Barreto, que no seu Diário do Hospício (1993, p. 23-24) revelou que:

> Estou no Hospício ou, melhor, em várias dependências dele, desde o dia 25 do mês passado. Estive no pavilhão de observações, que é a pior etapa de quem, como eu, entra para aqui pelas mãos da polícia.
>
> Tiram-nos a roupa que trazemos e dão-nos uma outra, só capaz de cobrir a nudez, e nem chinelos ou tamancos nos dão. [...] Deram-me uma caneca de mate e, logo em seguida, ainda dia claro, atiraram-me sobre um colchão de capim com uma manta pobre, muito conhecida de toda a nossa pobreza e miséria.
>
> [...]
>
> Da outra vez, fui para a casa-forte e ele me fez baldear a varanda, lavar o banheiro, onde me deu um excelente banho de ducha de chicote. Todos nós estávamos nus, as portas abertas, e eu tive muito pudor. Eu me lembrei do banho de vapor de Dostoievski, na Casa dos Mortos. Quando baldeei, chorei; mas lembrei de Cervantes, do próprio Dostoievski, que pior deviam ter sofrido em Argel e na Sibéria.
>
> Ah! A Literatura ou me mata ou me dá o que eu peço dela.

Extrai-se da narrativa de Lima Barreto, além da forma com que a pessoa tem, efetivamente, de se despir da condição de sujeito ao ingressar na instituição total, deixando até mesmo suas vestes; a comparação, diga-se de passagem, sem qualquer traço de alucinação, com a prisão de Cervantes em Argel ou a de Dostoievski, na distante Sibéria. Verifica-se que o objetivo precípuo das instituições totais era o de excluir as pessoas que não se amoldavam ao padrão social, não sendo elas, pois, sequer toleradas no seio da sociedade que as lançava nos depósitos de pessoas que se espalharam em diversas localidades do país.

Parcela significativa de tais pessoas internadas era formada de pessoas com deficiência intelectual, mental e até mesmo sensorial ou física, normalmente rejeitadas pelas famílias que as consideravam um fardo, conceito sobre as pessoas com deficiência que, aliás, permeava a própria sociedade.

O conto de Guimarães Rosa "Sorôco, sua mãe, sua filha" (ROSA, 2016), refere-se a um indivíduo (Sorôco) que leva sua mãe e sua filha até a estação de trem para embarcá-las com destino ao Hospital Colônia de Barbacena, instituição total localizada em Minas Gerais, que iniciou suas atividades em 1903, no local onde funcionava um sanatório particular para tratamento de tuberculose[30]. Exatamente da alusão aos trens que levavam as pessoas para internação no Hospital Colônia de Barbacena nasceu a expressão "trem de doido".

Salienta-se que Guimarães Rosa bem conhecia o aludido trem e o próprio Hospital Colônia de Barbacena, pois foi para a cidade em 1933, como Oficial Médico do 9º Batalhão de Infantaria, em período que antecedeu sua carreira diplomática.

Do referido conto, possível extrair a consideração da sociedade de que as duas mulheres tidas por loucas eram um peso para Sôroco, o que justificaria o encaminhamento delas ao Hospital Colônia de Barbacena, cientes todos de que se tratava de uma viagem sem volta.

O referido hospital, ao qual alude o conto de Guimarães Rosa, em nada se afastou das características das demais instituições totais no Brasil e alhures. No entanto, analisa-se os relatos do que se passou em tal instituição no curso do século XX, em especial até a década de 1980, pois parece um cristalino exemplo que revela que as instituições totais arrasam com a dignidade da pessoa e não podem estar inseridas em outro modelo que não o da prescindibilidade, sob a égide do submodelo de marginalização, pois as pessoas que são depositadas em tais locais, ou não retornam ao convívio social, que foi o caso de 60.000 pessoas no Hospital Colônia de Barbacena (ARBEX, 2018, p. 26), ou quando retornam, ao menos fisicamente,

[30] Interessante que a área em que estabelecido o Hospital Colônia de Barbacena pertencera anteriormente ao delator dos inconfidentes Joaquim Silvério dos Reis, proprietário da Fazenda da Caveira.

carregam a marca indelével da internação pelo resto da vida e, de certa forma, tornam-se prisioneiros eternos desses locais que não deixam suas almas[31].

No livro "Holocausto brasileiro", o relato da experiência de uma pessoa contratada como atendente psiquiátrica para trabalhar no hospital colônia no ano de 1975, apresenta um panorama do que era tal instituição:

> Ao final do trajeto, ela parou em frente ao Afonso Pena, um dos sete pavilhões do Departamento B, com cerca de 1.500 metros quadrados. Fechada por fora, a porta de madeira que dava acesso aos dormitórios começava a ser aberta.
>
> Um cheiro insuportável alcançou sua narina. Acostumada com o perfume das rosas do escritório da Brasil Flowers, onde passou por sua única experiência profissional até aquele momento, Marlene foi surpreendida pelo odor fétido, vindo do interior do prédio. Nem tinha se refeito de tamanho mal-estar, quando avistou montes de capim espalhados pelo chão. Junto ao mato havia seres humanos esquálidos. Duzentos e oitenta homens, a maioria nu, rastejavam pelo assoalho branco com tozetos pretos em meio à imundície do esgoto aberto que cruzava todo o pavilhão. Marlene sentiu vontade de vomitar. Não encontrava sentido em tudo aquilo, queria gritar, mas a voz desapareceu da garganta.
>
> Guiada por um funcionário, viu-se obrigada a entrar. Tentou evitar pisar naqueles seres desfigurados, mas eram tantos, que não

31 Nesse sentido, menciona Arbex (2018, p. 33), o caso do indivíduo que ficou quase meio século no Hospital Colônia e "quando se viu fora dos muros do hospital, não sabia como sobreviver sem amarras. – A que horas as luzes se apagam aqui? – perguntou na primeira noite liberto do cativeiro. Retirado do convívio social por quase meio século, ele jamais poderia imaginar que agora era o dono do seu tempo e que tinha ele mesmo o poder de clarear ou escurecer o ambiente com um simples toque no interruptor. Além de nunca ter visto um apagador de luz, ser dono de si era uma novidade para quem viveu décadas de institucionalização. Para Antônio, no entanto, se desvencilhar do Colônia foi tão difícil quanto mudar de endereço. O hospital estava ali, marcado não só em seu corpo, mas também impregnado em sua alma. Por isso, os pesadelos tornavam seu sono sobressaltado e se repetiam noite após noite. Acordava com o suor umedecendo o pijama e sempre com a mesma sensação de terror. Olhava ao redor para ver onde estava e descobria que os eletrochoques com os quais sonhava ainda o mantinham prisioneiro do Colônia".

> havia como desviar. Só teve tempo de pensar que o mundo havia acabado, e não tinha sido avisada. Ainda com os pensamentos descoordenados, avistou num canto da ala um cadáver misturado entre os vivos. Observou quando dois homens de jaleco branco embrulharam o morto num lençol, o décimo sexto naquele dia, embora muitos outros agonizassem. Na tentativa de se aquecerem durante a noite, os pacientes dormiam empilhados, sendo comum que os debaixo fossem encontrados mortos, como naquele dia 7. (ARBEX, 2018, p. 22-23)

O cenário de absoluto descaso com a dignidade das pessoas internadas revela, também, que "desde o início do século XX, a falta de critério médico para as internações era rotina no lugar onde se padronizava tudo, inclusive os diagnósticos" (ARBEX, 2018, p. 25). A mencionada ausência de parâmetros médicos para as internações propiciava um caminho largo para a prática da eugenia e da consequente higienização social que tinha como um de seus escopos o "afastamento dos degenerados", com o objetivo de melhorar a raça sob o aspecto físico e psíquico (COUTO, 1999, p. 12).

Aliás o movimento eugenista no Brasil esteve em relação estreita com as instituições totais. O próprio Francisco Franco da Rocha, criador do Hospício do Juqueri integrou a Sociedade Eugênica de São Paulo e considerava "a hereditariedade como um fator de degeneração, mas admitindo que nem sempre uma tendência familiar se manifestava no indivíduo" (COUTO, 1999, p. 9).

Portanto, as instituições totais no Brasil receberam as pessoas indesejadas pela sociedade, muitas delas pessoas com deficiência, com o propósito de se lograr o que poderia ser considerado um "saneamento físico e moral da sociedade" (COUTO, 1999, p. 14).

Se a narrativa de Lima Barreto quando do ingresso no Hospital Nacional de Alienados revela as práticas iniciais da "mortificação do eu", como o banho coletivo ou a impossibilidade de utilização das próprias vestimentas, evidenciando que as individualidades ficaram do lado de fora dos muros da instituição, o cenário não divergia daquele encontrado no Colônia de Barbacena que se repetia em um cenário ainda mais sombrio:

> Os recém-chegados à estação do Colônia eram levados para o setor de triagem. Lá, os novatos viam-se separados por sexo, idade e

> características físicas. Eram obrigados a entregar seus pertences, mesmo que dispusessem do mínimo, inclusive roupas e sapatos, um constrangimento que levava às lágrimas muitas mulheres que jamais haviam enfrentado a humilhação de ficar nuas em público. Todos passavam pelo banho coletivo, muitas vezes gelado. Os homens tinham ainda o cabelo raspado de maneira semelhante à dos prisioneiros de guerra. (ARBEX, 2018, p. 28)

Ainda no mister de atentar contra as individualidades, cerca de 80% dos internos, por não poderem pagar pela internação, eram considerados indigentes e "sem documentos, muitas pacientes eram rebatizadas pelos funcionários [...] outros recebiam a alcunha de 'Ignorado de Tal'" (ARBEX, 2018, p. 30).

Ou seja, o propósito era manter em depósito, marginalizadas da sociedade aquelas pessoas, não havendo nenhum objetivo de reinserção social. Aliás, o desinteresse pelo ser humano internado era tamanho que um deles "manteve-se calado durante vinte e um dos trinta e quatro anos que ficou internado" e, quando perguntado por um funcionário porque não disse que falava, já que somente soltou a voz quando ouviu uma banda militar tocar, respondeu: "Uai, nunca ninguém perguntou" (ARBEX, 2018, p. 33).

Não havia atenção mínima dispendida a tais pessoas e, qualquer cuidado médico parecia absolutamente dissociado de conotação terapêutica. Quanto aos eletrochoques e medicações, revela Arbex (2018, p. 35-36):

> Funcionário aposentado do hospital, Geraldo Magela Franco, sessenta e sete anos, admite que o tratamento de choque e o uso de medicações nem sempre tinham finalidades terapêuticas, mas de contenção e intimidação. [...]
>
> – Não havia prescrição. A gente aprendia na prática sobre o que fazer, quando ocorria qualquer perturbação. No caso dos remédios, a gente dava quando o doente apresentava algum tipo de alteração. Em situações de epilepsia, aplicávamos uma injeção. Se o cara, às vezes, se exaltava, ficava bravo, a gente dava uma injeção para ele se acalmar.
>
> Testemunha do holocausto, o médico Ronaldo Simões Coelho, oitenta anos, garante que, de perto, o horror era ainda maior.
>
> – A coisa era muito pior do que parece. Havia um total desinteresse pela sorte. Basta dizer que os eletrochoques eram dados

> indiscriminadamente. Às vezes, a energia elétrica da cidade não era suficiente para aguentar a carga. Muitos morriam, outros sofriam fraturas graves.[32]

Evidente que neste cenário de absoluto desprezo à pessoa dos internos, as mortes cresciam, chegando a dezesseis falecimentos por dia, "alimentando uma macabra indústria de venda de corpos" para dezessete faculdades de medicina. Quando as Faculdades de Medicina já não tinham interesse nos corpos pois estavam abarrotadas deles, os corpos passaram a ser "decompostos em ácido, na frente dos pacientes, dentro de tonéis que ficavam no pátio do Colônia" (ARBEX, 2018, p. 76 e 78).

As vítimas foram tantas que aquelas que não tiveram os corpos encaminhados a faculdades ou decompostos em ácido, lotaram o cemitério que foi disposto, estrategicamente, ao lado do Hospital Colônia, o Cemitério da Paz.

---

32 Um outro relato estarrecedor sobre o emprego de eletrochoques revela que "Francisca Moreira dos Reis, funcionária da cozinha, era uma das candidatas à vaga de atendente de enfermagem em 1979. Ela e outras vinte mulheres foram sorteadas para realizar uma sessão de choque nos pacientes masculinos do pavilhão Afonso Pena, escolhidos aleatoriamente para o exercício. Chiquinha, como é conhecida, jamais havia feito nada parecido na vida, por isso, não sabia como iria reagir na hora das descargas. Decidiu que assistiria às colegas na prova prática, para, depois, iniciar o teste. A colega Maria do Carmo, que também era da cozinha, foi a primeira a tentar. Cortou um pedaço de cobertor, encheu a boca do paciente, que a esta altura já estava amarrado na cama, molhou a testa dele e começou o procedimento. Contou mentalmente um, dois, três e aproximou os eletrodos das têmporas de sua cobaia, sem nenhum tipo de anestesia. Ligou a engenhoca na voltagem 110 e, após nova contagem, 120 de carga. O coração da jovem vítima não resistiu. O paciente morreu ali mesmo, de parada cardíaca, na frente de todos. Estarrecidas, as candidatas se mantiveram em silêncio. Algumas lágrimas teimaram em cair naqueles rostos assustados, mas ninguém ousou falar. Imediatamente, os atendentes do hospital embrulharam o coitado num lençol, como se aquele não fosse um cadáver. Simplesmente fizeram o pacote, colocaram no chão, e o corpo ainda quente ficou à espera de quem o recolhesse para o necrotério. 'Menos um', pensou o guarda enquanto fazia o serviço. A segunda candidata se aproximou de outra cama e, trêmula, iniciou a prova. O paciente escolhido era mais jovem que o primeiro. Aparentava ter menos de vinte anos. Com os olhos esbugalhados de medo, ele até tentou reagir, mas não conseguia se mover preso ao leito. Suas súplicas foram abafadas pelo tecido que enchia a boca. Um, dois, três, nova contagem, e o homem recebeu a descarga. Não resistiu. Era a segunda morte da noite, e as aulas estavam só começando" (ARBEX, 2018, p. 37-38).

Embora as críticas ao que se passava no Hospital Colônia de Barbacena tenham ganhado força na década de 1970, foi em julho de 1979 que um acontecimento serviu para descortinar a situação, dando força à luta antimanicomial no Brasil. Trata-se da visita de Franco Basaglia à instituição.

Franco Basaglia foi o grande expoente da Psiquiatria Democrática Italiana, um movimento antimanicomial que logrou levar a cabo a reforma psiquiátrica na Itália. Fundamental para tal reforma foi o advento da Lei 180 de 1978, texto legal que ficou conhecido como "Lei Basaglia", e trouxe uma concepção humanizadora para o tratamento do paciente psiquiátrico, acarretando o fechamento dos manicômios naquele país.

Na aludida visita ao Hospital Colônia de Barbacena, Basaglia deparou-se com as condições desumanas daquele local de depósito de pessoas e, ao retornar a Belo Horizonte, pediu a presença da imprensa para afirmar que: "Estive hoje num campo de concentração nazista. Em lugar nenhum do mundo, presenciei uma tragédia como esta" (ARBEX, 2018, p. 207).

A repercussão do alerta de Basaglia foi um impulso ao movimento antimanicomial no Brasil, sendo certo que em 12/09/1989 foi apresentado o Projeto de Lei relativo à reforma psiquiátrica que, desafortunadamente, levou quase doze anos para, finalmente, tornar-se a Lei 10.216, de 06 de abril de 2001. Referida norma estabelece os direitos da pessoa com transtorno mental, estabelecendo a internação como medida excepcional[33], sujeita à observância de todos os direitos reconhecidos ao internado.

A situação especificamente dos deficientes sensoriais no Brasil, embora pautada pela mesma exclusão que atingia as demais pessoas com deficiência, já revelava certa atenção do Estado pois, na década de 1850, haviam sido criados o Instituto dos Meninos Cegos, posteriormente denominado Instituto Benjamin Constant, e o Instituto dos Surdos-Mudos. Salienta Oliveira (2011, p. 7-8) que:

> Como funções principais, essas instituições assumiram a perspectiva de proteger e abrigar, em regime de internação total, as crianças deficientes ensejando uma preparação de mão de obra para o trabalho manual, oferecendo oficinas profissionalizantes e de aprendizagem de ofícios como tipografia, encadernação, tricô, sapataria, entre outros. [...]

[33] Lei 10.216, "art. 4º A internação, em qualquer de suas modalidades, só será indicada quando os recursos extra-hospitalares se mostrarem insuficientes. § 1º O tratamento

> Segregadas em instituições especializadas, as crianças deficientes constituíram identidades sociais ligadas à incapacidade e à inferioridade, sem, contudo, haver um questionamento do próprio sistema que as acolhia em regime de institucionalização total. Afinal, o internato foi tido, não como campo de segregação, mas como espaço de proteção do deficiente em relação a um meio hostil que o discriminava.

Portanto, ainda que o objetivo de tais institutos dedicados às pessoas com deficiência sensorial fosse o de conferir proteção e abrigo, propiciando um aprendizado, o fato é que a necessidade de se criar tais espaços separados para os deficientes sensoriais revela que a sociedade não propiciava a inclusão efetiva de tais pessoas, sendo que, ainda que pudessem apreender alguns ofícios, tais atividades dificilmente trariam autonomia efetiva a elas que não tinham acolhimento real no seio da sociedade.

Aponta Souza que:

> [...] para muitas pessoas cegas, até o final da década de 70 do século XX, cegueira significava o recolhimento dos corpos, a

---

visará, como finalidade permanente, a reinserção social do paciente em seu meio. § 2º O tratamento em regime de internação será estruturado de forma a oferecer assistência integral à pessoa portadora de transtornos mentais, incluindo serviços médicos, de assistência social, psicológicos, ocupacionais, de lazer, e outros. § 3º É vedada a internação de pacientes portadores de transtornos mentais em instituições com características asilares, ou seja, aquelas desprovidas dos recursos mencionados no § 2º e que não assegurem aos pacientes os direitos enumerados no parágrafo único do art. 2º". Por seu turno, o artigo 2º reza que: "art. 2º Nos atendimentos em saúde mental, de qualquer natureza, a pessoa e seus familiares ou responsáveis serão formalmente cientificados dos direitos enumerados no parágrafo único deste artigo. Parágrafo único. São direitos da pessoa portadora de transtorno mental: I – ter acesso ao melhor tratamento do sistema de saúde, consentâneo às suas necessidades; II – ser tratada com humanidade e respeito e no interesse exclusivo de beneficiar sua saúde, visando alcançar sua recuperação pela inserção na família, no trabalho e na comunidade; III – ser protegida contra qualquer forma de abuso e exploração; IV – ter garantia de sigilo nas informações prestadas; V – ter direito à presença médica, em qualquer tempo, para esclarecer a necessidade ou não de sua hospitalização involuntária; VI – ter livre acesso aos meios de comunicação disponíveis; VII – receber o maior número de informações a respeito de sua doença e de seu tratamento; VIII – ser tratada em ambiente terapêutico pelos meios menos invasivos possíveis; IX – ser tratada, preferencialmente, em serviços comunitários de saúde mental".

> internação, o disciplinamento para o aprendizado: da convivência com seus iguais; do braile; do ordenamento dos gestos e ações; de toda a gramática simbólica e narrativa envolvida.
>
> [...] O modelo de internamento, em certa medida, afastou os indivíduos cegos do convívio com a sociedade, e, por assim dizer, dos processos normais de educação, formação profissional e sociabilidade. Revelava-se nesse período, um binômio catastrófico: o estado demonstrava-se inábil para acolher as pessoas com deficiência em seus modelos socioculturais de desenvolvimento e assim, legava à caridade, sobretudo, a criação de espaços especiais para o atendimento dessas pessoas. (2018, p. 566-568)

Assim, verifica-se que no submodelo de marginalização no Brasil, a exclusão das pessoas do meio social poderia se dar com a sua internação em instituições totais, algumas com práticas evidentemente cruéis, aproximando-se do submodelo de eliminação, como o caso do Hospital Colônia de Barbacena e outras instituições de depósito dos então considerados "degenerados", pessoas não desejadas pela sociedade; e, outras, espaços que propiciavam o aprendizado de ofícios, mas que não logravam êxito na inclusão social, considerando que se tratavam de locais que afastavam os deficientes do convívio social, como aquelas relativas aos deficientes sensoriais.

A exclusão das pessoas com deficiência se dava pela compreensão da sociedade de que tais pessoas por sua diferença não teriam lugar na sociedade, seriam pessoas inferiores e que a caridade e o isolamento, em variados graus, seria o caminho a seguir.

Portanto, as instituições totais foram apenas instrumentos de exclusão, pois, para grande parcela das pessoas com deficiência, a exclusão se dava nas suas próprias casas, ou em outro local qualquer, onde poderiam ficar, desde que não causassem maior transtorno às pessoas que a cercavam.

Aliás, Guimarães Rosa em seu conto "Sorôco, sua mãe, sua filha", revela exatamente este sentimento que pairava na sociedade de que era aceitável encaminhar parentes para o local de onde não retornariam, excluindo-as do convívio, em razão do trabalho que seus cuidados representavam.[34]

[34] "[...] O que os outros se diziam: que Sorôco tinha tido muita paciência. Sendo que não ia sentir falta dessas transtornadas pobrezinhas, era até um alívio. Isso não tinha cura, elas não iam voltar, nunca mais. De antes, Sorôco aguentara de repassar tantas desgraças, de morar com as duas, pelejava. [...]" (ROSA, 2016, p. 54).

Decorrente de tal estigma que impulsionava as pessoas com deficiência para fora do convívio social, evitando-se humilhações e depreciações das mais diversas, é que as barreiras, físicas ou não, à inclusão, mantiveram-se presentes e impediram a participação na sociedade das pessoas com deficiência.

Com o movimento de desinstitucionalização, especialmente a partir da década de 1970, iniciou-se a busca pela integração das pessoas com deficiência na sociedade, pautada pela ideia de normalização própria do modelo médico de se considerar a deficiência.

Observa Aranha que, como resultado da então augurada normalização, surgem novas alternativas institucionais com o escopo de operar transformações no indivíduo a propiciar a integração social.

> [...] denominadas organizações ou entidades de transição – mais protegidas do que a sociedade externa, conquanto menos protegida e menos determinante de dependência que uma instituição total típica.
>
> Tais entidades foram planejadas e delineadas para promover a responsabilidade e enfatizar um grau significativo de auto-suficiência da pessoa com deficiência, através do trabalho ou do preparo para o trabalho, envolvendo treinamento e educação especiais, bem como um processo de colocação cuidadosamente supervisionado.
>
> O ambiente social planejado, que em muitos casos se constituía de experiências de pequenos grupos especiais, era visto como instrumento fundamental para a promoção da normalização do indivíduo.
>
> Ao se afastar do paradigma da institucionalização (não mais interessava sustentar uma massa cada vez maior de pessoas, com ônus público, em ambientes segregados; interessava desenvolver meios para que estes pudessem retornar ao sistema produtivo), criou-se o conceito da **integração**, fundamentado na ideologia da normalização, a qual advogava o 'direito' e a necessidade das pessoas com deficiência serem 'trabalhadas' para se encaminhar o mais proximamente possível para os níveis da normalidade, representada pela normalidade estatística e funcional. (2001, p. 15-16)

Menciona a aludida autora como exemplos de instituições que seriam os locais de transição para a integração social, as Casas de Passagem,

Centros de Vida Independente e, no âmbito da educação, as escolas especiais e as classes especiais e, ainda, no âmbito profissional, as oficinas abrigadas e os centros de reabilitação (ARANHA, 2001, p. 16).

Se a utilização de instituições para excluir as pessoas com deficiências perdurou por séculos, o modelo médico, e a tentativa de normalização das pessoas com deficiência logo passou a sofrer críticas, pois ainda que tais pessoas tivessem algum treinamento ou condicionamento de seu comportamento em ambiente separado, quando da reinserção em sociedade, tais pessoas se deparavam com as barreiras sociais, não só físicas, mas também aquelas culturais que estão arraigadas na sociedade e impõem o estigma que estabelece menos-valia a tais pessoas, consideradas improdutivas ou com menor produtividade em relação às demais pessoas no cenário capitalista.

O movimento de normalização trouxe em si mesmo a negação da cidadania ao indivíduo com deficiência, pois como requisito para sua integração em sociedade estava sua normalização ou, ao menos, sua aproximação aos padrões considerados normais pela sociedade.

Foi neste cenário, de um lado, da reconhecida inadequação da institucionalização (marginalização) e, de outro, da impossibilidade de verdadeira inclusão pela normalização (modelo médico), que as pessoas com deficiência ficaram reféns de práticas que mesclavam exclusão e normalização ante a impossibilidade de se efetivar a sua inclusão em uma sociedade que, simplesmente, não se preparou para tal, pois não se tinha a consciência de que o caminho a ser percorrido, de forma inarredável, passaria pela eliminação das barreiras nela mesma existentes ao acolhimento da diversidade.

Como resultado disso, tem-se na atualidade o modelo social adotado em nosso ordenamento, especialmente com a promulgação da Convenção sobre os Direitos das Pessoas com Deficiência ainda no ano de 2009, no entanto o que se encontra na realidade são práticas dos modelos anteriores (prescindibilidade e médico) e a luta para a derrubada de um estigma construído ao longo dos séculos que impede a efetiva adoção do modelo social em toda sua amplitude e, consequentemente, obsta a eliminação das barreiras sociais à inclusão.

A Human Rights Watch produziu um interessante relatório acerca da situação das pessoas com deficiência no Brasil denominado "'Eles ficam até morrer' – uma vida de isolamento e negligência em instituições para pessoas com deficiência no Brasil".

No aludido relatório, possível verificar que ainda há muitas pessoas com deficiência que ficam em instituições por longos períodos, excluídas da sociedade em condições inadequadas, tudo a não propiciar sua inclusão. Menciona o documento que:

> Em sete instituições visitadas pela Human Rights Watch, funcionários declararam que havia adultos com deficiência residindo na instituição desde a infância. Por exemplo, em uma instituição em São Paulo, à época da visita da Human Rights Watch em novembro de 2016, 40 adultos viviam na instituição, sendo que a maioria chegou ainda criança. [...]
>
> Em uma instituição de Nova Friburgo, Estado do Rio de Janeiro, a Human Rights Watch encontrou um homem de 70 anos que estava na instituição há 65 anos. Em outra instituição no Rio de Janeiro, a direção explicou: 'Agora temos 51 moradores, a maioria deles está aqui desde criança. Eles perderam contato com seus entes queridos fora da instituição. Apenas cerca de 10% deles recebem visitas de familiares'. (2018, p. 46-47)

Interessante observar que um discurso recorrente das famílias para buscarem a internação da pessoa com deficiência em tais instituições é aquele relativo à falta de apoio para que o indivíduo pudesse viver com sua família.

Nesse sentido, a mãe de uma pessoa com distrofia muscular que viveu por um longo tempo em uma instituição revela o sofrimento quando seu filho "precisou ser transferido para a instituição..., mas não tive outra escolha. O Estado não me dá nenhum apoio para cuidar dele em casa". No mesmo sentido está o relato de um funcionário de uma instituição no Estado do Rio de Janeiro: "Este é o berço de Bernardo; ele completou 18 anos há algumas semanas e retornou [brevemente] para sua família". No entanto, arremata o funcionário que "ele vai voltar à ala adulta desta instituição. A família de Bernardo não pode dar assistência a ele em casa" (HUMAN RIGHTS WATCH, 2018, p. 1 e 47).

É exatamente destes relatos referentes a pessoas com deficiência que estão em tais instituições e que as respectivas famílias apresentam a dificuldade de suas vidas fora da internação (ou fora da exclusão) que é possível entender os efeitos do estigma, ou seja, a inabilitação para a aceitação social plena em suas vidas.

Ora, se a sociedade não acolhe as pessoas com deficiência como tais, sem exigir sua normalização, impondo-lhes padrões que divergem de suas condições atuais, como poderão os familiares promover tal inclusão, superando as barreiras que estão impostas pela sociedade?

E aqui lembramos que o contingente de pessoas com deficiência em instituições como aquelas visitadas pela Human Rights Watch representa uma parcela das pessoas com deficiência, pois outras tantas estão excluídas em suas próprias casas, sem as condições para transpor as barreiras impostas à inclusão.

Portanto, a exclusão advém da manutenção das barreiras que impedem a inclusão social das pessoas com deficiência. Quando as famílias revelam não ter condições de acolher seus entes com deficiência em suas casas, na verdade, tais famílias estão inseridas em uma sociedade repleta de barreiras que impedem tal inclusão. Ou seja, não se elimina a exclusão, seja em instituições, em lares, ou em qualquer nicho apartado, sem que as barreiras sociais à inclusão sejam derrubadas.

Voltando à personagem Sorôco de Guimarães Rosa, quando entendeu que não conseguiria viver com a sua filha e sua mãe, pediu a ajuda do Estado, que no modelo de prescindibilidade, disponibilizou a internação.[35] No modelo médico, poder-se-ia pleitear o auxílio do Estado e da própria sociedade movida por impulsos caritativos, para prover os serviços que teriam por escopo a normalização da pessoa com deficiência, em um paradigma que se mostrou evidentemente incapaz de prover a inclusão, mas, noutro sentido, manteve tais pessoas excluídas ao impor ambientes separados de convivência a elas, como o das escolas especiais.[36]

---

35 "[...] Dai, com os anos, elas pioraram, ele não dava mais conta, teve de chamar ajuda, que foi preciso. Tiveram que olhar em socorro dele, determinar de dar as providências, de mercê. Quem pagava tudo era o Governo, que tinha mandado o carro. Por forma que, por força disso, agora iam remir com as duas, em hospícios" (ROSA, 2016, p. 54-55).

36 Sobre as escolas especiais, observa Oliveira (2011, p. 10) que: "Aqueles sujeitos com deficiência severa e moderada, por sua vez, são tidos como treináveis sendo inseridos em escolas especiais onde aprendem condutas básicas para o convívio social, as chamadas atividades de vida diária (higiene, alimentação, vestuário, etc.). Vistos como incapazes para a aprendizagem, essas crianças são alocadas em situações de condicionamento em ambientes pobres em estimulação e afetividade e treinadas para realizarem tarefas simples com base na repetição. Nestes ambientes prevalecem o estigma da incapacidade e a negação do direito a aprendizagem e ao convívio social pleno".

No modelo social, adotado pelo ordenamento em vigor no Brasil, do Estado, como de resto, de toda a sociedade, espera-se a atuação no sentido de eliminar as barreiras que obstruem a participação plena e efetiva das pessoas com deficiência na sociedade, sendo que não há como se atingir tal objetivo em ambientes totalmente apartados, sem o convívio necessário na diversidade.

A mudança efetiva de paradigma para o do modelo social exige a conscientização da sociedade quanto ao importante papel que as pessoas com deficiência têm a desempenhar na sociedade. Souza (2018, p. 570), em alusão à forma que as pessoas com deficiência sensorial visual são consideradas, aponta que: "digo que o mundo atual olha para a cegueira com espelhos diversos e que muitos desses espelhos estão atravessados pelos antigos fantasmas da patologia, do preconceito, da indiferença".

Se a conscientização pode afastar o preconceito que macula as pessoas com deficiência, evidente que o caminho mais eficaz para tanto é o da educação. Propiciar a convivência das pessoas com deficiência com as demais desde a mais tenra idade nos bancos escolares, reduz a incidência de preconceito e aumenta a possibilidade de todas as crianças conviverem na diversidade, o que poderá ser reproduzido em sociedade.

A educação que propicia a inclusão exige uma leitura da singularidade de cada indivíduo, bem como do espaço escolar que ele frequenta. Tal respeito à singularidade de cada pessoa não beneficia somente as pessoas com deficiência, mas todos os alunos, na busca de uma educação com cidadania, em um contexto de respeito as diferenças inerentes às pessoas que compõe a sociedade.

Enquanto as barreiras impostas às pessoas com deficiência não forem removidas no Brasil, testemunharemos situações como a narrada pelo Relatório da Human Rights Watch de um jovem com deficiência física de 18 anos internado em uma instituição em Salvador que tinha dificuldade para sair do quarto em que foi colocado pois era doloroso andar sozinho, e não contava sequer com uma cadeira de rodas. Revelou tal jovem que seu sonho era ver o mar, sendo que a instituição ficava a apenas 200 metros dele (HUMAN RIGHTS WATCH, 2018, p. 25).

Tal relato nos lembra de como no Brasil estamos distante de propiciar a autonomia individual, a acessibilidade, a independência, enfim, a inclusão social às pessoas com deficiência, com o reconhecimento da dignidade que lhes é inerente, promovendo a igualdade de oportunidades, aspectos próprios do modelo social.

3

O CAMINHO ATÉ A CONVENÇÃO SOBRE OS DIREITOS DAS PESSOAS COM DEFICIÊNCIA

A Convenção sobre os Direitos das Pessoas com Deficiência foi adotada pela Assembleia Geral da Organização das Nações Unidas em 13 de dezembro de 2006, por meio da Resolução 61/106, iniciando-se o período para assinatura em 30 de março de 2007. Já neste primeiro dia, 82 países firmaram a Convenção e 44 o Protocolo Opcional, o que representou o maior número de assinaturas no dia da abertura de uma convenção internacional na história. Ela entrou em vigor internacionalmente em 03 de maio de 2008.

Sua adoção foi precedida da realização de oito reuniões ocorridas entre os anos de 2002 e 2006, de um Comitê Especial, criado com o objetivo de analisar propostas para uma convenção internacional abrangente e integral, com o escopo de promover e proteger os direitos e a dignidade das pessoas com deficiência. A Resolução 56/168 da Assembleia Geral da ONU (2001) que criou o mencionado Comitê, já apontava que embora os esforços envidados no bojo das Nações Unidas até então, as pessoas com deficiência não haviam atingido a inclusão social plena.

O diagnóstico contido na aludida Resolução 56/168 revela que embora o reconhecimento da dignidade a todos os seres humanos, com a garantia de liberdade e igualdade entre todos os homens e mulheres, desde o advento da própria Carta das Nações Unidas, necessária se fazia uma Convenção Internacional que especificasse os direitos das pessoas com deficiência.

Como lembra Groce, a Convenção sobre os Direitos das Pessoas com Deficiência "não surgiu do nada, no entanto foi construída em uma série de campanhas de sensibilização que produziram documentos que ajudaram a esclarecer e definir metas, objetivos e aspirações" (GROCE, 2014, p. 504, tradução nossa).

Evidente que as mobilizações em prol dos direitos das pessoas com deficiência precedem a própria criação da Organização das Nações Unidas. Exemplificativamente, a *International Society for Crippled Children*[37] que iniciou seus trabalhos na década de 1920 com o objetivo de buscar maior independência e oportunidades para as crianças com deficiência física, apresentou em 1931 uma petição à Sociedade das Nações para que fosse criada em seu bojo, uma agência internacional de informação para a coleta de dados relativos aos cuidados, educação e tratamento das pessoas com deficiência física. A aludida *International Society for Crippled Children* havia elaborado uma Declaração de Direitos elencando dez direitos relativos às crianças com deficiência física que, junto ao pleito de criação da agência internacional teria circulado amplamente entre os delegados da Sociedade das Nações (GROCE, 2014, p. 510).

No entanto, nem a criação da agência internacional de informação e, tampouco, a Declaração de Direitos elaborada pela *International Society for Crippled Children* foram implementadas na Sociedade das Nações. Groce esclarece que:

> [...] a primeira barreira parece ter sido a própria Sociedade das Nações, que carecia do financiamento e da verdadeira colaboração para avançar nos esforços para atender às necessidades das populações marginalizadas. À medida que as questões políticas

[37] Hoje denominada *Easterseals*. Importante notar que após a 1ª Guerra Mundial houve um impulso à criação de entidades dedicadas à causa das pessoas com deficiência. Nos Estados Unidos, por exemplo, foram fundadas a *American Foundation for the Blind*, a *Disabled American Veterans* e a *Rehabilitation International*. Vale observar, contudo, que já no século XIX existiam entidades dedicadas às pessoas com deficiência no mundo, como, exemplificativamente, o inglês Royal National Institute of Blind People criado em 1868 com a denominação de *British and Foreign Society for Improving the Embossed Literature of the Blind* e a American Association on Intellectual and Developmental Disabilities, estabelecido em 1876, nos Estados Unidos da América, com nome *Association of Medical Officers of American Institutions for Idiotic and Feebleminded Persons*.

> passaram a dominar a atenção da Sociedade quando a Segunda Guerra Mundial começou a se aproximar e as delegações nacionais saíram da Sociedade, o interesse e o comprometimento em lidar com questões de deficiência (nunca um foco sério) caíram cada vez mais na lista de prioridades da Sociedade.
>
> A segunda barreira foi econômica. O aprofundamento da depressão em ambos os lados do Atlântico limitou drasticamente o trabalho da Sociedade das Nações [...]. (GROCE, 2014, p. 511, tradução nossa)

A ausência de um "foco sério" da Liga das Nações no tema deficiência, com falta de colaboração verdadeira, conforme apontado por Groce, nos remete às limitações do próprio intuito estampado no instrumento de sua criação, o Tratado de Versalhes, que já em seu introito revela que o tratado firmado pelas "altas partes contratantes", teria o objetivo de desenvolver a cooperação entre as nações para garantia da paz e segurança, com a manutenção das relações internacionais fundadas na justiça e na honra, observando-se as prescrições do Direito Internacional (BRASIL, 1920). Ou seja, centrou-se a Sociedade das Nações nas relações entre "as partes contratantes", restando, ainda, esvaziada pela não ratificação do Tratado de Versalhes pelos EUA.[38]

Por seu turno, a Organização das Nações Unidas (ONU) já nasceu com um escopo mais amplo, conferindo especial destaque ao ser humano.[39] Ensina Comparato que:

> A ONU difere da Sociedade das Nações, na mesma medida em que a Segunda Guerra Mundial se distingue da Primeira. Enquanto em 1919 a preocupação única era a criação de uma instância de arbitragem e regulação dos conflitos bélicos, em 1945 objetivou-se colocar a guerra definitivamente fora da lei. Por outro lado, o horror

[38] Salienta Seitenfus que: "A consternação pela ausência dos Estados Unidos não conduz os Estados europeus a dissolver a SDN. Há expectativa que em breve Washington mudará de posição. Vã espera, pois os Estados Unidos jamais ingressão na Sociedade das Nações. Por conseguinte, a organização genebrina será, pela importância de seus integrantes, uma instituição européia embora se pretenda universal" (2008, p. 109).

[39] Segundo Gama, "trata-se de um novo e definitivo pacto global destinado principalmente a estabelecer regras de relacionamento entre os Estados e entre estes e os cidadãos que passam, a partir dela, a ser titulares de Direito Internacional, como cidadãos universais, confirmando a ideia de família universal" (2012, p. 30).

> engendrado pelo surgimento dos Estados totalitários, verdadeiras máquinas de destruição de povos inteiros, suscitou em toda parte a consciência de que, sem o respeito aos direitos humanos, a convivência pacífica das nações tornava-se impossível.
>
> Por isso, enquanto a Sociedade das Nações não passava de um clube de Estados, com liberdade de ingresso e retirada conforme suas conveniências próprias, as Nações Unidas nasceram com a vocação de se tornarem a organização da sociedade política mundial, à qual deveriam pertencer portanto, necessariamente, todas as nações do globo emprenhadas na defesa da dignidade humana. (2010, p. 226)

A própria abertura da Carta das Nações Unidas, assinada em 26 de junho de 1945, já revela que o interesse em caso não é apenas de "partes contratantes", mas dos "povos das nações unidas".

Nesse sentido, menciona o introito da Carta das Nações Unidas:

> NÓS, OS POVOS DAS NAÇÕES UNIDAS, RESOLVIDOS
>
> a preservar as gerações vindouras do flagelo da guerra, que por duas vezes, no espaço da nossa vida, trouxe sofrimentos indizíveis à humanidade, e a reafirmar a fé nos direitos fundamentais do homem, na dignidade e no valor do ser humano, na igualdade de direito dos homens e das mulheres, assim como das nações grandes e pequenas, e a estabelecer condições sob as quais a justiça e o respeito às obrigações decorrentes de tratados e de outras fontes do direito internacional possam ser mantidos, e a promover o progresso social e melhores condições de vida dentro de uma liberdade ampla.
>
> E para tais fins praticar a tolerância e viver em paz, uns com os outros, como bons vizinhos, e unir as nossas forças para manter a paz e a segurança internacionais, e a garantir, pela aceitação de princípios e a instituição dos métodos, que a força armada não será usada a não ser no interesse comum, a empregar um mecanismo internacional para promover o progresso econômico e social de todos os povos.
>
> Resolvemos conjugar nossos esforços para a consecução desses objetivos.
>
> Em vista disso, nossos respectivos Governos, por intermédio de representantes reunidos na cidade de São Francisco, depois de exibirem seus plenos poderes, que foram achados em boa e devida forma, concordaram com a presente Carta das Nações Unidas

> e estabelecem, por meio dela, uma organização internacional que será conhecida pelo nome de Nações Unidas. (BRASIL, 1945)

Esta mudança de foco, explica-se como reflexo das próprias atrocidades praticadas na Segunda Guerra Mundial, em um cenário no qual a dignidade da pessoa ficou vilipendiada, com repercussão em todo o mundo.

Portanto, a perplexidade e a preocupação desconheceu fronteiras e tomou uma amplitude global. Nessa conjuntura, verifica-se que "a comunidade passou a reconhecer que a proteção dos direitos humanos constitui questão de legítimo interesse e preocupação internacional" (PIOVESAN, 2017, p. 79), em um cenário no qual "as consciências se abriram, enfim, para o fato de que a sobrevivência da humanidade exigia a colaboração de todos os povos, na reorganização das relações internacionais com base no respeito incondicional à dignidade humana" (COMPARATO, 2010, p. 226).

A Carta das Nações Unidas estabeleceu em seu artigo 1º, como propósito, além da manutenção da paz e o respeito ao princípio da igualdade e de autodeterminação dos povos, a obtenção de uma cooperação para resolver problemas de cunho econômico, social, cultural ou humanitário e para promover e incentivar o respeito aos direitos humanos e às liberdades fundamentais para todos, sem distinção de raça, sexo, língua ou religião.[40] Para tanto, seria a ONU o ente harmonizador das ações das nações visando a consecução desses objetivos comuns (BRASIL, 1945).

Destaca-se, ainda, o disposto nos Capítulos IX e X, da aludida Carta, ao se delinear a Cooperação Econômica e Social Internacional,[41] criando-se, para tanto, o Conselho Econômico e Social[38].

---

40 Seitenfus aponta que: "A soberania, tanto em sua vertente externa quanto interna, deixa de ser um princípio absoluto e selvagem e subordinar-se-á, a partir deste momento, aos imperativos da paz e dos direitos humanos" (2008, p. 130).

41 Artigo 55 da Carta das Nações Unidas: "Com o fim de criar condições de estabilidade e bem estar, necessárias às relações pacíficas e amistosas entre as Nações, baseadas no respeito ao princípio da igualdade de direitos e da autodeterminação dos povos, as Nações Unidas favorecerão: a) níveis mais altos de vida, trabalho efetivo e condições de progresso e desenvolvimento econômico e social; b) a solução dos problemas internacionais econômicos, sociais, sanitários e conexos; a cooperação internacional, de caráter cultural e educacional; e c) o respeito universal e efetivo dos direitos humanos e das liberdades fundamentais para todos, sem distinção de raça, sexo, língua ou religião" (BRASIL, 1945).

O desenvolvimento social como um dos objetivos da cooperação entre os países, com a observância dos direitos humanos e das liberdades fundamentais para todos, como estabelecido na Carta da ONU, propiciou o tratamento de temas relativos às pessoas com deficiência no bojo do Conselho Econômico e Social. Já no ano de 1946, criou-se sob a égide do Conselho, a Comissão Social[43] que, ainda na sua formação provisória, apresentou relatório apontando qual seria o entendimento sobre o "campo social", a ser apreciado pelo Conselho Econômico e Social, no mister que lhe fora atribuído pela Carta da ONU, assentando desde logo que:

> [...] 'campo social' era comumente associado a atividades de caráter caritativo. Esta concepção de uma parcial reparação pela injustiça social por uma espécie de benevolência condescendente por parte de classes privilegiadas com respeito aos pobres, atinge profundamente a dignidade humana e o sentido de igualdade democrática. Além disso, essa interpretação deixou há muito de ser científica e adequada às necessidades contemporâneas. Percebe-se que, sob condições contemporâneas, a comunidade deve desempenhar o papel próximo de assegurar um padrão de vida adequado para todos. De fato, a política social tornou-se parte integrante da administração pública, e seus objetos somente podem ser efetivamente assegurados desta forma. (ONU, 1946, tradução nossa)

O mencionado relatório fez expressa menção a serviços sociais que seriam necessários a grupos especiais no sentido de assegurar uma melhor qualidade de vida, elencando entre eles, o cuidado e a reabilitação das pessoas com deficiência (ONU, 1946).

---

[42] Artigo 62 da Carta das Nações Unidas: "1. O Conselho Econômico e Social fará ou iniciará estudos e relatórios a respeito de assuntos internacionais de caráter econômico, social, cultural, educacional, sanitário e conexos e poderá fazer recomendações a respeito de tais assuntos à Assembléia Geral, aos Membros das Nações Unidas e às entidades especializadas interessadas. 2. Poderá, igualmente, fazer recomendações destinadas a promover o respeito e a observância dos direitos humanos e das liberdades fundamentais para todos. 3. Poderá preparar projetos de convenções a serem submetidos à Assembléia Geral, sobre assuntos de sua competência. 4. Poderá convocar, de acordo com as regras estipuladas pelas Nações Unidas, conferências internacionais sobre assuntos de sua competência" (BRASIL, 1945).

[43] Atualmente denominada Comissão para o Desenvolvimento Social.

A ideia de que as políticas sociais não deveriam se pautar pelo aspecto caritativo é bastante relevante para as pessoas com deficiência, especialmente pelo estigma relacionando a tais pessoas, como se fossem indivíduos inferiores, dignos de pena.

Prosseguindo no seu mister, a Comissão Social, na sexta sessão havida no ano de 1950, considerou dois relatórios apresentados pelo Secretário-Geral, intitulados "Social Rehabilitation of the Physically Handicapped" e "Social Rehabilitation of the Blind", levando o Conselho Econômico e Social a promover programas de reabilitação para pessoas com deficiência física e visual (ONU, 2018b, p. 6).

Interessante observar a influência profunda do modelo médico no trabalho da Comissão naquele estágio. Não podemos olvidar que o contingente de pessoas com impedimentos adquiridos no curso da guerra fez crescer a busca pela reabilitação, como forma de integração daquelas pessoas à sociedade.

Extrai-se da proposta de resolução feita pela Comissão Social na aludida sexta sessão, o entendimento sobre o papel da reabilitação: "Acreditando que toda pessoa com deficiência tem direito a uma oportunidade de ajudar a reabilitar-se e conseguir uma vida útil e satisfatória" (ONU, 1950a, p. 12, tradução nossa). Ou seja, a ideia que prevalecia era que a deficiência estaria no indivíduo, que pela reabilitação, ou seja, modificação de sua condição pessoal, poderia ter uma vida "útil e satisfatória", apontando, assim, que sua vida seria inútil e insatisfatória naquela condição prévia à reabilitação, imbuída tal consideração de evidente menosprezo às pessoas com deficiência, cenário típico do modelo médico.

De qualquer forma, houve o encaminhamento da recomendação ao Conselho Econômico e Social para que fosse criado um programa de reabilitação para as pessoas com deficiência física, mental e sensorial visual (ONU, 1950a, p. 12). O Conselho, por seu turno, adotou a recomendação e requereu ao Secretário-Geral, planejar junto com as agências especializadas e em consultas com as organizações não governamentais interessadas, um programa internacional para a reabilitação das pessoas com deficiência física.[44]

[44] Interessante observar que entre fevereiro e março de 1950, já acontecia em Genebra uma reunião entre representantes da ONU e agências especializadas para discutir a reabilitação das pessoas com deficiência física e sensorial visual.

O Conselho recomendou aos Estados membros que continuassem seus esforços no campo da reabilitação social das pessoas com deficiência física e visual, fazendo alusão à necessidade de troca de conhecimento sobre aparelhos protéticos e auditivos (ONU, 1950b, p. 40-41).

O programa internacional para a reabilitação embora estivesse assentado no modelo médico, sustentando que a pessoa com deficiência deveria ter acesso aos serviços para que pudesse se integrar à sociedade, pontuou de forma importante naquele início da segunda metade do século XX que necessária se fazia uma nova abordagem sobre as pessoas com deficiência no sentido de que inaceitável considerar-se uma pessoa com deficiência como "objeto de exploração comercial e treinado para ocupação de um pedinte profissional, ou mesmo para ser considerado como um mero objeto para caridade" (ONU, 1953, p. 5, tradução nossa).

Portanto, a reabilitação seria o meio para integração do indivíduo na sociedade, garantindo-lhe independência como alternativa a "passar o resto de sua vida em uma instituição segregada, ou dentro de um ambiente de deficiência" (ONU, 1953, p. 6, tradução nossa). Evidencia-se, assim, a tentativa de se afastar o modelo de prescindibilidade, especialmente no seu submodelo da marginalização, para assentar o modelo médico.

Relevante notar que já em tal época, percebia-se a importância fundamental da conscientização da opinião pública para possibilitar a reabilitação da pessoa com deficiência e, por conseguinte, sua integração à sociedade. A proposta de um programa internacional de reabilitação, embora sob a égide de um modelo médico, acentuava que a pessoa com deficiência "é um indivíduo sujeito pleno de direitos humanos", e possui o direito de "receber do seu país todas as medidas possíveis de proteção, assistência e oportunidade de reabilitação" (ONU, 1953, p. 5, tradução nossa).

Os entes das Nações Unidas buscavam especificar estratégias para atender às pessoas com deficiência e, ainda naqueles primeiros anos da entidade, já vislumbraram a necessidade de normas específicas para tratar do tema deficiência:

> Os deficientes físicos exigem legislação especial para sua proteção, e para a provisão dos serviços que podem contribuir para sua completa reabilitação, mas mesmo o governo mais progressista pode fazer pouco nessa direção sem o apoio inteligente do público em geral. (ONU, 1956, p. 6, tradução nossa)

Se de um lado, os entes da ONU dedicados aos temas sociais procuravam delinear políticas aplicáveis às pessoas com deficiência, especificando os seus direitos, no sentido de se resguardar o valor maior da dignidade da pessoa humana, de outro, o advento da Declaração Universal dos Direitos Humanos em 1948, assentou o caráter de universalidade dos direitos fundamentais que são inerentes a todos seres humanos.

Neste cenário, como resumiu Piovesan:

> A partir da aprovação da Declaração Universal de 1948 e a partir da concepção contemporânea de direitos humanos por ela introduzida, começa a se desenvolver o Direito Internacional dos Direitos Humanos, mediante a adoção de inúmeros tratados internacionais voltados à proteção de direitos fundamentais. Forma-se o sistema normativo global de proteção dos direitos humanos, no âmbito das Nações Unidas. Este sistema normativo, por sua vez, é integrado por instrumentos de alcance geral (como os Pactos Internacionais de Direitos Civis e Políticos e de Direitos Econômicos, Sociais e Culturais de 1966) e por instrumentos de alcance específico, como as Convenções internacionais que buscam responder a determinadas violações de direitos humanos, como a tortura, a discriminação racial, a discriminação contra as mulheres, a violação dos direitos das crianças, dentre outras formas de violação. Firma-se, assim, no âmbito do sistema global, a coexistência dos sistemas geral e especial de proteção dos direitos humanos, como sistemas de proteção complementares. O sistema especial de proteção realça o processo da especificação do sujeito de direito, no qual o sujeito passa a ser visto em sua especificidade e concreticidade (ex: protege-se a criança, os grupos étnicos minoritários, os grupos vulneráveis, as mulheres,...). Já o sistema geral de proteção (ex.: Pactos da ONU de 1966) tem por endereçado toda e qualquer pessoa, concebida em sua abstração e generalidade. (2000, p. 96-97)

Assim, em relação às pessoas com deficiência, além daqueles instrumentos de alcance geral como a Declaração dos Direitos Humanos e os Pactos Internacionais de Direitos Civis e Políticos e de Direitos Econômicos, Sociais e Culturais de 1966, houve uma série de discussões e a adoção de resoluções pela ONU que precederam o instrumento de proteção especial dos direitos das pessoas com deficiência, a Convenção sobre os Direitos das Pessoas com Deficiência, adotada pela Resolução 61/106 da Assembleia Geral da ONU em 13 de dezembro de 2006 que entrou em vigor internacionalmente em 03 de maio de 2008.

Portanto, abordar-se-á neste capítulo instrumentos gerais que, por seu caráter universal, devem ser integralmente aplicados às pessoas com deficiência, bem como, algumas resoluções da ONU que até o advento da Convenção, trataram das pessoas com deficiência, ainda que essas pessoas tenham aguardado mais de meio século desde a criação da ONU para contar com uma convenção internacional a especificar seus direitos.

No que tange a tais instrumentos gerais, além da Declaração Universal dos Direitos Humanos, abordar-se-á especificamente os Pactos Internacionais sobre Direitos Econômicos, Sociais e Culturais e sobre Direitos Civis e Políticos.

Importante observar, ainda, que outros instrumentos internacionais que se dirigem especificamente a temas específicos (*e.g.*, Convenção contra a Tortura e Outros Tratamentos ou Penas Cruéis) ou a certos grupos de pessoas (*e.g.*, Convenção sobre a Eliminação de todas as Formas de Discriminação contra a Mulher) podem, eventualmente, ser aplicados às pessoas com deficiência.

Exemplificativamente, pode ocorrer situação em que uma mulher, abarcada pela proteção insculpida na Convenção sobre a Eliminação de todas as Formas de Discriminação contra a Mulher, também seja pessoa com deficiência, de maneira que poderá ela sofrer eventual "dupla discriminação". Tal hipótese não é remota, na medida em que estima-se que existam 300 milhões de mulheres com deficiência no mundo (ALWIS, 2009, p. 3).

Aliás, embora a mencionada Convenção não faça expressa menção às mulheres com deficiência, a Recomendação Geral n. 18, do Comitê sobre a Eliminação da Discriminação contra a Mulher[45] adotada em sua Décima

---

[45] O Comitê sobre a Eliminação da Discriminação contra a Mulher foi criado pelo artigo 17 da Convenção sobre a Eliminação de Todas as Formas de Discriminação contra a Mulher. Segundo dispõe o artigo 21.1 da Convenção: "O Comitê, através do Conselho Econômico e Social das Nações Unidas, informará anualmente a Assembléia Geral das Nações Unidas de suas atividades e poderá apresentar sugestões e recomendações de caráter geral baseadas no exame dos relatórios e em informações recebidas dos Estados-Partes. Essas sugestões e recomendações de caráter geral serão incluídas no relatório do Comitê juntamente com as observações que os Estados-Partes tenham porventura formulado" (BRASIL, 2002).

Sessão, no ano de 1991, fez expressa menção à "dupla discriminação" para recomendar que os Estados apresentassem informações sobre a situação das mulheres com deficiência e as respectivas medidas adotadas para tratar de sua situação particular, incluindo medidas especiais para assegurar que elas tenham acesso igualitário à educação, ao emprego, aos serviços de saúde e à seguridade social, além da participação em todas as áreas da vida social e cultural (ONU, 2006a, p. 301).

Outro instrumento internacional dirigido a um público específico é a Convenção sobre os Direitos da Criança. Da mesma forma do que pode ocorrer com as mulheres com deficiência, possível que uma criança protegida pelos ditames de tal Convenção também seja pessoa com deficiência.

No entanto, a aludida Convenção sobre os Direitos da Criança faz duas expressas menções às pessoas com deficiência. No artigo 2º, estabelece que os direitos enunciados na Convenção deverão ser assegurados a todas as crianças, sem distinção alguma, independentemente de raça, cor, sexo, idioma, crença, opinião política ou de outra índole, origem nacional, étnica ou social, posição econômica, deficiências físicas, nascimento ou qualquer outra condição da criança, de seus pais ou de seus representantes legais (BRASIL, 1990).

Demais disso, a Convenção sobre os Direitos da Criança dedicou seu artigo 23[46] às crianças com deficiência. O aludido dispositivo assentou que a "[...]

[46] Convenção sobre os Direitos da Criança, artigo 23: "1. Os Estados Partes reconhecem que a criança portadora de deficiências físicas ou mentais deverá desfrutar de uma vida plena e decente em condições que garantam sua dignidade, favoreçam sua autonomia e facilitem sua participação ativa na comunidade. 2. Os Estados Partes reconhecem o direito da criança deficiente de receber cuidados especiais e, de acordo com os recursos disponíveis e sempre que a criança ou seus responsáveis reúnam as condições requeridas, estimularão e assegurarão a prestação da assistência solicitada, que seja adequada ao estado da criança e às circunstâncias de seus pais ou das pessoas encarregadas de seus cuidados. 3. Atendendo às necessidades especiais da criança deficiente, a assistência prestada, conforme disposto no parágrafo 2 do presente artigo, será gratuita sempre que possível, levando-se em consideração a situação econômica dos pais ou das pessoas que cuidem da criança, e visará a assegurar à criança deficiente o acesso efetivo à educação, à capacitação, aos serviços de saúde, aos serviços de reabilitação, à preparação para o emprego e às oportunidades de lazer, de maneira que a criança atinja a mais completa integração social possível e o maior desenvolvimento individual factível, inclusive seu

criança portadora de deficiências físicas ou mentais deverá desfrutar de uma vida plena e decente em condições que garantam sua dignidade, favoreçam sua autonomia e facilitem sua participação ativa na comunidade" (BRASIL, 1990).

Em que pese a relevância de uma menção expressa a crianças com deficiência física e mental, o que se verifica é que tal dispositivo inserido na Convenção que foi adotada em 20 de novembro de 1989 e entrou em vigor internacionalmente em 02 de setembro de 1990, revela a influência do modelo médico de se considerar a deficiência. Referido artigo estabelece que as crianças com deficiência devam receber cuidados especiais para que tenham acesso à educação, à capacitação, aos serviços de saúde e de reabilitação, à preparação para o emprego e às oportunidades de lazer, de maneira que a criança atinja a mais completa integração social.

Ou seja, o que se verifica é que toda a atenção é voltada às intervenções necessárias no sentido da normalização da criança com deficiência para que ela possa ser "integrada à sociedade" e não incluída no meio social como propõe o modelo social de se considerar a deficiência. O mencionado artigo ainda faz alusão à assistência médica preventiva e ao tratamento médico, psicológico e funcional das crianças com deficiência, sem qualquer alusão à existência de barreiras externas às próprias pessoas com deficiência, em evidente apego ao modelo médico.

Ainda assim, importante a existência de tal dispositivo, pois chama a atenção para a situação específica do grupo de pessoas com deficiência que ainda não completaram 18 anos de idade[47], estimado entre 150 e 200 milhões de pessoas (SABATELLO, 2013, p. 465).

---

desenvolvimento cultural e espiritual. 4. Os Estados Partes promoverão, com espírito de cooperação internacional, um intercâmbio adequado de informações nos campos da assistência médica preventiva e do tratamento médico, psicológico e funcional das crianças deficientes, inclusive a divulgação de informações a respeito dos métodos de reabilitação e dos serviços de ensino e formação profissional, bem como o acesso a essa informação, a fim de que os Estados Partes possam aprimorar sua capacidade e seus conhecimentos e ampliar sua experiência nesses campos. Nesse sentido, serão levadas especialmente em conta as necessidades dos países em desenvolvimento" (BRASIL, 1990).

47 Importante salientar que segundo o artigo 1° da Convenção sobre os Direitos da Criança, "[...] considera-se como criança todo ser humano com menos de dezoito anos de idade, a não ser que, em conformidade com a lei aplicável à criança, a maioridade seja alcançada antes" (BRASIL, 1990).

Vale observar que o reconhecimento da situação própria das crianças e mulheres com deficiência veio a ser contemplado na Convenção sobre os Direitos das Pessoas com Deficiência, que dedicou os artigos 6º e 7º a tais grupos.

No que tange às resoluções da ONU sobre as pessoas com deficiência, à mingua de uma Convenção Internacional sobre o tema por mais de sessenta anos desde sua criação, neste período elas são uma importante fonte para se compreender qual era a abordagem pelos Estados no seio da ONU de tal matéria e como se deu o caminho para se chegar à Convenção sobre os Direitos das Pessoas com Deficiência.

3.1 A DECLARAÇÃO UNIVERSAL DOS DIREITOS HUMANOS

Se a Carta das Nações Unidas assinada em 26 de junho de 1945, quando os alemães já haviam apresentado sua rendição e, já era possível verificar, ao menos em parte, a extensão do massacre por eles praticado, houve, ainda, um episódio marcante que antecedeu o fim da Segunda Grande Guerra com a rendição do Japão, qual seja, o lançamento das bombas atômicas em Hiroshima e Nagasaki em 06 e 09 de agosto de 1945, respectivamente.

Com o término da guerra, foi possível dimensionar o terror das práticas nazistas o que, aliado à ameaça de bombas atômicas, pautando-se pelo ocorrido nas aludidas cidades devastadas do Japão, acentuou a percepção da fragilidade da própria humanidade[48], exposta ao risco do extermínio.[49]

---

48 Oportuna a menção à lição de Comparato, de que "a compreensão da dignidade suprema da pessoa humana e de seus direitos, no curso da História, tem sido, em grande parte, o fruto da dor física e do sofrimento moral. A cada grande surto de violência, os homens recuam, horrorizados, à vista da ignomínia que afinal se abre claramente diante de seus olhos; e o remorso pelas torturas, pelas mutilações em massa, pelos massacres coletivos e pelas explorações aviltantes faz nascer nas consciências, agora purificadas, a exigência de novas regras de uma vida mais digna para todos" (2010, p. 50).

49 Menciona Gama que: "Em 6 de agosto de 1945, os EUA lançaram o primeiro ataque nuclear da história ao detonarem uma bomba nuclear em Hiroshima. Três dias depois, uma nova bomba é lançada em Nagasaki, levando o Império Japonês a se render em 15 de agosto de 1945. Ao todo, estimativas apontam para um número aproximado de 220 mil mortos pelas duas bombas, número que é somado pelas vítimas dos efeitos posteriores da radiação. Dentre estes, a maioria era civil.

Exatamente neste período de pós-guerra é que surge o movimento de reconstrução dos direitos humanos, com sua internacionalização por meio da Declaração Universal dos Direitos Humanos, adotada pela Resolução 217 A (III) da Assembleia Geral da ONU, em 10 de dezembro de 1948.[50]

Observa Piovesan que:

> É neste cenário que se desenha o esforço de reconstrução dos direitos humanos, como paradigma e referencial ético a orientar a ordem internacional contemporânea. Se a 2ª Guerra significou a ruptura com os direitos humanos, o Pós-Guerra deveria significar a sua reconstrução.
>
> Neste sentido, em 10 de dezembro de 1948, é aprovada a Declaração Universal dos Direitos Humanos, como marco maior do processo de reconstrução dos direitos humanos. Introduz ela a concepção contemporânea de direitos humanos, caracterizada pela universalidade e indivisibilidade destes direitos. Universalidade porque clama pela extensão universal dos direitos humanos, sob a crença de que a condição de pessoa é o requisito único para a dignidade e titularidade de direitos. Indivisibilidade porque a garantia dos direitos civis e políticos é condição para a observância dos direitos sociais, econômicos e culturais e vice-versa. Quando um deles é violado, os demais também o são. Os direitos

---

Estes eventos encerram a Segunda Guerra mundial e, somados à destruição causada pelo confronto global, pelo número de baixas humanas e pelas atrocidades cometidas pelo regime nazista, impôs ao mundo a necessidade de uma reorganização internacional e a construção de novos valores éticos-morais para a humanidade, como condição para a manutenção de sua existência" (2012, p. 28).

50 Lembra Comparato que: "Inegavelmente, a Declaração Universal de 1948 representa a culminância de um processo ético que, iniciado com a Declaração de Independência dos Estados Unidos e a Declaração dos Direitos do Homem e do Cidadão, da Revolução Francesa, levou ao reconhecimento da igualdade essencial de todo ser humano em sua dignidade de pessoa, isto é, como fonte de todos os valores, independentemente das diferenças de raça, cor, sexo, língua, religião, opinião, origem nacional ou social, riqueza, nascimento, ou qualquer outra condição, como se diz em seu artigo II. E esse reconhecimento universal da igualdade humana só foi possível quando, ao término da mais desumanizadora guerra de toda a História, percebeu-se que a ideia de superioridade de raça, de uma classe social, de uma cultura ou de uma religião, sobre todas as demais, põe em risco a própria sobrevivência da humanidade" (2010, p. 240).

> humanos compõem assim uma unidade indivisível, interdependente e inter-relacionada. (PIOVESAN, 2000, p. 94-95)

Talvez quem melhor tenha abordado a necessidade de se garantir a dignidade dos seres humanos de forma universal em face das experiências do totalitarismo enfrentadas na Segunda Grande Guerra foi Hanna Arendt, ao pontuar que:

> O problema é que a nossa época interligou de modo tão estranho o bom e o mau que, sem a expansão dos imperialistas levada adiante por mero amor à expansão, o mundo poderia jamais ter-se tornado um só; sem o mecanismo político da burguesia que implantou o poder pelo amor ao poder, as dimensões da força humana poderiam nunca ter sido descobertas; sem a realidade fictícia dos movimentos totalitários, nos quais – pelo louvor da força por amor à força – as incertezas essenciais do nosso tempo acabaram sendo desnudadas com clareza sem par, poderíamos ter sido levados à ruína sem jamais saber o que estava acontecendo. E, se é verdade que, nos estágios finais do totalitarismo, surge um mal absoluto (absoluto, porque já não pode ser atribuído a motivos humanamente compreensíveis), também é verdade que, sem ele, poderíamos nunca ter conhecido a natureza realmente radical do Mal. O anti-semitismo (não apenas o ódio aos judeus), o imperialismo (não apenas a conquista) e o totalitarismo (não apenas a ditadura) – um após o outro, um mais brutalmente que o outro – demonstraram que a dignidade humana precisa de nova garantia, somente encontrável em novos princípios políticos e em uma nova lei na terra, cuja vigência desta vez alcance toda a humanidade, mas cujo poder deve permanecer estritamente limitado, estabelecido e controlado por entidades territoriais novamente definidas. (1989, p. 12-13)

Nesse contexto é que a Declaração Universal dos Direitos Humanos vem estabelecer o rol de direitos fundamentais que visam resguardar a dignidade de todas as pessoas, sendo certo que "a proteção jurídica da ONU ao ser humano independe do seu vínculo de nacionalidade com um Estado específico mas tem como requisito único e fundamental: o fato do nascimento" (ALMEIDA, 2004, p. 14).

Se todas as pessoas são consideradas tuteladas pela proteção dos direitos fundamentais insculpidos na Declaração Universal dos Direitos Humanos independentemente de sua nacionalidade, deve-se observar que:

> [...] a sistemática internacional de proteção dos direitos humanos, ao constituir uma garantia adicional de proteção, invoca dupla dimensão, enquanto: a) parâmetro protetivo mínimo a ser observado pelos Estados, propiciando avanços e evitando retrocessos no sistema nacional de direitos humanos; e b) instância de proteção dos direitos humanos, quando as instituições nacionais se mostram falhas ou omissas no dever de proteção desses direitos. (PIOVESAN, 2017, p. 82)

O próprio preâmbulo da Declaração menciona exatamente o compromisso dos Estados membros de "promover, em cooperação com a Organização das Nações Unidas, o respeito universal e efetivo dos direitos do Homem e das liberdades fundamentais" (ONU, 1948).

Portanto, todos os seres humanos ao nascer, independentemente do local onde tal fato se verifique, ou de qualquer outro fator como sexo, raça, cor, religião, existência ou não de impedimento físico, mental, intelectual ou sensorial, ou qualquer outra condição, já se encontram sob a égide da proteção da Declaração Universal dos Direitos Humanos.

No aludido preâmbulo, há expressa alusão quanto à motivação e ao seu propósito. Nesse sentido dispõe a Declaração que "o desconhecimento e o desprezo dos direitos do Homem conduziram a atos de barbárie que revoltam a consciência da Humanidade", sendo que "a fé nos direitos fundamentais do Homem, na dignidade e no valor da pessoa humana, na igualdade de direitos dos homens e das mulheres e se declaram resolvidos a favorecer o progresso social e a instaurar melhores condições de vida dentro de uma liberdade mais ampla" (ONU, 1948).

Tais considerações preambulares revelam que o escopo de se reconhecer os direitos fundamentais de forma universal, assegurando a dignidade inerente a todas as pessoas seria uma necessária resposta ao cenário de barbárie vivenciado na Segunda Grande Guerra.

Não se pode olvidar que as pessoas com deficiência foram as primeiras vítimas do nazismo, estimando-se o assassinato de 300.000 indivíduos pertencentes a tal grupo (FRIES, 2017, p. 1), selecionados especificamente para serem eliminados por sua condição. Ou seja, se a barbárie nazista ensejou a reflexão a inspirar o comprometimento com a dignidade dos seres humanos em âmbito universal, evidente que às pessoas com deficiência a tutela de tal proteção também deve se aplicar. Nesse sentido, possível extrair dos artigos 1° e 2°, da Declaração, os princípios da igualdade e universalidade que devem ser observados:

> Artigo 1° Todos os seres humanos nascem livres e iguais em dignidade e em direitos. Dotados de razão e de consciência, devem agir uns para com os outros em espírito de fraternidade.
>
> Artigo 2° Todos os seres humanos podem invocar os direitos e as liberdades proclamados na presente Declaração, sem distinção alguma, nomeadamente de raça, de cor, de sexo, de língua, de religião, de opinião política ou outra, de origem nacional ou social, de fortuna, de nascimento ou de qualquer outra situação. Além disso, não será feita nenhuma distinção fundada no estatuto político, jurídico ou internacional do país ou do território da naturalidade da pessoa, seja esse país ou território independente, sob tutela, autônomo ou sujeito a alguma limitação de soberania. (ONU, 1948)

Nos aludidos dispositivos restou assentado que a condição única para que se reconheça a dignidade, igualdade e liberdade aos indivíduos é o nascimento, devendo a relação em sociedade ser regida pelo espírito de fraternidade.

Em alusão ao artigo 1°, da Declaração Universal, pondera Taiar que "a concepção universal dos direitos humanos deriva da ideia de 'inerência'", sendo que o aludido artigo 1°, da Declaração refere-se a todas as pessoas no sentido da humanidade, o que aponta para a vocação universalista do direito internacional dos direitos humanos (2009, p. 218).

Ao explicitar a universalidade de tais direitos e liberdades insculpidos na Declaração, sem distinção alguma, a Declaração aludiu expressamente à raça, cor, sexo, língua, religião, opinião política ou outra, origem nacional ou social, fortuna, nascimento ou qualquer outra situação.

Evidente que o rol é exemplificativo, já que ele mesmo aponta para "qualquer outra situação", o que, na verdade, apenas reforça o caráter universal da proteção da Declaração, estando as pessoas com deficiência, por óbvio, abarcadas nessa universalidade.

O artigo 3°, da Declaração aponta que todo o indivíduo tem direito à vida, à liberdade e à segurança pessoal.

De início, possível extrair em relação ao reconhecimento do direito à vida, a impossibilidade da prática do modelo de prescindibilidade, no seu submodelo de eliminação, pois o indivíduo com deficiência tem o direito à vida como qualquer outra pessoa. No que concerne ao direito à liberdade, a universalidade afasta a possibilidade de adoção do modelo de prescindibilidade, no seu submodelo de marginalização, pois a liberdade pressupõe que as pessoas com deficiência, em razão exclusivamente de sua condição possam viver em sociedade e não sejam segregadas em locais apartados.

Aliás, o artigo 29, da Declaração aponta que o "indivíduo tem deveres para com a comunidade, fora da qual não é possível o livre e pleno desenvolvimento da sua personalidade". A observância de tal dispositivo afasta de forma evidente a possibilidade de aplicação do submodelo de marginalização das pessoas com deficiência, apontando que o único lugar apropriado para o seu desenvolvimento é a sociedade.

Portanto, de início, importante salientar que o modelo de prescindibilidade, em qualquer de seus submodelos, é totalmente incompatível com os princípios assentados na Declaração, sendo certo também, que o modelo médico que foi por anos praticado e aceito no bojo da própria ONU, mostrou-se, posteriormente, inadequado para propiciar a desejada inclusão das pessoas com deficiência na sociedade, com a exigência de normalização que fere a dignidade de tais pessoas, ao estabelecer uma condição, por vezes inatingível, à participação social.

Assim, embora o modelo social tenha surgido aproximadamente três décadas após a Declaração, certamente é tal modelo aquele que atende aos preceitos da Declaração, em especial aqueles insculpidos nos seus artigos 1º, 2º, 6º e 29, no que tange às pessoas com deficiência, pois ele resguarda a dignidade inerente a tais pessoas, não exigindo que elas sejam "normalizadas" para serem incluídas na sociedade, atento para a igualdade e a liberdade que devem reger sua participação na comunidade.

Demais disso, é o modelo social que pugna pela efetiva participação da pessoa com deficiência na sociedade exercendo na plenitude seus direitos e a sua cidadania[51], o que atende ao preceito do artigo 6º, da Declaração, que dispõem que todos têm o direito de serem reconhecidos como pessoas perante a lei.

Como bem observou Özler, a Declaração Universal dos Direitos Humanos "é sem dúvida um dos documentos mais importantes da história

[51] Oliver aponta que: "a luta pela inclusão também faz parte da luta pela cidadania" (1996, p. 90).

da civilização humana". A Declaração fornece "uma base sólida para nossa compreensão coletiva dos direitos aos quais os seres humanos são dotados" (2018, p. 395, tradução nossa).

Embora tratar-se de um instrumento de caráter declaratório, sua importância é enorme, na medida em que estipula os princípios que orientam os Direitos Internacionais dos Direitos Humanos, servindo como guia para orientar o "desenvolvimento de todas as convenções de direitos humanos que se seguiram, incluindo aquelas sobre discriminação racial, direitos das mulheres, direitos das pessoas com deficiência e direitos das crianças" (ÖZLER, 2018, p. 398, tradução nossa).

Mas os efeitos da Declaração não são apenas irradiados nas formulações de tratados internacionais, mas também repercutem na atividade normativa dos próprios Estados membros, pois aqueles que ratificaram os tratados lastreados nos princípios insculpidos na Declaração Universal dos Direitos Humanos "têm maior probabilidade de incluir esses direitos como garantias constitucionais", sendo certo que "o reconhecimento constitucional de tratados internacionais de direitos humanos, acompanhado da independência judicial, leva subsequentemente a uma melhoria mensurável no desempenho dos direitos humanos" (ÖZLER, 2018, p. 398, tradução nossa).

Interessante observar que quando um Estado adere a uma convenção, há uma tendência à criação de uma série de outras normas e todo um arcabouço necessário para sustentar a política que garanta os direitos insculpidos no respectivo instrumento internacional.[52]

[52] Özler exemplifica a repercussão nos Estados da discussão e posterior adoção da Convenção sobre a Eliminação de Todas as Formas de Discriminação contra a Mulher: "Conferências globais sobre os direitos das mulheres tiveram início em 1975 e levaram à adoção da Convenção sobre a Eliminação de Todas as Formas de Discriminação contra as Mulheres em 1979. Isso por sua vez resultou na aprovação de leis e na criação de burocracias em todo o mundo focadas nos direitos das mulheres. Este exemplo mostra como os tratados criam pressão normativa e fornecem aos cidadãos e organizações nacionais padrões tangíveis em torno dos quais se organizam para mudanças na lei e na política. Claro, isso especialmente se verifica onde as organizações da sociedade civil local são capazes de exigir a conformidade com disposições do tratado. No entanto, há evidências de que ganhos podem ser obtidos por meio deste processo, mesmo quando os líderes estatais não estão totalmente a bordo" (2018, p. 398-399, tradução nossa).

Cançado Trindade destaca a influência da Declaração, não somente no que tange à criação de instrumentos internacionais e nacionais, mas também na atividade interpretativa nos tribunais:

> [...] a declaração universal de direitos humanos de 1948 é amplamente reconhecida como tendo aberto o caminho para a adoção de vários tratados de direitos humanos em nível global e regional (todos contendo referências a ela em seus preâmbulos). Também serviu de modelo para a promulgação de numerosas normas de direitos humanos das constituições nacionais e ajudou a fundamentar as decisões dos tribunais nacionais e internacionais. Além disso, a declaração universal é amplamente reconhecida hoje como uma interpretação autorizada das provisões de direitos humanos da Carta das Nações Unidas. (1998, p. 513, tradução nossa)

Se a Declaração Universal dos Direitos Humanos tornou-se "parte da linguagem comum da humanidade" (TRINDADE, 1998, p. 513, tradução nossa), é certo que a Declaração de Viena de 1993, exarada como resultado da Segunda Conferência Mundial de Direitos Humanos, teve o papel fundamental de reafirmar os princípios da Declaração Universal de 1948, como o da universalidade dos direitos humanos.

Enquanto a Declaração Universal dos Direitos Humanos foi adotada pelos então 56 membros da ONU, com a votação favorável de 48 Estados e 8 abstenções, a Declaração de Viena foi aprovada por todos os Estados, sendo que participaram das discussões da Conferência de Viena delegações de 171 Estados (ALVES, 1994, p. 169-173).

Sobre a importância da reafirmação, por um contingente amplo de Estados, da universalidade dos direitos humanos insculpidos na Declaração Universal de 1948, menciona Alves que:

> [...] constituiu, por sinal, uma das conquistas mais difíceis da Declaração de Viena. Não havendo participado da elaboração e da aprovação da Declaração Universal, e em função de seus sistemas culturais, religiosos e ideológicos diferentes daqueles do Ocidente, muitos países asiáticos e africanos insurgiram-se, no processo preparatório, contra a própria ideia dos direitos humanos que inspirou o texto de 48. Algumas delegações chegaram a declarar, no Plenário e nas discussões de trabalho da Conferência, que ela correspondia a uma tentativa de imposição de valores ocidentais sobre o resto do mundo. Sua aceitação de tais direitos seria, pois,

> sempre condicionada à adaptabilidade de cada um desses direitos aos respectivos sistemas. Em vista de tais posturas, foi um tento extraordinário da Conferência de Viena conseguir superar o relativismo cultural ou religioso. (1994, p. 173)

De fato, bastante relevante o disposto no parágrafo 1°, da Declaração de Viena[53], ao reafirmar o compromisso solene de todos os Estados de cumprir suas obrigações de promover o respeito universal, a observância e a proteção de todos os direitos humanos e liberdades fundamentais para todos, concluindo que a natureza universal desses direitos e liberdades é inquestionável.[54]

Por seu turno, o parágrafo 5°, apontou que além da universalidade, os direitos humanos são indivisíveis, interdependentes e inter-relacionados, sendo certo que as particularidades nacionais ou regionais, sejam históricas, culturais, religiosas, não afastam a obrigação dos Estados de promover e proteger os direitos humanos e liberdades fundamentais.[55]

---

53 Declaração de Viena, parágrafo 1°, "A Conferência Mundial sobre Direitos Humanos reafirma o compromisso solene de todos os Estados de cumprir suas obrigações de promover o respeito universal, a observância e a proteção de todos os direitos humanos e liberdades fundamentais para todos, de acordo com a Carta das Nações Unidas, outros instrumentos relativos aos direitos humanos e ao direito internacional. A natureza universal desses direitos e liberdades é inquestionável" (ONU, 1993b, tradução nossa).

54 Alves observa que "Examinada à luz do que se passava nos encontros paralelos da Conferência, particularmente no Fórum de ONGs, verifica-se que a colocação universalista dos direitos humanos, nos termos adotados na Declaração, não é irrealista. O grande afluxo de organizações afro-asiáticas, sobretudo do movimento feminista, com postulações liberais e libertárias, sem qualquer sinal de submissão a orientações externas, demonstrava concretamente que os direitos humanos podem e devem ser incorporados às mais diversas culturas, sem que, com isso, elas percam os fundamentos e características essenciais. A própria força adquirida pelo movimento em prol dos direitos humanos em todo o mundo tende a confirmar esse fato. Quanto aos Estados socialistas remanescentes, ser-lhes-ia inviável contradizer a Declaração, já que, ao menos teleologicamente, o objetivo de seus sistemas seria o de assegurar, em melhores condições do que as das sociedades capitalistas, a plena expansão das potencialidades humanas, e, conseqüentemente, a absoluta vigência dos direitos humanos" (1994, p. 173).

55 Declaração de Viena, parágrafo 5°, "Todos os direitos humanos são universais, indivisíveis e interdependentes e inter-relacionados. A comunidade internacional

O parágrafo 32, da Declaração de Viena, por seu turno, reafirma a importância de assegurar a universalidade, objetividade e não seletividade da consideração de questões de direitos humanos.

No que concerne às pessoas com deficiência, a Declaração de Viena expressamente apontou para a necessidade de se afastar a discriminação, garantindo-se os direitos humanos e liberdades fundamentais a tais pessoas, a propiciar a participação em sociedade. O parágrafo 22, menciona que:

> Atenção especial deve ser dada para assegurar a não-discriminação e o gozo igualitário de todos os direitos humanos e liberdades fundamentais das pessoas deficientes, incluindo a sua participação ativa em todos aspectos da sociedade. (ONU, 1993b, tradução nossa)

Certo que as pessoas com deficiência já se encontravam abarcadas pelas disposições da Declaração Universal dos Direitos Humanos, sendo que os artigos 1º e 2º, já lhes asseguravam a não discriminação e a igualdade de direitos humanos e liberdades fundamentais. Contudo, a expressa menção às pessoas com deficiência, suscitando-se uma "atenção especial", é um sinal positivo no sentido de se apresentar a necessidade de especificação dos direitos em relação a tal grupo de pessoas.

Outra menção às pessoas com deficiência é encontrada no parágrafo 29, da Declaração de Viena de 1993, que faz alusão às violações dos direitos humanos durante conflitos armados. O dispositivo revela que a "Conferência Mundial sobre Direitos Humanos está profundamente preocupada com as violações dos direitos humanos, conflitos armados, afetando a população civil, especialmente mulheres, crianças, idosos e deficientes" (ONU, 1993b, tradução nossa).

No Programa de Ação da Declaração de Viena, consta o item B.6 dedicado especificamente às pessoas com deficiência:

---

deve tratar os direitos humanos globalmente de maneira justa e igualitária, no mesmo nível, e com a mesma ênfase. Embora a importância das particularidades nacionais e regionais e os vários antecedentes históricos, culturais e religiosos devem ser tidos em conta, é dever dos Estados, independentemente seus sistemas político, econômico e cultural, promover e proteger todos os direitos humanos e liberdades fundamentais" (ONU, 1993b, tradução nossa).

> **6. Os direitos da pessoa com deficiência**
>
> 63. A Conferência Mundial sobre Direitos Humanos reafirma que todos os direitos humanos e liberdades fundamentais são universais e, portanto, sem reservas, incluem pessoas com deficiências. Toda pessoa nasce igual e tem o mesmo direito à vida e ao bem-estar, à educação e ao trabalho, à vida independente e à participação ativa em todos os aspectos da sociedade. Qualquer discriminação direta ou outro tratamento discriminatório negativo de uma pessoa deficiente é, portanto, uma violação de seus direitos. A Conferência Mundial sobre Direitos Humanos exorta os governos, se necessário, a adotar ou ajustar a legislação para assegurar o acesso a estes e outros direitos para as pessoas deficientes.
>
> 64. O lugar das pessoas com deficiência está em toda parte. Pessoas com deficiência devem ter garantidas iguais oportunidade por meio da eliminação de todas as barreiras socialmente determinadas, sejam elas físicas, financeiras, sociais ou psicológicas, que excluem ou restringem a plena participação na sociedade.
>
> 65 Recordando o Programa Mundial de Ação relativo às Pessoas Deficientes, adotado pelo Assembleia Geral em sua Trigésima Sétima Sessão, a Conferência Mundial sobre Direitos Humanos solicita à Assembleia Geral e ao Conselho Econômico e Social adotar o projeto de normas sobre a equiparação de oportunidades para pessoas com deficiência, em suas reuniões em 1993. (ONU, 1993b, tradução nossa)

Salienta-se, desde logo, que a solicitação contida no parágrafo 65 supramencionado foi atendida por meio da Resolução da Assembleia Geral da ONU 48/96 de 20 de dezembro de 1993, que adotou as Normas sobre a Equiparação de Oportunidades para Pessoas com Deficiência.

No que concerne ao parágrafo 63, nele reafirma-se a universalidade dos direitos humanos inclusive em relação às pessoas com deficiência, reforçando o que já constara no parágrafo 22, da Declaração de Viena.

Já o parágrafo 64 do Programa de Ação da Declaração de Viena revela a influência do modelo social de se considerar a deficiência, na medida em que suscita que para a plena participação social das pessoas com deficiência, necessária a eliminação de todas as barreiras socialmente determinadas que se revelem exclusivas ou restritivas.

Enfim, o que se constata é que de um lado, a Declaração de Viena foi muito relevante no sentido de reafirmar a universalidade dos direitos humanos e liberdades fundamentais, acentuando, também o caráter de indivisibilidade, interdependência e inter-relação de tais direitos, de certa forma, consolidando os preceitos da Declaração Universal dos Direitos Humanos; e, de outro, no que se refere especificamente às pessoas com deficiência, veio expressamente assentar que tais pessoas incluem-se plenamente nesta universalidade e o exercício de seus direitos humanos e liberdades fundamentais passa, inexoravelmente, pela eliminação das barreiras sociais existentes.

Assim como a Declaração de Viena veio reafirmar os princípios da Declaração Universal dos Direitos Humanos, todos os instrumentos internacionais e as próprias resoluções da ONU que de alguma forma abarcam as pessoas com deficiência, fazem reiteradas alusões à Declaração Universal que iluminou o caminho das discussões sobre o tema até o advento da Convenção sobre os Direitos das Pessoas com Deficiência que, aliás, expressamente faz alusão à Declaração Universal dos Direitos Humanos.[56]

Özler resumiu que a Declaração Universal dos Direitos Humanos:

> [...] não é uma resolução comum. Ela serviu como base para a compreensão global dos direitos humanos, e tem sido principalmente incontestada a esse respeito. E não é simplesmente uma relíquia. Foi formalmente e universalmente reafirmada por 171 estados na Convenção de Viena em 1993. Uma declaração tão grandiosa dá poder aos ideais que delineia [...]. (2018, p. 400, tradução nossa)

---

56 O preâmbulo da Convenção já faz alusão expressa à Declaração Universal, mencionando que: "b) *Reconhecendo* que as Nações Unidas, na Declaração Universal dos Direitos Humanos e nos Pactos Internacionais sobre Direitos Humanos, proclamaram e concordaram que toda pessoa faz jus a todos os direitos e liberdades ali estabelecidos, sem distinção de qualquer espécie, c) *Reafirmando* a universalidade, a indivisibilidade, a interdependência e a inter-relação de todos os direitos humanos e liberdades fundamentais, bem como a necessidade de garantir que todas as pessoas com deficiência os exerçam plenamente, sem discriminação, [...] w) *Conscientes* de que a pessoa tem deveres para com outras pessoas e para com a comunidade a que pertence e que, portanto, tem a responsabilidade de esforçar-se para a promoção e a observância dos direitos reconhecidos na Carta Internacional dos Direitos Humanos" (BRASIL, 2009a).

Portanto, ainda que existam incontáveis violações aos direitos humanos e liberdades fundamentais no mundo, o certo é que a Declaração Universal dos Direitos Humanos tem servido como uma ferramenta essencial para o avanço desses direitos. "O caminho a seguir pode ser lento e sinuoso, e pode haver paradas ao longo do caminho, mas basta olhar para trás para ver que existe de fato um caminho sendo forjado" (ÖZLER, 2018, p. 404-405, tradução nossa).

3.2 O PACTO INTERNACIONAL SOBRE DIREITOS ECONÔMICOS, SOCIAIS E CULTURAIS

Pacto Internacional sobre Direitos Econômicos, Sociais e Culturais foi adotado pela Assembleia Geral da ONU ainda no ano de 1966 (Resolução 2200A(XXI)), tendo entrado em vigor no âmbito internacional em 03 de janeiro de 1976, quando se angariou o número suficiente de ratificações.[57]

O aludido Pacto é instrumento de alcance geral, que embora não faça alusão expressa em seu texto às pessoas com deficiência, também abarca tais pessoas sem qualquer espécie de discriminação.

Já em seu preâmbulo, o Pacto, alinhando-se com a Declaração Universal dos Direitos Humanos, reconhece que o ideal do ser humano livre, liberto do temor e da miséria, não pode ser alcançado sem que sejam criadas as condições que permitam a cada um gozar de seus direitos econômicos, sociais e culturais, assim como os direitos civis e políticos, estes últimos objeto do Pacto sobre os Direitos Civis e Políticos.[58]

A implementação do Pacto é acompanhada pelo Comitê sobre Direitos Econômicos, Sociais e Culturais que foi criado pelo Conselho

---

[57] Consoante o disposto no artigo 27, do Pacto: "1. O presente Pacto entrará em vigor três meses após a data do depósito, junto ao Secretário-Geral da Organização das Nações Unidas, do trigésimo-quinto instrumento de ratificação ou de adesão. 2. Para os Estados que vierem a ratificar o presente Pacto ou a ele aderir após o depósito do trigésimo-quinto instrumento de ratificação ou de adesão, o presente Pacto entrará em vigor três meses após a data do depósito, pelo Estado em questão, de seu instrumento de ratificação ou de adesão" (BRASIL, 1992a).

[58] Baruchello e Johnstone observam que o "cumprimento efetivo do Pacto requer a realização de muitos dos valores que estão no centro das concepções modernas 'justiça social', como o acesso a empregos justos, educação e cuidados de saúde" (2011, p. 94).

Econômico e Social da ONU por meio da Resolução 1985/17 (ONU, 1985), sendo que além da análise dos relatórios apresentados pelos Estados Partes, outra função de destaque do Comitê é a elaboração de "Comentários Gerais" sobre os dispositivos do Pacto. Lembram Bruce, Quinn e Kenna que "embora os comentários gerais não sejam juridicamente vinculativos como tais, eles representam uma interpretação abalizada do Pacto" (2002, p. 82).

Vale observar que o Comitê sobre Direitos Econômicos, Sociais e Culturais dedicou o Comentário Geral n. 5 exclusivamente às pessoas com deficiência.[59]

Pertinente ressaltar que o aludido Comentário Geral n. 5 faz menção ao Programa de Ação Mundial para as Pessoas Deficientes e às Normas sobre a Equiparação de Oportunidades para Pessoas com Deficiência, instrumentos que influenciaram na elaboração do Comentário.[60]

O artigo 2º do Pacto estabelece que os Estados Partes comprometem-se a garantir que os direitos contidos no Pacto serão exercidos sem qualquer discriminação por motivo de raça, cor, sexo, língua, religião, opinião política ou de outra natureza, origem nacional ou social, situação econômica, nascimento ou qualquer outra situação.

O Comentário Geral n. 5 esclarece que:

> 5. O Pacto não se refere explicitamente a pessoas com deficiência. No entanto, a Declaração Universal dos Direitos Humanos reconhece que todos os seres humanos nascem livres e iguais em dignidade e direitos e, desde que as disposições do Pacto se aplicam plenamente a todos os membros da sociedade, as pessoas com deficiência têm direito a toda a gama de direitos reconhecidos no Pacto. Além disso, na medida em que um tratamento especial seja necessário, os Estados Partes são obrigados a tomar as medidas apropriadas, na extensão máxima de seus recursos disponíveis, a permitir que tais pessoas busquem superar quaisquer desvantagens, em termos da fruição dos direitos especificados no Pacto,

59 O "Comentário Geral n. 5: Pessoas com Deficiência", foi aprovado na 11ª Sessão do Comitê, no ano de 1994 (ONU, 2006a, p. 25-35).

60 Segundo Bruce, Quinn e Kenna, o Comentário Geral n. 5 seria uma ponte com as Normas sobre a Equiparação de Oportunidades para Pessoas com Deficiência (2002, p. 84).

> decorrentes de sua deficiência. Além disso, a exigência contida no artigo 2º (2) do Pacto de que os direitos 'enunciados ... serão exercidos sem discriminação de qualquer tipo' com base em certos fundamentos específicos 'ou outra situação' claramente se aplica à discriminação com base na deficiência. (ONU, 2006a, p. 25-26, tradução nossa)

A discriminação existente em relação às pessoas com deficiência e seus efeitos em relação aos direitos econômicos, sociais e culturais foi especificamente tratada pelo Comentário Geral n. 5, em seu item 15:

> 15. A discriminação de *jure* e de *facto* contra pessoas com deficiência tem uma longa história e tomou várias formas. Elas variam da discriminação injusta, como a negação de oportunidades educacionais, a formas mais "sutis" de discriminação, como segregação e isolamento atingidos por meio da imposição de barreiras físicas e sociais. Para os propósitos do Pacto, 'discriminação baseada na deficiência' pode ser definida como incluindo qualquer distinção, exclusão, restrição ou preferência, ou negação de acomodação razoável com base na deficiência que tenha o efeito de anular ou prejudicar o reconhecimento, gozo ou exercício de direitos econômicos, sociais ou culturais. Por negligência, ignorância, preconceito e falsas suposições, bem como, por meio da exclusão, distinção ou separação, as pessoas com deficiência têm frequentemente sido impedidas de exercer seus direitos econômicos, sociais ou culturais em igualdade de condições com as pessoas sem deficiência. Os efeitos da discriminação baseada na deficiência têm sido particularmente graves nas áreas da educação, trabalho, habitação, transporte, vida cultural e acesso a locais e serviços públicos. (ONU, 2006a, p. 28, tradução nossa)

Portanto, o Comentário Geral n. 5 não só repisou que os ditames do Pacto se aplicam às pessoas com deficiência, bem como, apontou os efeitos nefastos da discriminação sofrida por tais pessoas a resultar na negação do efetivo exercício dos direitos econômicos, sociais e culturais por elas.

Os artigos 6º e 7º, do Pacto tratam do direito ao trabalho, reconhecendo-se o direito de toda pessoa à atividade laboral e, para tanto, menciona a necessidade de uma orientação e a formação técnica e profissional, a elaboração de programas, normas e técnicas apropriadas para assegurar um desenvolvimento econômico, social e cultural constante.[61] Especificamente sobre a remuneração pelo trabalho, assenta-se que o salário deve ser equitativo, no sentido de se evitar a discriminação, tendo o texto do Pacto feito expressa menção a impossibilidade de se estabelecer condições de trabalho inferiores às mulheres em relação aos homens, pelo mesmo trabalho desempenhado.[62]

No que concerne aos programas de orientação vocacional e formação técnica e profissional mencionados no artigo 6º, do Pacto, o item 24, do Comentário Geral n. 5 do Comitê, suscita que tal orientação vocacional e capacitação devem "[...] refletir as necessidades de todas as pessoas com deficiência, ocorrer em ambientes integrados, e ser planejado e implementado com o total envolvimento de representantes das pessoas com deficiência" (ONU, 2006a, p. 30, tradução nossa).

Os trabalhadores com deficiência não podem sofrer qualquer discriminação com respeito à remuneração ou qualquer outra condição laboral.

---

[61] Pacto Internacional sobre os Direitos Econômicos, Sociais e Culturais, artigo 6º: "1. Os Estados Partes do presente Pacto reconhecem o direito ao trabalho, que compreende o direito de toda pessoa de ter a possibilidade de ganhar a vida mediante um trabalho livremente escolhido ou aceito, e tomarão medidas apropriadas para salvaguardar esse direito. 2. As medidas que cada Estado Parte do presente Pacto tomará a fim de assegurar o pleno exercício desse direito deverão incluir a orientação e a formação técnica e profissional, a elaboração de programas, normas e técnicas apropriadas para assegurar um desenvolvimento econômico, social e cultural constante e o pleno emprego produtivo em condições que salvaguardem aos indivíduos o gozo das liberdades políticas e econômicas fundamentais" (BRASIL, 1992a).

[62] Pacto Internacional sobre os Direitos Econômicos, Sociais e Culturais, artigo 7º: "Os Estados Partes do presente Pacto reconhecem o direito de toda pessoa de gozar de condições de trabalho justas e favoráveis, que assegurem especialmente: a) Uma remuneração que proporcione, no mínimo, a todos os trabalhadores: i) Um salário eqüitativo e uma remuneração igual por um trabalho de igual valor, sem qualquer distinção; em particular, as mulheres deverão ter a garantia de condições de trabalho não inferiores às dos homens e perceber a mesma remuneração que eles por trabalho igual; ii) Uma existência decente para eles e suas famílias, em conformidade com as disposições do presente Pacto; b) A segurança e a higiene no trabalho; c) Igual oportunidade para todos de serem promovidos, em seu Trabalho, à categoria superior que lhes corresponda, sem outras considerações que as de tempo de trabalho e capacidade; d) O descanso, o lazer, a limitação razoável das horas de trabalho e férias periódicas remuneradas, assim como a remuneração dos feriados" (BRASIL, 1992a).

A deficiência não pode ser utilizada como uma desculpa para criar baixos padrões de proteção laboral ou para o pagamento de salários abaixo do padrão mínimo (ONU, 2006a, p. 30).

O artigo 10 do Pacto estabelece a família como elemento natural e fundamental da sociedade, devendo ser ela protegida, estabelecendo, ainda, que o matrimônio deve ser contraído com o livre consentimento dos futuros cônjuges.[63]

O Comentário Geral n. 5, em seu item 30, aborda a aplicação do artigo 10 no que concerne às pessoas com deficiência, salientando que:

> 30. No caso de pessoas com deficiências, a exigência do Pacto de que 'proteção e assistência' sejam prestadas à família significa que tudo que for possível deve ser feito para possibilitar a tais pessoas, quando desejarem, morarem com suas famílias. O artigo 10 também implica, sujeito aos princípios gerais do direito internacional dos direitos humanos, o direito das pessoas com deficiências de se casarem e de terem suas próprias famílias. Esses direitos são frequentemente ignorados ou negados, especialmente no caso de pessoas com deficiências mentais. Neste e em outros contextos, o termo 'família' deve ser interpretado de forma ampla e de acordo com o uso local apropriado. Os Estados Partes devem assegurar que as leis

---

[63] Pacto Internacional sobre os Direitos Econômicos, Sociais e Culturais, artigo 10: "Os Estados Partes do presente Pacto reconhecem que:1. Deve-se conceder à família, que é o elemento natural e fundamental da sociedade, as mais amplas proteção e assistência possíveis, especialmente para a sua constituição e enquanto ele for responsável pela criação e educação dos filhos. O matrimônio deve ser contraído com o livre consentimento dos futuros cônjuges. 2. Deve-se conceder proteção especial às mães por um período de tempo razoável antes e depois do parto. Durante esse período, deve-se conceder às mães que trabalham licença remunerada ou licença acompanhada de benefícios previdenciários adequados. 3. Devem-se adotar medidas especiais de proteção e de assistência em prol de todas as crianças e adolescentes, sem distinção alguma por motivo de filiação ou qualquer outra condição. Devem-se proteger as crianças e adolescentes contra a exploração econômica e social. O emprego de crianças e adolescentes em trabalhos que lhes sejam nocivos à moral e à saúde ou que lhes façam correr perigo de vida, ou ainda que lhes venham a prejudicar o desenvolvimento norma, será punido por lei. Os Estados devem também estabelecer limites de idade sob os quais fique proibido e punido por lei o emprego assalariado da mão-de-obra infantil (BRASIL, 1992a).

> e as políticas e as práticas sociais não impeçam a realização desses direitos. Pessoas com deficiências devem ter acesso aos serviços de aconselhamento necessários de modo a desempenhar seus direitos e deveres dentro da família. (ONU, 2006a, p. 31, tradução nossa)

A alusão que é feita no Comentário Geral quanto aos obstáculos para constituir família enfrentados pelas pessoas com deficiência mental é muito pertinente e se estende, igualmente, às pessoas com deficiência intelectual, e revela o preconceito que insiste em colocar tais pessoas na condição de objetos e não de sujeitos de direitos. A possibilidade das pessoas com deficiência constituírem família é fundamental quando pensamos no objetivo de efetiva inclusão social de tais pessoas.

Além da possibilidade de estabelecerem família, tal deve se dar em um nível adequado de vida, o que abarca alimentação, vestimenta e moradia adequadas.[64]

O Comentário Geral n. 4 que aborda o direito à moradia adequada mencionado no artigo 11.1, do Pacto, elenca como um dos aspectos da adequação da moradia a "acessibilidade", ponderando que "[...] grupos desfavorecidos devem ter acesso pleno e sustentável a recursos habitacionais adequados", incluindo em tal grupo os deficientes físicos e mentais (ONU, 2006a, p. 21, tradução nossa).[65]

Já o Comentário Geral n. 5, em seu item 33, acrescenta que além da necessidade de se assegurar às pessoas com deficiência o acesso à

---

64 Pacto Internacional sobre os Direitos Econômicos, Sociais e Culturais, artigo 11: "1. Os Estados Partes do presente Pacto reconhecem o direito de toda pessoa a um nível de vida adequando para si próprio e sua família, inclusive à alimentação, vestimenta e moradia adequadas, assim como a uma melhoria contínua de suas condições de vida. Os Estados Partes tomarão medidas apropriadas para assegurar a consecução desse direito, reconhecendo, nesse sentido, a importância essencial da cooperação internacional fundada no livre consentimento [...]" (BRASIL, 1992a).

65 Salienta-se que no Comentário Geral n. 12 que aborda o direito à alimentação adequada, também há expressa menção à atenção especial que deve ser dada a pessoas com deficiência física e mental, dentre outros grupos de pessoas apresentados como mais vulneráveis. (ONU, 2006a, p. 66). Da mesma forma, o Comentário Geral n. 15 que trata do direito à água, também menciona as pessoas com deficiência física e mental, apontando que elas não podem ser discriminadas no que concerne ao acesso ao aludido recurso natural (ONU, 2006a, p. 108).

alimentação, à moradia adequada e outras necessidade materiais básicas, também é necessário garantir que estejam à disposição serviços de suporte, incluindo dispositivos de assistência, com o escopo de outorgar maior independência a tais pessoas. Aponta, ainda, que as pessoas que tenham necessidade de vestimentas especiais devem ser atendidas para que possam atuar plenamente em sociedade (ONU, 2006a, p. 32).

O artigo 12 do Pacto estabelece que toda pessoa tem o direito de desfrutar do mais elevado nível possível de saúde física e mental.[66]

Sobre o aludido artigo, o Comitê, em sua Vigésima Segunda Sessão, exarou o Comentário Geral n. 14 que em seu item 17 assentou que a atenção dos serviços médicos devem estar disponíveis preferencialmente nas próprias comunidades (ONU, 2006a, p. 90). Tal menção guarda importância na medida em que possibilita à pessoa que necessita de tais serviços médicos, permanecer no convívio de sua comunidade.

Importante notar que, consoante o Comentário Geral n. 5, item 34, os serviços para assegurar o direito ao mais elevado nível possível de saúde física e mental devem ser prestados de forma a que as pessoas com deficiência tenham plenamente respeitados seus direitos e sua dignidade (ONU, 2006a, p. 32). Tal observação é fundamental, pois, com lastro no modelo médico, que apregoava a "normalização" das pessoas com deficiência, tais serviços poderiam ser tidos como instrumentos da cura (normalização), por vezes impingindo sofrimento físico e mental às pessoas atendidas, o que fere a dignidade das pessoas com deficiência.

Portanto, tais serviços devem ser prestados sempre com o escopo de se resguardar a plena dignidade das pessoas com deficiência e, ainda, sem afastá-las desnecessariamente do convívio social.

---

66 Pacto Internacional sobre os Direitos Econômicos, Sociais e Culturais, artigo 12: "1. Os Estados Partes do presente Pacto reconhecem o direito de toda pessoa de desfrutar o mais elevado nível possível de saúde física e mental. 2. As medidas que os Estados Partes do presente Pacto deverão adotar com o fim de assegurar o pleno exercício desse direito incluirão as medidas que se façam necessárias para assegurar: a) A diminuição da mortinatalidade e da mortalidade infantil, bem como o desenvolvimento é das crianças; b) A melhoria de todos os aspectos de higiene do trabalho e do meio ambiente; c) A prevenção e o tratamento das doenças epidêmicas, endêmicas, profissionais e outras, bem como a luta contra essas doenças; d) A criação de condições que assegurem a todos assistência médica e serviços médicos em caso de enfermidade" (BRASIL, 1992a).

O artigo 13 do Pacto estabelece o direito à educação para todos, visando o pleno desenvolvimento da personalidade humana e do sentido de sua dignidade. Acrescenta o aludido dispositivo que a educação deverá capacitar todas as pessoas para que elas possam participar efetivamente de uma sociedade livre, favorecer a compreensão, a tolerância e a amizade entre todas as nações e entre todos os grupos raciais, étnicos ou religiosos, com o escopo de manutenção da paz.[67]

Bruce, Quinn e Kenna pontuam que a educação proporciona os meios para que as pessoas com deficiência possam levar uma vida de participação em sociedade, bem como, propicia às demais, conviver com a diferença da deficiência (2002, p. 90).

Evidente que se o Pacto menciona que a educação tem o papel de propiciar a efetiva participação social de todas as pessoas, no que concerne às pessoas com deficiência tal objetivo não poderia ser diverso.

Aliás, o Comentário Geral n. 13 do Comitê sobre o direito à educação, assentou que uma das características dos programas de educação deve ser a acessibilidade a todas as pessoas, o que compreende: (a) a não discriminação, no sentido de que a educação deva ser acessível a todos, o que exige atenção especial aos grupos mais vulneráveis; (b) acessibilidade física, significando que o serviço educacional possa ser prestado em uma distância razoável da comunidade atendida; e, (c) acessibilidade econômica, sendo certo que o artigo 13 fez alusão expressa à gratuidade da educação primária (ONU, 2006a, p. 73).

O Comentário Geral n. 5, por seu turno, assenta a posição de que a educação das pessoas com deficiência deva se dar no sistema educacional regular e, para tanto,

---

67 Pacto Internacional sobre os Direitos Econômicos, Sociais e Culturais, artigo 13: "1. Os Estados Partes do presente Pacto reconhecem o direito de toda pessoa à educação. Concordam em que a educação deverá visar ao pleno desenvolvimento da personalidade humana e do sentido de sua dignidade e fortalecer o respeito pelos direitos humanos e liberdades fundamentais. Concordam ainda em que a educação deverá capacitar todas as pessoas a participar efetivamente de uma sociedade livre, favorecer a compreensão, a tolerância e a amizade entre todas as nações e entre todos os grupos raciais, étnicos ou religiosos e promover as atividades das Nações Unidas em prol da manutenção da paz [...]" (BRASIL, 1992a).

> [...] os Estados devem assegurar que os professores sejam treinados para educar as crianças com deficiência nas escolas regulares e que o equipamento e apoio necessários sejam disponíveis para levar pessoas com deficiência até o mesmo nível de educação que seus pares não deficientes. No caso de crianças surdas, por exemplo, a língua de sinais deve ser reconhecida como uma língua à qual as crianças devem ter acesso e cuja importância deve ser reconhecida em seu ambiente social geral. (ONU, 2006a, p. 32, tradução nossa)

O artigo 15 do Pacto reconhece a cada indivíduo o direito de participar da vida cultural, de desfrutar do processo científico e suas aplicações, bem como, de se beneficiar da proteção dos interesses morais e materiais decorrentes.[68]

O Comentário Geral n. 5 do Comitê, ao se referir ao artigo 15 do Pacto, salienta que os Estados devem garantir que as pessoas com deficiência tenham a oportunidade de utilizar sua criatividade, potencial artístico e intelectual, não somente para seu próprio benefício, mas também para o enriquecimento da sociedade, devendo, ainda, os Estados promoverem a acessibilidade e disponibilidade de lugares para performances culturais, recreação, esportes, turismo e outros serviços (ONU, 2006a, p. 33).

O aludido Comentário Geral n. 5, especificamente em seu item 38, menciona a necessidade de conscientização de todos sobre a deficiência para que seja possível a participação na vida cultural de tais indivíduos. Extrai-se de tal item 38 que os:

> [...] governos devem informar e educar o público em geral sobre a deficiência. Em especial, devem ser tomadas medidas para eliminar preconceitos ou crenças supersticiosas sobre as pessoas com deficiências, por exemplo, aquelas que veem a epilepsia como uma forma de possessão de espíritos ou uma criança com deficiência como uma forma de punição que atinge a família. Da

68 Pacto Internacional sobre os Direitos Econômicos, Sociais e Culturais, artigo 15: "1. Os Estados Partes do presente Pacto reconhecem a cada indivíduo o direito de: a) Participar da vida cultural; b) Desfrutar o processo cientifico e suas aplicações; c) Beneficiar-se da proteção dos interesses morais e materiais decorrentes de toda a produção cientifica, literária ou artística de que seja autor. [...]" (BRASIL, 1992a).

> mesma forma, o público em geral deve ser educado para aceitar que as pessoas com deficiência têm tanto direito quanto qualquer outra pessoa para fazer uso de restaurantes, hotéis, centros de recreação e espaços culturais. (ONU, 2006a, p. 33, tradução nossa)

O Comentário em questão se dirige especificamente à participação na vida cultural, no entanto, a necessidade de conscientização sobre a deficiência, no sentido de se expurgar o estigma que ainda se encontra arraigado na sociedade que menospreza as pessoas com deficiência, aplica-se a todos os aspectos da vida social e é um ponto fulcral a ser enfrentado para que seja possível a efetiva inclusão plena de tais pessoas no meio social.

3.3 O PACTO INTERNACIONAL SOBRE DIREITOS CIVIS E POLÍTICOS

O Pacto Internacional sobre Direitos Civis e Políticos foi adotado pela Assembleia Geral da ONU ainda no ano de 1966 (Resolução 2200A(XXI)), tendo entrado em vigor no âmbito internacional em 23 de março de 1976, quando se angariou o número suficiente de ratificações[69]. Juntamente com a Declaração Universal dos Direitos Humanos e o Pacto Internacional sobre Direitos Econômicos, Sociais e Culturais compõe o que se denominou de Carta Internacional de Direitos Humanos (DEGENER, 2002, p. 53).

Embora o Pacto não tenha feito alusão expressa às pessoas com deficiência, por se tratar de um instrumento de alcance geral, aplicável à universalidade de pessoas, abrange tais pessoas.

Salienta-se que no preâmbulo do Pacto, já consta uma menção ao fato de que o ideal apresentado na Declaração dos Direitos do Homem de que o ser humano seja livre, no gozo das liberdades civis e políticas, liberto do temor e da miséria pressupõe que sejam criadas as condições que permitam cada um gozar de seus direitos civis e políticos.

[69] Segundo o artigo 49 do Pacto "1. O presente Pacto entrará em vigor três meses após a data do depósito, junto ao Secretário-Geral da Organização das Nações Unidas, do trigéssimo-quinto instrumento de ratificação ou adesão. 2. Para os Estados que vierem a ratificar o presente Pacto ou a ele aderir após o depósito do trigéssimo-quinto instrumento de ratificação ou adesão, o presente Pacto entrará em vigor três meses após a data do depósito, pelo Estado em questão, de seu instrumento de ratificação ou adesão" (BRASIL, 1992b).

O caráter universal do Pacto vem insculpido nos artigos 2º e 26 que dispõem:

> Artigo 2º
>
> 1. Os Estados Partes do presente pacto comprometem-se a respeitar e garantir a todos os indivíduos que se achem em seu território e que estejam sujeitos a sua jurisdição os direitos reconhecidos no presente Pacto, sem discriminação alguma por motivo de raça, cor, sexo, língua, religião, opinião política ou de outra natureza, origem nacional ou social, situação econômica, nascimento ou qualquer condição.
>
> 2. Na ausência de medidas legislativas ou de outra natureza destinadas a tornar efetivos os direitos reconhecidos no presente Pacto, os Estados Partes do presente Pacto comprometem-se a tomar as providências necessárias com vistas a adotá-las, levando em consideração seus respectivos procedimentos constitucionais e as disposições do presente Pacto.
>
> 3. Os Estados Partes do presente Pacto comprometem-se a:
>
> a) Garantir que toda pessoa, cujos direitos e liberdades reconhecidos no presente Pacto tenham sido violados, possa de um recurso efetivo, mesmo que a violência tenha sido perpetra por pessoas que agiam no exercício de funções oficiais;
>
> b) Garantir que toda pessoa que interpuser tal recurso terá seu direito determinado pela competente autoridade judicial, administrativa ou legislativa ou por qualquer outra autoridade competente prevista no ordenamento jurídico do Estado em questão; e a desenvolver as possibilidades de recurso judicial;
>
> c) Garantir o cumprimento, pelas autoridades competentes, de qualquer decisão que julgar procedente tal recurso.
>
> Artigo 26
>
> Todas as pessoas são iguais perante a lei e têm direito, sem discriminação alguma, a igual proteção da Lei. A este respeito, a lei deverá proibir qualquer forma de discriminação e garantir a todas as pessoas proteção igual e eficaz contra qualquer discriminação por motivo de raça, cor, sexo, língua, religião, opinião política ou de outra natureza, origem nacional ou social, situação econômica, nascimento ou qualquer outra situação. (BRASIL, 1992b)

Tais dispositivos afastam a possibilidade de qualquer discriminação, seja em razão de raça, cor, sexo, língua, religião, opinião política ou de outra natureza, origem nacional ou social, situação econômica, nascimento ou qualquer outra condição, englobando-se, aqui, as pessoas com deficiência.

O artigo 6º, por seu turno alude ao direito à vida, estabelecendo que "O direito à vida é inerente à pessoa humana. Esse direito deverá ser protegido pela lei. Ninguém poderá ser arbitrariamente privado de sua vida" (BRASIL, 1992b).

O direito à vida inerente à pessoa tem grande relevância para as pessoas com deficiência que tanto já foram atingidas pelo paradigma de prescindibilidade. Degener aponta que:

> [...] nos países em desenvolvimento, a taxa de mortalidade das crianças com deficiência é frequentemente maior porque elas são as últimas a serem alimentadas ou cuidadas. Nos países desenvolvidos, o direito à vida é afetado por práticas de 'eutanásia', como a privação de tratamento para salvar a vida de uma criança recém-nascida com deficiências. (2002, p. 55, tradução nossa)

Tal relato de Degener apenas revela que, em que pese o caráter desumano do paradigma de prescindibilidade, ainda é possível se deparar com práticas de eliminação, seja por não se prover a pessoa com deficiência com o indispensável para sua subsistência, seja por se abreviar as vidas de tais pessoas, privando-as das intervenções que poderiam preservá-las.

Outra disposição do Pacto que merece especial destaque no que concerne às pessoas com deficiência encontra-se no artigo 7º, que estabelece que: "Ninguém poderá ser submetido à tortura, nem a penas ou tratamento cruéis, desumanos ou degradantes. Será proibido sobretudo, submeter uma pessoa, sem seu livre consentimento, a experiências médicas ou científicas" (BRASIL, 1992b).

As pessoas com deficiência desde há muito são vítimas de tratamentos cruéis, desumanos e degradantes, característica, por exemplo, das instituições totais em que foram marginalizadas da sociedade. Ainda hoje, a prática do isolamento pode ser verificada, impedindo a inclusão social de tais pessoas, o que por si só já revela o caráter desumano de se privar do convívio social uma pessoa em razão da sua condição de pessoa com deficiência.

No que tange à vedação de se submeter o indivíduo a experiências médicas ou científicas sem o válido consentimento, tal tem relevância específica em relação às pessoas com deficiência, especialmente quando sob a égide de um modelo médico, busca-se a "normalização" do indivíduo, muitas vezes submetendo-o a práticas médicas e científicas que não observam a dignidade da pessoa.

Ainda no que concerne ao direito à liberdade e à segurança pessoal, o artigo 9º, do Pacto aborda a privação da liberdade que somente pode se dar pelos motivos previstos em lei e observando os procedimentos nela estabelecidos. Como salienta Despouy em comentário ao aludido dispositivo,

> Este artigo é de grande importância no que diz respeito à proteção, especialmente para aquelas pessoas que sofrem qualquer tipo de deficiência mental, para evitar que elas sejam sujeitas a detenções arbitrárias e desnecessárias ou a qualquer outro tipo de abuso institucional. (1993, item 41)

Realmente, a prisão das pessoas com deficiência mental ou intelectual em condições inadequadas é ainda uma realidade em um cenário em que o estigma pode submeter tais pessoas a longos períodos de liberdade cerceada, assentando-se em uma ideia de periculosidade a sua marginalização da sociedade, invariavelmente, sem os necessários e devidos cuidados biopsicossociais.

O artigo 16 assegura que todos têm o direito de serem reconhecidos como pessoa perante a lei. O dispositivo é importante para resguardar a dignidade das pessoas com deficiência, afastando seu tratamento como meros objetos e, ainda que em algumas hipóteses necessário seja o apoio a elas no exercício de alguns direitos, não se afasta com isso sua condição de pessoa.

Complementando a preservação da própria dignidade da pessoa vem o artigo 17[70] apontar para a necessidade de se resguardar a vida privada das

[70] Pacto Internacional sobre Direitos Civis e Políticos, artigo 17: "1. Ninguém poderá ser objetivo de ingerências arbitrárias ou ilegais em sua vida privada, em sua família, em seu domicílio ou em sua correspondência, nem de ofensas ilegais às suas honra e reputação. 2. Toda pessoa terá direito à proteção da lei contra essas ingerências ou ofensas" (BRASIL, 1992b).

pessoas, o que para aquelas com deficiência tem grande relevância, considerando toda a experiência de "mortificação do eu"[71] a que tais pessoas foram submetidas em instituições totais e outros "depósitos" de seres humanos tratados como objeto.

O direito à privacidade no que concerne às pessoas com deficiência está intimamente ligado à ideia de autonomia e vida independente, sempre com o objetivo de se resguardar a dignidade do indivíduo com deficiência, reconhecendo-se sua condição de pessoa.

Aliás, o artigo 23[72] salienta a importância da família como elemento fundamental da sociedade, reconhecendo-se o direito a todos os homens e mulheres, em idade núbil, casar-se e constituir família. Como exemplifica Degener "esses direitos são violados se pessoas deficientes forem impedidas de casar por razões eugênicas. Práticas de esterilização obrigatórias também violam os direitos do artigo 23" (2002, p. 57).

O Comitê de Direitos Humanos tem dentre suas atribuições a de exarar comentários gerais sobre o Pacto.[73] Nesse mister, o Comitê em seu Comentário Geral n. 19, adotado na sua 39ª Sessão, mencionou expressamente no que se refere ao artigo 23, do Pacto que:

---

71 Relembrando Goffman, nas instituições totais as pessoas sofrem "rebaixamentos, degradações, humilhações e profanações do eu. O seu eu é sistematicamente, embora muitas vezes não intencionalmente, mortificado" (1974, p. 24).

72 Pacto Internacional sobre Direitos Civis e Políticos, artigo 23: "1. A família é o elemento natural e fundamental da sociedade e terá o direito de ser protegida pela sociedade e pelo Estado. 2. Será reconhecido o direito do homem e da mulher de, em idade núbil, contrair casamento e constituir família. 3. Casamento algum será celebrado sem o consentimento livre e pleno dos futuros esposos. 4. Os Estados Partes do presente Pacto deverão adotar as medidas apropriadas para assegurar a igualdade de direitos e responsabilidades dos esposos quanto ao casamento, durante o mesmo e por ocasião de sua dissolução. Em caso de dissolução, deverão adotar-se disposições que assegurem a proteção necessária para os filhos" (BRASIL, 1992b).

73 Pacto Internacional sobre Direitos Civis e Políticos, artigo 40.4: "O Comitê estudará os relatórios apresentados pelos Estados Partes do presente Pacto e transmitirá aos Estados Partes seu próprio relatório, bem como os comentários gerais que julgar oportunos. O Comitê poderá igualmente transmitir ao Conselho Econômico e Social os referidos comentários, bem como cópias dos relatórios que houver recebido dos Estados Partes do presente Pacto" (BRASIL, 1992b).

> 4. O Artigo 23, parágrafo 2, do Pacto reafirma o direito de homens e mulheres em idade núbil de casar para casar e fundar uma família. O nº 3 do mesmo artigo prevê que nenhum casamento será celebrado sem o livre e pleno consentimento dos futuros cônjuges. Os relatórios dos Estados Partes devem indicar se existem restrições ou impedimentos ao exercício do direito de se casar com base em fatores especiais como grau de parentesco ou incapacidade mental.
>
> 5. O direito de constituir uma família implica, em princípio, na possibilidade de procriar e viver juntos. Quando os Estados Partes adotam políticas de planejamento familiar, elas devem ser compatíveis com as disposições do Pacto e, em particular, não devem ser discriminatórias ou compulsórias. (ONU, 2006a, p. 189, tradução nossa)

O aludido trecho do Comentário Geral n. 19 do Comitê, indica a preocupação com a possível prática de restrições ao casamento de pessoas com deficiência mental, suscitando o Comitê a necessidade dos Estados Partes indicarem a existência de tais impedimentos ou restrições ao exercício do direito de casar.

Tal observação apenas reforça a prática de não se reconhecer às pessoas com deficiência, em especial aquelas com deficiência mental ou intelectual, sua condição de sujeito de direitos, retirando-se de tais pessoas a possibilidade de fazer suas escolhas e constituir família.

Por seu turno, quando aborda a política de planejamento familiar, o Comentário Geral revela que tal política não pode ser discriminatória e tampouco compulsória. Este comentário tem grande importância para as pessoas com deficiência que tanto já sofreram com práticas relacionadas à eugenia, como as esterilizações praticadas em especial na primeira metade do século XX.

O artigo 25 do Pacto[74] assenta que todo o cidadão, sem discriminação, tem o direito de participar dos assuntos públicos, de votar e ser eleito e de ter acesso, em condições de igualdade, às funções públicas de seu país.

[74] Pacto Internacional sobre Direitos Civis e Políticos, artigo 25: "Todo cidadão terá o direito e a possibilidade, sem qualquer das formas de discriminação mencionadas no artigo 2 e sem restrições infundadas: a) de participar da condução dos assuntos públicos, diretamente ou por meio de representantes livremente escolhidos; b) de votar e de ser eleito em eleições periódicas, autênticas, realizadas por sufrágio universal e igualitário e por voto secreto, que garantam a manifestação da vontade dos eleitores; c) de ter acesso, em condições gerais de igualdade, às funções públicas de seu país" (BRASIL, 1992b).

No Comentário Geral n. 25 do Comitê a respeito do aludido artigo 25, do Pacto, destacam-se duas das menções expressas às pessoas com deficiência:

> 10. O direito de votar nas eleições e referendos deve ser estabelecido por lei e pode estar sujeito apenas a restrições razoáveis, como a fixação de um limite mínimo de idade para o direito de voto. Não é razoável restringir o direito de voto por motivo de deficiência física ou de impor requisitos de alfabetização, educacionais ou de propriedade. [...]
>
> 20. [...] A assistência prestada aos deficientes, cegos ou analfabetos deve ser independente. Eleitores devem ser plenamente informados dessas garantias. (ONU, 2006a, p. 208, 209 e 211, tradução nossa)

Referidos comentários visam resguardar o exercício dos direitos políticos às pessoas com deficiência, sendo importante sua participação na vida política, exercendo, efetivamente, sua cidadania.

A respeito do Comentário Geral n. 25, Theresia Degener salienta que: "esses comentários claramente têm implicações para a maneira pela qual as eleições são realizadas. Às vezes, às pessoas com deficiência é negado o direito de voto, mesmo que sua limitação funcional não afete sua tomada de decisão" (2002, p. 64, tradução nossa).

Ainda em comentário ao direito da pessoa com deficiência à participação política com lastro no artigo 25, do Pacto, Despouy observa que:

> Este direito é violado, por exemplo, quando uma pessoa com deficiência mental não está autorizada a exercer o seu direito de voto, mesmo estando em condições de o fazer; ou quando ao cego é negado o voto sob o pretexto de que o sigilo não será mantido; ou quando a estação de voto não é acessível a pessoas com movimento restrito; ou quando um candidato a um cargo no serviço público é discriminado e negada esta oportunidade devido ao preconceito de que, por ter uma deficiência específica, não está qualificado para ocupar esse cargo. (1993, item 43, tradução nossa)

Verificamos, assim, que é possível extrair do Pacto Internacional sobre Direitos Civis e Políticos, dado a sua universalidade, diversos dispositivos que têm grande importância no sentido de se garantir a participação das pessoas com deficiência na vida em sociedade, sendo certo que o exercício da cidadania é fundamental para a inclusão social efetiva.

3.4 RESOLUÇÕES DA ORGANIZAÇÃO DAS NAÇÕES UNIDAS SOBRE PESSOAS COM DEFICIÊNCIA

O tema deficiência foi objeto de discussão na ONU desde os primeiros anos de sua criação. A Comissão Social, ainda na sua composição temporária em 1946 já mencionava a preocupação com a reabilitação das pessoas com deficiência (ONU, 1946).

Nas duas décadas que se seguiram, destacaram-se resoluções do Conselho Econômico e Social sobre deficiência, em especial as denominadas "Social rehabilitation of the physically handicapped"[75] e "Rehabilitation of the disabled"[76].

As mencionadas resoluções conferem atenção especial à reabilitação, o que se explica até pelo contingente de pessoas com deficiência em razão de ferimentos de guerra, além da crença que prevalecia até então na normalização como forma de integração social.

Na década de 1970, duas resoluções da Assembleia Geral da ONU merecem especial atenção: a Declaração sobre os Direitos das Pessoas Mentalmente Retardadas[77] e a Declaração sobre os Direitos das Pessoas Deficientes[78].

No ano de 1976, por meio da Resolução 31/123 (ONU, 1976), a Assembleia Geral declarou 1981 como o "Ano das Pessoas Deficientes", apontando que o tema a ser tratado seria o da "participação integral". A aludida Resolução 123 elencou cinco aspectos a serem desenvolvidos: (a) ajudar pessoas com deficiência em seu ajuste físico e fisiológico à sociedade; (b) promover todos os esforços nacionais e internacionais para fornecer às pessoas com deficiência a assistência adequada, treinamento, cuidados e orientação, para lhes propiciar as oportunidades de trabalho adequado e para garantir a sua integração completa na sociedade; (c) incentivar projetos de estudo e pesquisa destinados a facilitar a participação possível das pessoas com deficiência

---

[75] Resolução 309 E (XI) (ONU, 1950b).

[76] Resolução 1086 K (XXXIX) (ONU, 1965).

[77] Resolução 2856 (XXVI) (ONU, 1971).

[78] Resolução 3447 (XXX) (ONU, 1975).

na vida quotidiana, melhorando, por exemplo, o acesso aos edifícios públicos e aos sistemas de transportes; (d) educar e informar a todos sobre os direitos das pessoas com deficiência de participar e contribuir em vários aspectos da vida econômica, social e política; (e) promover medidas eficazes de prevenção da deficiência e de reabilitação de pessoas com deficiência (ONU, 1976).

Especialmente os itens (a), (b) e (e) indicam de forma clara a influência do modelo médico, propondo-se em tais tópicos um "ajuste" na pessoa com deficiência para a sua "integração" à sociedade. No entanto, interessante observar que a aludida Resolução também refere-se à acessibilidade e à conscientização sobre os direitos das pessoas com deficiência (itens (c) e (d)), dois pontos que extrapolam questões atinentes exclusivamente às pessoas com deficiência, o que indica a necessidade de se enfrentar as barreiras sociais que impedem a efetiva inclusão de tais pessoas.

Em 1982, a Assembleia Geral da ONU adotou o Programa de Ação Mundial para as Pessoas Deficientes por meio da Resolução 37/52 com o escopo de promover a efetiva participação na sociedade das pessoas com deficiência, com a melhoria das suas condições de vida (ONU, 1982a). Para tanto, a Implementação do Programa de Ação Mundial para as Pessoas Deficientes foi adotada pela Resolução 37/53 da Assembleia Geral. Tal Resolução anunciou o período compreendido entre 1983 e 1992 como a "Década das Nações Unidas para as Pessoas Deficientes" (ONU, 1982b).

Ainda no curso da mencionada "Década das Nações Unidas para as Pessoas Deficientes", a Assembleia Geral aprovou a Resolução 46/119 que estabeleceu os "Princípios para a Proteção das Pessoas com Doença Mental e para a Melhoria da Assistência à Saúde Mental" (ONU, 1991).

Ao adotar tais princípios, as Nações Unidas reconheceram que a maneira pela qual os governos forneciam tratamento relativo à saúde mental suscitava preocupações internacionais de direitos humanos. Embora muitos dos direitos das pessoas em instituições psiquiátricas já pudessem ser extraídos dos tratados internacionais de direitos humanos, os mencionados princípios revelaram-se úteis como uma ferramenta de defesa de tais direitos, "porque fornecem um guia detalhado sobre a aplicação de direitos baseados em tratados a pessoas com deficiências mentais" (ROSENTHAL; RUBENSTEIN, 1993, p. 289, tradução nossa).

Um dos resultados de maior relevância da "Década das Nações Unidas para as Pessoas Deficientes" foi a adoção, no ano seguinte ao término de tal década, da Resolução 48/96 que estabeleceu as "Normas sobre a Equiparação de Oportunidades para Pessoas com Deficiência" (ONU, 1993a). Tal documento foi dividido em quatro tópicos, relativos, respectivamente, às condições prévias para a igualdade na participação, às áreas-alvo para participação igualitária, às medidas de implementação e ao mecanismo de monitoração.

O conteúdo e a própria estrutura das Normas sobre a Equiparação de Oportunidades para Pessoas com Deficiência revelam como as discussões sobre o tema deficiência já haviam evoluído no seio da ONU até aquele momento. Apontam Quinn e Degener que com o advento de tais Normas "[...] as preocupações tradicionais de prevenção e reabilitação foram relegadas a segundo plano em favor da perspectiva dos direitos [...]" (2002, p. 35, tradução nossa).

As mencionadas discussões sobre o tema deficiência, desde os primeiros anos da ONU, não só resultaram nas importantes resoluções mencionadas mas, também, foram bastante relevantes no sentido de angariar elementos para a futura adoção da Convenção sobre os Direitos das Pessoas com Deficiência.

Passa-se à abordagem de cada uma destas resoluções, atentos ao contexto existente sobre o tema deficiência quando de sua respectiva adoção.

3.4.1 DECLARAÇÃO SOBRE OS DIREITOS DAS PESSOAS MENTALMENTE RETARDADAS

A Declaração sobre os Direitos das Pessoas Mentalmente Retardadas foi adotada pela Assembleia Geral da ONU pela Resolução 2856, na XXVI sessão, em 20 de dezembro de 1971.

De início, evidente que a alusão às pessoas com deficiência intelectual como "pessoas mentalmente retardadas" explica-se pelo momento em que elaborada a Declaração, quando a denominação então utilizada ainda era amplamente empregada.

O documento revela como premissa "a necessidade de ajudar pessoas mentalmente retardadas a desenvolver suas habilidades em vários campos de atividades e promover sua integração na medida do possível na vida normal" (ONU, 1971, tradução nossa). Tal menção apresenta de forma evidente a influência do modelo médico, no sentido de se concentrar a atenção no que poderia ser efetuado no indivíduo com deficiência intelectual para que ele pudesse ser "integrado" à sociedade. Neste mesmo sentido, de certa forma, mitigam-se os direitos humanos das pessoas com deficiência intelectual ao estabelecer que tais pessoas teriam os mesmos direitos garantidos as demais, desde que observado o "máximo grau de viabilidade" (ONU, 1971, item 1, tradução nossa).

Contudo, é necessário observar que no início da década de 1970 parcela considerável das pessoas com deficiência intelectual estava "depositada" em instituições totais ou mesmo em residências ou outros locais, segregadas do efetivo convívio social pleno, sendo que a proposta da Declaração sobre os Direitos das Pessoas Mentalmente Retardadas ao menos indicava a necessidade de que tais pessoas não fossem meramente abandonadas em instituições sem qualquer tratamento.

Nesse sentido, a Declaração estabeleceu que:

> Sempre que possível, a pessoa mentalmente retardada deve viver com a própria família ou com pais substitutos e participar de diferentes formas de vida comunitária. A família com a qual ele vive deve receber assistência. Se o cuidado em uma instituição se tornar necessário, ele deve ser fornecido em ambientes e outras circunstâncias o mais próximo possível daqueles da vida normal. (ONU, 1971, item 4, tradução nossa)

Portanto, importante a postura contrária à marginalização das pessoas com deficiência em instituições totais, ainda que aberta a possibilidade do cuidado institucional excepcional, hipótese em que o ambiente e demais circunstâncias deveriam ser o mais próximo da vida fora da instituição.

Apenas para contextualizar a importância de se estabelecer como regra a convivência da pessoa com deficiência no seio da família com o necessário apoio para tanto e, por conseguinte atribuir à segregação própria da internação caráter excepcional, ainda assim, mediante condições que se aproximem da vida exterior, deve-se lembrar que no início da década de 1970, inúmeras eram as instituições que serviam como depósito de pessoas com deficiência, com a mortificação de suas individualidades.

Poder-se-ia oferecer exemplos de instituições totais no Brasil que no início da década de 1970 funcionavam como verdadeiros depósitos de pessoas com deficiência, inclusive intelectual, como o já citado Hospital Colônia de Barbacena. No entanto, se estamos tratando de uma Declaração sobre os Direitos das Pessoas Mentalmente Retardadas entabulada no seio da ONU, para exemplificar o contexto em que tal Declaração foi exarada, pode-se, sem sair da própria cidade de Nova York, onde se encontra a sede da ONU, tomar o exemplo da Escola Estadual de Willowbrook para Retardados Mentais, situada na Staten Island, naquela cidade.

A instituição que nasceu na década de 1940 com o propósito de receber crianças com deficiência intelectual, na década de 1960, com a capacidade de abrigar 4.000 crianças, já tinha mais de 6.000 pessoas internadas sem os devidos cuidados, sendo que muitas delas encontravam-se no local por quase toda a vida.

Em 1965, o então senador Robert Kennedy visitou a Escola Estadual de Willowbrook para Retardados Mentais e se indignou com as condições deploráveis do local, chamando-o de *snake pit*, em alusão ao local de horror com o qual se deparou, sendo Willowbrook considerada à época o armazém de pessoas com deficiência intelectual de Nova York (GUNDERMAN, 2017).

A situação da instituição ganhou ainda mais repercussão pública com uma reportagem televisiva intitulada "Willowbrook: The Last Great Disgrace", sendo que no ano de 1975, o Estado de Nova York, que havia sido processado por parentes dos internos, entabulou um acordo para melhorar as condições do local, provendo-o com tratamentos e cuidados efetivos. Em 1983, o Estado de Nova York anunciou o plano de fechar o local e o último interno saiu dali em 1987 (GUNDERMAN, 2017).

Um ponto importante que foi ventilado no processo envolvendo Willowbrook e em outros diversos relativos a outras instituições totais nos EUA refere-se ao direito ao tratamento adequado que seria devido aos internos e não apenas os cuidados de custódia de tais pessoas.

Nesse particular, merece especial menção o caso que é uma referência no tema, qual seja, Wyatt v. Stickney. Trata-se de uma decisão proferida pelo conceituado juiz federal no Estado do Alabama Frank Johnson[79]. O referido juiz ao se deparar com o caso relativo à demissão de 99 empregados do Hospital Brice, instituição para pessoas com deficiência mental no Alabama, centrou sua atenção na situação dos internos daquele local, pois tais pessoas não estavam recebendo um tratamento adequado na internação, mas apenas encontravam-se ali custodiadas.

---

[79] O juiz federal Frank Minis Johnson Jr. ficou conhecido por suas decisões que enfrentaram a segregação racial no E.U.A., sendo que em 1995 foi condecorado com a Medalha Presidencial da Liberdade (DAVIS, 2011, p. 150).

Em decisão prolatada em 12 de maio de 1971, o juiz Frank Johnson assentou que:

> Não pode haver justificativa legal (ou moral) para o Estado do Alabama deixar de arcar com tratamento e tratamento adequado do ponto de vista médico para os vários milhares de pacientes que foram civilmente submetidos a Bryce para fins de tratamento. Privar qualquer cidadão de sua liberdade sob a teoria altruísta de que o confinamento é por razões terapêuticas humanitárias e, depois, deixar de fornecer tratamento adequado, viola os próprios fundamentos do devido processo. (US District Court for the Middle District of Alabama, 1971, p. 785)

Destaca-se que, no curso das audiências do processo foram apontadas as condições de outras unidades de internamento, a de Searcy e a de Partlow, dedicada esta última às pessoas com deficiência intelectual, sendo certo que o entendimento quanto à necessidade de tratamento foi o mesmo, pautando-se pela premissa que não seria viável uma distinção nesse particular entre pessoas com deficiência mental e intelectual (MARCHETTI, 1987, p. 254).

Cumpre ressaltar que o juiz Frank Johnson não só definiu o direito ao tratamento efetivo às pessoas com deficiência internadas, como estabeleceu os padrões mínimos deste atendimento, detalhando tais condições mínimas em relação ao ambiente e aos profissionais necessários ao tratamento, dispondo, inclusive, quanto à necessidade da elaboração de planos individualizados de tratamento, observando-se que as pessoas com deficiência deveriam ser mantidas de maneira menos restritiva à sua liberdade que fosse possível.

A reação estatal foi a de evitar novas internações e liberar com rapidez os internos, pois entendia que não teria condições de prover a instituição de internação com as condições apregoadas pelo juiz Frank Johnson, tendo muitos ex-internos sido encaminhados para suas próprias comunidades em estabelecimentos residenciais (DAVIS, 2011, p. 159).

Evidente que aqui o propósito é revelar qual era o cenário vivido pelas pessoas com deficiência intelectual quando adotada a Resolução 2856 em 20 de dezembro de 1971 pela ONU. Contudo, para além disso, tais exemplos de instituições totais em plena década de 1970 em um país desenvolvido, revelam como tais instituições foram utilizadas como um meio de marginalização das pessoas com deficiência, em especial aquelas com deficiência mental ou intelectual, estando elas dissociadas de qualquer tratamento efetivo.

Aliás, bastou o juiz Frank Johnson asseverar que somente seria razoável a supressão de parte da liberdade em um ambiente de internação se houvesse um efetivo tratamento de qualidade, que o Estado tratou de esvaziar os "depósitos" de pessoas com deficiência.

Assim, quando exarada a Declaração sobre os Direitos das Pessoas Mentalmente Retardadas na ONU, a situação das pessoas com deficiência intelectual era marcada pela marginalização em instituições totais, como aquela de Willowbrook "vizinha" à própria sede da ONU, sendo que o disposto no mencionado item 4, da Declaração deve ser considerado neste cenário. Ou seja, pugnava a Declaração para o tratamento das pessoas com deficiência intelectual sem que fossem tais indivíduos afastados de sua família, mas apontando para que nos casos em que fossem institucionalizados, deveriam as condições se aproximarem da vida fora da instituição.

Nesse sentido que a Declaração reforça a necessidade de cuidados médicos e fisioterápicos, educação, treinamento, reabilitação e orientação para que a pessoa com deficiência intelectual desenvolva suas habilidades e seu potencial máximo, devendo ser assegurado a tais pessoas um padrão decente de vida. Observa, ainda, a Declaração que as pessoas com deficiência intelectual têm o direito à atividade laboral ou outra ocupação na medida de suas habilidades (ONU, 1971, itens 2 e 3).

Ou seja, a Declaração propôs por meio do modelo médico, as intervenções possíveis nas pessoas com deficiência intelectual para que elas pudessem se integrar à sociedade, estabelecendo-se, também, dispositivos visando sua proteção, seja no que concerne à exploração, abuso e tratamento degradante, seja no que tange à responsabilização criminal, quando deverá ser observado o seu "grau de responsabilidade mental" (ONU, 1971, item 6).

O item 7 da Declaração refere-se à hipótese de que em razão da severidade da deficiência, o indivíduo pode não conseguir exercitar todos seus direitos de uma maneira que faça sentido. Em tal hipótese, aponta que a restrição ou negação de tais direitos deve se dar em procedimento que assegure as garantias contra qualquer abuso (ONU, 1971, item 7). Como ponderam

Quinn e Degener, tal dispositivo "significativamente, alerta contra tomar a simples impossibilidade de exercer plenamente os direitos como uma carta branca para a sua retirada completa" (2002, p. 30, tradução nossa).

3.4.2 DECLARAÇÃO SOBRE OS DIREITOS DAS PESSOAS DEFICIENTES

A Declaração sobre os Direitos das Pessoas Deficientes foi adotada pela Assembleia Geral da ONU pela Resolução 3447, na XXX sessão, em 09 de dezembro de 1975.

A Declaração estabelece premissa muito similar à da Declaração sobre os Direitos das Pessoas Mentalmente Retardadas de 1971, agora estendida a todas as pessoas com deficiência, ao apontar "a necessidade de prevenir deficiências físicas e mentais e de ajudar as pessoas deficientes a desenvolver suas habilidades nos mais variados campos de atividades e de promover sua integração na medida do possível na vida normal" (ONU, 1975, tradução nossa). Tal menção indica a influência do modelo médico de se considerar a deficiência, destacando-se a necessidade de intervenções na pessoa com deficiência para que ela possa ser "integrada" à sociedade. Neste mesmo sentido, o item 1, da Declaração estabelece que:

> [...] O termo 'pessoa deficiente' significa qualquer pessoa incapaz de assegurar, por si só, no todo ou em parte, as necessidades de uma vida individual e/ou social normal, como resultado de deficiência, congênita ou não, em suas capacidades físicas ou mentais. (ONU, 1975, item 1, tradução nossa)

Assim, a influência do modelo médico resta evidente, centrando-se a atenção na reabilitação da pessoa com deficiência como forma de propiciar a sua integração à sociedade, onde poderiam viver "uma vida decente, tão normal e plena quanto possível" (ONU, 1975, item 3, tradução nossa).

Contudo, necessário observar que o contexto descrito quando da adoção da Resolução 2856 quatro anos antes, não havia se alterado significativamente quando exarada a Resolução 3447, sendo que parcela considerável das pessoas com deficiência, em especial os deficientes intelectuais e mentais, estava relegada a instituições totais ou outros locais de isolamento, em condições degradantes. Neste cenário de desconsideração dos direitos humanos das pessoas com deficiência é que, ainda que a Declaração seja pautada pelo modelo médico, apresentou de forma relevante a assertiva de que as pessoas com deficiência têm o direito inerente de ter respeitada sua dignidade humana (ONU, 1975, item 3).

Demais disso, de forma profícua, a Declaração repetiu o que a Resolução 2856 já assegurava às pessoas com deficiência intelectual, no sentido de garantir o direito dos indivíduos com deficiência de viver com suas famílias ou pais substitutos, participando de atividades sociais, criativas ou recreacionais. Estabelece a Declaração que se a internação em estabelecimento especializado for indispensável, as condições deverão ser as mais próximas daquelas normais das pessoas de sua respectiva idade (ONU, 1975, item 9).

Interessante observar que ainda que assentado, como regra, que a pessoa com deficiência tenha o convívio com sua família, a Declaração procura estabelecer condições nas instituições de internação semelhantes às do mundo externo, sendo que, ao mencionar tal possibilidade de internação em "estabelecimentos especializados", evidente que, se há especialização da instituição nessa intervenção, que seria excepcional, presume-se que haveria o correspondente tratamento especializado pois, como bem ponderou o perspicaz juiz federal do Alabama Frank Johnson, no caso Wyatt *v.* Stickney: somente teria justificativa a privação da liberdade pela internação por razões terapêuticas se fosse efetivamente fornecido tal tratamento de forma adequada (US District Court for the Middle District of Alabama, 1971, p. 785).

Exatamente nesse sentido que a Declaração procurou estabelecer uma condição então desejável de internação próxima às condições do mundo exterior, em um período em que se descortinavam as condições degradantes das instituições totais que serviam como depósitos de pessoas com deficiência. O item 10, da Declaração acrescenta que as pessoas com deficiência devem ser protegidas contra toda a exploração, todas as regras e tratamentos de natureza discriminatória, abusiva ou degradante (ONU, 1975, item 10).

Outro ponto que merece destaque em tal Declaração é a disposição que estabelece que as pessoas com deficiência têm direito às medidas destinadas a permitir que se tornem tão autossuficientes quanto possível (ONU, 1975, item 5).[80]

---

[80] Interessante observar que na década de 1970 estava em curso o movimento pela vida independente das pessoas com deficiência (*independent living movement*) que tinha por escopo garantir as condições para que tais indivíduos pudessem viver

No que concerne aos direitos civis e políticos, a Declaração assevera que as pessoas com deficiência têm os mesmos direitos civis e políticos que as demais pessoas (ONU, 1975, item 4). Tal preceito vem reforçar a universalidade insculpida nos artigos 2º e 26 do Pacto Internacional sobre Direitos Civis e Políticos que afasta a possibilidade de discriminação de qualquer natureza. Ressalta-se que, embora o Pacto tenha sido adotado muito antes do advento da Declaração, no ano de 1966, somente veio a entrar em vigor no âmbito internacional em 23 de março de 1976, ou seja, meses após o advento da própria Declaração sobre os Direitos das Pessoas Deficientes.

3.4.3 PROGRAMA DE AÇÃO MUNDIAL PARA AS PESSOAS DEFICIENTES

O Programa de Ação Mundial para as Pessoas Deficientes foi adotado pela Assembleia Geral da ONU no ano de 1982, por meio da Resolução 37/52 (ONU, 1982a) e a correspondente Implementação do Programa de Ação Mundial para as Pessoas Deficientes foi aprovada pela Resolução 37/53 da Assembleia Geral. Aludida Resolução proclamou que o período compreendido entre 1983 e 1992 seria a "Década das Nações Unidas para as Pessoas Deficientes" (ONU, 1982b).

---

em sociedade de forma independente, exercendo, assim, a cidadania. Nos E.U.A., tal movimento mostrou sua força ao unir pessoas com as mais variadas deficiências imbuídas do propósito de exigir a implementação da Seção 504, da Lei de Reabilitação (*Rehabilitation Act*) de 1973 que tinha o relevante papel de afastar a discriminação inclusive no que se refere à educação, bem como, em relação à qualquer outro programa ou atividade que recebesse financiamento federal. Dentre os ativistas que lideravam tal movimento estava Judith Ellen Heumann, pessoa com deficiência, fundadora da entidade que foi criada com o escopo de lutar pelos direitos de tais indivíduos, a *Disabled in Action*. Anos antes, ela havia sofrido evidente discriminação, ao pleitear a licença para exercer o magistério ao Conselho de Educação de Nova York (*Board of Education of the City of New York*) e ter tal autorização negada com lastro na sua deficiência. Ela submeteu o tema à Corte Distrital Federal e o Conselho acabou por conceder a licença a Judith até pela notoriedade que o caso ganhou, tendo sido no ano de 1970 matéria do New York Times. Anos depois, ela serviria aos E.U.A. em cargos do governo federal relacionados às políticas sobre deficiência, indicada pelos presidentes Bill Clinton e Barack Obama, deixado um legado importantíssimo no que concerne ao exercício da cidadania pelas pessoas com deficiência.

O Programa foi formatado em três partes. A primeira refere-se aos objetivos, antecedentes e conceitos (itens 1 a 36); a segunda, à situação atual (itens 37 a 81); e, a terceira, à implementação (itens 82 a 200) (ONU, 1982c).

Conforme bem resumiram Quinn e Degener, os propósitos do Programa são: (i) prevenção, (ii) reabilitação e (iii) equiparação de oportunidades (2002, p. 31). Os dois primeiros propósitos já haviam sido abordados nas resoluções que trataram da deficiência anteriormente, no entanto a equiparação de oportunidades é um elemento novo e bastante relevante no sentido da participação das pessoas com deficiência na sociedade.

O item 12 do Programa define:

> Equiparação de oportunidades significa o processo através do qual o sistema geral da sociedade, como o ambiente físico e cultural, habitação e transporte, serviços sociais e de saúde, oportunidades educacionais e de trabalho, vida cultural e social, incluindo instalações esportivas e recreativas, são acessíveis para todos. (ONU, 1982c, p. 3, tradução nossa)

Por seu turno, os itens 21 e 22, complementam:

> 21. Para atingir os objetivos de 'plena participação e igualdade', medidas de reabilitação voltadas para o indivíduo com deficiência não são suficientes. A experiência mostra que é em grande parte o ambiente que determina o efeito de uma deficiência ou incapacidade na vida diária de uma pessoa. Uma pessoa é deficiente quando lhe são negadas as oportunidades geralmente disponíveis na comunidade que são necessárias para os elementos fundamentais da vida, incluindo a vida familiar, educação, emprego, moradia, segurança financeira e pessoal, participação em grupos sociais e políticos, atividade religiosa, relações íntimas e sexuais, acesso a instalações públicas, liberdade de movimento e estilo geral de vida diária.
>
> 22. As sociedades às vezes atendem somente pessoas que estão em plena posse de todas as suas faculdades físicas e mentais. Elas têm que reconhecer o fato de que, apesar dos esforços preventivos, sempre haverá um número de pessoas com deficiências e impedimentos, e que as sociedades precisam identificar e remover obstáculos à sua plena participação. Assim, sempre que pedagogicamente

> possível, a educação deve ocorrer no sistema escolar normal, o trabalho deve ser oferecido através de emprego aberto e a moradia deve ser disponibilizada à população em geral. É dever de todo Governo garantir que os benefícios dos programas de desenvolvimento também alcancem os cidadãos com deficiência. Medidas nesse sentido devem ser incorporadas ao processo geral de planejamento e à estrutura administrativa de toda sociedade. Os serviços extras de que as pessoas com deficiência possam necessitar devem, na medida do possível, fazer parte dos serviços gerais de um país. (ONU, 1982c, p. 6-7, tradução nossa)

Os aludidos dispositivos resumem uma importantíssima mudança de enfoque sobre o tema deficiência no bojo da ONU. Até então, concentrava-se a atenção na prevenção e, especialmente, na reabilitação da pessoa com deficiência, dentro de uma ideologia de normalização da pessoa, própria do modelo médico, como que fosse possível pela reabilitação promover a participação do indivíduo com deficiência na vida social.

Como esclarecem os itens citados, a não participação das pessoas com deficiência na vida social está atrelada às barreiras sociais existentes, sendo certo que incumbe não só aos governos, mas também às empresas, às organizações não governamentais, enfim, a todas as pessoas zelar para que tais barreiras sejam removidas. O Programa apregoa, ainda, que os serviços devem estar disponíveis às pessoas com deficiência de forma a propiciar que elas permaneçam residindo em suas casas, nas respectivas comunidades, sendo que as pessoas que vivem com as pessoas com deficiência, auxiliando-as nas atividades diárias, devem receber o apoio que se faça necessário (ONU, 1983c, itens 23 e 24, p. 7).

O Programa estabelece, ainda, que o princípio da igualdade de direitos deve levar em conta as peculiaridades das necessidades de cada pessoa com deficiência, propiciando-lhes acesso a todos os serviços existentes. Se é assegurada a igualdade de oportunidades entre as pessoas com deficiência e as demais, o Programa estabelece que também devem as pessoas com deficiência participar da construção da sociedade, que deve alterar suas expectativas em relação às pessoas com deficiência, focando em suas habilidades e não somente em seus impedimentos (ONU, 1983c, itens 25, 26 e 27, p. 7-8).

O item 201 estabeleceu que o Programa seria periodicamente revisado, considerando os resultados de avaliações efetuadas e da evolução da situação econômica e social mundial. Na primeira revisão internacional ocorrida em 1987 em Estocolmo, foi recomendada a elaboração de uma convenção de direitos humanos das pessoas com deficiência (QUINN; DEGENER, 2002, p. 32).

Na 42ª sessão da Assembleia Geral da ONU, no mesmo ano de 1987, a delegação da Itália suscitou as dificuldades na efetivação do Programa de Ação Mundial para as Pessoas Deficientes que não estaria sendo implementado e "parecia perder o interesse aos olhos da comunidade internacional" (ONU, 1987, item 6, tradução nossa). Neste cenário, ponderou a representante italiana sobre a pertinência de uma convenção internacional sobre a matéria, salientando que:

> 7. As duas reuniões de peritos realizadas recentemente em Ljubljana e Estocolmo consideraram a possibilidade de se elaborar uma convenção internacional sobre a eliminação de todas as formas de discriminação contra pessoas deficientes. Sua delegação considerou que tal convenção poderia contribuir para a eliminação de alguns dos obstáculos que impedem a equiparação de oportunidades para deficientes. Embora já houvesse uma série de instrumentos internacionais sobre direitos humanos, cujas disposições também se aplicavam aos deficientes, esses instrumentos tinham um alcance geral e não consideravam a situação específica e as necessidades específicas dos deficientes, um grupo muito vulnerável. Além disso, os instrumentos especificamente relacionados às pessoas deficientes, como a Declaração sobre os Direitos das Pessoas Mentalmente Retardadas e a Declaração sobre os Direitos das Pessoas Deficientes, não tinham caráter obrigatório e, portanto, não estabeleciam padrões internacionais mínimos para a proteção de seus direitos.
>
> 8. A marginalização das pessoas deficientes em todas as partes do mundo, incluindo os países mais desenvolvidos, impossibilitou que essas pessoas exercessem seus direitos fundamentais. Essa situação poderia ser melhorada por meio de uma convenção de natureza humanitária e não discriminatória. Isso permitiria que 500 milhões de pessoas deficientes no mundo levassem vidas o mais normal possível, tendo em conta as suas necessidades específicas. Isso também daria aos governos oportunidade de tomar medidas positivas nas áreas de prevenção de incapacidades, reabilitação e equiparação de oportunidades [...]. (ONU, 1987, itens 7 e 8, tradução nossa)

No mesmo sentido, a delegação da Suécia, na 44ª sessão da Assembleia Geral da ONU, em 1989, manifestou sua decepção pelo fato da não implementação adequada do Programa de Ação Mundial para as Pessoas Deficientes, entendendo que seria pertinente um instrumento internacional sobre os direitos das pessoas com deficiência que fosse juridicamente vinculante, englobando ações no sentido de se assegurar a tais indivíduos a reabilitação e a igualdade de oportunidades (ONU, 1989a, itens 8-10).

Em que pese as manifestações no que concerne à necessidade de uma convenção sobre os direitos da pessoa com deficiência, o que somente ocorreria quase duas décadas após a manifestação italiana na sessão da Assembleia Geral em 1987, o relatório relativo à revisão internacional efetuada em 1992 sobre a implementação do Programa revelou que havia dificuldades em tal implementação e que a discriminação contra as pessoas com deficiência persistia (QUINN; DEGENER, 2002, p. 32).

3.4.4 PRINCÍPIOS PARA A PROTEÇÃO DAS PESSOAS COM DOENÇA MENTAL E PARA A MELHORIA DA ASSISTÊNCIA À SAÚDE MENTAL

Os Princípios para a Proteção das Pessoas com Doença Mental e para a Melhoria da Assistência à Saúde Mental foram adotados pela Resolução 46/119, em 17 de dezembro de 1991 (ONU, 1991), quando ainda em curso a "Década das Nações Unidas para as Pessoas Deficientes".

Tais princípios centram-se nos cuidados com as pessoas que apresentam alguma espécie de doença mental, necessitando, assim, de um tratamento que, preferencialmente, deveria ocorrer na própria comunidade da pessoa a submeter-se aos respectivos cuidados (ONU, 1991, princípios 3 e 7).

O princípio 4.1 salienta que a internação se a pessoa tem uma doença mental deve se dar de acordo com os padrões médicos internacionalmente aceitos, o que de certa forma justifica a alusão aos destinatários dos princípios como "pessoas com doença mental", pois o diagnóstico efetuado seria o médico e os princípios concentram-se no tratamento respectivo. Sem prejuízo, como bem salientaram Rosenthal e Rubenstein em texto do ano de 1993, até então tais Princípios formavam "a declaração mais detalhada e abrangente dos direitos das pessoas com deficiência mental" (1993, p. 259).

O tratamento de saúde que deveria ser garantido à pessoa com doença mental seria aquele melhor disponível no sistema de saúde e assistência social, sendo certo que todos os indivíduos devem ser tratados com humanidade e respeito pela dignidade inerente da pessoa humana[81], afastando-se qualquer espécie de exploração, abuso ou tratamento degradante (ONU, 1991, princípios 1.1 a 1.3).

Demais disso, o tratamento deveria ser adequado, protegendo o indivíduo que a ele se submeteria de quaisquer danos, incluindo medicação injustificada, abuso por outros pacientes, funcionários, ou de outros atos que causassem sofrimento ou desconforto mental, prevalecendo o tratamento menos restritivo à liberdade. Além disso, como bem já havia ponderado o juiz federal do Estado do Alabama, quando do julgamento do caso Wyatt *v.* Stickney, ao detalhar as condições mínimas em relação ao ambiente e aos profissionais necessários ao tratamento institucional, quase duas décadas antes do advento da Resolução 46/119 da Assembleia Geral da ONU, o tratamento deveria se pautar por um plano individual de tratamento, revisado periodicamente por profissionais qualificados (ONU, 1991, princípios 8 e 9).

As condições e os direitos da pessoa internada em estabelecimentos onde se realizam tratamentos de saúde mental são abordados no princípio 13 que elenca como direitos que devem ser garantidos às pessoas internadas, os seguintes: (a) reconhecimento como uma pessoa perante a lei; (b) privacidade; (c) liberdade de comunicação, que inclui a liberdade de se comunicar com outras pessoas no próprio local; liberdade para enviar e receber comunicações privadas sem censura; liberdade de receber, em particular, visitas de um defensor ou representante e, em todos os momentos razoáveis, de outros visitantes; e, liberdade de acesso a serviços postais e telefônicos e a jornais, rádio e televisão; (d) liberdade de crença e de religião (ONU, 1991, princípio 13).

No que concerne ao ambiente e às condições de vida no estabelecimento de saúde mental, estabeleceu-se que deveriam ser o mais próximo possível de uma vida normal e, para tanto a unidade de internação

---

81 Interessante observar que no princípio 11 foi estabelecida, como regra, a necessidade do consentimento do paciente ao tratamento, sendo certo que as exceções a tal regra também foram tratadas detalhadamente em tal dispositivo, que trouxe procedimentos a serem observados para as hipóteses excepcionais de tratamento sem o consentimento, sempre com o escopo de se resguardar a dignidade da pessoa humana, vedando-se, por exemplo, a prática da esterilização (ONU, 1991, princípio 11).

deveria contar com instalações: educacionais, de recreação e de lazer; para aquisição e recebimento de itens para a vida diária, recreação e comunicação; para reabilitação profissional visando a reintegração social, incluindo orientação profissional, formação profissional e serviços de colocação profissional para pacientes com o objetivo de garantir ou manter o emprego na comunidade (ONU, 1991, princípio 13).

O que se observa dos princípios relativos aos direitos das pessoas em instituição de saúde mental e as condições que devem ser asseguradas em tais instituições é que a tentativa foi a de lhes outorgar as condições de oferecer efetivo tratamento às pessoas internadas, o que se explica, pois sob o pretexto de um tratamento, tais instituições, em regra, revelaram-se como verdadeiros depósitos de pessoas, em grande parte, pessoas com deficiência, sem qualquer espécie de tratamento eficaz, mas noutro sentido, submetidas a condições degradantes que apenas afastavam a possibilidade de uma reinserção na sociedade.

Aliás, com a crescente exigência de que tais instituições efetivamente prestassem um tratamento às pessoas internadas e a impossibilidade de tal tratamento adequado se dar nas instituições totais, o que ocorreu foi uma desinstitucionalização sem que se propiciasse às pessoas desinternadas o devido acompanhamento para sua reinserção em sociedade. Como bem observou Paul Davis em relação à situação no Estado do Alabama, quando da ordem do juiz Frank Johnson para que o Estado desse o devido tratamento nas instituições: "cumprir os padrões de tratamento estabelecidos pelo juiz Johnson levaria à falência o Estado. [...] a resposta foi manter os novos pacientes fora dos hospitais psiquiátricos e liberar o maior número possível, o mais rápido possível" (2011, p. 159, tradução nossa).

A consequência da desinternação desacompanhada do necessário suporte para a reinserção na sociedade foi apontada pelo próprio Paul Davis, ao salientar que "muitos dos doentes mentais que foram libertados do encarceramento em hospitais psiquiátricos estatais estão agora trancados em prisões estaduais. Outros vivem nas ruas" (2011, p. 163, tradução nossa).

Portanto, por mais bem-vindo que fosse o movimento de desinternação, pois os efeitos da internação em instituições totais eram absolutamente nefastos, a falta de suporte para que as pessoas desinternadas conseguissem a reinserção na sociedade fez com que pessoas anteriormente internadas em estabelecimentos de saúde mental, acabassem em prisões. Ou seja, apenas saíram de uma instituição total para outra.

Nesse sentido, uma pesquisa efetuada nos Estados Unidos da América revelou que, considerando dados dos anos de 2004 e 2005, havia mais de três vezes mais pessoas consideradas doentes mentais graves em cadeias e prisões do que em hospitais. Demais disso, tal pesquisa revelou que 16% das pessoas presas tinha doença mental séria, observando que no ano de 1983 tal percentual era de 6,4% (TORREY *et al.*, 2010, p. 1).

Além disso, a aludida pesquisa apontou que nos EUA 40% dos indivíduos com doença mental grave estiveram em algum momento de suas vidas em cadeias ou prisões. A conclusão apresentada pelos pesquisadores foi no sentido de que o esvaziamento dos hospitais psiquiátricos estatais nos Estados Unidos da América foi uma das mudanças sociais mais bem-intencionadas, mas que foi precariamente planejada, tendo sido desastrosa para muitos desinternados (TORREY *et al.*, 2010, p. 2).

Exatamente pelo contingente de pessoas consideradas com alguma doença mental em prisões em razão de procedimentos criminais, o princípio 20 estabeleceu que tais pessoas têm direito ao melhor tratamento disponível a que alude o princípio 1.

3.4.5 NORMAS SOBRE A EQUIPARAÇÃO DE OPORTUNIDADES PARA PESSOAS COM DEFICIÊNCIA

As Normas sobre a Equiparação de Oportunidades para Pessoas com Deficiência foram adotadas em sessão da Assembleia Geral da ONU em 20 de dezembro de 1993, por meio da Resolução 48/96.

A "Década das Nações Unidas para as Pessoas Deficientes" havia suscitado entre seus objetivos, a elaboração de uma Convenção Internacional sobre a Eliminação de Todas as Formas de Discriminação contra as Pessoas com Deficiência, o que, no entanto, não vingou.

A própria Resolução 48/96, em sua introdução, menciona que a Reunião Mundial de Peritos para a Revisão da Implementação do Programa de Ação Mundial para as Pessoas Deficientes recomendou à Assembleia Geral convocar uma conferência especial para elaborar uma Convenção Internacional sobre a Eliminação de Todas as Formas de Discriminação contra Pessoas com Deficiência, que deveria ser ratificada pelos Estados até o final da Década para as Pessoas com Deficiência. A minuta foi preparada pela Itália e apresentada na 42ª sessão e, posteriormente sua pertinência foi apontada pela Suécia, na 44ª sessão, no entanto não foi possível a aprovação do documento, havendo a alegação de alguns países de que os documentos então existentes sobre os direitos humanos já garantiam às pessoas com deficiência os mesmos direitos outorgados aos demais (ONU, 1993a, Introdução, par. 6º).

Embora a evidente frustração daqueles que auguravam a adoção de uma convenção específica sobre os direitos das pessoas com deficiência como resultado da Década das Nações Unidas para as Pessoas Deficientes, a adoção das Normas sobre a Equiparação de Oportunidades para Pessoas com Deficiência, representou um avanço no sentido de apontar a necessidade de se assegurar às pessoas com deficiência a igualdade de oportunidades, reconhecendo que em todas as sociedades do mundo ainda existem obstáculos que impedem as pessoas com deficiência de exercer seus direitos e liberdades, tornando difícil para elas a participação plena nas atividades de suas sociedades (ONU, 1993a, Introdução, par. 15).

De acordo com o parágrafo 24, da Introdução, o termo "equiparação de oportunidades" significa o processo por meio do qual os vários sistemas da sociedade e do meio ambiente, tais como serviços, atividades, informação e documentação, são disponibilizados a todos, particularmente às pessoas com deficiência (ONU, 1993a, Introdução, par. 24).

Segundo Dimitris Michailakis, quando tratamos de exclusão social das pessoas com deficiência, estamos reconhecendo que há desigualdade nas oportunidades entre aqueles que são participantes ativos e aqueles que são marginalizados (participação/exclusão) na sociedade. Acrescenta, ainda, que "o processo de elaboração de normas para eliminar as condições discriminatórias na sociedade segue em paralelo com a mudança da abordagem centrada no indivíduo com deficiência para uma abordagem 'pessoa-ambiente'" (1997, p. 18 e 22, tradução nossa).

Ou seja, a relação "pessoa-ambiente" a que aludia Michailakis ainda no fim do século passado, foi posteriormente explicitada na própria definição de pessoa com deficiência constante da Convenção sobre os Direitos das Pessoas com Deficiência, ao se referir à relação entre as pessoas com deficiência, com seus impedimentos de longo prazo seja de natureza física, mental, intelectual ou sensorial, os quais, em interação com diversas barreiras, podem obstruir sua participação plena e efetiva na sociedade em igualdades de condições com as demais pessoas (BRASIL, 2009a, artigo 1º).

Assim, deveras importante o destaque conferido pelo documento em apreço ao apontar a equiparação de oportunidades no seu próprio título, observando-se que tal equiparação passa de forma inarredável pela eliminação de barreiras sociais que retiram das pessoas com deficiência a possibilidade de acessar as oportunidades em igualdade de condições com as demais.

Com o escopo de se entender como atingir a augurada equiparação de oportunidades para as pessoas com deficiência, Michailakis distingue os conceitos de igualdade formal e material.

> Ao explorar o significado de igualdade de oportunidades no contexto da lei, podemos distinguir entre dois tipos de igualdade. O primeiro é indicado pelo conceito de igualdade formal que se refere à igualdade no marco da lei, ou seja, determinadas normas e valores são aplicados em todos os casos. Tratamento igual entre diferentes pessoas é visto como um relacionamento com características formais distintas, não importa qual é o cenário em que ocorre. O segundo é indicado pelo conceito de igualdade material que se refere à criação de condições apropriadas e à disponibilidade de meios concretos para a realização de objetivos materiais. A principal diferença em comparação com a igualdade formal de oportunidades é que a igualdade material diz respeito à igualdade nos resultados, e não à igualdade de tratamento. (1997, p. 24)

Portanto, as Normas sobre a Equiparação de Oportunidades para Pessoas com Deficiência ao focar na equiparação, trazem a exigência de que os Estados e a própria sociedade derrubem as barreiras que impedem a participação das pessoas com deficiência na sociedade e, assim, igualem as condições de acesso efetivo às oportunidades nas diversas áreas da vida, apresentando um objetivo que se verifica no centro do modelo social, pois somente com a equiparação de oportunidades é que será possível a inclusão social plena.

As Normas sobre a Equiparação de Oportunidades para Pessoas com Deficiência foram divididas em quatro partes, quais sejam: (I) requisitos para a participação igualitária; (II) áreas-alvo da participação igualitária; (III) medidas de implementação; e, (IV) mecanismo de monitoração.

A primeira regra insculpida no seu capítulo inaugural, relativo aos requisitos para a participação igualitária, refere-se à sensibilização da sociedade sobre as pessoas com deficiência, seus direitos, suas necessidades, seus potenciais e contribuições. O destaque dado à necessidade da sensibilização da sociedade, em um movimento de conscientização sobre a necessidade de equiparação de oportunidades às pessoas com deficiência deve ser lido em cotejo com o que se encontra no parágrafo 3º, da própria Introdução das Normas, ao recordar que:

> [...] No campo da deficiência, no entanto, também existem muitas circunstâncias específicas que influenciaram as condições de vida das pessoas com deficiência. Ignorância, negligência, superstição e medo são fatores sociais que ao longo da história da deficiência isolaram pessoas com deficiência e retardaram seu desenvolvimento. (ONU, 1993a, Introdução, par. 3º, tradução nossa)

Evidente que se o objetivo das Normas, como revela seu próprio título, é a equiparação de oportunidades, fundamental é o combate ao estigma que está arraigado na sociedade em relação às pessoas com deficiência, pois sem esta conscientização é impossível a efetiva inclusão social das pessoas com deficiência.

Ainda como requisito da participação igualitária, o documento elenca os cuidados médicos, apontando que tais cuidados deveriam ser prestados por equipes multidisciplinares para diagnóstico e avaliação precoces e tratamento do impedimento. Menciona, ainda, que a reabilitação deve estar disponível na comunidade em que vive a pessoa com deficiência e, no que concerne aos serviços de apoio, salienta a importância de tais serviços para incrementar o grau de independência das pessoas com deficiência, destacando os dispositivos e equipamentos de apoio (ONU, 1993a, Regras 2-4).

As áreas-alvo das Normas no sentido de se garantir a participação igualitária são: acessibilidade (regra 5), educação (regra 6), emprego (regra 7), manutenção de renda e seguridade social (regra 8), vida familiar e integridade pessoal (regra 9), cultura (regra 10), recreação e esportes (regra 11) e religião (regra 12).

Quanto à equiparação de oportunidades no que se refere à acessibilidade, a regra 5 dividiu a abordagem em (a) acesso ao ambiente físico, tecendo considerações sobre a necessidade de se remover os obstáculos à participação das pessoas com deficiência no ambiente físico; e, (b) acesso à informação e comunicação, que deve compreender todos os diferentes grupos de pessoas com deficiência, mencionando-se, inclusive, a possibilidade de utilização de tecnologias apropriadas a facilitar a informação e comunicação.

Quanto à educação, a regra 6 faz menção a um "sistema integrado" que garanta a equiparação de oportunidades na educação das pessoas com deficiência, determinando que as escolas regulares devem contar com a disponibilidade de intérprete e outros serviços de apoio pertinentes. Aponta tal regra que devem ser fornecidos serviços de acessibilidade e apoio adequados, concebidos para satisfazer as necessidades próprias das pessoas com deficiências.

A importância da educação em escolas regulares vem reforçada especificamente pelo disposto no parágrafo 8º, da regra 6 que, ao mencionar a possibilidade da educação especial, na hipótese de a escola regular não atender às necessidades da pessoa com deficiência, assenta que a educação especial, em tal hipótese, deve preparar os estudantes para ingresso na escola regular, evidenciando o caráter de excepcionalidade da educação que não seja em escola regular.

Merecem destaque as disposições relativas ao trabalho, que transcendem a mera igualdade formal de impossibilidade de se estabelecer em leis ou outros regulamentos tratamento discriminatório a dificultar o acesso das pessoas com deficiência ao mercado de trabalho. Nesse sentido, indica o parágrafo 2º, da regra 7 a necessidade de um apoio ativo que poderia ocorrer por meio de diversas medidas, como treinamento vocacional, utilização de cotas orientadas a incentivos, emprego reservado, empréstimos ou subsídios para pequenas empresas, contratos exclusivos ou prioritários de produção, benefícios fiscais ou outra assistência financeira às empresas que empregam trabalhadores com deficiência. Dispõe, ainda, o aludido dispositivo que os Estados deveriam, também, incentivar os empregadores a fazer ajustes razoáveis para acomodar trabalhadores com deficiência.

No que concerne às medidas de implementação, as Normas elencaram a informação e pesquisa (regra 13), assumindo os Estados a responsabilidade de coletar e disseminar a informação sobre as condições de vida das pessoas com deficiência; a política e planejamento (regra 14), estabelecendo-se que os aspectos relativos à deficiência sejam neles incluídos; legislação (regra 15), assentando-se que os Estados devem criar a base legal para medidas que tenham como objetivo a participação igualitária e integral das pessoas com deficiência; e, políticas econômicas (regra 16), por meio das quais os Estados devem criar programas nacionais e adotar medidas para criar a equiparação de oportunidades às pessoas com deficiência, bem como efetuar a monitoração e avaliação dos programas (regra 20).

Ainda no que tange às medidas de implementação, são mencionadas nas Normas, a coordenação dos trabalhos (regra 17), que estabelece que os Estados devem criar e fortalecer comitês de coordenação nacionais para servir como pontos focais nos assuntos sobre deficiência, devendo os Estados prover o devido treinamento às pessoas envolvidas nos programas relativos às pessoas com deficiência (regra 19). No que concerne às organizações de pessoas com deficiência (regra 18), pondera-se a necessidade de se reconhecer tais entidades como fonte de aconselhamento na tomada de decisões.

Por fim, ainda sob a égide das medidas de implementação insculpidas nas Normas, salienta-se a cooperação internacional (regra 22), no que diz respeito especialmente às políticas para equiparação de oportunidades, sendo certo que na seara da cooperação econômica e técnica (regra 21), assentou-se a responsabilidade dos Estados desenvolvidos e em desenvolvimento de cooperar e tomar medidas para a melhoria das condições de vida das pessoas com deficiência nos países em desenvolvimento.

Quanto ao mecanismo de monitoração insculpido na Parte IV das Normas, destaca-se que se definiu sua monitoração no âmbito da Comissão para o Desenvolvimento Social, com a possibilidade de designação de um "Relator Especial" para auxiliar a Comissão em tal mister.

O que se pode verificar das Normas sobre a Equiparação de Oportunidades para Pessoas com Deficiência é que a elaboração de regras para se afastar as condições discriminatórias na sociedade acompanha uma alteração na própria abordagem centrada no indivíduo da deficiência para uma abordagem "pessoa-ambiente" (MICHAILAKIS, 1997, p. 22, tradução nossa). Ou seja, o que se constata é um passo importante no sentido de uma mudança do paradigma médico, centrado na pessoa com deficiência, para o paradigma social, que aborda a interação do indivíduo com as barreiras sociais existentes.

Interessante verificar que quase seis anos após o advento das Normas sobre a Equiparação de Oportunidades para Pessoas com Deficiência no âmbito regional das Américas, foi adotada a Convenção Interamericana para a Eliminação de Todas as Formas de Discriminação contra as Pessoas Portadoras de Deficiência em 06 de agosto de 1999, que foi aprovada pelo Decreto Legislativo 198/01 e promulgada em 08 de outubro de 2001 pelo Decreto 3.956/01 (BRASIL, 2001).

Ressalta-se que, desafortunadamente, tal Convenção Interamericana, embora faça expressa alusão às principais resoluções da ONU dedicadas ao tema deficiência, inclusive às Normas sobre a Equiparação de Oportunidades para Pessoas com Deficiência, não seguiu exatamente a tendência constatada nas Normas no sentido de dar maior atenção aos aspectos sociais da deficiência. O que se verifica é que o mencionado instrumento regional foi, ainda, bastante influenciado pelo modelo médico, centrando-se, assim, na abordagem individual, o que já se verifica no artigo I da Convenção que aponta a deficiência como uma restrição física, mental ou sensorial, de natureza permanente ou transitória, que limita a capacidade de exercer uma ou mais atividades essenciais da vida diária, causada ou agravada pelo ambiente econômico e social (BRASIL, 1992, artigo I).

Assim, a Convenção indica a deficiência como sendo algo próprio do indivíduo, ainda que reconheça alguma influência do ambiente econômico e social sobre a restrição, sem, contudo, vislumbrar a deficiência na interação do indivíduo com as barreiras sociais.

Seguindo no alinhamento à abordagem centrada no indivíduo, própria do modelo médico, extrai-se das alíneas "a" e "b", de seu artigo III.2., duas das prioridades estabelecidas no instrumento, quais sejam, a prevenção do que chamou "formas de deficiência preveníveis" e, a detecção e intervenção precoce, reabilitação, além da educação, formação ocupacional e prestação de serviços completos, com o escopo de garantir o melhor nível de independência e qualidade de vida para as pessoas denominadas "portadoras de deficiência"[82] (BRASIL, 1992, artigo III).

A alínea "c", do artigo III.2, da Convenção, faz alusão, como sua terceira prioridade, à sensibilização da população por meio de campanhas de educação, destinadas a eliminar preconceitos, estereótipos e outras atitudes que atentam contra o direito das pessoas de serem iguais, permitindo desta forma o respeito e a convivência com as pessoas "portadoras de deficiência".

---

82 Cumpre salientar que em nenhuma passagem da Convenção, encontra-se qualquer alusão à "inclusão" social, mencionando-se reiteradamente em seu texto a "integração" social. O próprio artigo II, que apresenta o objetivo da Convenção, delineando seu escopo como o de "[...] prevenir e eliminar todas as formas de discriminação contra as pessoas portadoras de deficiência e propiciar a sua plena integração à sociedade" (BRASIL, 1992, artigo II).

Embora seja louvável e fundamental a sensibilização da população quanto ao tema deficiência, em perfeita sintonia com a regra 1, das Normas sobre a Equiparação de Oportunidades para Pessoas com Deficiência, o que, contudo, parece contraditório com a abordagem influenciada pelo modelo médico que apenas reforça o estigma das pessoas com deficiência como portadoras de algum mal que deva ser curado, ou evitado, nos casos que a Convenção chamou de "formas de deficiência preveníveis".

Aliás, a versão em português da Convenção que em seu título e nas demais alusões às pessoas com deficiência, utilizou a expressão "pessoas portadoras de deficiência", não guarda relação com as versões em inglês e espanhol, que aludem, respectivamente, às expressões "persons with disabilities" (OEA, 1999a) e "personas con discapacidad" (OEA, 1999b), denominações estas já empregadas nas Normas sobre a Equiparação de Oportunidades para Pessoas com Deficiência. A expressão "pessoas portadoras de deficiência" está intimamente ligada a uma consideração da pessoa com deficiência sob o paradigma médico.[83]

Portanto, embora a tendência de mudança da abordagem centrada no indivíduo da deficiência para uma abordagem pessoa-ambiente apontada por Michailakis (1997, p. 22), o certo é que muito presente estava ao cerrar do século passado, o modelo centrado no indivíduo, qual seja, o modelo médico, como se verifica da própria Convenção Interamericana, o que revelava, de certa forma, o caminho que deveria ainda ser percorrido para que fosse possível dar o passo seguinte no sentido de uma convenção internacional sobre a eliminação de todas as formas de discriminação contra pessoas com deficiência que fosse abrangente e, efetivamente tivesse por escopo a inclusão social das pessoas com deficiência em âmbito mundial.

De outro lado, o que se evidencia é que as Normas sobre a Equiparação de Oportunidades para Pessoas com Deficiência, neste cenário,

[83] Talvez a razão da versão em português da Convenção utilizar tal terminologia, tenha sido manter a expressão empregada reiteradamente na CRF/88 que, contudo, havia sido adotada quase onze anos antes, ou seja, antecedendo as próprias Normas sobre a Equiparação de Oportunidades para Pessoas com Deficiência. Na CRF/88, por exemplo, dispõe o artigo 23, II: "Art. 23. É competência comum da União, dos Estados, do Distrito Federal e dos Municípios: [...] II – cuidar da saúde e assistência pública, da proteção e garantia das **pessoas portadoras de deficiência**; [...]" (BRASIL, 1988, artigo 23, II, grifo nosso)

representaram um passo deveras importante e necessário para a mudança de paradigma internacionalmente aceito no que concerne à maneira de a sociedade considerar a deficiência que viria a ser consagrado anos depois com a adoção da Convenção sobre os Direitos das Pessoas com Deficiência. Como bem resumiu Agustina Palácios, as Normas sobre a Equiparação de Oportunidades para Pessoas com Deficiência representam até hoje um documento paradigmático sobre o tratamento e a proteção das pessoas com deficiência no marco das Nações Unidas (2008, p. 221).

3.5 O PROCESSO DE ELABORAÇÃO DA CONVENÇÃO SOBRE OS DIREITOS DAS PESSOAS COM DEFICIÊNCIA

Embora as frustradas tentativas de se dar início ao processo de elaboração de uma Convenção Internacional sobre os Direitos das Pessoas com Deficiência encetadas na 42ª sessão da Assembleia Geral da ONU, no ano de 1987, pela delegação da Itália; e, na 44ª sessão, em 1989, pela delegação da Suécia, o tema seguiu como objeto de discussão nos anos que seguiram a adoção das Normas sobre a Equiparação de Oportunidades para Pessoas com Deficiência.

No mês de março de 2000 houve uma importante reunião em Beijing, a Conferência Mundial das Organizações não Governamentais sobre Deficiência. Nela, assentou-se o entendimento da necessidade de uma Convenção sobre os Direitos das Pessoas com Deficiência. Em 02 de maio de 2000, o representante da China nas Nações Unidas endereçou uma carta ao Secretário-Geral, contendo a Declaração de Beijing sobre os Direitos das Pessoas com Deficiência no Novo Século, extraindo-se de tal instrumento a importante conclusão da Conferência:

> Acreditamos que o início do novo século é um momento oportuno para pessoas com deficiências diversas e suas organizações, e outras organizações cívicas, governos locais e nacionais, membros do sistema das Nações Unidas e outros órgãos intergovernamentais, bem como o setor privado, colaborar estreitamente em um processo consultivo amplo e inclusivo voltado ao desenvolvimento e adoção de uma convenção internacional para promover e proteger os direitos das pessoas com deficiência e aumentar a igualdade de oportunidades de participação na sociedade em geral. (ONU, 2000, anexo, par. 6º, tradução nossa)

Finalmente, na 56ª sessão da Assembleia Geral em 2001, foi adotada a Resolução 56/168 que deu início ao procedimento para a elaboração de uma convenção "abrangente e integral" sobre os direitos das pessoas com deficiência. Do parágrafo 1º, extrai-se que a Assembleia Geral,

> decide estabelecer um Comitê Ad Hoc, aberto à participação de todos os Estados Membros e observadores das Nações Unidas, para considerar propostas de uma convenção internacional abrangente e integral para promover e proteger os direitos e a dignidade das pessoas com deficiência, com base na abordagem holística do trabalho realizado nas áreas de desenvolvimento social, direitos humanos e não-discriminação e levando em conta as recomendações da Comissão sobre Direitos Humanos e a Comissão para o Desenvolvimento Social. (ONU, 2001, par. 1º, tradução nossa)

A primeira sessão do Comitê Ad Hoc criado pela Resolução 56/168 ocorreu no ano de 2002, iniciando-se os trabalhos visando a elaboração da augurada convenção. Em tal oportunidade, houve uma importante decisão relativa à participação das organizações não governamentais no Comitê (ONU, 2002). Ficou decidido que tais entidades, desde que acreditadas[84] poderiam participar nas sessões públicas do Comitê, inclusive fazendo manifestações e recebendo cópias de determinados documentos e apresentações, o que se revelou profícuo no sentido da contribuição das organizações não governamentais dedicadas aos temas relacionados às pessoas com deficiência.

Na segunda sessão do Comitê Ad Hoc, ocorrida em junho de 2003, decidiu-se pela criação de um Grupo de Trabalho com o escopo de elaborar e apresentar uma minuta de convenção para servir de base para a negociação no bojo do Comitê. Estipulou-se que o Grupo de Trabalho deveria considerar todas as contribuições submetidas pelos Estados, observadores, órgãos pertinentes das Nações Unidas, entidades e agências, comissões regionais e organizações intergovernamentais, bem como, pela sociedade civil, incluindo organizações não governamentais (ONGs), instituições e

[84] Já na primeira sessão do Comitê, nove instituições constavam do rol de entidades acreditadas (ONU, 2002), sendo certo que nas demais sessões do Comitê outras instituições promoveram o credenciamento.

especialistas nacionais em deficiência e em direitos humanos e organizações independentes, além das contribuições de reuniões regionais. Onde houvesse abordagens alternativas, o Grupo de Trabalho deveria apresentar opções textuais que refletissem essas abordagens (ONU, 2003, par. 15).

A tarefa do Grupo de Trabalho foi bastante profícua, sendo que na terceira (ONU, 2004a) e na quarta (ONU, 2004b) sessões, realizadas, respectivamente, em maio e junho de 2004 e agosto e setembro do mesmo ano, a minuta de convenção elaborada pelo Grupo de Trabalho foi objeto de discussões no Comitê.

Na quinta sessão,[85] os debates centraram-se nos seguintes temas: igualdade e não discriminação, direito à vida, reconhecimento como pessoa perante a lei, liberdade e segurança da pessoa, direito a não ser submetida à tortura ou outros tratamentos cruéis, desumanos ou degradantes, proteção contra a violência e abusos, liberdade de expressão, de opinião e de acesso à informação, respeito à privacidade, ao lar e à família, direito de viver independentemente e de ser incluído na comunidade (PALACIOS, 2008, p. 247).

Por seu turno, a sexta sessão, deu-se no mesmo ano de 2005,[86] abordando temas como inclusão, direito à vida independente, mulheres e crianças com deficiência, educação, acessibilidade, saúde e seguridade social, mobilidade e participação na vida pública e política. Também foram discutidos o direito ao trabalho, participação na vida cultural, atividades recreativas, entretenimento, esportes e mecanismo de supervisão (PALACIOS, 2008, p. 248).

Na sétima sessão que se deu já no ano de 2006,[87] logrou-se êxito em aprovar um texto de trabalho relativo à Convenção Internacional sobre os Direitos das Pessoas com Deficiência, contendo 33 artigos, sendo certo que vários pontos ainda pendiam de definição, sendo o mais relevante deles a própria definição de pessoa com deficiência.

---

85 A quinta sessão do Comitê ocorreu entre o dia 24 de janeiro a 04 de fevereiro de 2005 (ONU, 2005a).

86 A sexta sessão do Comitê transcorreu entre o dia 1º e 12 de agosto de 2005 (ONU, 2005b).

87 A sétima sessão do Comitê ocorreu entre o dia 16 de janeiro e 03 de fevereiro de 2006 (ONU, 2006b).

A última sessão do Comitê se estendeu de agosto a dezembro de 2006 (ONU, 2006c), tendo sido possível um consenso sobre o texto final de trabalho que foi apresentado pelo Presidente da sessão, após "árduos debates e sessões informais" (PALACIOS, 2008, p. 250, tradução nossa). Durante a sessão, o Comitê decidiu criar um grupo para a redação da convenção, com o objetivo de assegurar a uniformidade da terminologia empregada na minuta da convenção e do respectivo protocolo adicional, bem como, harmonizar as versões nos idiomas oficiais da ONU. Tal grupo reuniu-se em nove oportunidades e, em 17 de novembro de 2006, encaminhou o resultado do trabalho ao Comitê.

O Comitê, então, decidiu recomendar à Assembleia Geral a adoção de uma resolução intitulada "Convenção sobre os Direitos das Pessoas com Deficiência", contendo a minuta da Convenção e do respectivo Protocolo Adicional (ONU, 2006c).

Em 13 de dezembro de 2006, mais de sessenta anos após a criação da ONU, a sua Assembleia Geral adotou a Convenção sobre os Direitos das Pessoas com Deficiência e o Protocolo Opcional à Convenção, por meio da Resolução 61/106 (ONU, 2006d), fixando o dia 30 de março de 2007 o início do período para assinaturas, tendo ela entrado em vigor internacionalmente no dia 03 de maio de 2008[88].

[88] Nos termos do artigo 45, da Convenção, que disciplinou que ela entraria em vigor no trigésimo dia após o depósito do vigésimo instrumento de ratificação ou adesão (BRASIL, 2009a).

4

A CONVENÇÃO SOBRE OS DIREITOS DAS PESSOAS COM DEFICIÊNCIA

A tão esperada Convenção sobre os Direitos das Pessoas com Deficiência foi produto do convencimento dos Estados no sentido da necessidade de um instrumento geral e integral para estimular e proteger os direitos e a dignidade das pessoas com deficiência, com o escopo de prestar significativa contribuição para promover a participação na vida em sociedade em igualdade de oportunidades, como bem aponta o próprio preâmbulo da Convenção.

De tal extenso preâmbulo que faz menção a diversos direitos e princípios tratados nos seus 50 artigos[89], extrai-se a alusão à universalidade, indivisibilidade, interdependência e inter-relação de todos os direitos humanos e liberdades fundamentais, bem como à necessidade de garantia de que todas as pessoas com deficiência os exerçam na plenitude, sem discriminação[90].

Há, também, expressa alusão às Normas sobre a Equiparação de Oportunidades para Pessoas com Deficiência e ao próprio Programa de Ação Mundial para as Pessoas Deficientes, reconhecendo-se a importância de tais instrumentos no que concerne ao escopo de conferir maior igualdade de oportunidades para as pessoas com deficiência[91]. Aliás, se uma convenção "geral e integral" representa um enorme avanço internacional

89 Por seu turno, o Protocolo Facultativo à Convenção conta com 18 artigos.

90 Preâmbulo, "c" (BRASIL, 2009a).

91 Preâmbulo, "f" (BRASIL, 2009a).

no que se refere à especificação dos direitos das pessoas com deficiência, é certo que o tema deficiência já era debatido há mais de meio século no seio da ONU e, neste cenário, a Convenção acaba por representar uma conquista arduamente obtida pelas pessoas com deficiência que, embora partícipes da "maior das minorias", não tinham seus direitos especificados e acompanhados pelos princípios próprios a reger sua aplicação.

Assim, possível vislumbrar o caminho percorrido na ONU até o advento da Convenção e, paralelamente constatar, nesse mesmo lapso, a modificação nos próprios modelos de se compreender a deficiência a influenciar as discussões naquele ente multilateral. Se nas suas primeiras resoluções sobre deficiência havia uma tendência a se adotar o modelo médico, com o escopo de se distanciar do modelo de prescindibilidade, o certo é que, paulatinamente, o modelo social veio a ocupar maior espaço e, com a convenção, restou abraçado, como se verifica da definição de pessoas com deficiência constante do artigo inaugural da Convenção.

Exatamente no sentido de acentuar as mudanças do próprio conceito de deficiência no curso do tempo é que a alínea "e", do preâmbulo da Convenção esclarece que:

> [...] a deficiência é um conceito em evolução e que a deficiência resulta da interação entre pessoas com deficiência e as barreiras devidas às atitudes e ao ambiente que impedem a plena e efetiva participação dessas pessoas na sociedade em igualdade de oportunidades com as demais pessoas. (BRASIL, 2009a)

Constata-se no supramencionado dispositivo preambular a influência do modelo social, ao se mencionar que a deficiência resulta da interação da pessoa com as barreiras encontradas na sociedade a impedir a participação social em igualdade de oportunidades, este último aspecto que foi o centro da atenção das Normas sobre a Equiparação de Oportunidades para Pessoas com Deficiência.

Bartlett salienta que a Convenção adota uma nova visão ousada, em que a não discriminação é um valor central. A deficiência é articulada não em termos de limitações ou impedimentos das pessoas com deficiência, mas de respostas sociais inadequadas às necessidades particulares dos indivíduos na sociedade (2012, p. 753).

Oportuna a observação de André de Carvalho Ramos sobre a pertinência da Convenção:

> [...] uma convenção específica serve para confrontar a sociedade – inclusive com recurso a *instâncias internacionais*, no caso da omissão local – com a necessidade de implementação de direitos tidos como já assegurados a todos (direito de ir e vir, por exemplo).
>
> Além disso, a especificidade da situação das pessoas com deficiência também justifica a edição de uma Convenção própria. Não se trata apenas de repetir os direitos elencados nas convenções gerais, como o Pacto Internacional de Direitos Civis e Políticos, mas de focar nas situações que as pessoas com deficiência enfrentam para fazer valer tais direitos. Com a especificidade, vem também a clarificação do conteúdo aplicado dos direitos e até mesmo a coleta de dados e estatísticas mais confiáveis sobre a situação das pessoas com deficiência. (2018, p. 113-114)

A Convenção não só veio estabelecer direitos das pessoas com deficiência mas, também, elencou princípios que devem nortear não só a aplicação das regras convencionais, como a própria atuação dos Estados no sentido de se buscar a plena e efetiva inclusão social das pessoas com deficiência.

No primeiro parágrafo do artigo 1º da Convenção, encontra-se o seu propósito, qual seja, "promover, proteger e assegurar o exercício pleno e eqüitativo de todos os direitos humanos e liberdades fundamentais por todas as pessoas com deficiência e promover o respeito pela sua dignidade inerente" (BRASIL, 2009a).

A especificação dos princípios e dos direitos das pessoas com deficiência certamente poderá facilitar o exercício dos seus direitos e liberdades fundamentais, sendo certo que o respeito pela sua dignidade passa, inevitavelmente, pela sua efetiva inclusão na comunidade.

Por seu turno, o segundo parágrafo traz a definição de pessoa com deficiência. Tal dispositivo foi um dos últimos pontos a serem pactuados quando da elaboração da Convenção o que talvez explique a existência de uma divergência entre as versões do texto[92].

---

[92] Segundo o disposto no artigo 50, da Convenção: "Os textos em árabe, chinês, espanhol, francês, inglês e russo da presente Convenção serão igualmente autênticos" (BRASIL, 2009a).

Da versão em inglês, o aludido segundo parágrafo do artigo 1º, da Convenção consta:

> Persons with disabilities **include** those who have long-term physical, mental, intellectual or sensory impairments which in interaction with various barriers may hinder their full and effective participation in society on an equal basis with others. (ONU, 2006d, grifo nosso)

No mesmo sentido a versão também autêntica em espanhol:

> Las personas con discapacidad **incluyen** a aquellas que tengan deficiencias físicas, mentales, intelectuales o sensoriales a largo plazo que, al interactuar con diversas barreras, puedan impedir su participación plena y efectiva en la sociedad, en igualdad de condiciones con las demás. (ONU, 2006e, destaque nosso)

Contudo, o texto da versão autêntica em francês diverge das acima citadas:

> Par personnes handicapées on entend des personnes qui présentent des incapacités physiques, mentales, intellectuelles ou sensorielles durables dont l'interaction avec diverses barrières peut faire obstacle à leur pleine et effective participation à la société sur la base de l'égalité avec les autres. (ONU, 2006f)

A versão em português, adotada pelo Brasil, seguiu a versão autêntica em francês:

> Pessoas com deficiência são aquelas que têm impedimentos de longo prazo de natureza física, mental, intelectual ou sensorial, os quais, em interação com diversas barreiras, podem obstruir sua participação plena e efetiva na sociedade em igualdades de condições com as demais pessoas. (BRASIL, 2009a)

Cumpre observar que a versão que foi aprovada em Portugal, seguiu o teor das versões autênticas em inglês e espanhol, no seguinte sentido:

> As pessoas com deficiência **incluem** aqueles que têm incapacidades duradouras físicas, mentais, intelectuais ou sensoriais, que em interacção com várias barreiras podem impedir a sua plena

> e efectiva participação na sociedade em condições de igualdade com os outros. (PORTUGAL, 2009, grifei)

Portanto, as versões em inglês e espanhol revelam um caráter exemplificativo ao mencionarem que pessoas com deficiência "incluem" aquelas apontadas no dispositivo, enquanto que a versão em francês, seguida pela versão em português que restou adotada no Brasil, define pessoas com deficiência como aquelas que se amoldam ao conceito apresentado, sem a conotação exemplificativa explícita daquelas outras versões.

Nesse passo, havendo divergência entre versões igualmente autênticas, de se aplicar o disposto no artigo 33, da Convenção de Viena sobre o Direito dos Tratados que dispõe sobre a interpretação de tratados autenticados em duas ou mais línguas. O parágrafo 4°, do aludido artigo 33, disciplina que:

> [...] quando a comparação dos textos autênticos revela uma diferença de sentido que a aplicação dos artigos 31 e 32 não elimina, adotar-se-á o sentido que, tendo em conta o objeto e a finalidade do tratado, melhor conciliar os textos. (BRASIL, 2009b)

Por seu turno, os mencionados artigos 31 e 32 da Convenção de Viena sobre o Direito dos Tratados, estabelecem as regras gerais de interpretação dos tratados e meios suplementares de interpretação eventualmente necessários.[93]

---

93 Convenção de Viena sobre o Direito dos Tratados: "Artigo 31 – Regra Geral de Interpretação – 1. Um tratado deve ser interpretado de boa fé segundo o sentido comum atribuível aos termos do tratado em seu contexto e à luz de seu objetivo e finalidade. 2. Para os fins de interpretação de um tratado, o contexto compreenderá, além do texto, seu preâmbulo e anexos: a) qualquer acordo relativo ao tratado e feito entre todas as partes em conexão com a conclusão do tratado; b) qualquer instrumento estabelecido por uma ou várias partes em conexão com a conclusão do tratado e aceito pelas outras partes como instrumento relativo ao tratado. 3. Serão levados em consideração, juntamente com o contexto: a) qualquer acordo posterior entre as partes relativo à interpretação do tratado ou à aplicação de suas disposições; b) qualquer prática seguida posteriormente na aplicação do tratado, pela qual se estabeleça o acordo das partes relativo à sua interpretação; c) quaisquer regras pertinentes de Direito Internacional aplicáveis às relações entre as partes. 4. Um termo será entendido em sentido especial se estiver estabelecido que essa era a intenção das partes. Artigo 32 – Meios Suplementares de Interpretação – Pode-se recorrer a meios

Nos termos do disposto do aludido do parágrafo 2°, do artigo 31 da Convenção de Viena, que menciona que a interpretação deverá observar o contexto do tratado, inclusive seu preâmbulo, observa-se que a própria alínea "e", do preâmbulo da Convenção sobre os Direitos das Pessoas com Deficiência, esclarece que deficiência é um conceito em evolução, cuja característica é resultar da interação entre pessoas com deficiência e as barreiras devidas às atitudes e ao ambiente que impedem a plena e efetiva participação dessas pessoas na sociedade em igualdade de oportunidades com as demais. Por seu turno, a alínea "i", aponta a diversidade das pessoas com deficiência (BRASIL, 2009a).

Assim, neste contexto, pensa-se que a versão em inglês, que foi seguida por aquela em espanhol, ao estabelecer um rol não taxativo do que poderia se considerar pessoa com deficiência guarda harmonia com o preâmbulo da Convenção.

Vale ressaltar que o Comitê sobre os Direitos das Pessoas com Deficiência mencionado no artigo 34, da Convenção, no desempenho da sua atribuição estabelecida no artigo 1°, do Protocolo Facultativo, qual seja, a de analisar as "comunicações submetidas por pessoas ou grupos de pessoas, ou em nome deles, sujeitos à sua jurisdição, alegando serem vítimas de violação das disposições da Convenção pelo referido Estado Parte" (BRASIL, 2009), recebeu a Comunicação 22/2014 no ano de 2014, referente a um indivíduo com albinismo que, em razão do preconceito quanto às pessoas com tal condição na República da Tanzânia, teria tido seu braço cortado, alegando, assim, que teria sofrido discriminação, não tido o estado o protegido em tal situação. O Comitê emitiu sua opinião sobre o caso em 18 de agosto de 2017, oportunidade que abordou especificamente a extensão do segundo parágrafo do artigo 1°, da Convenção:

> 7.6. Além disso, o Comitê lembra que o artigo 1° da Convenção declara que as pessoas com deficiência incluem, mas não se limitam àquelas que têm deficiências físicas, mentais, intelectuais

---

suplementares de interpretação, inclusive aos trabalhos preparatórios do tratado e às circunstâncias de sua conclusão, a fim de confirmar o sentido resultante da aplicação do artigo 31 ou de determinar o sentido quando a interpretação, de conformidade com o artigo 31: a) deixa o sentido ambíguo ou obscuro; ou b) conduz a um resultado que é manifestamente absurdo ou desarrazoado" (BRASIL, 2009b).

> ou sensoriais a longo prazo que, em interação com várias barreiras, podem impedir sua total e participação efetiva na sociedade em igualdade de condições com os demais. [...] O Comitê observa que um modelo de deficiência baseado em direitos humanos requer que a diversidade de pessoas com deficiência (ver Convenção, preâmbulo, alínea (i)) e a interação entre pessoas com impedimentos e barreiras atitudinais e ambientais (preâmbulo, alínea (e)) sejam levadas em consideração. Em vista disso, e observando que o Estado-Parte não questiona a competência *ratione materiae* do Comitê para tratar da reclamação do autor, o Comitê considera necessário esclarecer que o albinismo se enquadra na definição de deficiência como consagrada no artigo 1º da Convenção. (ONU, 2017b, tradução nossa).[94]

Portanto, a interpretação conferida pelo próprio Comitê sobre os Direitos das Pessoas com Deficiência, pautada inclusive no contexto da Convenção extraída de seu preâmbulo, é aquela que se apega ao teor das versões em inglês e em espanhol do texto, ao afastar o caráter taxativo da definição de pessoa com deficiência, devendo, pois, tais versões prevalecer nesse particular.

4.1 OS PRINCÍPIOS E OS DIREITOS DAS PESSOAS COM DEFICIÊNCIA INSCULPIDOS NA CONVENÇÃO

O artigo 3º elencou os princípios que regem a Convenção. Da análise de tais princípios, possível constatar que eles estão intrinsecamente ligados pelo fundamento da dignidade da pessoa com deficiência, com o escopo de se obter a sua plena e efetiva participação e inclusão na sociedade, sendo

[94] Nesse sentido já havia a extensão da definição de pessoa com deficiência sido objeto de comentário pela ONU, no Manual "From Exclusion to Equality: Realizing the rights of persons with disabilities", no qual assentou-se que: "O termo "pessoas com deficiência" aplica-se a todas as pessoas que têm impedimentos físicos, mentais, intelectuais ou sensoriais de longo prazo que, diante de várias atitudes negativas ou obstáculos físicos, possam impedir que essas pessoas participem plenamente na sociedade. Contudo, esta não é uma definição exaustiva daqueles que podem reivindicar proteção sob a Convenção; nem esta definição exclui categorias mais amplas de pessoas com deficiência encontradas na legislação nacional, incluindo pessoas com deficiências de curto prazo ou pessoas que tiveram deficiência no passado" (ONU, 2007a, p. 2-3, tradução nossa).

que "dignidade inerente" às pessoas com deficiência e "plena e efetiva participação e inclusão na sociedade", foram erigidos à condição de princípios no aludido dispositivo.[95]

São princípios da Convenção: a) O respeito pela dignidade inerente, a autonomia individual, inclusive a liberdade de fazer as próprias escolhas, e a independência das pessoas; b) A não discriminação; c) A plena e efetiva participação e inclusão na sociedade; d) O respeito pela diferença e pela aceitação das pessoas com deficiência como parte da diversidade humana e da humanidade; e) A igualdade de oportunidades; f) A acessibilidade; g) A igualdade entre o homem e a mulher; e, h) O respeito pelo desenvolvimento das capacidades das crianças com deficiência e pelo direito das crianças com deficiência de preservar sua identidade.

De início, o que pode ser verificado dos supramencionados princípios, é que eles acabam por se sobrepor quando de sua aplicação, restando evidente que o escopo dos Estados ao estabelecê-los foi o de assegurar que a dignidade da pessoa com deficiência seria preservada no mister de se propiciar a efetiva inclusão social. Como bem observou Ramos, "apesar da redundância, os redatores preferiram a reiteração para estimular o cumprimento da convenção sem brecha ou lacuna" (2018, p. 123).

O caráter normativo de tais princípios vem reforçado pela reprodução deles como direitos reconhecidos às pessoas com deficiência. Exemplificativamente, o princípio da acessibilidade (artigo 3º, "f"), vem reproduzido como direito no artigo 9º, da Convenção e, neste dispositivo, detalha-se o caminho para a concretização do direito de acessibilidade às pessoas com deficiência. Assim, o que se verifica é uma relação estreita entre os princípios da Convenção e entre estes e os direitos deles decorrentes, na medida em que tais princípios irradiam efeitos nas disposições da convenção, permeando os direitos nela entalhados.

Nesse sentido, não há como se cogitar de igualdade de oportunidades em um cenário de discriminação, ou da plena e efetiva participação e inclusão na sociedade, sem o respeito pela diversidade. Neste cenário, possível que uma mesma situação fática mobilize a aplicação de uma pluralidade de direitos e princípios da convenção, sendo certo que a Convenção traz a indicação de direitos que são decorrentes de tais princípios convencionais,

[95] Artigo 3º, "a" e "c".

restando evidente que para além do caráter abstrato, revela a Convenção o caminho a ser seguido para a efetiva implementação dos direitos atrelados aos aludidos princípios.

Aliás, Frédéric Mégret salienta que:

> [...] a Convenção faz um esforço muito significativo para destacar, às vezes em detalhes consideráveis, como os direitos que se propõe proteger devem ser implementados e garantidos. Esta explicitação sobre os meios contrasta com o direito internacional dos direitos humanos tradicional. (2008, p. 504).

Este detalhamento sobre como devem ser implementados os princípios e respectivos direitos da Convenção fornece um caminho seguro ao intérprete no sentido de dar concretude a tais preceitos, facilitando, também, a monitoração quanto à implementação efetiva das aludidas normas.

Tal preocupação em se detalhar o caminho para observância dos princípios e dos respectivos direitos convencionais é absolutamente justificável considerando o histórico de marginalização a que foram submetidas as pessoas com deficiência e mesmo o profundo preconceito contra tais pessoas que, ainda hoje, encontra-se arraigado na sociedade. Além disso, existia uma expectativa muito grande no que concerne a um instrumento que de forma integral abarcasse os direitos das pessoas com deficiência, sendo certo que se a Convenção ficasse apenas na abstração principiológica, tal não colaboraria para sua efetiva implementação nos respectivos Estados Partes.

Nesse contexto, o que se buscou foi, efetivamente, garantir que o instrumento cumprisse com seu mister de abordar todos os temas relevantes às pessoas com deficiência, especificando-se os princípios e as regras que têm por escopo assegurar a tais indivíduos o exercício pleno e equitativo de todos os direitos humanos e liberdades fundamentais e, ainda, apontando o caminho para a efetivação dos direitos[96], reduzindo-

[96] Palácios lembra que na concretização de tais direitos, os Estados Partes assumem na Convenção obrigações de três tipos quais sejam: (a) de respeito, devendo os Estados absterem-se de práticas que sejam incompatíveis com a Convenção; modificar ou derrogar leis, costumes e práticas discriminatórias existentes e colaborar ativamente com as pessoas com deficiência na elaboração e aplicação da legislação e de políticas para dar efetividade à Convenção; (b) de proteção, incumbindo aos

-se a margem para sua inobservância e propiciando elementos para uma monitoração com maior efetividade.

Portanto, passa-se à análise de tais princípios e dos respectivos direitos abarcados na Convenção, com a observação de que sua divisão para estudo não afasta o estreito liame estabelecido pela dignidade da pessoa com deficiência que os une e, tampouco, o seu escopo comum na busca da plena participação e inclusão da pessoa com deficiência na sociedade.

4.1.1 O RESPEITO PELA DIGNIDADE INERENTE, A AUTONOMIA INDIVIDUAL, INCLUSIVE A LIBERDADE DE FAZER AS PRÓPRIAS ESCOLHAS, E A INDEPENDÊNCIA DAS PESSOAS

O primeiro princípio da Convenção refere-se à dignidade inerente às pessoas com deficiência. De pronto, recorda-se da Declaração Universal dos Direitos Humanos que inaugura seu preâmbulo com a menção à consideração de que "o reconhecimento da dignidade inerente a todos os membros da família humana e dos seus direitos iguais e inalienáveis constitui o fundamento da liberdade, da justiça e da paz no mundo" (ONU, 1948, tradução nossa).

A dignidade da pessoa humana apontada como o próprio fundamento da liberdade, da justiça e da paz no mundo, é inerente a todos os indivíduos, observando-se a universalidade do alcance próprio mencionado no artigo 1°, da Declaração, ao assentar que todos os seres humanos nascem livres e iguais em dignidade e em direitos e, consoante ao disposto no artigo 2°, do mesmo diploma, todos podem invocar os direitos e liberdades proclamados na Declaração.

Portanto, muito embora a dignidade da pessoa com deficiência, como a de todas as demais pessoas, já estivesse amparada pela universalidade própria da Declaração, iniciar-se o rol de princípios da Convenção pela dignidade da pessoa com deficiência tem uma importância considerável, observando-se que no curso da história, por séculos, repetiram-se as práticas degradantes voltadas a tais pessoas, desde aquelas amparadas pelo

Estados tomar as medidas para impedir que qualquer pessoa, organização ou empresa privada pratique discriminação em razão da deficiência; e, (c) de dar cumprimento, exigindo dos Estados que adotem medidas legislativas, administrativas, políticas e outras, apropriadas a assegurar a plena concretização dos direitos das pessoas com deficiência (2008, p. 227-228).

modelo de prescindibilidade, seja as de eliminação, seja as de marginalização, como aquelas derivadas do modelo médico, no qual as pessoas com deficiência não eram aceitas no meio social enquanto não se normalizassem.

Embora a adoção pela Convenção do modelo social, o estigma que aponta que a pessoa com deficiência não está habilitada para a aceitação social plena (GOFFMAN, 1988, p.4) ainda está presente e prejudica o reconhecimento de tais pessoas como agentes sociais plenos, titulares de direitos e obrigações na sociedade, esta que precisa do contributo insubstituível de tais indivíduos na tessitura de uma sociedade fraternal pautada na diversidade.

Exatamente pelo fato de as pessoas com deficiência terem historicamente sido eliminadas, marginalizadas em isolamento em instituições ou mesmo em um cenário de pouca participação social dependendo dos esforços de familiares para a sobrevivência, é que a promoção do respeito pela dignidade de tais indivíduos figura como propósito da Convenção, constante do seu artigo 1°.

Conforme salienta Barroso, a dignidade da pessoa humana tem um valor intrínseco que é "no plano filosófico, o elemento ontológico da dignidade, ligado à natureza do ser. Trata-se da afirmação da posição especial da pessoa humana no mundo, que a distingue dos demais seres vivos e das coisas". Aponta, ainda, o aludido autor que no plano jurídico, o valor intrínseco está na origem de uma série de direitos fundamentais que incluem o direito à vida, à integridade física, moral ou psíquica e à igualdade (2018, p. 290-291).

Ao se pensar no direito à vida dos indivíduos com deficiência, tem-se de considerar que o preconceito em relação a tais pessoas acarretou práticas de não reconhecimento da sua própria condição de sujeito, sendo elas tratadas como objetos, por vezes eliminadas ou depositadas em locais isolados da sociedade. Não é por outra razão que, com lastro no princípio a dignidade da pessoa com deficiência, a Convenção insculpiu em seu artigo 10 o próprio direito à vida, reafirmando que tal direito é inerente a todo ser humano.

Portanto, a condição de pessoa com deficiência não autoriza a supressão da vida de qualquer indivíduo. Aliás, o que se verifica, inclusive da experiência da Alemanha nazista, é que o termo "eutanásia" foi comumente utilizado para a eliminação de pessoas com deficiência por se entender que a vida de tais pessoas não valeria a pena ser vivida.

Também a preservar a dignidade da pessoa com deficiência está o artigo 17, da Convenção que estabelece que tais indivíduos têm o direito a que sua integridade física e mental seja respeitada, em igualdade de condições com as demais pessoas. Preservar a integridade física e mental das pessoas com deficiência exige que tais pessoas sejam respeitadas na sua singularidade, observando-se que eventuais intervenções biopsicossociais devem considerar como valor maior a dignidade da pessoa com deficiência, evitando-se as intervenções que imbuídas de padrões de normalidade, venham a impingir sofrimento físico ou mental a elas.

Quanto à preservação da integridade física, o Comitê sobre os Direitos das Pessoas com Deficiência, ao apreciar o caso ventilado na Comunicação n. 22/2014 (ONU, 2017b) relativo à alegada violação dos direitos de um indivíduo com albinismo que, na República da Tanzânia, havia sido agredido em razão de sua condição, tendo sua integridade física afetada, restando, inclusive, com um braço decepado em razão de tal ataque motivado pelo preconceito, observou que:

> 8.7 No que diz respeito à reclamação do autor nos termos do artigo 17 da Convenção, o Comitê relembra que toda pessoa com deficiência tem o direito de ter respeitada sua integridade física e mental em igualdade de oportunidades com as demais pessoas. O direito à integridade da pessoa é baseado no que significa ser uma pessoa; está ligado à ideia de dignidade humana e o espaço físico e mental de cada pessoa deve ser protegido; inclui a proibição da tortura física e mental, tratamento e punição desumanos e degradantes, bem como uma ampla variedade de formas menos graves de interferência no corpo e mente de uma pessoa. Os atos violentos sofridos pelo autor enquadram-se claramente na categoria de atos que violam a integridade física e mental da pessoa afetada. [...] No presente caso, o Estado Parte não tomou medidas para prevenir e punir os atos sofridos pelo autor e apoiá-lo para que ele possa viver de forma independente novamente após a perda de seu braço. Além disso, até o momento, o caso do autor permanece em total impunidade. Consequentemente, o Comitê considera que a falha do Estado Parte em tomar todas as medidas necessárias para prevenir atos de violência semelhantes aos sofridos pelo autor e em investigar e punir com eficiência esses atos no caso do autor, constitui uma violação dos direitos do autor conforme artigo 17, lido em conjunto com o artigo 4, da Convenção. (ONU, 2017b, p. 10, tradução nossa)

Portanto, o Estado Parte no caso supramencionado, falhou ao não proteger a vítima e, ainda, ao não promover a eficaz persecução penal para a punição dos agressores, o que poderia ter um efeito relevante no sentido de desestimular atos semelhantes no futuro.

No que concerne à integridade mental das pessoas com deficiência, evidentemente que as instituições totais de isolamento das pessoas com deficiência não atendem aos preceitos da dignidade, já que tais locais acarretam marcas indeléveis na integridade mental dos indivíduos, com os efeitos deletérios daquilo que Goffman chamou de mortificação do eu (1974, p. 24).

Não é por outra razão que todas as intervenções biopsicossociais a serem feitas nas pessoas com deficiência devem se guiar pelo propósito de buscar um ganho de bem-estar a elas, reconhecendo-se a importância da diversidade própria dos indivíduos.

Ainda no que concerne à preservação da integridade da pessoa com deficiência, o parágrafo 1°, do artigo 14 da Convenção traz o direito à liberdade e à segurança, assentando que as pessoas com deficiência não podem ser ilegal ou arbitrariamente privadas de sua liberdade e, que toda privação de liberdade esteja em conformidade com a lei e, ainda, que a existência de deficiência não justifique a privação de liberdade.

Acrescenta, ainda, o parágrafo 2° do aludido artigo 14 da Convenção, que as pessoas com deficiência fazem jus a garantias, de acordo com o direito internacional dos direitos humanos e devem ser tratadas em conformidade com os objetivos e princípios da Convenção, inclusive a provisão de adaptação razoável.

Faz-se necessário observar que o artigo 14, ao estabelecer o direito à liberdade e à segurança da pessoa com deficiência, tratou do que seria a exceção à liberdade, situação em que a pessoa com deficiência estaria privada dela, supressão esta de um direito fundamental que não pode estar lastreada na sua condição de pessoa com deficiência.

Ou seja, não pode um indivíduo ter sua liberdade suprimida por ser pessoa com deficiência. Importante observar que a privação da liberdade ocorre não só em instituições totais, como manicômios e prisões, mas também em outros ambientes caracterizados pelo isolamento ou por práticas que atentem contra a segurança das pessoas com deficiência.

Como pontuou o Comentário Geral n. 1, do Comitê sobre os Direitos das Pessoas com Deficiência:

> A negação da capacidade legal das pessoas com deficiência e a sua detenção em instituições contra a sua vontade, seja sem o seu consentimento ou com o consentimento de um decisor substituto, é um problema permanente. Esta prática constitui uma privação arbitrária da liberdade e viola os artigos 12 e 14 da Convenção. Os Estados-partes devem se abster de tais práticas e estabelecer um mecanismo para revisar os casos em que pessoas com deficiência foram colocadas em um ambiente residencial sem o seu consentimento específico. (ONU, 2014a, p. 10, tradução nossa)

A prática movida pelo estigma que atribui periculosidade às pessoas com deficiência, em especial àquelas com deficiência mental ou intelectual, leva tais pessoas a ambientes de isolamento, com a liberdade suprimida, o que não se coaduna com a dignidade da pessoa humana e apenas acentua a exclusão social, tudo no sentido oposto do objetivo da plena inclusão social e dos demais princípios insculpidos no artigo 3º, da Convenção.

No entanto, há casos em que o isolamento ocorre em razão de decisão de cunho criminal, relativo a delito que tenha a pessoa com deficiência cometido. Aqui temos, desde logo, de efetuar uma distinção relevante. Nos casos de crime cometido por pessoas com deficiência intelectual ou mental, necessário verificar se em razão da deficiência, tais pessoas eram, ao tempo da ação ou omissão, inteiramente incapazes de entender o caráter ilícito do fato ou de determinar-se de acordo com esse entendimento. Isso porque se a resposta for positiva, a imposição de pena ou de qualquer medida que não seja o apoio biopsicossocial a propiciar a adequada reinserção da pessoa em sociedade não se sustenta, caso contrário, a privação de sua liberdade estaria amparada exclusivamente por sua condição de pessoa com deficiência.

Na hipótese de se tratar de pessoa com deficiência que cometeu o delito com o entendimento da ilicitude da sua conduta, agindo de acordo com tal entendimento e sobrevindo-lhe a aplicação de uma pena, a privação da liberdade deve observar os princípios da Convenção, inclusive com a provisão de adaptação razoável.

Aliás, o Comitê sobre os Direitos das Pessoas com Deficiência, ao apreciar a reclamação contida na Comunicação n. 8, de 2012 contra a República da Argentina, formulada por um detento que dentre outros aspectos mencionava a inadequação da unidade prisional para pessoas com deficiência, observou que as adaptações razoáveis para que o preso com deficiência possa acessar os locais dentro da unidade prisional em igualdade de oportunidades com os demais detentos são devidas. Ponderou, assim, o Comitê que:

> [...] de acordo com o artigo 14, parágrafo 2º, da Convenção, as pessoas com deficiência privadas de sua liberdade têm o direito de ser tratadas de acordo com os objetivos e princípios da Convenção, inclusive pela provisão de adaptações razoáveis. Além disso, lembra que a acessibilidade é um princípio geral da Convenção e, como tal, também se aplica a situações em que as pessoas com deficiência são privadas da sua liberdade. O Estado Parte tem a obrigação de assegurar que as prisões proporcionem acessibilidade a todas as pessoas com deficiência que são privadas de sua liberdade. Por conseguinte, os Estados Partes devem tomar todas as medidas pertinentes, incluindo a identificação e remoção de obstáculos e barreiras ao acesso, para que as pessoas com deficiência privadas da sua liberdade possam viver de forma independente e participarem plenamente em todos os aspectos da vida diária do seu local de detenção; tais medidas incluem a garantia de seu acesso, em igualdade de oportunidades com os demais, às diversas áreas e serviços, como banheiros, pátios, bibliotecas, áreas de estudo, oficinas e serviços médicos, psicológicos, sociais e jurídicos. No caso sob análise, o Comitê reconhece as adaptações feitas pelo Estado Parte para remover as barreiras que impediam o acesso do autor às áreas dentro do ambiente físico da prisão. No entanto, o Comitê considera que o Estado Parte não demonstrou de forma irrefutável que as acomodações feitas no complexo penitenciário são suficientes para garantir o acesso independente (na medida do possível) do autor ao banheiro e chuveiro, ao pátio de recreação e ao serviço de enfermagem. O Comitê observa, a este respeito, que o Estado Parte não afirmou que existem obstáculos que o impeçam de tomar as medidas necessárias para facilitar a mobilidade do autor ou negou as alegações do autor de que os obstáculos arquitetônicos à acessibilidade persistem. Consequentemente, o Comitê considera que, na ausência de explicações suficientes, o Estado Parte não cumpriu suas obrigações nos termos do artigo 9º, parágrafos 1º (a) e (b), e do artigo 14, parágrafo 2º, da Convenção. (ONU, 2014c, p. 15, tradução nossa)

A prevenção contra a tortura ou tratamentos ou penas cruéis, desumanos ou degradantes veio insculpida no artigo 15, da Convenção. Embora exista diploma internacional sobre o tema em questão[97], o histórico de tratamentos degradantes conferidos às pessoas com deficiência, pautados em paradigmas que desconsideram a dignidade inerente a tais pessoas, impinge que seja dada especial atenção, com o escopo de se preservar a integridade física e mental de tais indivíduos.

O Comitê sobre os Direitos das Pessoas com Deficiência, ao apreciar a reclamação contida na Comunicação n. 7, de 2012 contra a Austrália, observou que a situação de uma pessoa com deficiência mental que restou detida por mais de 13 anos sem nenhuma indicação da duração de sua privação de liberdade, fere o disposto no artigo 15, da Convenção (ONU, 2016d, p. 16-17).[98]

---

[97] A Convenção Contra a Tortura e Outros Tratamentos ou Penas Cruéis, Desumanos ou Degradantes dispõe em seu parágrafo 1°, do artigo 1°, que: "Para os fins da presente Convenção, o termo 'tortura' designa qualquer ato pelo qual dores ou sofrimentos agudos, físicos ou mentais, são infligidos intencionalmente a uma pessoa a fim de obter, dela ou de uma terceira pessoa, informações ou confissões; de castigá-la por ato que ela ou uma terceira pessoa tenha cometido ou seja suspeita de ter cometido; de intimidar ou coagir esta pessoa ou outras pessoas; ou por qualquer motivo baseado em discriminação de qualquer natureza; quando tais dores ou sofrimentos são infligidos por um funcionário público ou outra pessoa no exercício de funções públicas, ou por sua instigação, ou com o seu consentimento ou aquiescência. Não se considerará como tortura as dores ou sofrimentos que sejam consequência unicamente de sanções legítimas, ou que sejam inerentes a tais sanções ou delas decorram" (BRASIL, 1991).

[98] Observou o Comitê: "[...] que o autor foi detido por mais de 13 anos, sem ter qualquer indicação sobre a duração de sua detenção. Sua detenção foi considerada indefinida na medida em que, em conformidade com a seção 10 da Lei dos Defensores Mentalmente Prejudicados, 'presume-se que um acusado considerado sob esta seção como não mentalmente apto para ser julgado permaneça não mentalmente apto até que o contrário seja apurado'. Levando em conta os efeitos psicológicos irreparáveis que a detenção indefinida pode ter sobre a pessoa detida, a Comissão considera que a detenção por tempo indeterminado a que foi submetida equivale a tratamento desumano e degradante. O Comitê considera, portanto, que o caráter indefinido da detenção do autor e os repetidos atos de violência aos quais ele foi submetido durante sua detenção equivalem a uma violação do artigo 15 da Convenção pelo Estado parte" (ONU, 2016d, p. 16-17, tradução nossa).

Tal manifestação do Comitê reforça que não é aceitável sob a égide da Convenção, a prática da institucionalização de pessoas com deficiência por períodos indefinidos, em cenários de ausência de intervenções biopsicossociais efetivas que possam propiciar sua reinclusão na sociedade, pois o próprio isolamento por longo período tem o condão de apenas reforçar as barreiras a tal propósito.

O mencionado artigo 15 faz alusão expressa à proibição de se sujeitar a pessoa com deficiência a experimentos médicos ou científicos sem seu livre consentimento.[99] Ao exigir o consentimento da pessoa, reconhece-se plenamente sua condição de sujeito que tem o direito de manifestar sua aquiescência ao tratamento, ainda que, eventualmente, tal decisão deva ser apoiada, tudo no sentido de se preservar a dignidade do indivíduo com deficiência.

Ainda objetivando resguardar a dignidade da pessoa com deficiência, preservando-se sua integridade física e mental, está o artigo 16 da Convenção que estabelece a prevenção contra a exploração, a violência e o abuso.[100]

O mencionado dispositivo abarca, além da prevenção, a recuperação da pessoa que foi vítima de exploração, abuso ou violência, bem como a apuração, com consequente punição das pessoas que praticarem tais atos em detrimento de pessoas com deficiência.

Interessante pontuar que, em que pese o artigo 16 estar amparado na dignidade da pessoa com deficiência, pois tem por escopo evitar que tais pessoas sejam submetidas à exploração, à violência e ao abuso, quanto maior for o grau de inclusão das pessoas com deficiência na sociedade e maior as oportunidades das demais pessoas de conviver com a diversidade,

---

99 No mesmo sentido dispõe o Pacto Internacional sobre Direitos Civis e Políticos em seu artigo 7º, ao estabelecer que: "Ninguém poderá ser submetido à tortura, nem a penas ou tratamento cruéis, desumanos ou degradantes. Será proibido sobretudo, submeter uma pessoa, sem seu livre consentimento, a experiências médicas ou científicas" (BRASIL, 1992b).

100 Oportuno mencionar que o Comentário Geral n. 1, do Comitê sobre os Direitos das Pessoas com Deficiência, fazendo alusão aos já mencionados artigos 15, 16 e 17, da Convenção, apontou que o tratamento forçado prestado por psiquiatra, ou profissional médico ou de outra área da saúde viola os aludidos dispositivos (ONU, 2014a, p. 11).

melhor poder-se-á tratar da prevenção contra atos atentatórios à dignidade da pessoa com deficiência, pois o isolamento acaba por tornar tais pessoas "invisíveis" à sociedade, ainda mais suscetíveis a abusos e violências amparadas na impunidade de tais atos que ocorrem no ambiente de marginalização.

A Convenção preocupou-se, ainda, com a proteção e a segurança das pessoas com deficiência em situação especial de risco e emergências humanitárias. O artigo 11 disciplina que os Estados deverão tomar as medidas necessárias para proteger e prover segurança de indivíduos que estejam em situação de risco, inclusive situações de conflito armado, emergências humanitárias e ocorrência de desastres naturais.

O Comitê sobre os Direitos das Pessoas com Deficiência estabeleceu no Comentário Geral n. 5, que:

> Os Estados Partes devem levar em consideração antecipadamente a obrigação de prestar serviços de apoio a pessoas com deficiência em todas as atividades de gerenciamento de risco de desastres (art. 11) e certificar-se de que elas não sejam deixadas para trás ou esquecidas. Também é importante que as barreiras não sejam reconstruídas após situações de conflito armado, emergências humanitárias ou a ocorrência de um desastre natural. Os processos de reconstrução devem garantir total acessibilidade para a vida independente na comunidade de pessoas com deficiência. (ONU, 2017a, p.15, tradução nossa)

Portanto, é relevante que os Estados, em seus protocolos de emergência, considerem as pessoas com deficiência, inclusive em cenários de retirada de locais de conflito, emergências humanitárias ou desastres naturais.

Se a Convenção abordou os direitos fundamentais da pessoa com deficiência, como o direito à vida e à integridade física e moral ou psíquica, atrelados ao valor intrínseco da dignidade humana, ao lado de tal valor soma-se a autonomia que, na precisa lição de Barroso é:

> [...] no plano filosófico, o elemento ético da dignidade, ligado à razão e ao exercício da vontade em conformidade com determinadas normas. A dignidade como autonomia envolve a capacidade de autodeterminação do indivíduo, de decidir os rumos da própria vida e de desenvolver livremente a sua personalidade. Significa o

> poder de fazer valorações morais e escolhas existenciais sem imposições externas indevidas. Decisões sobre religião, vida afetiva, trabalho e outras opções personalíssimas não podem ser subtraídas do indivíduo sem violar a sua dignidade. (2018, p. 291-292)

O artigo 3º, "a", da Convenção faz menção expressa a tal elemento da dignidade da pessoa com deficiência, qual seja, a autonomia individual, fazendo alusão à liberdade para fazer as próprias escolhas e à independência de tais indivíduos.

No modelo social, a autonomia da pessoa com deficiência é fundamental, pois para que seja possível a efetiva e plena participação social, é necessário que seja garantida a oportunidade a todas as pessoas que compõem a sociedade plural, com a diversidade que deve ser uma característica a se enaltecer, efetivamente, de se posicionarem com liberdade para fazer suas escolhas de forma independente.

Portanto, relevante entender que, se de um lado a dignidade da pessoa com deficiência pressupõe o direito à integridade física e psíquica, de outro, em nome de tal proteção, não se pode atingir a autonomia da pessoa com deficiência. Ou seja, respeitando-se a integridade de tais pessoas, deve-se buscar sua autonomia, de forma que possam elas não só se valerem das experiências de vida em sociedade, como a sociedade possa obter sua efetiva e plena participação.[101]

[101] Exatamente no sentido de se buscar a autonomia das pessoas com deficiência é que se mostrou relevante o Movimento pela Vida Independente (*Independent Living Movement*), sendo possível vislumbrar o início de sua luta na década de 1960 quando Edward Verne Roberts, indivíduo com deficiência, ingressa na Universidade de Berkeley, no Estado da Califórnia, instituição que não contava com a acessibilidade adequada para os estudantes com deficiência que, inclusive, viviam na enfermaria do campus. Em 1970, a aludida Universidade inaugura um programa para estudantes com deficiência física, propiciando o exercício da autonomia no campus. Foi com lastro em tal experiência, projetando-se tal autonomia para a vida em sociedade que, em 1972, foi inaugurado na cidade de Berkeley o primeiro Centro de Vida Independente (*Center for Independent Living*), local de moradia e convivência administrado por pessoas com deficiência para indivíduos com deficiência, com o escopo de buscar que tais pessoas tivessem uma vida mais independente possível e que os problemas enfrentados para tanto fossem debatidos entre as próprias pessoas com deficiência, o que lhes outorgaria o protagonismo na decisão sobre temas relevantes para suas vidas, propiciando-se o efetivo exercício da cidadania,

Se a autonomia tem relação com a dignidade humana, também não podemos olvidar que o direito à igualdade lastreia-se em tal valor intrínseco dos seres humanos, no sentido de que:

> [...] todas as pessoas têm o mesmo valor intrínseco e, portanto merecem igual respeito e consideração, independentemente de raça, cor, sexo, religião, origem nacional ou social ou qualquer outra condição. Aqui se inclui a igualdade formal - o direito a não ser discriminado arbitrariamente na lei - assim como o respeito à diversidade e à identidade de grupos sociais minoritários (a igualdade como reconhecimento). (BARROSO, 2018, p. 291)

Para as pessoas com deficiência, o fato de serem reconhecidas como pessoas perante a lei, gozando, em igualdade de condições com as demais pessoas, de capacidade jurídica em relação a todos os aspectos de sua vida é uma condição para que consigam participar da sociedade de forma autônoma, com liberdade para fazer suas próprias escolhas.

Nesse sentido, o artigo 12, da Convenção estabeleceu o "reconhecimento igual perante a lei", por meio do qual não somente foi reconhecida a condição da pessoa com deficiência como titular de direitos, como, também, sua capacidade para o exercício deles.[102]

---

inclusive para se exigir políticas e implementar práticas que pudessem facilitar o convívio social. Tal movimento espraiou-se pelo mundo. Por exemplo, na Espanha foram criadas as *Oficinas de Vida Independiente (OVI)* (APARICI, 2019, p. 207). No Japão, na década de 1960, um grupo de pessoas com paralisia cerebral iniciou um movimento que pleiteava o direito das pessoas com deficiência de viver em sociedade, sem esteriótipos infantilizadores que limitavam tais pessoas a espaços restritos do ambiente familiar. No entanto, foi apenas em 1986 que o primeiro Centro de Vida Independente foi aberto em Tóquio. No ano de 2006, o Japão já possuía mais de 130 Centros de Vida Independente afiliados ao *Japan Council of Independet Living Centres (JIL)* (HAYASHI; OKUHIRA, 2008, p. 418).

102 Convenção sobre os Direitos das Pessoas com Deficiência, parágrafos 1º e 2º do artigo 12: "Reconhecimento igual perante a lei. 1. Os Estados Partes reafirmam que as pessoas com deficiência têm o direito de ser reconhecidas em qualquer lugar como pessoas perante a lei. 2. Os Estados Partes reconhecerão que as pessoas com deficiência gozam de capacidade legal em igualdade de condições com as demais pessoas em todos os aspectos da vida" [...] (BRASIL, 2009). O Comentário Geral n. 1, do Comitê sobre os Direitos das Pessoas com Deficiência resumiu que: "A capacidade jurídica inclui a capacidade de ser simultaneamente detentor de direitos e

O aludido dispositivo tem o papel central de garantir a efetiva implementação do modelo social, na medida em que ele tem por escopo assegurar que a pessoa com deficiência possa, efetivamente, atuar na sociedade em igualdade de condições com as demais pessoas, não havendo espaço para a sua desconsideração como sujeito de direitos que pode exercê-los de acordo com suas preferências e escolhas próprias.[103] Tal negação ampara-se no preconceito de que a pessoa com deficiência, especialmente aquelas com deficiência intelectual e mental, não reuniriam condições de fazer suas próprias escolhas.

Evidente que o modelo social, ao pugnar pelo acolhimento da pessoa com deficiência com suas próprias características, sem condicionar sua aceitação em sociedade ao procedimento de normalização próprio do modelo médico, exige que para tal inclusão ocorrer, necessário garantir-se a igualdade de direitos e de seu exercício pelas pessoas com deficiência, respeitada sua individualidade, que somente pode ser externada com lastro em seus valores, gostos pessoais, enfim, suas características pessoais que o revelam como um ser único.

Interessante, também, observar que o estigma que acompanha as pessoas com deficiência traz uma presunção nefasta de que tais indivíduos não têm aptidão para tomar as melhores decisões para suas vidas.[104] Ora,

---

um ator ao abrigo da lei. A capacidade jurídica de ser titular de direitos confere ao indivíduo a plena proteção de seus direitos pelo sistema legal. A capacidade jurídica de agir de acordo com a lei reconhece essa pessoa como um agente com o poder de entabular transações e criar, modificar ou terminar relações jurídicas" (ONU, 2014a, p. 3, tradução nossa).

103 Resume Cunha que: "O direito ao reconhecimento igual perante a lei, portanto, é também vetor de irradiação dos princípios básicos da autodeterminação e de realização das próprias escolhas, que se encontram no coração do Tratado-Constituição (art. 3º, *a*). Consequentemente, a sua violação, por ação ou omissão, não se esgota em si, colocando em risco todos os demais direitos garantidos pela CDPD" (2018, p. 155).

104 Aliás este estigma acaba por marcar o artigo 12 como um dos mais discutidos no que concerne à implementação, sendo certo que ele é crucial no sentido de se outorgar autonomia às pessoas com deficiência. Como bem observou Arstein-Kerslake: "[...] a resistência ao artigo 12 da convenção é palpável. Foi uma das áreas mais contenciosas na convenção. O artigo 12 parece tocar um nervo – nos pede para despir o instinto paternalista de proteger pessoas com deficiências – e não apenas isso, ele nos pede para desconstruir sistemas seculares de tomada de

de se perguntar qual ser humano não está sujeito a tomar decisões que, posteriormente, tenha se arrependido por não vislumbrar ter sido a melhor escolha. Aliás, difícil em alguns casos definir o certo ou errado quando tratamos de decisões tomadas por seres humanos, com suas características e valores próprios.

As pessoas que costumam ser rotuladas como "incapazes" são aquelas com algum tipo de deficiência cognitiva. Tal se dá pelo aludido estigma e pelo próprio despreparo das pessoas em geral de se confrontar com indivíduos que podem se comunicar de maneiras não convencionais (ARSTEIN-KERSLAKE, 2014, p. 68).

Nesse sentido que o artigo 12 vem traduzir a autonomia da pessoa com deficiência na mudança efetiva do regime de "substituição da vontade na tomada de decisão" da pessoa com deficiência para aquele de "tomada de decisão apoiada".

Na substituição da vontade na tomada de decisão, um terceiro coloca-se no lugar da pessoa com deficiência, para decidir assuntos atinentes à pessoa cuja vontade é substituída. Evidente que aqui não há autonomia, caminhando-se no sentido oposto do que prega o princípio em análise ao reclamar que tais indivíduos tenham liberdade de fazer as próprias escolhas, assegurando-se sua independência.

Por seu turno, a tomada de decisão apoiada revela-se um mecanismo que permite que as pessoas com deficiência possam decidir por si mesmas os rumos da sua vida[105], com o apoio que se mostre necessário e suficiente para tanto, sem que o referido suporte venha, de qualquer forma, retirar ou distorcer o sentido da manifestação de vontade do indivíduo apoiado.

---

decisão substituída. [...] Essa resistência ao Artigo 12 pode revelar a verdade por trás da disposição dos governos em ratificar a convenção: um estigma sempre difundido relacionado à 'diferença' percebida em pessoas rotuladas como deficientes, o que é perpetuado por piedade e disposição de fornecer proteção e caridade meramente paternalistas, em vez de oportunidades reais para os indivíduos serem respeitados e reconhecidos como cidadãos plenos" (2014, p. 14, tradução nossa).

[105] Nesse sentido, Figueiredo e Gonzaga entendem que: "A tomada de decisão apoiada consiste em instrumento hábil a permitir que as pessoas com deficiência possam decidir por si mesmas os rumos da sua vida, com o auxílio, para tanto, de apoiadores de sua preferência. Trata-se de instrumento apto a garantir protagonismo a essas pessoas" (2018, p. 98).

A Convenção, ao estabelecer como regra a tomada de decisão apoiada para aqueles casos em que a pessoa com deficiência efetivamente necessite de tal apoio, dá efetividade ao princípio da dignidade inerente à pessoa com deficiência, resguardando sua autonomia. Cumpre observar que a tomada de decisão apoiada, em sentido amplo, acaba por se revelar um aspecto da interação de todas as pessoas inseridas no convívio social. Como pontua Arstein-Kerslake:

> O apoio na tomada de decisões é um aspecto essencial da interação humana. Dependemos das pessoas ao nosso redor para informar nossas escolhas individuais diariamente. Nós decidimos que roupas usar com base no que os outros nos informam o tempo vai ser assim. Tomamos decisões sobre carros seguindo os conselhos da mecânica. Nós decidimos quais tratamentos médicos realizar com base no conselho dos médicos. Muitas vezes, até escolhemos parceiros para passar nossas vidas com base nos conselhos ou reações de nossos amigos e familiares. (2014, p. 117, tradução nossa)

Portanto, se o escopo do modelo social é a eliminação de barreiras para que as pessoas com deficiência possam ocupar seu lugar no convívio social[106], o apoio para a tomada de decisões está em perfeita sintonia com tal objetivo.

O parágrafo 3º, do artigo 12 da Convenção, disciplina que os Estados Partes tomarão as medidas apropriadas para que as pessoas com deficiência tenham acesso ao apoio necessário ao exercício de sua capacidade legal.

O Comentário n. 1 do Comitê sobre os Direitos das Pessoas com Deficiência apontou que os regimes de tomada de decisão apoiada podem assumir formas diversas, contudo devem incorporar certas disposições fundamentais para garantir a conformidade com o artigo 12 da Convenção, incluindo o seguinte:

---

[106] Salienta Cunha que "[...] barreiras que impeçam o exercício pleno da capacidade civil e da liberdade de fazer as próprias escolhas (CDPD, artigo 3º, *a*) não podem ser simplesmente atribuídas às próprias pessoas com deficiência. Tais barreiras decorrem de sociedades não plenamente inclusivas e, assim, devem ser enfrentadas e eliminadas, inclusive mediante provimento *dos apoios, serviços, programas, equipamentos, modificações e adaptações razoáveis* necessários para tanto [...]" (2018, p. 154).

(a) A tomada de decisão apoiada deve estar disponível para todos. O nível de necessidades de suporte de uma pessoa, especialmente quando este seja alto, não deve ser uma barreira para obter apoio na tomada de decisões;

(b) Todas as formas de apoio ao exercício da capacidade legal, incluindo formas mais intensivas, devem se basear na vontade e preferência da pessoa, não no que é considerado como sendo seu melhor interesse objetivo;

(c) O modo de comunicação de uma pessoa não deve ser uma barreira para obter apoio na tomada de decisões, mesmo quando essa comunicação seja não convencional ou entendida por muito poucas pessoas;

(d) O reconhecimento legal da(s) pessoa(s) de apoio formalmente escolhida(s) por uma pessoa deve estar disponível e acessível, e os Estados têm a obrigação de facilitar a criação de apoio, particularmente para pessoas que estão isoladas e não podem ter acesso a apoio natural na comunidade. Isso deve incluir um mecanismo para que terceiros verifiquem a identidade de uma pessoa de apoio, bem como, um mecanismo para terceiros contestarem a ação de uma pessoa de apoio, se acreditarem que a pessoa de apoio não está agindo de acordo com a vontade e as preferências da pessoa apoiada;

(e) A fim de cumprir com o requisito estabelecido no parágrafo 3º do artigo 12 da Convenção, para que os Estados Partes tomem medidas para "fornecer acesso" ao apoio requerido, os Estados Partes devem assegurar que o apoio esteja disponível com um valor simbólico ou sem custo para pessoas com deficiência e que a falta de recursos financeiros não seja uma barreira para o acesso ao apoio no exercício da capacidade legal;

(f) O apoio na tomada de decisões não deve ser usado como justificativa para limitar outros direitos fundamentais das pessoas com deficiência, especialmente o direito ao voto, o direito de se casar ou estabelecer uma parceria civil, e constituir uma família, direitos reprodutivos, direitos parentais, direito de consentir para relacionamentos íntimos e tratamento médico, e o direito à liberdade;

(g) A pessoa deve ter o direito de recusar apoio e terminar ou mudar a relação de suporte a qualquer momento;

(h) Devem ser estabelecidas salvaguardas em todos os processos relacionados com a capacidade jurídica e apoio no exercício da

> capacidade jurídica. O objetivo das salvaguardas é garantir que a vontade e as preferências da pessoa sejam respeitadas.
>
> (i) A prestação de apoio ao exercício da capacidade jurídica não deve depender de avaliações da capacidade mental; são necessários indicadores novos e não discriminatórios das necessidades de suporte na prestação de apoio ao exercício da capacidade jurídica. (ONU, 2014a, p. 7, tradução nossa)

Portanto, não se trata de apenas de modificar o regime, mas sim de prover o suporte necessário para que as pessoas com deficiência possam tomar as decisões nos mais variados aspectos de suas vidas, possibilitando o exercício da capacidade jurídica e exprimir sua efetiva vontade, preservando-se sua autonomia.[107]

Sobre a autonomia no cenário das pessoas com deficiência pontua Arstein-Kerslake que:

> A deficiência fornece um contexto único para examinar a liberdade individual e a autonomia. Pode exigir solidariedade social e dependência de uma forma que outros contextos não exigem. O desafio para a igualdade é garantir que o apoio e a assistência estejam disponíveis e que não comprometam a liberdade das pessoas com deficiência em uma extensão maior do que a das pessoas sem deficiência. (2014, p. 62, tradução nossa)

Interessante observar que o propósito precípuo do apoio à decisão a ser tomada pela pessoa com deficiência é propiciar que a decisão tomada efetivamente exprima sua vontade, preservando-se a autonomia. Importante, assim, que a atividade de apoio sempre seja voltada ao objetivo de que a pessoa apoiada venha a ganhar confiança para depender cada vez menos do apoio no futuro, observando-se, aqui, a ideia de que a pessoa com deficiência possa gozar do maior grau de independência possível.

107 Nesse sentido, considera Cunha que: "A supressão de disposições legais, institutos e práticas que possam levar à tomada de decisão substituída é, portanto, apenas um lado da moeda. É igualmente importante a sua contrapartida de índole promocional, qual seja, o estabelecimento efetivo de um regime baseado na decisão apoiada, com regulamentação, fomento, criação e disponibilização de mecanismos de apoio adequados" (2018, p. 160).

O parágrafo 4º, do artigo 12, estabelece que as medidas relativas ao exercício da capacidade legal incluam salvaguardas no sentido de prevenir abusos, assegurando que o exercício da capacidade respeite os direitos, a vontade e as preferências da pessoa com deficiência, livre de conflito de interesse e de influência indevida. As salvaguardas deverão ser proporcionais e apropriadas às circunstâncias da pessoa e transitórias, aplicadas pelo prazo mais curto possível, objeto de revisões periódicas por autoridade ou órgão judiciário competente, independente e imparcial.

Especificamente sobre o parágrafo 4º, do artigo 12, o Comentário Geral n. 1 do Comitê sobre os Direitos das Pessoas com Deficiência apontou que as salvaguardas presentes em um sistema de suporte ao exercício da capacidade legal devem ter como propósito "assegurar o respeito pelos direitos, vontade e preferências da pessoa. Para conseguir isso, as salvaguardas devem fornecer proteção contra o abuso em igualdade de condições com os outros" (ONU, 2014a, p. 5, tradução nossa).

O aludido Comentário esclareceu, ainda, que:

> 21. Onde, depois que esforços significativos tenham sido feitos, não seja possível determinar a vontade e as preferências de um indivíduo, a 'melhor interpretação de vontade e preferências' deve substituir as determinações de 'melhores interesses'. Isto respeita os direitos, a vontade e as preferências do indivíduo, de acordo com o artigo 12, parágrafo 4º. O princípio de 'melhores interesses' não é uma salvaguarda que esteja em conformidade com o artigo 12 em relação aos adultos. O paradigma da 'vontade e das preferências' deve substituir o paradigma dos 'melhores interesses' para garantir que as pessoas com deficiência desfrutem do direito à capacidade legal em igualdade de condições com as demais pessoas.
>
> 22. Todas as pessoas correm o risco de estarem sujeitas a 'influência indevida', mas isso pode ser exacerbado para aqueles que dependem do apoio de outros para tomar decisões. A influência indevida verifica-se onde a qualidade da interação entre a pessoa de apoio e a pessoa apoiada inclui sinais de medo, agressão, ameaça, engano ou manipulação. Salvaguardas para o exercício da capacidade legal devem incluir proteção contra influência indevida; no entanto, a proteção deve respeitar os direitos, a vontade e as preferências da pessoa, incluindo o direito de assumir riscos e cometer erros. (ONU, 2014a, p. 5, tradução nossa)

Portanto, a regra é a da tomada de decisão apoiada para aquelas pessoas que necessitarem de tal apoio, sendo certo que o suporte deve se dar nos limites do indispensável a servir como um meio para a manifestação de vontade da pessoa apoiada, devendo os apoiadores desenvolver a percepção para aferirem a vontade das pessoas apoiadas que, por vezes, comunicam-se de forma não convencional.

No que concerne às pessoas com deficiência que não necessitarem de qualquer apoio para exercer seus direitos, o só fato de serem pessoas com deficiência não justifica tal suporte desnecessário, que somente revelaria o condão de evidente discriminação.

Outra hipótese é aquela aventada no Comentário *supra* mencionado, no qual o apoio à decisão não se vislumbra suficiente, especialmente nos casos em que a vontade e preferências do indivíduo com deficiência não são exprimidas de qualquer forma. Em tal situação excepcional, apontou o Comitê que o que se busca é a "melhor interpretação de vontade e preferências" das pessoas com deficiência[108], e não que a decisão seja tomada com lastro no que seria o "melhor interesse" da pessoa com deficiência, pois o que se busca é o interesse do indivíduo com deficiência e não o que se supõe seja o melhor para ele, sob a ótica de terceiros.[109]

Buscar a "melhor interpretação de vontade e preferências" nos casos excepcionais em que a decisão apoiada não for suficiente, nos faz procurar a solução que preserve a dignidade da pessoa com deficiência e, ainda que não seja possível se aferir elementos da vontade expressada naquele momento em que a decisão deve ser tomada, nada impede que tal decisão seja

---

[108] Shalowitz, Garrett-Mayer e Wendler desenvolveram interessante estudo que concluiu que nos casos em que pacientes que não teriam condições de decidir sobre determinada intervenção médica e outras pessoas decidissem em seu lugar, substituindo suas respectivas vontades, 68% seria o nível de acuidade de tais decisões, em sintonia com a efetiva preferência dos indivíduos que têm a vontade substituída (2006, p. 495).

[109] Arstein-Kerslake podera que "o padrão para fornecer proteção para pessoas com deficiências cognitivas tem negado a autonomia individual e tomado decisões paternalistas para o indivíduo em seu 'melhor interesse'. Agora que o Artigo 12 ilumina essas negações, e as revela como violações do direito humano ao reconhecimento igual antes a lei, as pessoas estão lutando com a forma de fornecer proteção sem negar a autonomia" (2014, p. 58-59).

lançada com lastro nas preferências, vontades declaradas anteriormente pela pessoa com deficiência em casos análogos, enfim, que se busque com base em elementos relacionados às características próprias daquele indivíduo, o que levaria à construção de uma decisão mais próxima possível daquela que ele tomaria se pudesse expressá-la.[110]

O parágrafo 5°, do artigo 12, por seu turno, faz alusão a que os Estados Partes devam tomar as medidas apropriadas e efetivas para assegurar às pessoas com deficiência a igualdade quanto ao direito de possuir e herdar bens, de controlar as próprias finanças, com acesso a empréstimos bancários, hipotecas e outras formas de crédito financeiro, assegurando-se que tais pessoas não sejam arbitrariamente destituídas de seus bens. Tal autonomia para gerir as próprias finanças é aspecto relevante da autonomia da pessoa com deficiência e, evidentemente, pode ser exercida com o suporte necessário.

4.1.2 A NÃO DISCRIMINAÇÃO

O segundo princípio elencado no artigo 3° da Convenção é o da não discriminação, sendo que no artigo 2°, encontra-se a definição de discriminação no cenário da deficiência:

> 'Discriminação por motivo de deficiência' significa qualquer diferenciação, exclusão ou restrição baseada em deficiência, com o propósito ou efeito de impedir ou impossibilitar o reconhecimento, o desfrute ou o exercício, em igualdade de oportunidades com as demais pessoas, de todos os direitos humanos e liberdades fundamentais nos âmbitos político, econômico, social, cultural, civil ou qualquer outro. Abrange todas as formas de discriminação, inclusive a recusa de adaptação razoável. (BRASIL, 2009)

---

[110] Interessante mencionar, a título de exemplo, um instrumento pelo qual se busca preservar a autonomia da pessoa na hipótese de no futuro se encontrar ela em situação em que não consiga expressar suas vontades e preferências, qual seja, o das diretivas antecipadas (*advance directives*), cuja aplicação já se verifica em vários países (*e.g.*: Canadá, EUA, Inglaterra). As diretivas antecipadas propiciam que um indivíduo em situação de expressar suas vontades decida sobre eventuais cuidados de saúde a serem tomados no caso dele se encontrar em situação que não tenha condições de fazê-lo, quando da necessidade da intervenção respectiva, podendo, até mesmo, indicar uma pessoa para tomar as decisões correspondentes (CONROY, 2013, p. 39).

A opção feita pela Convenção em estabelecer como princípio a não discriminação tem relevância, na medida em que as barreiras que impedem a inclusão das pessoas com deficiência estão assentadas exatamente na discriminação.

A mera igualdade formal não garante às pessoas com deficiência que elas não enfrentem a discriminação, pois tratar igualmente aqueles que estejam em situação fática desigual, pode apenas perpetuar a desigualdade. Nesse sentido, o Comentário Geral n. 6, do Comitê sobre os Direitos das Pessoas com Deficiência pontuou que:

> A igualdade formal busca combater a discriminação direta tratando as pessoas em uma situação semelhante de maneira semelhante. Pode ajudar a combater estereótipos e preconceitos negativos, mas não pode oferecer soluções para o 'dilema da diferença', já que não considera e abraça diferenças entre os seres humanos. A igualdade material, ao contrário, também procura abordar a discriminação estrutural e indireta e leva em conta as relações de poder. Ela reconhece que o 'dilema da diferença' implica ignorar e reconhecer as diferenças entre os seres humanos para alcançar a igualdade. (ONU, 2018c, p. 3, tradução nossa)

Como bem salientou Ramos quanto à não discriminação no modelo social adotado pela Convenção:

> [...] o modelo de direitos humanos (ou modelo social) vê a pessoa com deficiência como *ser humano*, utilizando o dado médico apenas para *definir* suas necessidades. A principal característica desse modelo é sua abordagem de 'gozo dos direitos sem discriminação'. Esse *princípio de* antidiscriminação acarreta a reflexão sobre a necessidade de políticas públicas para que seja assegurada a igualdade material, consolidando a *responsabilidade do Estado e da sociedade* na eliminação das barreiras à efetiva fruição dos direitos do ser humano. Não se trata mais de exigir da pessoa com deficiência a sua adaptação, mas sim de exigir, *com base na dignidade humana*, que a sociedade trate seus diferentes de modo a assegurar a igualdade material, eliminando as barreiras a sua plena inclusão. (2018, p. 118)

No sentido de se assegurar a igualdade material às pessoas com deficiência, a própria definição de discriminação contida na Convenção faz alusão à "adaptação razoável", sendo certo que a recusa em prover tal adaptação pode caracterizar a discriminação.

O próprio artigo 2°, da Convenção definiu adaptação razoável:

> 'Adaptação razoável' significa as modificações e os ajustes necessários e adequados que não acarretem ônus desproporcional ou indevido, quando requeridos em cada caso, a fim de assegurar que as pessoas com deficiência possam gozar ou exercer, em igualdade de oportunidades com as demais pessoas, todos os direitos humanos e liberdades fundamentais. (BRASIL, 2009)

O Comitê sugeriu que a Convenção, ao abraçar a igualdade material, acabou por ir mais além e estabelecer o que chamou de "igualdade inclusiva":

> A igualdade inclusiva é um novo modelo de igualdade desenvolvido em toda a Convenção. Abrange um modelo de igualdade material e amplia e elabora o conteúdo da igualdade em: (a) uma dimensão redistributiva justa para abordar as desvantagens socioeconômicas; (b) uma dimensão de reconhecimento para combater o estigma, os estereótipos, o preconceito e a violência e para reconhecer a dignidade dos seres humanos e a sua interseccionalidade; (c) uma dimensão participativa para reafirmar a natureza social das pessoas como membros de grupos sociais e o pleno reconhecimento da humanidade por meio da inclusão na sociedade; e (d) uma dimensão acomodativa para abrir espaço para a diferença como uma questão de dignidade humana. A Convenção é baseada na igualdade inclusiva. (ONU, 2018c, p. 3, tradução nossa)

Relevante observar que sob a égide do paradigma médico, a pessoa com deficiência era compelida a se "normalizar", ou seja, ela é quem deveria se adaptar para conseguir ser integrada na sociedade. Nesse sentido, o Comitê, no já aludido Comentário Geral n. 6, ponderou que o modelo médico de deficiência impede a aplicação do princípio da igualdade às pessoas com deficiência, pois nele, tais pessoas não são reconhecidas como titulares de direitos, mas são reduzidas aos seus impedimentos (ONU, 2018c, p. 2). Sob o paradigma social abraçado pela Convenção, a adaptação razoável deve propiciar a acessibilidade frente as barreiras existentes na sociedade que impedem as pessoas com deficiência de serem incluídas no meio social em igualdade de oportunidades.

A melhor definição de igualdade, a qual se clama o modelo social seja aplicada às pessoas com deficiência, no sentido de resguardar a igualdade que permita a inclusão, com eventuais adaptações razoáveis no que concerne às barreiras encontradas para tanto, sem que sejam tais indivíduos despidos de suas características próprias, é aquela de Boaventura de Sousa Santos ao ensinar que "temos o direito a ser iguais quando a diferença nos inferioriza; temos o direito a ser diferentes quando a igualdade nos descaracteriza" (2009, p. 18).

A aplicação da lição de Boaventura de Sousa Santos preserva a dignidade da pessoa com deficiência, considerada no contexto de uma sociedade plural, onde a diversidade é valorizada. Como bem lembra Ramos:

> Neste século XXI, a Convenção zela pelo reconhecimento de direitos para todos (a igualdade formal dos clássicos do século XIX), mas sem se descurar dos instrumentos de promoção da igualdade *material* em uma sociedade plural. Esta sociedade plural é marcada pela *afirmação das diferenças*, que não pode, no entanto, gerar guetos e incomunicabilidade entre grupos ou culturas, sob pena de naturalizar a desigualdade de trato. (2018, p. 126)

Portanto, a não discriminação é exigência da inclusão social da pessoa com deficiência com suas características próprias, considerando-se a diversidade como uma marca inerente da sociedade plural, em que a diferença deve ser valorizada como forma de se concretizar o sentimento de pertencimento.

O artigo 5º, da Convenção traz o direito à igualdade e à não discriminação. O seu parágrafo 1º dispõe que: "Os Estados Partes reconhecem que todas as pessoas são iguais perante e sob a lei e que fazem jus, sem qualquer discriminação, a igual proteção e igual benefício da lei" (BRASIL, 2009).

Aqui faz-se necessário diferenciar as expressões "perante a lei" e "sob a lei". Nesse sentido, o termo "igualdade perante a lei" descreve o direito das pessoas à igualdade de tratamento pela lei e na aplicação desta. No que concerne à "igualdade sob a lei", o Comitê sobre os Direitos das Pessoas com Deficiência, no já aludido Comentário Geral n. 6, assentou o que estaria abarcado em tal conceito:

> 'Igualdade sob a lei' é exclusiva da Convenção. Refere-se à possibilidade de se envolver em relações jurídicas. Enquanto a igualdade perante a lei se refere ao direito de ser protegido pela lei, a igualdade sob a lei se refere ao direito de usar a lei para benefício pessoal. As pessoas com deficiência têm o direito de ser efetivamente protegidas e de se envolverem positivamente. A própria lei deve garantir a igualdade material de todos aqueles dentro de uma determinada jurisdição. Assim, o reconhecimento de que todas as pessoas com deficiência são iguais sob a lei significa que não deve haver leis que permitam a negação, restrição ou limitação específica dos direitos das pessoas com deficiência, e que a deficiência deve ser incorporada em todas as legislações e políticas. (ONU, 2018c, p. 3, tradução nossa)

No que concerne ao dever dos Estados Partes de garantir a igualdade, afastando-se a discriminação, o artigo 4º, estabeleceu as obrigações gerais dos Estados, elencando nas alíneas do parágrafo 1º exatamente medidas com o escopo de se afastar a discriminação não somente do ordenamento jurídico, mas também das políticas e práticas estatais, bem como, por meio da eliminação de práticas discriminatórias adotadas por pessoas naturais, organizações ou empresas privadas.[111]

[111] Convenção sobre os Direitos das Pessoas com Deficiência, artigo 4º – Obrigações gerais, par. 1º: "Os Estados Partes se comprometem a assegurar e promover o pleno exercício de todos os direitos humanos e liberdades fundamentais por todas as pessoas com deficiência, sem qualquer tipo de discriminação por causa de sua deficiência. Para tanto, os Estados Partes se comprometem a: a) Adotar todas as medidas legislativas, administrativas e de qualquer outra natureza, necessárias para a realização dos direitos reconhecidos na presente Convenção; b) Adotar todas as medidas necessárias, inclusive legislativas, para modificar ou revogar leis, regulamentos, costumes e práticas vigentes, que constituírem discriminação contra pessoas com deficiência; c) Levar em conta, em todos os programas e políticas, a proteção e a promoção dos direitos humanos das pessoas com deficiência; d) Abster-se de participar em qualquer ato ou prática incompatível com a presente Convenção e assegurar que as autoridades públicas e instituições atuem em conformidade com a presente Convenção; e) Tomar todas as medidas apropriadas para eliminar a discriminação baseada em deficiência, por parte de qualquer pessoa, organização ou empresa privada; f) Realizar ou promover a pesquisa e o desenvolvimento de produtos, serviços, equipamentos e instalações com desenho universal, conforme definidos no Artigo 2º da presente Convenção, que exijam o

O artigo 5º, parágrafo 1º, da Convenção, menciona a igual proteção e igual benefício da lei. "Igual proteção da lei" e "igual benefício da lei" incluem conceitos relacionados mas distintos de igualdade e não discriminação. A expressão "igual proteção da lei" é utilizada para exigir que toda discriminação seja afastada das leis e políticas adotadas pelos Estados Partes. O artigo 5º, quando lido em conjunto com os artigos 1º, 3º e 4º da Convenção, evidencia que, para facilitar o gozo dos direitos pelas pessoas com deficiência, em igualdade de condições com as demais, os Estados Partes devem adotar uma conduta ativa.[112] No sentido de assegurar igualdade de oportunidades para todas as pessoas com deficiência, o termo "igual benefício da lei" é usado no sentido de que os Estados Partes devem eliminar barreiras para que tais indivíduos tenham acesso a todas as proteções da lei e aos benefícios do acesso igualitário à lei e à justiça para reivindicar direitos (ONU, 2018c, p. 4).

O artigo 5º, nos seus parágrafos 2º e 3º, estabelece que os Estados Partes proibirão qualquer discriminação baseada na deficiência[113], garantindo às pessoas com deficiência igual e efetiva proteção legal, sendo que para

mínimo possível de adaptação e cujo custo seja o mínimo possível, destinados a atender às necessidades específicas de pessoas com deficiência, a promover sua disponibilidade e seu uso e a promover o desenho universal quando da elaboração de normas e diretrizes; g) Realizar ou promover a pesquisa e o desenvolvimento, bem como a disponibilidade e o emprego de novas tecnologias, inclusive as tecnologias da informação e comunicação, ajudas técnicas para locomoção, dispositivos e tecnologias assistivas, adequados a pessoas com deficiência, dando prioridade a tecnologias de custo acessível; h) Propiciar informação acessível para as pessoas com deficiência a respeito de ajudas técnicas para locomoção, dispositivos e tecnologias assistivas, incluindo novas tecnologias bem como outras formas de assistência, serviços de apoio e instalações; i) Promover a capacitação em relação aos direitos reconhecidos pela presente Convenção dos profissionais e equipes que trabalham com pessoas com deficiência, de forma a melhorar a prestação de assistência e serviços garantidos por esses direitos. [...]" (BRASIL, 2009).

112 Nesse sentido, destaca Ramos que "[...] para dar efetividade à igualdade, há a necessidade de uma conduta ativa visando a diminuição das desigualdades e a inclusão dos grupos vulneráveis. Ao afirmar a meta da igualdade material, a Convenção faz clara opção pela sociedade inclusiva" (2018, p. 128).

113 Relevante destacar que o Comentário Geral n. 6, do Comitê, menciona que a discriminação baseada na deficiência pode atingir pessoas relacionadas a ela, como por exemplo, seus pais, familiares, etc.

promover a igualdade e eliminar a discriminação, os Estados Partes adotarão todas as medidas para assegurar que a adaptação razoável seja oferecida.

Portanto, a igualdade da proteção legal é apenas um dos aspectos da obrigação dos Estados Partes, pois há menção às medidas concretas que propiciem a igualdade *de facto* para as pessoas com deficiência, propiciando que usufruam efetivamente de todos os direitos humanos e liberdades fundamentais (ONU, 2018c, p. 4).

Oportuno mencionar que ao disciplinar a proibição de "qualquer discriminação", a Convenção abarca a discriminação em todas suas facetas, podendo ela derivar diretamente das leis ou políticas adotadas que tratem as pessoas com deficiência de maneira desfavorável em relação a outras pessoas, ou mesmo, indiretamente, quando tais leis e políticas, embora não tragam discriminação explícita em seu teor, não propiciam a igualdade de oportunidades, inclusive com as acomodações razoáveis pertinentes e necessárias.

No bojo do que se compreende por "qualquer discriminação", está o assédio voltado às pessoas com deficiência, que em razão da não aceitação da diversidade, acabam por se deparar com situações que atingem sua dignidade, como nos casos de *bullying*, ou outras agressões que repelem a participação das pessoas com deficiência do convívio social e atingem não só o próprio indivíduo com deficiência como as pessoas que o cercam, tudo em evidente afronta ao princípio da não discriminação.

Ao mencionar a "igual e efetiva proteção legal contra a discriminação", o parágrafo 2°, do artigo 5°, reforça que os Estados Partes têm uma obrigação atrelada a uma conduta ativa de adotar em seu ordenamento e em sua política a antidiscriminação como regra a ser seguida, responsabilizando-se, efetivamente, as pessoas que não observarem tal preceito.

No que tange à acomodação razoável insculpida no artigo 5°, cuja definição nos é fornecida pelo artigo 2° da Convenção, necessário observar que a razoabilidade da acomodação não guarda relação com o ônus imposto a quem deve promover a adaptação, pois quanto a tal ônus a própria definição menciona que não poderá ser "desproporcional ou indevido". Ou seja, a razoabilidade deve ser aferida no sentido de sua relevância, pertinência e efetividade para a pessoa com deficiência.

O "ônus desproporcional ou indevido" revela-se como um limite ao dever de proporcionar acomodação razoável. Necessário observar que a acomodação razoável é um direito que, naturalmente, gera ônus e, tal situação de *per se* não afasta a obrigação de quem deve promover a adaptação razoável. O ônus desproporcional ou indevido é aquele facilmente verificável ante a disparidade injustificável entre o objetivo augurado com a acomodação e os meios necessários para tanto.

O Comitê descreveu os elementos fundamentais que devem guiar a implementação do dever de prover acomodação razoável, quais sejam:

> (a) Identificar e remover barreiras que tenham impacto no gozo dos direitos humanos das pessoas com deficiência, em diálogo com a pessoa com deficiência em questão; (b) Avaliar se uma acomodação é viável (legalmente ou na prática) – uma acomodação que seja legal ou materialmente impossível é inviável; (c) Avaliar se a acomodação é relevante (ou seja, necessária e apropriada) ou eficaz para assegurar a realização do direito em questão; (d) Avaliar se a modificação impõe um ônus desproporcional ou indevido a quem incumbiria o dever; a determinação sobre se uma adaptação razoável é desproporcional ou indevidamente onerosa exige uma avaliação da relação proporcional entre os meios empregados e o seu objetivo, que é o gozo do direito em questão; (e) Assegurar que a acomodação razoável seja adequada para atingir o objetivo essencial de promover a igualdade e eliminar a discriminação contra pessoas com deficiência. É, portanto, necessária uma abordagem casuística baseada em consultas com o órgão competente responsável pela adaptação razoável e a pessoa em causa. Fatores potenciais a serem considerados incluem custos financeiros, recursos disponíveis (incluindo subsídios públicos), o tamanho da parte que fará a acomodação (em sua totalidade), o efeito da modificação na instituição ou na empresa, benefícios de terceiros, impactos negativos em outras pessoas e requisitos razoáveis de saúde e segurança. Em relação ao Estado Parte como um todo e às entidades do setor privado, os ativos globais, e não apenas os recursos de uma unidade ou departamento dentro de uma estrutura organizacional, devem ser considerados; (f) Assegurar que as pessoas com deficiência de forma mais ampla não suportem os custos; (g) Assegurar que o ônus da prova recaia sobre o portador do dever que alega que seu ônus seria desproporcional ou indevido. (ONU, 2018c, p. 7-8, tradução nossa)

O parágrafo 4º, do artigo 5º, da Convenção alude que as medidas específicas necessárias para acelerar ou alcançar a efetiva igualdade das pessoas com deficiência não serão consideradas discriminatórias. Tal dispositivo parte do reconhecimento do fato de ainda prevalecer a desigualdade de oportunidades em relação às pessoas com deficiência e, para que tal situação possa ser sanada, estabelece um equilíbrio no que tange às oportunidades conferidas às pessoas com deficiência em relação às demais, necessário que sejam adotadas medidas afirmativas pelos Estados Partes.

O Comitê, em seu mister de apreciar reclamações individuais, nos termos do Protocolo Facultativo à Convenção sobre os Direitos das Pessoas com Deficiência, já enfrentou casos em que a prática da discriminação foi constatada.

Na Comunicação n. 3/2011 recebida pelo Comitê em 06 de dezembro de 2010 contra a Suécia, o autor com síndrome de Ehlers-Danlos que não conseguia andar ou ficar em pé há vários anos, não podendo deixar sua residência em razão do risco de lesões, recebeu a indicação de efetuar reabilitação por meio da hidroterapia que, contudo, deveria ser efetuada em sua própria residência. Aduziu o autor que não conseguiu obter a autorização para construção de uma piscina de hidroterapia na área de sua casa, pois o Estado, com lastro na Lei de Planejamento e Construção, teria negado a licença para tal obra.

O Comitê observou que, em que pese a aludida norma não trazer expressamente um conteúdo discriminatório, sua aplicação sem que seja considerada a situação específica da pessoa com deficiência, acaba por impor a lei igualmente a pessoas que estão em situação de desigualdade, sem que seja considerada a acomodação razoável, o que resulta na discriminação.

Demais disso, o Estado Parte não comprovou que a adaptação razoável acarretasse qualquer espécie de ônus excessivo ou indevido, pois o só fato de a área do terreno, com a construção da piscina, restar ocupada acima do coeficiente de construção permitido não caracteriza tal situação de disparidade injustificável do ônus.

Nesse cenário, o Comitê concluiu que:

> [...] o Estado Parte, ao rejeitar o pedido do autor de uma licença de construção, não abordou as circunstâncias específicas de seu caso e suas necessidades específicas relacionadas à deficiência. O Comitê considera, por conseguinte, que as decisões das autoridades nacionais de recusar afastar-se do plano de desenvolvimento para permitir a construção da piscina de hidroterapia foram desproporcionais e produziram um efeito discriminatório que afetou

> negativamente o acesso do autor, enquanto pessoa com deficiência, aos cuidados de saúde e reabilitação necessários para o seu estado de saúde específico. Nesse sentido, o Comitê conclui que os direitos do autor, de acordo com os artigos 5º (1), 5 (3), 25 e as obrigações do Estado Parte em virtude do artigo 26 da Convenção, considerados individualmente e, em conjunto com os artigos 3º (b), (d) e (e) e 4º (1) (d) da Convenção, foram violados. (ONU, 2012a, p. 12, tradução nossa)

Ao analisar a Comunicação n. 11 de 2013, referente à reclamação de uma pessoa com deficiência sensorial auditiva que havia sido convocada para servir como jurada e, ao solicitar que lhe fosse propiciado intérprete da língua de sinais da Austrália (Auslan), foi informada que tal suporte não estaria disponível e, ainda, que a presença do intérprete no júri afetaria a confidencialidade do julgamento, o Comitê ponderou que houve violação aos parágrafos 1º e 3º, do artigo 5º, da Convenção, pela ausência de se prover a adaptação razoável devida, asseverando que:

> O Comitê observa que os ajustes fornecidos pelo Estado Parte para pessoas com deficiências auditivas não permitiriam que a autora participasse de um júri em igualdade de condições com os demais. Também observa que, enquanto o Estado Parte argumenta que o uso de intérpretes de Auslan tem um impacto na complexidade, custo e duração dos julgamentos, ele não fornece nenhum dado ou análise para demonstrar que isso constituiria um ônus desproporcional ou indevido. Além disso, se o princípio de confidencialidade das deliberações do júri deve ser observado, o Estado parte não fornece nenhum argumento que justifique que nenhum ajuste, como um juramento especial perante um tribunal, possa ser feito para permitir que o intérprete de Auslan desempenhe suas funções sem afetar a confidencialidade das deliberações do júri. O Comitê finalmente observa que a interpretação de Auslan é uma adaptação comum, largamente usada por surdos australianos em sua vida diária. Com base nas informações a ele submetidas, o Comitê considera que o Estado Parte não tomou as medidas necessárias para assegurar adaptação razoável. (ONU, 2016c, p. 15, tradução nossa)

Na Comunicação n. 22 de 2014, relativa ao indivíduo que em razão de ter albinismo foi agredido e teve um braço decepado na República da

Tanzânia, dentre as conclusões do Comitê, destaca-se a que alude ao fato de que o Estado, ante a violência sofrida pelo autor, não impediu tal ato e, tampouco, puniu os responsáveis pela agressão, deixando as pessoas com albinismo em situação de especial vulnerabilidade. Concluiu, assim o Comitê que houve a inobservância do artigo 5º, da Convenção, ponderando que:

> O Comitê recorda que, nos termos do artigo 5º (1) e (3) da Convenção, os Estados Partes reconhecem que todas as pessoas são iguais perante e sob a lei e têm direito, sem qualquer discriminação, a igual proteção e igual benefício da lei, e tomará todas as medidas apropriadas para assegurar que acomodação razoável seja fornecida para promover a igualdade e eliminar a discriminação. O Comitê considera que a discriminação pode resultar do efeito discriminatório de uma regra ou medida que não pretende discriminar, mas que afeta desproporcionalmente pessoas com deficiência. [...]
>
> O Comitê considera que o Estado Parte não pode evitar suas responsabilidades sob a Convenção pelo simples fato de que algumas de suas autoridades judiciais, como a Corte Distrital de Morogoro e a Corte Constitucional, já terem tratado ou ainda estarem tratando do assunto, enquanto é evidente que os recursos pendentes no Estado Parte foram indevidamente prolongados e parecem ser ineficazes. Além disso, o Comitê observa que o autor não recebeu qualquer apoio das autoridades do Estado Parte para que ele possa viver independentemente novamente após a perda de seu braço e que, de modo geral, o Estado Parte não adotou nenhuma medida para impedir essa forma de violência contra as pessoas com albinismo e para protegê-las dela. Na ausência de qualquer explicação por parte do Estado sobre essas questões, o Comitê considera que o autor foi vítima de uma forma de violência que atinge exclusivamente pessoas com albinismo. Considera, ainda, que a falha do Estado Parte em evitar e punir tais atos resultou em colocar o autor e outras pessoas com albinismo em uma situação de vulnerabilidade particular e em impedi-los de viver em sociedade em igualdade de condições com os outros. A Comissão conclui, portanto, que o autor foi vítima de discriminação direta com base em sua deficiência, em violação do artigo 5º da Convenção. (ONU, 2017b, p. 9, tradução nossa)

Verifica-se, assim, que as opiniões emitidas pelo Comitê, por ocasião da análise das comunicações efetuadas com lastro no Protocolo Facultativo à Convenção, no que concerne especificamente à não discriminação, reforçam a ideia de que além de ser imperativo que as leis não estabeleçam discriminações de forma direta, fundamental que na sua aplicação, a condição específica das pessoas com deficiência seja considerada, no sentido de se prover tais indivíduos com as adaptações razoáveis que se façam necessárias e, ainda, que a aplicação das leis e políticas contra a discriminação sejam efetivas e propiciem a proteção à integridade da pessoa com deficiência na sua inclusão na sociedade.

4.1.3 A PLENA E EFETIVA PARTICIPAÇÃO E INCLUSÃO NA SOCIEDADE

O princípio da plena e efetiva participação e inclusão das pessoas com deficiência na sociedade está intrinsecamente relacionado ao modelo social de se considerar a deficiência. Isso porque o tal modelo afasta a ideia de normalizar o indivíduo para propiciar sua integração à sociedade, para centrar-se nas barreiras existentes à inclusão do indivíduo com deficiência no meio social da forma como ele é e não como a sociedade gostaria que fosse (OLIVER, 1996, p. 37).

Nesse sentido, para que ocorra a plena e efetiva participação, necessário que se dê a inclusão da pessoa com deficiência, com suas características próprias na sociedade. Aliás, o próprio conceito de pessoa com deficiência insculpido no artigo 1°, da Convenção, evidencia que em razão dos impedimentos de natureza física, mental, intelectual ou sensorial em interação com diversas barreiras é que ocorreria a obstrução da participação plena e efetiva da pessoa com deficiência na sociedade em igualdade de condições com as demais pessoas.

Portanto, se o modelo social prega que as barreiras que impedem a inclusão sejam derrubadas, evidente que o objetivo é que com a superação delas, seja possível a efetiva inclusão social, que é o intento precípuo do aludido modelo.

Assim, o princípio em análise deve orientar toda a interpretação da Convenção, sendo certo que tem estreita relação com os demais princípios nela elencados, pois a inclusão social pressupõe a autonomia individual e a independência do indivíduo, sendo que a dignidade da pessoa humana não é respeitada em um ambiente de segregação social. Da mesma forma, não há inclusão social plena e efetiva quando presente a discriminação, a não aceitação da diversidade humana, a inexistência da igualdade de oportunidades ou, ainda, um meio não acessível às pessoas com deficiência.

O artigo 19, da Convenção, estabeleceu ao lado do direito à vida independente, o direito à inclusão na comunidade, revelando-se, assim, a proximidade entre os próprios princípios que norteiam tais direitos, insculpidos no artigo 3º, respectivamente, nas alíneas "a" e "c".

Como bem observou o Comitê sobre os Direitos das Pessoas com Deficiência sobre o artigo 19, ele

> [...] abrange dois conceitos, que são apenas claramente mencionados em seu título: o direito à vida independente e o direito de ser incluído na comunidade. Enquanto o direito à vida independente refere-se a uma dimensão individual, como direito de se emancipar sem negar acesso e oportunidades, o direito a ser incluído na comunidade implica uma dimensão social, ou seja, o direito positivo de desenvolver ambientes inclusivos. O direito, tal como consagrado no artigo 19, abrange ambos os conceitos. (ONU, 2017a, p. 6, tradução nossa)

Portanto, o aludido artigo 19, no que concerne ao direito à vida independente, realça um viés individual que decorre do princípio a que alude o artigo 3º, "a", da Convenção, que menciona a independência das pessoas com deficiência, acompanhado do respeito à própria dignidade de tais indivíduos. Já no que concerne ao direito à inclusão na sociedade, o que se busca é dar concretude ao princípio do artigo 3º, "c", da Convenção.

O fato de o mencionado artigo 19 ter abarcado o direito à vida independente e aquele relativo à inclusão na comunidade, explica-se na medida em que a negação da possibilidade de uma vida independente às pessoas com deficiência, acaba por refletir negativamente na sua inclusão e participação na sociedade.

Ilustra tal situação a prática do isolamento das pessoas com deficiência em instituições onde os indivíduos, despidos de sua dignidade, acabam por interiorizar uma relação de dependência, na medida em que estão totalmente submetidos às regras e práticas da instituição, o que retira de tais pessoas a autoconfiança e a própria autoestima, elementos necessários para se atingir a vida independente. Por essa razão é que a desinstitucionalização sem o devido acompanhamento e oferecimento do suporte necessário prejudica a vida independente da pessoa com deficiência e sua inclusão na sociedade.[114]

Vale ressaltar que o Comitê assentou que o direito de ser incluído na comunidade abarca:

> [...] viver uma vida social plena e ter acesso a todos os serviços oferecidos ao público e apoiar os serviços oferecidos às pessoas com deficiência para que possam ser plenamente incluídas e participar de todas as esferas da vida social. Esses serviços podem se relacionar, entre outros, com moradia, transporte, compras, educação, emprego, atividades recreativas e todas as outras instalações e serviços oferecidos ao público, incluindo mídias sociais. O direito também inclui ter acesso a todas as medidas e eventos da vida política e cultural da comunidade, entre outros, reuniões públicas, eventos esportivos, festivais culturais e religiosos e qualquer outra atividade na qual a pessoa com deficiência deseja participar. (ONU, 2017a, p. 4, tradução nossa)

Nesse sentido é que o artigo 19, *caput*, estabeleceu o reconhecimento de que todas as pessoas têm o direito de viver na comunidade, devendo os Estados Partes tomarem as medidas efetivas e apropriadas para facilitar o pleno gozo desse direito.[115]

---

114 Oportuna a lição de Saraceno no sentido de que "[...] não só os manicômios (ou ambulatórios) são miseráveis (sem recursos) mas são também vazios de relações afetivas [...]". Evidencia o autor a importância do serviço ser oferecido no seio da comunidade, asseverando que: "A comunidade na qual se encontra o serviço é uma fonte inexaurível de recursos existentes e potenciais, tanto humanos quanto materiais" (2001, p. 98 e 101).

115 O Comentário Geral n. 5 assentou os três aspectos da obrigação dos Estados Partes no que se refere aos direitos à vida independente e à inclusão na comunidade, quais sejam: (a) de respeito, devendo os Estados absterem-se de direta ou indiretamente interferir de qualquer forma o exercício do direito à vida independente e à inclusão na comunidade; (b) de proteção, incumbindo aos Estados tomar as medidas para impedir que terceiros interfiram, direta ou indiretamente, no exercício do direito à vida independente e à inclusão na comunidade; e, (c) de dar cumprimento, exigindo dos Estados que promovam, facilitem e proporcionem medidas legislativas,

A alínea "a" do artigo 19 faz referência ao direito das pessoas escolherem sua residência e com quem desejam morar, em igualdade de condições com as demais pessoas, não sendo elas obrigadas a residir em um determinado tipo de moradia.[116]

Importante observar que o artigo 22 estabeleceu o direito à privacidade, qualquer que seja o tipo de moradia que esteja a pessoa com deficiência, não sendo admitida nenhuma interferência arbitrária ou ilegal em sua privacidade, família, lar, correspondência ou outros tipos de comunicação, nem ataques à sua honra e reputação.

Tal dispositivo tem o importante papel de assegurar a dignidade inerente às pessoas com deficiência na sua inclusão na sociedade. A participação na sociedade deve resguardar tais indivíduos de ingerências indevidas em suas vidas privadas.[117] E é nesse ambiente resguardado de ingerências indevidas que a pessoa com deficiência poderá viver em família, inclusive, se assim desejar, contrair matrimônio, ter filhos, estabelecer relacionamentos, em igualdade de condições com as demais pessoas.[118]

---

administrativas, orçamentárias, judiciais, programáticas, promocionais e outras, apropriadas a assegurar a plena concretização do direito à vida independente e à inclusão na comunidade (ONU, 2017a, p. 11).

[116] O Comitê pontuou que o direito a escolher a moradia e com quem viver tem aplicação imediata, como os demais direitos civis e políticos (ONU, 2017a, p. 9). Salienta-se que a liberdade de escolha da residência em igualdade de condições com as demais pessoas, vem reafirmada no artigo 18, da Convenção que também alude ao direito de adquirir e mudar de nacionalidade em igualdade de oportunidades com as demais pessoas, não podendo elas serem privadas de sua nacionalidade em razão da deficiência.

[117] Nesse sentido já apontavam o artigo 12, da Declaração Universal dos Direitos Humanos (ONU, 1948) e o artigo 17, do Pacto Internacional dos Direitos Políticos (BRASIL, 1992b).

[118] Dispõe o parágrafo 1º, do artigo 23 da Convenção: "1.Os Estados Partes tomarão medidas efetivas e apropriadas para eliminar a discriminação contra pessoas com deficiência, em todos os aspectos relativos a casamento, família, paternidade e relacionamentos, em igualdade de condições com as demais pessoas, de modo a assegurar que: a) Seja reconhecido o direito das pessoas com deficiência, em idade de contrair matrimônio, de casar-se e estabelecer família, com base no livre e pleno consentimento dos pretendentes; b) Sejam reconhecidos os direitos das pessoas com deficiência de decidir livre e responsavelmente sobre o número de filhos e o

Para a inclusão efetiva em sociedade, certamente o reconhecimento do direito da pessoa com deficiência de viver em família é um importante passo, pois é em tal espaço de convivência que as primeiras relações sociais são estabelecidas.

No que concerne à alínea "b", do artigo 19 da Convenção, ela traz a previsão de que sejam disponibilizados às pessoas com deficiência os serviços de apoio que se façam necessários para a inclusão na comunidade. Como bem ponderou o Comitê:

> Os serviços de apoio individualizados devem ser considerados um direito e não uma forma de assistência médica, social ou caritativa. Para muitas pessoas com deficiência, o acesso a uma gama de serviços de apoio individualizados é uma pré-condição para uma vida independente dentro da comunidade. Pessoas com deficiência têm o direito de escolher serviços e prestadores de serviços de acordo com suas necessidades individuais e preferências pessoais, e o apoio individualizado deve ser flexível o suficiente para se adaptar às exigências dos 'usuários' e não o contrário. Isso impõe aos Estados Partes a obrigação de garantir que haja um número suficiente de especialistas qualificados capazes de identificar soluções práticas para as barreiras à vida independente dentro da comunidade, de acordo com as necessidades e preferências do indivíduo. (ONU, 2017a, p. 7, tradução nossa)

O que é fundamental nos serviços de apoio é que eles tenham sempre por escopo propiciar a vida em comunidade da pessoa com deficiência no maior grau possível de independência e, para tanto, qualquer serviço que traga isolamento ou crie uma dependência indesejada, não terá amparo no artigo 19, "b", da Convenção.[119]

---

espaçamento entre esses filhos e de ter acesso a informações adequadas à idade e a educação em matéria de reprodução e de planejamento familiar, bem como os meios necessários para exercer esses direitos; c) As pessoas com deficiência, inclusive crianças, conservem sua fertilidade, em igualdade de condições com as demais pessoas." (BRASIL, 2009a).

[119] Interessante notar que o Comitê, na já mencionada Comunicação n. 3, de 2011 apresentada contra o Estado da Suécia, na qual a autora pretendia que lhe fosse concedida uma permissão para construir uma piscina de hidroterapia na área de sua residência, como forma de efetuar exercícios sem risco de lesões. Encontrava-se

Oportuno salientar que os serviços de apoio não se limitam àqueles prestados no local de moradia da pessoa com deficiência, mas em todos os ambientes e contextos (*e.g.*: trabalho, escola, etc.) que se revelem necessários, na extensão suficiente a proporcionar a efetiva e plena inclusão na sociedade.

A alínea "c", do aludido artigo 19, por seu turno, faz menção a que os serviços e instalações que estejam disponíveis ao público em geral, devem estar, igualmente, à disposição das pessoas com deficiência, requisito para que a inclusão plena na comunidade seja possível.

Portanto, tal dispositivo engloba não somente a acessibilidade, mas, quando necessário, as adaptações razoáveis[120] para que as pessoas com deficiência possam usufruir dos serviços prestados para a sociedade em geral, observando-se, fielmente, o caráter de universalidade de tais serviços.

Não há como se pensar em inclusão efetiva sem que as barreiras à participação na vida em sociedade sejam eliminadas, seja quando concebidos

a autora acamada há muito tempo e a piscina propiciaria uma atividade importante em tal cenário, ponderou sobre o risco de que caso não fosse permitida a construção da instalação necessária para sua reabilitação, ela poderia até mesmo ser levada para uma instituição especializada em cuidados com a saúde. Nesse sentido, ponderou o Comitê que: "[...] observa, ainda, a alegação da autora de que, na ausência de uma piscina de hidroterapia em casa, ela, em algum momento, terá que ingressar em uma instituição de saúde especializada [...]. A esse respeito, o Comitê recorda o disposto no artigo 19 (b) da Convenção, que exige que os Estados Partes tomem medidas efetivas e apropriadas para facilitar o pleno gozo, por pessoas com deficiência, de seu direito de viver e participar de suas comunidades em igualdade, assegurando que as pessoas com deficiência 'tenham acesso a uma variedade de serviços de apoio em domicílio ou em instituições residenciais ou a outros serviços comunitários de apoio, inclusive os serviços de atendentes pessoais que forem necessários como apoio para que as pessoas com deficiência vivam e sejam incluídas na comunidade e para evitar que fiquem isoladas ou segregadas da comunidade'. A rejeição do pedido da autora para uma permissão de construção privou-a de acesso à hidroterapia, a única opção que poderia apoiar sua vida e inclusão na comunidade. O Comitê conclui, portanto, que os direitos da autora nos termos do artigo 19 (b) da Convenção foram violados" (ONU, 2012a, p. 12, tradução nossa).

[120] No Comentário n. 5, o Comitê assentou que o dever de prover a adaptação razoável não está sujeito à implementação progressiva, sendo devido de imediato (ONU, 2017a, p. 10), sendo evidente que interpretação noutro sentido esvaziaria a possibilidade de inclusão efetiva e plena na sociedade, em um cenário discriminatório.

os serviços e instalações oferecidos à sociedade, seja em um momento posterior, por meio das adaptações que se revelem suficientes para permitir a inclusão das pessoas com deficiência.

No que tange à participação na vida pública, o artigo 29 traz a obrigação dos Estados de garantirem, em igualdade de condições com as demais pessoas, os direitos políticos das pessoas com deficiência e seu exercício, incluindo o direito de votar e serem votados.[121]

Para tanto, necessário que se garanta a acessibilidade às instalações para votação, bem como que os materiais sejam apropriados e que a tecnologia assistiva seja disponibilizada, quando necessário, para assegurar o pleno exercício dos direitos políticos, não só nas votações, mas também em

---

[121] O Comitê, na sua atribuição de analisar os relatórios dos Estados Partes sobre as medidas adotadas em cumprimento de suas obrigações estabelecidas na Convenção e sobre o progresso alcançado nesse aspecto, nos termos dos artigos 35 e 36 da Convenção, especificamente sobre a participação política, teve a oportunidade de se manifestar pela necessidade de se garantir tal atuação às pessoas com deficiência. Exemplificativamente, nas Observações Conclusivas quanto ao relatório inicial do Canadá, o Comitê recomendou que: "[...] o Estado Parte estabeleça medidas para facilitar e assegurar o acesso ao processo eleitoral para pessoas com deficiências psicossociais e/ou intelectuais, inclusive por meio de informações de fácil leitura sobre campanhas eleitorais e outros materiais multimídia acessíveis, incluindo tutoriais sobre como votar, para apoiar a participação na vida política de todas as pessoas com deficiência" (ONU, 2017d, p. 12). No mesmo sentido, ao apresentar as Observações Conclusivas sobre o relatório inicial do Reino Unido, o Comitê recomendou que: "[...] o Estado Parte, em estreita consulta com organizações de pessoas com deficiência, tome medidas apropriadas para assegurar a acessibilidade para pessoas com deficiência, independentemente do tipo de impedimento, afastar as disposições que restrinjam o direito das pessoas com deficiência de votar, e assegurar a disponibilização de acomodação razoável para garantir a possibilidade e o direito ao sufrágio universal e secreto" (ONU, 2017e, p. 13, tradução nossa). Já nas Observações Conclusivas apresentadas conjuntamente sobre o segundo e terceiro relatórios periódicos da Espanha, o Comitê recomendou que: "[...] o Estado Parte tome todas as medidas necessárias para permitir a participação política e pública das pessoas com deficiência em igualdade de condições com as demais pessoas. O Comitê também recomenda ao Estado Parte: (a) Assegurar que os procedimentos, instalações e materiais eleitorais sejam acessíveis a todas as pessoas com deficiência, inclusive nos idiomas de sinais, Braille e leitura fácil; (b) Promover a participação de pessoas com deficiência, incluindo mulheres, na vida política e na tomada de decisões públicas" (ONU, 2019a, p. 12, tradução nossa).

todas as manifestações políticas, inclusive no próprio exercício de mandato eletivo, sendo deveras importante que as pessoas com deficiência estejam representadas neste cenário.

Na Comunicação 4 de 2011, ventilou-se o caso de seis autores com deficiência intelectual que tiveram seus nomes retirados dos registros eleitorais na Hungria, impedindo o exercício do direito de voto pelo fato de terem sido colocados sob curatela. O Comitê na análise da aludida reclamação assentou que:

> O Comitê recorda que o artigo 29 da Convenção exige que os Estados Partes assegurem que as pessoas com deficiência possam participar efetiva e plenamente da vida política e pública em igualdade de oportunidades com as demais pessoas, inclusive garantindo seu direito de voto. O Artigo 29 não prevê nenhuma restrição razoável ou exceção para qualquer grupo de pessoas com deficiência.
>
> [...] Assim, o Comitê é de opinião que, ao privar os autores de seu direito de voto, com base em uma deficiência intelectual aparente ou real, o Estado Parte não cumpriu com seu Artigo 29 da Convenção, lido sozinho e em conjunto com o artigo 12 da Convenção. (ONU, 2013a, p. 12-13, tradução nossa)

O aludido artigo 29 menciona que a participação das pessoas com deficiência nas questões públicas passa inclusive pela atuação em organizações não governamentais relacionadas com a vida pública e política do país, bem como, em partidos políticos, salientando a relevância da formação e participação em organizações para representar tais pessoas nos níveis internacional, regional, nacional e local.

A importância da atuação das pessoas com deficiência faz-se imperiosa na implementação das leis e políticas públicas. Aliás, o Comitê elaborou o Comentário Geral n. 7, sobre a participação das pessoas com deficiência, por meio de suas organizações representativas, na implementação e monitoração da própria Convenção[122], asseverando que "a participação efetiva e significa-

[122] O movimento das pessoas com deficiência que tanto influenciou na elaboração da própria Convenção, sedimentou o lema "nothing about us without us" que tem estreita relação com o princípio da plena e efetiva participação e inclusão na sociedade, exigindo que as pessoas com deficiência participem da implementação de toda lei, política pública, ou qualquer outra iniciativa que tenha relação com seus interesses.

tiva das pessoas com deficiência, por meio de suas organizações representativas, está, portanto, no centro da convenção" (ONU, 2018d, p. 1, tradução nossa).

Se é fundamental a participação das pessoas com deficiência na vida pública, necessário para tanto garantir a tais pessoas o exercício da liberdade de expressão e opinião em igualdade de oportunidades com as demais pessoas, bem como propiciar-lhes o acesso e o compartilhamento de informações e ideias por meio de comunicação mais adequado a elas.[123]

4.1.4 O RESPEITO PELA DIFERENÇA E PELA ACEITAÇÃO DAS PESSOAS COM DEFICIÊNCIA COMO PARTE DA DIVERSIDADE HUMANA E DA HUMANIDADE

O princípio do respeito pela diferença e pela aceitação das pessoas com deficiência como parte da diversidade humana e da própria humanidade é fundamental no sentido de se estabelecer um ambiente em sociedade que permita a efetiva e plena inclusão de tais pessoas.

A dificuldade em se conscientizar a sociedade sobre a importância de se valorizar a pessoa com deficiência dentro da diversidade própria da humanidade, explica-se pelo estigma que ainda está arraigado na sociedade, de se entender tal pessoa como "indivíduo que está inabilitado para a aceitação social plena" (GOFFMAN, 1988, p. 4).

Isto porque, durante séculos predominou o modelo de prescindibilidade, seja com a eliminação das pessoas com deficiência, seja com sua marginalização, inclusive em instituições totais, no qual, de forma evidente

123 As alíneas do artigo 21, da Convenção mencionam medidas a serem tomadas pelos Estados Partes relativas à comunicação das pessoas com deficiência, quais sejam: "a) Fornecer, prontamente e sem custo adicional, às pessoas com deficiência, todas as informações destinadas ao público em geral, em formatos acessíveis e tecnologias apropriadas aos diferentes tipos de deficiência; b) Aceitar e facilitar, em trâmites oficiais, o uso de línguas de sinais, braille, comunicação aumentativa e alternativa, e de todos os demais meios, modos e formatos acessíveis de comunicação, à escolha das pessoas com deficiência; c) Urgir as entidades privadas que oferecem serviços ao público em geral, inclusive por meio da Internet, a fornecer informações e serviços em formatos acessíveis, que possam ser usados por pessoas com deficiência; d) Incentivar a mídia, inclusive os provedores de informação pela Internet, a tornar seus serviços acessíveis a pessoas com deficiência; e) Reconhecer e promover o uso de línguas de sinais" (BRASIL, 2009).

não se aceitava a diversidade das pessoas com deficiência que não poderiam viver em sociedade.

Já na segunda metade do século XX, com o avanço do modelo médico, o estigma continuou presente. Sob tal modelo, as pessoas com deficiência, para que fossem toleradas em sociedade deveriam se normalizar, tornando-se o mais próximo possível do que se considerava "normal" ou "padrão".

Efetivamente, a ideia da aceitação das pessoas com deficiência com suas características próprias, como partícipes de uma sociedade plural, onde a diversidade é inerente e deve ser valorizada, somente passa a ter guarida com o advento do modelo social, no qual o foco volta-se às barreiras que impedem a plena e efetiva inclusão em sociedade de tais pessoas.

A Convenção que, como o modelo social, tem por escopo propiciar a aludida inclusão, ao estabelecer o princípio em análise, reafirma a necessidade de que haja o efetivo reconhecimento das pessoas com deficiência como sujeitos que compõem a sociedade e que sejam eles respeitados na diferença que, aliás, é própria da diversidade humana.

Interessante observar que a relevância da conscientização da sociedade sobre a importância da participação das pessoas com deficiência já fora detectada nas próprias Normas sobre a Equiparação de Oportunidades para Pessoas com Deficiência que na sua Introdução resumiu de forma precisa que: "[...] Ignorância, negligência, superstição e medo são fatores sociais que ao longo da história da deficiência isolaram pessoas com deficiência e retardaram seu desenvolvimento" (ONU, 1993a, Introdução, § 3º, tradução nossa). Assim, a regra inaugural de tal instrumento, insculpida como requisito para a participação igualitária, foi exatamente a que se refere à conscientização.[124]

No entanto, o que se verifica, na prática, é que o preconceito que desvaloriza as pessoas com deficiência, ceifando sua possibilidade de igualdade de oportunidades para a inclusão social, predomina nos mais diversos cenários sociais, após décadas do advento das Normas Gerais e, ainda, em plena vigência da Convenção.

---

[124] Normas sobre a Equiparação de Oportunidades para Pessoas com Deficiência: "Regra 1. Conscientização. Os Estados devem tomar medidas para aumentar a conscientização na sociedade sobre as pessoas com deficiência, seus direitos, suas necessidades, seu potencial e sua contribuição. [...]" (ONU, 1993a, tradução nossa).

A Convenção estabeleceu em seu artigo 8º, o compromisso dos Estados Partes de adotarem as medidas imediatas, efetivas e apropriadas para a conscientização de toda a sociedade, afastando estereótipos, preconceitos e práticas nocivas, sedimentando a compreensão sobre a capacidade e contribuições que as pessoas com deficiência podem prestar à comunidade.

Evidente que a previsão de que os Estados Partes lancem e mantenham campanhas públicas que tenham por escopo a conscientização sobre os direitos das pessoas com deficiência e percepção positiva sobre tais pessoas é profícua, mas a efetiva observância de todos os ditames da Convenção pelos Estados Partes, garantindo-se o efetivo exercício de todos os direitos outorgados às pessoas com deficiência nos respectivos territórios, é certamente fator fundamental para a conscientização da sociedade, pois de nada adiantaria a adoção de campanhas de conscientização em um cenário de inobservância dos direitos e princípios constantes da Convenção.

O aludido artigo 8º, da Convenção destaca a conscientização relacionada a dois aspectos sociais, quais sejam, o trabalho e a educação. Quanto ao trabalho, menciona a necessidade de se promover o reconhecimento da contribuição que pode ser prestada pelas pessoas com deficiência, valorizando-se suas habilidades, méritos e capacidades. No que tange à educação, o dispositivo prega que seja fomentada uma atitude de respeito para com as pessoas com deficiência, desde a mais tenra idade.

Aqui, desde logo, possível vislumbrar que a conscientização no ambiente educacional apontada tem crucial relevância para que se afaste o estigma que ainda está impregnado em nossa sociedade em relação às pessoas com deficiência. E é, efetivamente, desde a mais tenra idade que o convívio com a diversidade pode propiciar a todas as crianças, com ou sem deficiências, compreender com naturalidade que a diferença é própria da diversidade humana e a reprodução do cenário escolar na sociedade, inclusive no ambiente de trabalho, será evidentemente, facilitada.

Por isso é que quando se fecha a porta de uma escola a uma criança com deficiência explícita ou tacitamente, prolonga-se o estigma que a acompanha, atinge-se a sua confiança, bem como a de seus pais e familiares e, impede-se que os demais alunos entendam a sociedade como ela realmente é, formada pela diversidade. Como bem ponderou Ramos,

> [...] há vários exemplos de desrespeito à igualdade material e discriminação das pessoas com deficiência: os inúmeros relatos de pais

> que recebem da escola a recusa de matrícula ou mesmo o 'convite' para retirar o filho cuja deficiência foi detectada evidenciam que a 'era das discriminações' não acabou. A falta de acesso educacional adequado marcará toda a vida da pessoa com deficiência, gerando outras exclusões (do mercado de trabalho, da vida social etc.), em um *ciclo vicioso* de segregação e inferiorização. (2018, p. 110)

Nesse cenário, sem a presença da diversidade própria da sociedade no ambiente escolar, a educação se limita à formação do indivíduo para uma sociedade em que a diferença não é efetivamente acolhida, não se atingindo a educação para a cidadania própria do modelo social a que aludiu Oliver (1996, p. 90).

Além da conscientização no âmbito do sistema educacional, é fundamental a previsão contida no artigo 8º, da Convenção sobre a necessidade dos Estados Partes promoverem programas de formação sobre os direitos das pessoas com deficiência, no sentido de se propagar os valores próprios da Convenção, assentando-se, assim, a conscientização sobre os direitos e a própria dignidade inerente a tais pessoas.

4.1.5 A IGUALDADE DE OPORTUNIDADES

Ao iniciar a abordagem do princípio da igualdade de oportunidades, não se pode olvidar as Normas sobre a Equiparação de Oportunidades para Pessoas com Deficiência ao apontar a necessidade de se assegurar às pessoas com deficiência a igualdade de oportunidades, reconhecendo a existência de obstáculos que as impede de exercer seus direitos e liberdades, tornando difícil para elas a participação plena nas atividades em sociedade.

Exatamente pela percepção própria do modelo social de que a não inclusão das pessoas com deficiência ocorre em razão da desigualdade de oportunidades é que as Normas Gerais centralizaram seu foco na igualdade de oportunidades e a Convenção a guindou à condição de princípio. Aliás, a Convenção, ao definir pessoas com deficiência, mencionou que elas são aquelas que têm impedimentos de longo prazo de natureza física, mental, intelectual ou sensorial, os quais, em interação com diversas barreiras, podem obstruir sua participação plena e efetiva na sociedade em igualdades de condições com as demais pessoas (BRASIL, 2009a, artigo 1º).[125]

[125] O próprio preâmbulo da Convenção já menciona que a deficiência resulta da interação entre pessoas com deficiência e as barreiras devidas às atitudes e ao ambiente

A igualdade de oportunidades exige, assim, a eliminação das barreiras que inferiorizam as pessoas com deficiência, colocando-as em desigualdade em relação às demais pessoas no acesso às oportunidades. Tal igualdade abrange as condições de acesso efetivo às oportunidades nas diversas áreas da vida em sociedade, com o escopo de propiciar a inclusão social efetiva.

O artigo 2º, da Convenção, ao definir o termo "discriminação por motivo de deficiência", alude à exclusão lastreada em tal deficiência que atinge a igualdade de oportunidades, inclusive pela recusa de adaptação razoável, adaptação esta que exatamente engloba as modificações e os ajustes necessários e adequados com o escopo de assegurar que as pessoas com deficiência possam gozar ou exercer, em igualdade de oportunidades com as demais, todos os direitos humanos e liberdades fundamentais.

Portanto, verifica-se que o objetivo da igualdade de oportunidades é exatamente o de propiciar às pessoas com deficiência o efetivo exercício de todos os direitos humanos e liberdades fundamentais, garantindo-lhes a plena participação social.

A igualdade de oportunidades está presente em diversos dispositivos da Convenção, exigindo a aplicação da efetiva igualdade material às pessoas com deficiência, pois o mero tratamento amparado na igualdade formal não garante a tais pessoas a igualdade de oportunidades. Como bem ponderou o Comitê, a igualdade material "[...] reconhece que o 'dilema da diferença' implica ignorar e reconhecer as diferenças entre os seres humanos para alcançar a igualdade" (ONU, 2018c, p. 3, tradução nossa).

Nesse cenário é que se revela imperativo que a situação peculiar de cada pessoa com deficiência seja considerada no sentido de se prover eventuais adaptações razoáveis que se façam necessárias, propiciando-se, assim, a transposição das barreiras que impeçam a efetiva igualdade de oportunidades com as demais pessoas.

Destarte, fundamental que os Estados Partes assegurem o gozo dos direitos das pessoas com deficiência sem discriminação, com a adoção de políticas públicas que tenham por escopo assegurar a igualdade material, eliminando-se as barreiras que impeçam o exercício de todos os direitos

---

que impedem a plena e efetiva participação dessas pessoas na sociedade em igualdade de oportunidades com as demais (BRASIL, 2009a, Preâmbulo, "e").

das pessoas com deficiência e assegurando suas liberdades fundamentais, logrando-se, assim, a igualdade de oportunidades na participação social das pessoas com deficiência.

O Comentário Geral n. 4, do Comitê assentou a importância de se resguardar a igualdade de oportunidades no âmbito educacional, pontuando que os "Estados Partes devem adotar e implementar uma estratégia educacional nacional que inclua a provisão de educação em todos os níveis para todos os alunos, com base na inclusão e na igualdade de oportunidades" (ONU, 2016b, p. 12, tradução nossa).

A Comunicação n. 2 submetida ao Comitê em 2010, por seu turno, ventilou o caso de uma pessoa com deficiência que não teria tido seu ingresso no mercado de trabalho facilitado na Alemanha. Na análise do mérito, foi observado que não foi resguardada a igualdade de oportunidades no que concerne à inclusão no mercado de trabalho, observando o Comitê que:

> [...] o artigo 3º estabelece que em sua legislação, as políticas e práticas do Estado Parte devem ser guiadas pelo respeito à dignidade inerente, autonomia individual, incluindo a liberdade de fazer suas próprias escolhas e independência das pessoas; não discriminação; participação plena e efetiva e inclusão na sociedade; e igualdade de oportunidades. No presente caso, o Comitê é da opinião que o modelo existente para a provisão de subsídios à integração não promove efetivamente o emprego de pessoas com deficiência. O Comitê conclui, em particular, que as aparentes dificuldades enfrentadas por empregadores em potencial ao tentar obter acesso ao subsídio de integração a que têm direito para o emprego de uma pessoa com deficiência afetam a eficácia do esquema de subsídios à integração. As complexidades administrativas já mencionadas colocam os candidatos numa posição desvantajosa e podem, por sua vez, resultar em discriminação indireta. O Comitê considera, portanto, que o esquema de subsídios à integração, como aplicado no caso do filho do autor, não está de acordo com as obrigações do Estado Parte, conforme artigo 27, parágrafo 1 (h), lido em conjunto com o Artigo 3º (a), (b), (c) e (e), artigo 4º, parágrafo 1 (a) e artigo 5º, parágrafo 1, da Convenção. (ONU, 2014d, p. 17, tradução nossa)

O grande desafio no que concerne à garantia de igualdade de oportunidades às pessoas com deficiência é assegurar que as medidas necessárias a garantir a igualdade material sejam tomadas a tempo e a modo, inclusive com a adoção de adaptações razoáveis que se façam pertinentes, tudo no sentido de se lograr a inclusão do indivíduo com deficiência na sociedade.

4.1.6 A ACESSIBILIDADE

O princípio da acessibilidade tem grande importância para as pessoas com deficiência, pois o acesso em igualdade de condições com as demais pessoas ao meio físico, ao transporte, à informação e à comunicação, inclusive aos sistemas e tecnologias da informação e comunicação, bem como aos demais serviços abertos ao público em geral é condição para a efetiva participação de tais indivíduos em sociedade.

Como precisamente sublinhou o Comitê, no Comentário Geral n. 2:

> A acessibilidade é uma condição prévia para que as pessoas com deficiência vivam de forma independente e participem de maneira plena e igualitária na sociedade. Sem acesso ao ambiente físico, ao transporte, à informação e à comunicação, incluindo tecnologias e sistemas de informação e comunicação, e a outras instalações e serviços abertos ou fornecidos ao público, as pessoas com deficiência não teriam oportunidades iguais de participação em suas respectivas sociedades. Não é por acaso que a acessibilidade é um dos princípios em que se baseia a Convenção sobre os Direitos das Pessoas com Deficiência (art. 3 (f)). (ONU, 2014b, tradução nossa)

Salienta-se que, já no artigo 13, da Declaração Universal dos Direitos Humanos, garantia-se, de forma universal, a liberdade de circulação a todas as pessoas, inclusive, por óbvio, as pessoas com deficiência.[126]

---

[126] Declaração Universal dos Direitos Humanos, artigo 13: "1.Toda a pessoa tem o direito livremente circular e escolher a sua residência no interior de um Estado. 2.Toda a pessoa tem o direito de abandonar o país em que se encontra, incluindo o seu, e o direito de regressar ao seu país" (ONU, 1948). No mesmo sentido, o artigo 12 do Pacto Internacional sobre Direitos Civis e Políticos: "1. Toda pessoa que se ache legalmente no território de um Estado terá o direito de nele livremente circular e escolher sua residência. 2. Toda pessoa terá o direito de sair livremente de qualquer país, inclusive de seu próprio país. 3. os direitos supracitados não poderão em lei e no intuito de restrições, a menos que estejam previstas em lei e no intuito de proteger a segurança nacional e a ordem, a saúde ou a moral pública,

Contudo, a efetiva acessibilidade das pessoas com deficiência ganha especial relevância com o avanço do paradigma social, pois o objetivo, em tal modelo, é derrubar as barreiras que impedem a acessibilidade da pessoa com deficiência ao convívio social, propiciando, assim, a sua inclusão efetiva e plena.

Para garantir tal acessibilidade é que todos os bens e serviços ofertados ao público em geral devem ser acessíveis a todos, inclusive às pessoas com deficiência, independentemente de quem os forneça, resguardando-se a dignidade de tais pessoas, como um requisito para propiciar a vida independente.

A Convenção, no artigo 2º, definiu "Desenho Universal" como:

> [...] a concepção de produtos, ambientes, programas e serviços a serem usados, na maior medida possível, por todas as pessoas, sem necessidade de adaptação ou projeto específico. O "desenho universal" não excluirá as ajudas técnicas para grupos específicos de pessoas com deficiência, quando necessárias. (BRASIL, 2009)

A ideia é que a utilização do desenho universal torne a sociedade acessível a todos os indivíduos, inclusive às pessoas com deficiência, o que não só observa o princípio da acessibilidade insculpido no artigo 3º, "f", da Convenção, como o correspondente direito à acessibilidade estampado no artigo 9º, da Convenção.

As alíneas do parágrafo 1º, do mencionado artigo 9º, da Convenção, apresentam um rol exemplificativo de áreas em que os obstáculos à acessibilidade devem ser identificados e eliminados, quais sejam:

> a) Edifícios, rodovias, meios de transporte e outras instalações internas e externas, inclusive escolas, residências, instalações médicas e local de trabalho;
>
> b) Informações, comunicações e outros serviços, inclusive serviços eletrônicos e serviços de emergência. (BRASIL, 2009a)

---

bem como os direitos e liberdades das demais pessoas, e que sejam compatíveis com os outros direitos reconhecidos no presente Pacto. 4. Ninguém poderá ser privado arbitrariamente do direito de entrar em seu próprio país" (BRASIL, 1992b). Salienta-se que a Regra 5, das Normas sobre a Equiparação de Oportunidades para Pessoas com Deficiência trata exatamente da Acessibilidade (ONU, 1993).

Assim, os Estados Partes devem implementar normas e diretrizes sobre acessibilidade que devem ser amplas e padronizadas, voltadas a todas pessoas e, ainda que sua implementação seja gradual, é fundamental que haja um cronograma para remoção de todas as barreiras existentes.

Ao analisar a Comunicação n. 19 de 2014, na qual o autor com paralisia cerebral pleiteava a acessibilidade à votação secreta por meio de tecnologia assistiva[127], evitando-se que seu voto fosse descortinado a terceiro para que fosse consignado, o Comitê afirmou que a obrigação de implementar a acessibilidade é incondicional, concluindo que o Estado Parte da Austrália ao não prover tal acessibilidade, descumpriu diversos dispositivos da Convenção, inclusive o artigo 9°, par. 1° e 2° (ONU, 2018e, p. 11-12).[128]

No entanto, se a acessibilidade tem aplicação para a coletividade, a adaptação razoável que vem definida no artigo 2°, da Convenção[129], relaciona-se às necessidades individuais a propiciar que as pessoas com deficiência possam gozar ou exercer, em igualdade de oportunidades com as demais pessoas, todos os direitos humanos e liberdades fundamentais. Nesse sentido, aliás, observou o Comitê:

> A acessibilidade está relacionada a grupos, enquanto a acomodação razoável está relacionada a indivíduos. Isto significa que o dever de fornecer acessibilidade é um dever *ex ante*. Os Estados Partes têm, portanto, o dever de fornecer acessibilidade antes de receber um pedido individual para entrar ou usar um local ou serviço. Os Estados Partes precisam estabelecer padrões de acessibilidade, que devem ser adotados em consulta com organizações de

[127] Destaca-se que a Convenção no artigo 9°, par. 2°, "g", faz expressa alusão ao dever dos Estados Partes de "Promover o acesso de pessoas com deficiência a novos sistemas e tecnologias da informação e comunicação, inclusive internet" (BRASIL, 2009).

[128] A conclusão da análise da Comunicação n. 19/2014, assentou que: "O Comitê, agindo de acordo com o artigo 5° do Protocolo Facultativo, é da opinião que o Estado Parte não cumpriu suas obrigações sob o artigo 29 (a) (i) e (ii), lido sozinho e em conjunto com os artigos 5° (2), 4° (1) (a), (b), (d), (e) e (g) e 9° (1) e (2) (g) da Convenção.

[129] Convenção sobre os Direitos das Pessoas com Deficiência, artigo 2°: "[...] "Adaptação razoável" significa as modificações e os ajustes necessários e adequados que não acarretem ônus desproporcional ou indevido, quando requeridos em cada caso, a fim de assegurar que as pessoas com deficiência possam gozar ou exercer, em igualdade de oportunidades com as demais pessoas, todos os direitos humanos e liberdades fundamentais; [...]" (BRASIL, 2009a).

> pessoas com deficiência, e precisam ser especificados para provedores de serviços, construtores e outras partes interessadas. [...]. A obrigação de implementar acessibilidade é incondicional [...]
>
> O dever de providenciar acomodação razoável é um dever *ex nunc*, o que significa que é aplicável a partir do momento em que uma pessoa com um impedimento necessita dela em uma dada situação, por exemplo, no local de trabalho ou na escola, para usufruir dos seus direitos em igualdade, num contexto particular. Aqui, os padrões de acessibilidade podem ser um indicador, mas podem não ser considerados prescritivos. A acomodação razoável pode ser usada como um meio de garantir a acessibilidade para um indivíduo com deficiência em uma situação particular. (ONU, 2014b, p. 7-8, tradução nossa)

Portanto, ainda que haja a previsão de que padrões de acessibilidade sejam observados nos Estados Partes, caso um indivíduo com deficiência encontre uma barreira na acessibilidade em determinada situação fática, terá ele o direito à adaptação razoável para que lhe seja assegurado o acesso pretendido, sendo certo que a negativa de prover tal adaptação somente poderá estar amparada na efetiva e plena comprovação pela parte a quem incumbiria tal acomodação, da existência de ônus desproporcional ou indevido.

A Comunicação n. 26 de 2014 ao Comitê, revela a situação de um indivíduo com síndrome de Down que estaria compreendido no espectro autista e faria uso de cadeira de rodas, logo, em razão de sua condição pulmonar crônica e imunodeficiência, recebia cuidados regulares no Hospital de Innsbruck, na Áustria. O acesso único à sua residência era descoberto e quando chovia ou nevava, tornava-se a passagem muito perigosa para ele e seu acompanhante.

Os pais do autor, diante de tal cenário, construíram um telhado na passagem, para que fosse possível a proteção das intempéries que colocavam em efetivo risco a sua integridade física e de seu acompanhante. Assim sendo, obtiveram uma licença da autoridade local. No entanto, um dos seus vizinhos processou os pais do autor sob o argumento de que, com a construção do telhado, haveria a redução da largura da passagem de 1,5 metro para 1,25 metro e sua altura violaria seu direito de passagem.

A Corte Distrital julgou procedente o processo e determinou a demolição do telhado. Contudo, o caso ganhou grande repercussão, mas não houve solução no sentido de se garantir a acessibilidade ao autor, sendo certo que em 2012, o Prefeito local teria feito a infeliz sugestão de que o autor deveria morar em uma instituição para pessoas com deficiência ou sua família deveria se mudar para outro local, revelando quão distante dos princípios da Convenção encontrava-se o entendimento estatal da questão, especialmente o da acessibilidade, o da dignidade que abarca a liberdade de fazer as próprias escolhas e o da plena e efetiva participação e inclusão na sociedade.

Em face de tal cenário, o Comitê observou que:

> [...] esse tipo de disputa é regido pela ordem jurídica do Estado Parte, que, em qualquer caso, tem a responsabilidade final de assegurar que os direitos sob a Convenção sejam respeitados, incluindo o direito de uma pessoa com deficiência ter acesso à sua casa, mas também para ter acesso à vida comunitária e aos serviços públicos, como educação e saúde.
>
> [...] Os Estados partes são obrigados não apenas a respeitar os direitos da Convenção e, consequentemente, abster-se de infringi-los, mas também a proteger esses direitos adotando medidas para impedir a interferência direta ou indireta de indivíduos no gozo desses direitos. (ONU, 2018f, p. 13, tradução nossa)

O Comitê, então, concluiu que no aludido caso havia uma afronta ao disposto no artigo 9º, da Convenção, considerado tal dispositivo de forma autônoma ou conjugado com o disposto no artigo 3º, da Convenção que assenta seus princípios, pontuando:

> [...] Em conformidade com o artigo 9º da Convenção, os Estados Partes tomarão as medidas apropriadas para assegurar que as pessoas com deficiência tenham acesso, em igualdade de oportunidades com as demais pessoas, ao meio físico, ao transporte e a outras instalações e serviços abertos ou fornecidos ao público, tanto em áreas urbanas como rurais. Essas medidas devem incluir a identificação e eliminação de obstáculos e barreiras à acessibilidade.
>
> [...] em conformidade com o artigo 2º da Convenção, uma adaptação razoável pode ter que ser adotada conforme a modificação e ajustes necessários e apropriados que não imponham um ônus desproporcional ou indevido para assegurar às pessoas com

> deficiência o gozo ou exercício de todos os direitos humanos e liberdades fundamentais em igualdade com os outros, incluindo o seu direito à acessibilidade. (ONU, 2018f, p. 14, tradução nossa)

Importante observar que o princípio da conscientização tem grande relevância também quando se trata da acessibilidade na medida em que a obrigação de provê-la não é apenas dos Estados Partes, mas também dos atores do setor privado. Tal conscientização pode auxiliar no sentido da promoção da pesquisa e desenvolvimento de produtos, serviços, equipamentos e instalações com desenho universal que exijam o mínimo possível de adaptação e tenham baixo custo, atendendo às necessidades das pessoas com deficiência, empregando-se, inclusive novas tecnologias que devem ser exploradas, especialmente aquelas de custo acessível, conforme dispõe o artigo 4º, par. 1º, "f" e "g", da Convenção.

Uma área específica da acessibilidade merece destaque, qual seja, a do acesso à justiça, que veio estampada no artigo 13, da Convenção. Isso porque é fundamental para a garantia de todos os direitos insculpidos na Convenção que as pessoas com deficiência possam ter efetivo acesso à justiça, inclusive com as adaptações razoáveis, devendo os Estados Partes promover a capacitação daqueles que trabalham na administração da justiça para que possam concretizar tal direito.

Exemplo da falta de acessibilidade à justiça, veio da já mencionada Comunicação n. 11 de 2013, relativa a uma pessoa com deficiência sensorial auditiva que havia sido convocada para servir como jurada e o exercício de tal atividade foi impedido em razão da negativa em se prover adaptação razoável, com o apoio de um intérprete da língua de sinais (ONU, 2016c).

Nos casos em que os interesses das pessoas com deficiência estão em disputa, imperativo que seja garantida a acessibilidade à justiça, com todas as adaptações que se mostrarem razoáveis a propiciar a plena participação delas. Neste contexto, deve ser assegurado o reconhecimento da pessoa com deficiência como sujeito de direito, com especial atenção aos processos que tenham por escopo suprimir de qualquer forma o exercício da capacidade legal de tais indivíduos em desacordo com o disposto no artigo 12, da Convenção.

Por seu turno, o artigo 20 da Convenção trata da mobilidade pessoal, pontuando que tem ela por escopo a máxima independência das pessoas com deficiência. A mobilidade e a participação social estão intimamente relacionadas. A mobilidade pode ser definida como o movimento físico de um ponto para outro por vários meios, como andar, com ou sem o emprego de tecnologia assistiva de mobilidade, automóveis ou transporte público, enquanto a participação social pode ser definida como a realização de atividades cotidianas e a participação da vida em comunidade (BIGONNESSE *et al.*, 2018, p. 867).

O aludido artigo 20 da Convenção faz menção ao dever dos Estados Partes de adotar medidas para facilitar a mobilidade pessoal das pessoas com deficiência, propiciando o acesso às tecnologias assistivas e incentivando entidades que produzam ajudas técnicas à mobilidade, sempre que possível assegurando que os custos de tais apoios tecnológicos sejam acessíveis.

O direito à mobilidade foi objeto da Comunicação n. 21 de 2014 ao Comitê, na qual constou que o autor, um cidadão austríaco com deficiência visual, fazia uso diário do transporte público, e com o sistema digital de áudio existente nas estações de trem, obtinha a informação necessária sobre a chegada e saída dos vagões e interrupções do serviço, garantindo-se sua mobilidade.

No entanto, o autor relatou que quando da ampliação de uma das linhas do trem, nenhuma das novas estações foi provida com sistema digital de áudio, o que dificultou a sua mobilidade que, sem tal apoio tecnológico, passou a depender de terceiros para obter informações a propiciar a utilização do meio de transporte.

O Comitê, após reafirmar que o direito à acessibilidade é incondicional, concluiu que:

> A não instalação do sistema de áudio pelo Estado Parte ao estender a rede de trem resultou, portanto, na negação do acesso às tecnologias de informação e comunicação e às instalações e serviços abertos ao público em igualdade de condições com as demais, uma violação do artigo 5 (2); e 9 (1) e (2) (f) e (h) da Convenção. (ONU, 2015b, p. 13, tradução nossa)

O caso acima também revela quão importante é o acesso à informação e à comunicação para as pessoas com deficiência, pois se o propósito é a inclusão social plena, necessário que os laços que permitam o acesso à informação e à garantia da liberdade de expressão estejam presentes.[130]

[130] Nesse sentido, o Comitê observou que os artigos 9º e 21 se cruzam na questão da informação e comunicação. O Artigo 21 da Convenção (BRASIL, 2009a) estabelece

4.1.7 A IGUALDADE ENTRE O HOMEM E A MULHER

O princípio da igualdade entre o homem e a mulher tem por escopo assegurar que as mulheres com deficiência possam exercer todos os direitos humanos e liberdades fundamentais, considerando que elas estão sujeitas a múltiplas formas de discriminação, como pondera o artigo 6º, da Convenção.

O preconceito com o qual as mulheres ainda se deparam a sustentar a discriminação, já mencionada pelo artigo 1º da Convenção sobre a Eliminação de Todas as Formas de Discriminação contra a Mulher[131] (BRASIL, 2002) como empecilho ao exercício dos seus direitos, soma-se ao estigma que, desafortunadamente, ainda acompanha as pessoas com deficiência, gerando a possibilidade de que tais pessoas sejam submetidas a múltiplas discriminações.

---

que os Estados Partes "tomarão todas as medidas apropriadas para assegurar que as pessoas com deficiência possam exercer seu direito à liberdade de expressão e opinião, inclusive à liberdade de buscar, receber e compartilhar informações e ideias, em igualdade de oportunidades com as demais pessoas e por intermédio de todas as formas de comunicação de sua escolha [...]". Ele segue descrevendo em detalhes como a acessibilidade da informação e comunicação pode ser assegurada na prática. Exige que os Estados Partes forneçam "[...] prontamente e sem custo adicional, às pessoas com deficiência, todas as informações destinadas ao público em geral, em formatos acessíveis e tecnologias apropriadas aos diferentes tipos de deficiência" (art. 21 (a)). Além disso, prevê "aceitar e facilitar o uso de línguas de sinais, braille, comunicação aumentativa e alternativa, e de todos os demais meios, modos e formatos acessíveis de comunicação, à escolha das pessoas com deficiência" (art. 21 (b)). Entidades privadas que prestam serviços ao público em geral, incluindo aqueles por meio da Internet, devem fornecer informações e serviços em formatos acessíveis e que possam ser utilizados por pessoas com deficiência (art. 21 (c)) e a mídia, incluindo os provedores de Internet devem tornar seus serviços acessíveis (art. 21 (d)). O Artigo 21 também exige que os Estados Partes reconheçam e promovam o uso das línguas de sinais, em sintonia com o disposto nos artigos 24, 27, 29 e 30 da Convenção (ONU, 2014b, p. 11).

131 Artigo 1º: "Para os fins da presente Convenção, a expressão 'discriminação contra a mulher' significará toda a distinção, exclusão ou restrição baseada no sexo e que tenha por objeto ou resultado prejudicar ou anular o reconhecimento, gozo ou exercício pela mulher, independentemente de seu estado civil, com base na igualdade do homem e da mulher, dos direitos humanos e liberdades fundamentais nos campos político, econômico, social, cultural e civil ou em qualquer outro campo" (BRASIL, 2002).

Conforme salientou o Comitê, no Comentário Geral n. 3 dedicado às mulheres e às meninas com deficiência:

> O Artigo 6º é uma cláusula vinculante de não discriminação e igualdade que proíbe inequivocamente a discriminação contra as mulheres com deficiência e promove a igualdade de oportunidades e a igualdade de resultados. Mulheres e meninas com deficiências têm maior probabilidade de serem discriminadas do que homens e meninos com deficiências e mulheres e meninas sem deficiência. (ONU, 2016a, p. 3, tradução nossa)

Os exemplos de discriminação são os mais variados, como a dispensa do depoimento em juízo de mulheres com deficiência intelectual em procedimentos que, por vezes, têm por objetivo apurar violência por elas sofrida, ou mesmo uma forma indireta de discriminação, quando um hospital que aparentemente tenha um ambiente neutro, mas não conta com camas acessíveis para exames ginecológicos.

Em outros casos, a discriminação se dá por associação. Ou seja, o fato de a pessoa ter uma relação com a pessoa com deficiência a submete à discriminação. Tal se dá, por exemplo, quando uma mãe de uma criança com deficiência não é contratada pelo fato de o empregador entender que estará ela menos engajada ou disponível ao trabalho em razão dos cuidados com seu filho (ONU, 2016a, p. 5).

Há ocasiões que a discriminação se dá pela própria falta de adaptação razoável, como no caso da mulher que não consegue fazer uma mamografia em um centro de saúde por falta de acessibilidade. Em outras, a discriminação arraigada profundamente no preconceito impede que as mulheres exerçam seus direitos, como na hipótese da mulher com deficiência intelectual que informa à autoridade ter sofrido violência e, por sua condição, tem seu relato desprezado. As crenças discriminatórias podem chegar ao cúmulo de ensejar a prática de estupro de mulheres com deficiência por homens com AIDS que têm a absurda convicção de que com tal ato seriam curados[132] (ONU, 2016a, p. 6).

---

[132] O relatório da ONU sobre violência contra mulheres e meninas com deficiência aponta que mulheres com deficiência são defloradas em cenários de epidemia de AIDS, com lastro na esdrúxula crença da cura por meio de tal ato. Aliás, mencionado relatório aponta que o preconceito associado à deficiência é, efetivamente, composto

Assim, as mulheres e as meninas com deficiência merecem especial atenção, pois elas sofrem mais violência de que as mulheres e as meninas sem deficiência (FERRES; MEGÍAS; EXPÓSITO, 2013, p. 67). Não é por outra razão que o parágrafo 5º, do artigo 16, da Convenção estabeleceu o dever dos Estados adotarem leis e políticas voltadas para mulheres e crianças, a fim de assegurar que os casos de exploração, violência e abuso contra elas sejam devidamente apurados.

O relatório da ONU sobre violência contra mulheres e meninas com deficiência, constatou a existência da dupla discriminação que atinge tal grupo de pessoas, inclusive concluindo que a discriminação perpassa todos os aspectos de suas vidas e, comparativamente aos homens com deficiência, as mulheres nessa condição têm salários mais baixos e estão ainda mais sujeitas à pobreza e ao isolamento, condições estas que as expõe ainda mais à violência (ONU, 2012b, p. 6).

As mulheres com deficiência, especialmente aquelas com deficiência intelectual, estão mais expostas à violência sexual, sendo que tal exposição é agravada pelo fato de que em razão do estigma que relaciona tais mulheres com crenças de que seriam assexuadas, incapazes, irracionais, deixa-se de prover tais pessoas com a necessária educação sexual que poderia auxiliar no sentido de reduzir sua exposição aos abusos.

Por ocasião da análise dos relatórios apresentados pelos Estados, nos termos dos artigos 35 e 36 da Convenção, o Comitê já apontou a relevância de medidas específicas para prevenir e combater a discriminação contra as mulheres com deficiência. Exemplificativamente, quando da análise do relatório inicial apresentado pelo México, observou que:

> 13. O Comitê está preocupado com a falta de medidas de assistência específicas implementadas pelo Estado Parte para prevenir

---

pela discriminação de gênero. Conclui o documento que uma menina ou criança com deficiência é mais propensa a ser vítima das chamadas "mortes misericordiosas" ("mercy killings") do que um menino da mesma idade, com uma deficiência semelhante. Além disso, a negligência específica ao gênero pode aumentar a discriminação contra meninas com deficiência, particularmente vulneráveis à violência e práticas prejudiciais, casamento precoce forçado e esterilização forçada. Seu isolamento social e dependência também as tornam vulneráveis à mutilação do genital feminino, mesmo em países onde tais práticas são proibidas (ONU, 2012b, p. 8-9).

> e combater a discriminação interseccional contra mulheres e meninas com deficiência e a falta de informação a respeito.
>
> 14. O Comitê recomenda que o Estado Parte:
>
> (a) Implemente a legislação e todos os programas e ações voltados para mulheres e meninas com deficiência, incluindo medidas corretivas e ações afirmativas, para erradicar a discriminação em todos os aspectos da vida, tanto em áreas urbanas como rurais, e assegurar sua efetiva participação na concepção e implementação dessas medidas;
>
> (b) Compile sistematicamente dados e estatísticas sobre a situação de mulheres e meninas com deficiência, acompanhado de indicadores para a avaliação da discriminação interseccional. (ONU, 2014g, p. 3, tradução nossa)

Aliás, o próprio Comitê criado pela Convenção sobre a Eliminação de Todas as Formas de Discriminação contra a Mulher, em sua Décima Sessão havida em 1991, expediu a Recomendação n. 18, relativa às mulheres com deficiência. Tal documento já identificava nos então mais de 60 relatórios periódicos dos Estados analisados pelo Comitê com lastro nos artigos 18 e 20 daquela Convenção, que pouca atenção tinha sido dada às mulheres com deficiência, assentando que:

> Preocupados com a situação das mulheres com deficiência, que sofrem de dupla discriminação ligada às suas condições de vida especiais,
>
> Recordando o parágrafo 296 das Estratégias para o Avanço da Mulher, de Nairóbi, nas quais as mulheres com deficiência são consideradas um grupo vulnerável sob o título 'áreas de preocupação especial',
>
> Afirmando o seu apoio ao Programa de Ação Mundial para as Pessoas Deficientes (1982),
>
> Recomenda que os Estados Partes forneçam informação sobre as mulheres com deficiência nos seus relatórios periódicos e sobre as medidas tomadas para lidar com a sua situação particular, incluindo medidas especiais para garantir igualdade de acesso à educação e emprego, serviços de saúde e segurança social, e assegurar que elas possam participar de todas as áreas da vida social e cultural. (ONU, 2006a, p. 301, tradução nossa)

O Comitê, ao examinar os relatórios apresentados pelos Estados reafirmou a necessidade de se afastar a discriminação existente contra as mulheres com deficiência. Por exemplo, quando da análise conjunta do sétimo e oitavo relatórios da Hungria, o supracitado Comitê observou que tal Estado deveria adotar um programa abrangente com metas mensuráveis, destinado a mulheres e homens, meninas e meninos, para superar atitudes estereotipadas sobre os papéis e responsabilidades de mulheres e homens na família e na sociedade, concentrando atenção especial na eliminação de preconceitos contra mulheres de grupos desfavorecidos, incluindo-se aquelas com deficiência. Aliás, tal documento apontou, igualmente, a necessidade de melhoria nas condições de vida das mulheres com deficiência, inclusive no que tange às adaptações razoáveis para a inclusão no mercado de trabalho (ONU, 2013b, p. 4, 7 e 9).

4.1.8 O RESPEITO PELO DESENVOLVIMENTO DAS CAPACIDADES DAS CRIANÇAS COM DEFICIÊNCIA E PELO DIREITO DAS CRIANÇAS COM DEFICIÊNCIA DE PRESERVAR SUA IDENTIDADE

O princípio insculpido no artigo 3º, "h", da Convenção revela a necessidade de se respeitar a diversidade das crianças com deficiência, o que não deve impedir que elas se desenvolvam, preservando-se suas identidades e características próprias. Deve a criança ser incluída desde a mais tenra idade na sociedade, em igualdade de oportunidades com as demais, não podendo a diferença afastá-la do convívio social, pois o isolamento é um caminho de difícil retorno.

Isto porque ao se isolar uma criança em razão de sua deficiência, impede-se o seu desenvolvimento próprio no seio da sociedade, respeitando-se suas características e, de outro lado, retira-se das demais crianças, e mesmo adultos, a possibilidade do convívio com a diferença, situação fundamental para se afastar o estigma que acompanha as pessoas com deficiência.

Aliás, se o propósito do modelo social abraçado pela Convenção é o de possibilitar a plena e efetiva inclusão social, nada mais profícuo de que tal inclusão se dê nos primeiros anos de vida, seja na ótica das crianças com deficiência, seja na das demais, que poderão crescer em um ambiente de diversidade que apenas espelha o que deve ser um mundo verdadeiramente inclusivo.

Claramente o princípio em tela se contrapõe ao que se prega no modelo médico, pois ali atropela-se a identidade da criança com o escopo de inseri-la em um plano a lhe propiciar um "desenvolvimento normal", pautando-se em padrões que ignoram a individualidade da pessoa.

A Convenção dedicou seu artigo 7º às crianças com deficiência. No primeiro parágrafo, estabeleceu que cabe aos Estados assegurar a tais crianças o pleno exercício de todos os direitos e liberdades fundamentais, em igualdade de oportunidades com as demais. Como bem ponderou Cervera, os princípios básicos do modelo social foram incorporados ao campo específico dos direitos das crianças pelo aludido artigo (2017, p. 116).

A preocupação em se assegurar às crianças com deficiência a igualdade de oportunidades justifica-se plenamente em razão da realidade apontar para a inobservância de tal igualdade, lastreada no preconceito que atinge de forma especialmente cruel tais crianças, embora tenha a Convenção sobre os Direitos da Criança expressamente feito alusão a tal grupo.[133] Nesse sentido, pontua Sabatello que:

> Os direitos das crianças com deficiência foram negligenciados no direito internacional dos direitos humanos. Certamente, a adoção da Convenção sobre os Direitos da Criança em 1989 deveria ser um ponto de virada. A CRC é um marco para o avanço dos direitos da criança e expressamente inclui crianças com deficiências em seu escopo. Na prática, muito pouca atenção foi dada aos direitos das crianças com deficiência. Estudos mostram que a discriminação contra as crianças com deficiência é galopante em todos os contextos sociais, que as crianças com deficiência são constantemente excluídas da participação em eventos sociais, culturais e outros, e que ainda em comparação com seus colegas sem deficiência, a sua voz é muitas vezes silenciada. (2013, p. 464, tradução nossa)

Aliás, a explicação para tal negligência quanto aos direitos das crianças com deficiência, está na crença ainda existente, que elas merecem um olhar de caridade e não serem reconhecidas como titulares de direitos que

---

133 Os artigos 2º e 23, da Convenção sobre os Direitos da Criança fazem expressa alusão às pessoas com deficiência (BRASIL, 1990). Vale observar que a alínea "r", do Preâmbulo da Convenção sobre os Direitos das Pessoas com Deficiência faz alusão às obrigações assumidas pelos Estados na Convenção sobre os Direitos da Criança.

garantam a inclusão, aliada ao estigma que acaba por levá-las ao isolamento e, consequentemente, à invisibilidade (SABATELLO, 2013, p. 468-469).

Embora não se tenha logrado eliminar, efetivamente, a discriminação em relação às crianças com deficiência, com o advento da Convenção sobre os Direitos da Criança, necessário que se reconheça a importância de ter o mencionado instrumento, no seu artigo 23, parágrafo 1°, assentado que a criança "com deficiências físicas ou mentais deverá desfrutar de uma vida plena e decente em condições que garantam sua dignidade, favoreçam sua autonomia e facilitem sua participação ativa na comunidade", fazendo, ainda, alusão o parágrafo 3°, do mesmo dispositivo, ao necessário acesso efetivo à educação, à capacitação, aos serviços de saúde, aos serviços de reabilitação, à preparação para o emprego e às oportunidades de lazer (BRASIL, 1990).

Quando se menciona o efetivo acesso à educação, não se pode deixar de citar que é exatamente por meio da educação que é possível a mudança real efetiva do paradigma de como se considerar as pessoas com deficiência, pois é nos bancos escolares que a conscientização pode ser eficazmente propagada. Aliás, as barreiras de acesso à educação acabam por dificultar o posterior acesso ao mercado de trabalho, que conduz a um ciclo de pobreza entre crianças e adultos com deficiência (SABATELLO, 2013, p. 467).

Exatamente pela importância da educação no sentido de se caminhar para a alteração de paradigma, propiciando-se a inclusão das pessoas com deficiência em sociedade desde a mais tenra idade no seio escolar, é que a Convenção delineou a educação inclusiva em seu artigo 24.

O parágrafo 2°, do artigo 7° da Convenção menciona que todas as ações relativas às crianças com deficiência deverão observar o superior interesse da criança. Sobre o tema, importante observar que a Convenção sobre os Direitos da Criança menciona em seu artigo 3°, parágrafo 1°, o "interesse maior da criança" que deve ser determinado caso a caso, atento a todas as peculiaridades.

Nesse exato sentido apontou o Comitê sobre os Direitos da Criança que dedicou seu Comentário Geral n. 14 especificamente ao tema, tendo, efetivamente, assentado que o conceito de interesse maior da criança é complexo e seu conteúdo deve ser determinado caso a caso, sendo pois, flexível e adaptável. Pondera, ainda, o Comitê que tal conceito deve ser ajustado e definido individualmente, de acordo com a situação específica da criança ou das crianças envolvidas, levando em consideração seu contexto, situação e necessidades pessoais (ONU, 2013c, p. 5).

Este mesmo Comentário Geral n. 14 do Comitê sobre os Direitos da Criança, assinalou que a situação de especial vulnerabilidade que pode ser verificada em crianças com deficiência é relevante para que lhe seja resguardado o exercício de todos os direitos com lastro na Convenção sobre os Direitos da Criança como, também, pela Convenção sobre os Direitos das Pessoas com Deficiência (ONU, 2013c, p. 9), estabelecendo-se, assim, uma conexão entre dois instrumentos que pugnam pela observância do superior interesse da criança[134].

Interessante notar que o artigo 23 da Convenção também alude ao superior interesse da criança com deficiência ao pontuar que ele deve sempre prevalecer quanto aos direitos de guarda, custódia, curatela e adoção de tais crianças ou em institutos semelhantes.

Demais disso, o dispositivo assenta a importância da vida da criança no seio familiar, sendo que não pode ela ser separada de seus pais contra a vontade, exceto quando em procedimento próprio, nos exatos termos da lei e sob controle jurisdicional e a separação se mostre indispensável para se preservar o superior interesse da criança.

Ainda assim, na hipótese de a criança restar afastada da família imediata, todos os esforços deverão ser envidados no sentido de que os cuidados com ela sejam providos por outros parentes, no próprio ambiente familiar. Nesse sentido, o Comitê sobre os Direitos da Criança, em seu Comentário Geral n. 9, dedicado às crianças com deficiência, salientou que essas crianças são melhor cuidadas no seio de suas respectivas famílias que devem receber o necessário suporte para tanto (ONU, 2007b, p. 11).

Relevante sublinhar que o artigo 18, parágrafo 2º, da Convenção assenta que as crianças com deficiência deverão ser registradas imediatamente após o nascimento, tendo direito a um nome, nacionalidade e, tanto

[134] Interessante observar que embora a versão em português da Convenção sobre os Direitos da Criança faça alusão ao "interesse maior da criança" (artigo 3º, par. 1º, BRASIL, 1990) e a Convenção sobre os Direitos da Pessoa com Deficiência tenha empregado a expressão "superior interesse da criança" (artigo 7º, par. 2º, BRASIL, 2009a), ambos os instrumentos na versão oficial em inglês revelam a mesma expressão "the best interests of the child" (ONU, 1989b e 2006d).

quanto possível, o direito de conhecer seus pais e de serem cuidadas por eles. Tal disposição que poderia soar como uma obviedade, pois todas as crianças têm direito a serem registradas por sua condição própria de pessoa, na verdade tem plena justificativa nas práticas de eliminação, abandono e isolamento que marcaram a trajetória específica das pessoas com deficiência, especialmente sob o modelo de prescindibilidade. Tais práticas tornavam tais pessoas "invisíveis" aos olhos do Estado e da própria sociedade, o que não mais se admite, considerando que a criança com deficiência deve ter seu superior interesse protegido desde o nascimento.

O parágrafo 3°, do artigo 7° da Convenção insculpiu o dever dos Estados de assegurar às crianças com deficiência o direito de expressar sua opinião livremente e que tal opinião seja valorizada de acordo com sua idade e maturidade, em igualdade de oportunidades com as demais crianças.

Disposição semelhante encontra-se no artigo 12 da Convenção sobre os Direitos da Criança que já mencionava o direito das crianças de expressarem sua opinião e de serem ouvidas, inclusive em processos judiciais e administrativos, na forma dos respectivos ordenamentos dos Estados.

Aliás, o Comitê sobre os Direitos da Criança elaborou um Comentário Geral de n. 12 (ONU, 2009), dedicado especificamente ao direito da criança de ser ouvida insculpido no artigo 12, supracitado. Tal Comentário já fazia alusão às pessoas com deficiência, inclusive ao artigo 7°, da Convenção sobre os Direitos das Pessoas com Deficiência:

> 78. O Comitê recebe com satisfação a obrigação dos Estados Partes no artigo 7° da Convenção sobre os Direitos das Pessoas com Deficiência de assegurar que as crianças com deficiência recebam a assistência e o equipamento necessários para que possam expressar livremente suas opiniões e para que seja dado o peso devido a tais opiniões. (ONU, 2009, p. 19, tradução nossa)

Evidente que o acesso à informação é essencial para que a criança consiga formar suas convicções, possibilitando, assim, formular suas opiniões que devem ser consideradas.[135]

---

[135] Nesse sentido, o Comitê sobre os Direitos da Criança, no Comentário Geral n. 12, esclareceu que: "A realização do direito da criança de expressar suas opiniões requer que a criança seja informada sobre os assuntos, opções e possíveis decisões a serem tomadas e suas consequências por aqueles que são responsáveis por ouvir a

Destarte, o disposto no parágrafo 3º, do artigo 7º da Convenção, tem por escopo assegurar às crianças com deficiência exatamente tal direito de expressar suas opiniões em igualdade de condições com as demais crianças e que tal opinião seja efetivamente considerada, garantindo-se, assim, a plena participação de tais crianças na sociedade.[136]

Oportuno observar que, ainda após o advento da Convenção sobre os Direitos das Pessoas com Deficiência, o Comitê sobre os Direitos da Criança no seu mister de analisar os relatórios periódicos apresentados pelos Estados, segue atento às políticas dos Estados em relação às crianças com deficiência, o que acaba por reforçar a monitoração quanto aos seus direitos, pois, o Comitê sobre os Direitos da Pessoa com Deficiência também efetua tal observação, sendo certo que cada Comitê desempenha o seu mister sob a ótica própria da Convenção a que está atrelado.

Como exemplo da atividade dos aludidos Comitês em relação às crianças com deficiência, tem-se que o Comitê sobre os Direitos da Criança procedeu à análise conjunta do Quinto e Sexto Relatórios da Noruega no ano de 2018 (ONU, 2018g), enquanto o Comitê sobre os Direitos da Pessoa com Deficiência examinou o relatório inicial da Noruega no ano de 2019 (ONU, 2019b) e, ambos os relatórios abordaram a situação das crianças com deficiência naquele país.[137]

---

criança e pelos pais ou guardiões da criança. A criança também deve ser informada sobre as condições sob as quais ela será solicitada a expressá-la ou suas opiniões. Esse direito à informação é essencial, porque é a precondição das decisões esclarecidas da criança" (ONU, 2009, p. 10, tradução nossa).

136 Interessante notar que o Comentário Geral n. 9, do Comitê sobre os Direitos da Criança, ao abordar o artigo 12, da Convenção sobre os Direitos da Criança, apontou a importância de que as crianças com deficiência sejam ouvidas e participem ativamente na formulação de políticas que posteriormente venham a afetá-las (ONU, 2007b, p. 9).

137 Na análise conjunta do Quinto e Sexto Relatórios da Noruega pelo Comitê sobre os Direitos da Criança recomendou-se ao Estado Parte quanto às crianças com deficiência a: "(a) Aumentar seus esforços para combater a violência e o abuso e negligência de crianças com deficiência, inclusive por meio de pesquisas sobre as formas e frequência de violência a que as crianças com deficiência estão sujeitas e assegurar que crianças com deficiência, em particular aquelas com deficiência intelectual, tenham à disposição canais de comunicação acessíveis e adequados; (b) Assegurar que todos os casos de violência, incluindo a violência sexual, contra crianças com deficiência, sejam sistematicamente registados pelas autoridades e que as crianças

4.2 OS DIREITOS SOCIAIS

A Convenção acolheu o modelo social de compreensão da deficiência e, consequentemente, insculpiu como princípio a plena e efetiva participação e inclusão das pessoas com deficiência na sociedade, o que somente pode ser atingido com a eliminação das barreiras existentes nela.

vítimas tenham acesso adequado a medidas de reparação e reabilitação e serviços de apoio; (c) Continuar a fortalecer os esforços para impedir a institucionalização e eliminar a possibilidade de institucionalização sem o consentimento da criança e/ou dos pais da criança; d) Assegurar, à luz do resultado do relatório de 1° de abril de 2018 sobre a educação inclusiva do grupo de peritos para crianças e jovens que necessitam de uma adaptação especial, que a educação inclusiva se torne mais inclusiva, mais adaptada às necessidades das crianças com deficiência e obtenha melhores resultados, com maior qualidade; (e) Assegurar que a inclusão receba prioridade sobre a colocação em instituições ou classes de educação especial, aumentar a formação e designação de professores especializados e profissionais que prestam apoio individual em aulas inclusivas e melhorar a acessibilidade física das escolas; (f) Aumentar o apoio dado aos pais de crianças com deficiência e remover obstáculos ao acesso ao apoio, que supostamente afetam em particular as crianças de famílias de grupos étnicos minoritários, e eliminar as disparidades entre os municípios no que diz respeito à prestação de assistência pessoal" (ONU, 2018g, p. 8, tradução nossa). Por seu turno, o Comitê sobre os Direitos das Pessoas com Deficiência recomendou a Noruega por ocasião da análise do Relatório Inicial de tal Estado a: "(a) Incorporar o princípio do superior interesse da criança em toda a legislação e nos procedimentos de decisão judicial e administrativa que afetam as crianças, incluindo a Lei da Educação, além de seu capítulo sobre ambiente escolar e bullying e a Lei sobre os Direitos dos Pacientes e Usuários; (b) Tomar medidas para garantir o direito das crianças com deficiência de serem cuidadas por seus pais, em cuidados alternativos dentro da família mais ampla ou dentro da comunidade em um ambiente familiar; (c) Levar em conta todas as crianças com deficiência na legislação, políticas e medidas sob o princípio da igualdade de oportunidades e inclusão na comunidade, prestando atenção especial às crianças com deficiência com pais migrantes ou refugiados, crianças com deficiências com antecedentes Sami e crianças com deficiência pertencentes a minorias nacionais, incluindo as comunidades Roma e Tater ou Romani; (d) Promover estratégias abrangentes e mecanismos acessíveis para a participação plena e efetiva das crianças com deficiência nos processos decisórios que afetam suas vidas, garantindo o direito de que suas opiniões sejam levadas em conta nos assuntos que os afetam, particularmente na educação, além da questão do ambiente escolar e do bullying, respeitando as suas capacidades em evolução e assegurando que tenham acesso a mecanismos de reclamação acessíveis e propícios às crianças" (ONU, 2019b, p. 4, tradução nossa).

Neste cenário é que os direitos sociais das pessoas com deficiência ganham especial importância, pois sua concretização propicia as condições para que a inclusão em igualdade de condições com as demais pessoas possa ocorrer.

São diversos os artigos da Convenção que mencionam direitos sociais, como o artigo 28, ao citar que a pessoa com deficiência tem direito a um padrão de vida adequado, inclusive sua família, abarcando-se alimentação, vestuário e moradia. Demais disso, tal dispositivo alude aos serviços de saneamento e a programas de proteção social e redução da pobreza.

No que concerne à moradia, destaca-se que, para além de um local digno para viver, é fundamental que tal moradia coloque a pessoa com deficiência no seio da família e da sociedade, afastando-se qualquer hipótese de isolamento típico das instituições totais.

Além disso, importante assegurar a acessibilidade para que a vida em sociedade possa se dar de forma plena, garantindo-se às pessoas com deficiência se apropriar dos espaços abertos ao público em geral, incidindo a adaptação razoável quando necessária em cada caso concreto a assegurar o exercício de direitos ou de liberdades fundamentais.

Neste cenário, o artigo 20 aborda a mobilidade da pessoa com deficiência, inclusive com emprego de tecnologia assistiva, outro aspecto indispensável para que a participação efetiva da pessoa com deficiência possa ocorrer em sociedade.

Poder-se-ia, ainda, destacar como direito social a segurança que é objeto do artigo 14 da Convenção que trata da segurança das pessoas com deficiência em situações de risco de emergências humanitárias, enquanto os artigos 16 e 17 aludem à prevenção contra exploração, violência e abuso, além da proteção da integridade da pessoa com deficiência.

No entanto, há três direitos sociais que merecem especial destaque na Convenção. São eles: educação, trabalho e saúde.

Pela educação inclusiva propicia-se às pessoas com deficiência e sem deficiência, especialmente as crianças desde a mais tenra idade, apreender o convívio com a diversidade que é inerente à sociedade, em uma atividade de cidadania que pelas atitudes, muito mais do que pelas palavras, pode, realmente, afastar estigmas e preconceitos e pavimentar o caminho da plena e real inclusão das pessoas com deficiência.

Quanto ao trabalho, essencial que a pessoa com deficiência exerça uma atividade laboral remunerada, sentindo-se valorizada como um componente da comunidade que tem o que efetivamente contribuir de forma produtiva, sem que tenha que ser normalizada, ou seja, preservando-se suas características que conformam sua individualidade. Rompe-se, assim, com o estigma de que as pessoas com deficiência são incapazes e devem ser agraciadas com caridade.

No que concerne ao direito à saúde, com a mudança do paradigma médico para o social, necessário se faz abordar tal direito que é essencial a todas as pessoas, inclusive aquelas com deficiência, contudo já não devem as intervenções médicas na área da deficiência buscar a normalização da pessoa com deficiência a qualquer preço, mas tem um importante papel no sentido de se garantir o bem-estar de tais pessoas que, em igualdade de condições com as demais, devem ter acesso à saúde de forma a que seja preservada sua dignidade.

Assim, oportuna se faz a análise mais detida de cada um destes três direitos sociais em destaque.

4.2.1 EDUCAÇÃO

A Convenção dedicou o artigo 24 à educação, assentando que as pessoas com deficiência têm direito à educação sem discriminação e com base na igualdade de oportunidades, dentro de um sistema educacional inclusivo em todos os níveis, além do aprendizado ao longo da vida.[138]

Essencial a educação das pessoas com deficiência na perspectiva da educação inclusiva e não poderia a Convenção, influenciada pelo modelo social, perfilhar outro caminho que não aquele que estabelece como regra que as pessoas com deficiência sejam educadas em escola regular, acompanhada dos demais alunos, reproduzindo-se, assim, o cenário de diversidade

---

[138] Vale mencionar que até o advento da Convenção, com o aludido artigo 24 a tratar da educação das pessoas com deficiência, outros instrumentos internacionais abordaram o direito à educação das pessoas com deficiência, como a Convenção sobre os Direitos da Criança (BRASIL, 1990), Declaração Mundial sobre Educação para Todos (WORLD CONFERENCE ON EDUCATION FOR ALL, 1990), as Normas sobre a Equiparação de Oportunidades para Pessoas com Deficiência (ONU, 1993a) e a Declaração de Salamanca e Plano de Ação (UNESCO, 1994).

próprio da sociedade[139], o que propiciaria a educação para a cidadania proposta por Oliver ao apresentar o modelo social (1996, p. 90).

Neste contexto, o reconhecimento da singularidade de cada aluno é fundamental para que ocorra a inclusão na escola regular. Nesse sentido é que a Declaração de Salamanca já mencionava que toda criança tem características, interesses, habilidades e necessidade de aprendizado únicos e o sistema educacional deve ser projetado considerando tal diversidade, devendo as pessoas com deficiência terem acesso às escolas regulares capazes de atender suas necessidades (UNESCO, 1994).

Aliás, não há como se pretender a inclusão das pessoas com deficiência na sociedade, objetivo precípuo do modelo social e princípio insculpido na Convenção, sem a adoção da educação inclusiva, pois em cada oportunidade que se fecha uma porta de uma escola regular a uma criança com deficiência, caminha-se no sentido oposto à inclusão.[140]

O mesmo se passa na educação do adulto com deficiência, especialmente quando se olvida que a educação inclusiva pressupõe muito mais do que simplesmente prover a matrícula da pessoa com deficiência, pois a

---

[139] Como salienta Beckett, "combater o preconceito" e "desenvolver valores", são aspectos importantes da prática da "educação inclusiva". Pondera a autora que "uma questão que justifica uma investigação mais aprofundada é o papel que a educação pode desempenhar na abordagem das atitudes negativas em relação às pessoas com deficiência tomadas por alguns membros da população sem deficiência. Lidar com estas atitudes não é apenas uma parte importante da construção de comunidades escolares inclusivas que sejam acolhedoras e capacitadoras de qualquer criança/jovem com deficiência que faça parte dessas comunidades; trata-se também de moldar as atitudes de crianças sem deficiência como 'cidadãos do futuro' e é, portanto, uma parte importante da construção de comunidades inclusivas e de uma sociedade inclusiva além dos portões da escola" (2009, p. 318).

[140] São observados da negativa da educação inclusiva, por exemplo, os seguintes efeitos, todos em absoluto arrepio dos princípios e regras da Convenção: (a) rompe-se a igualdade de oportunidades com as demais crianças, (b) incrementa-se o preconceito e o estigma da pessoa com deficiência, impingindo um sofrimento não só à criança com deficiência mas, também, aos seus familiares; (c) pratica-se a discriminação na forma direta, quando a negativa é expressa ou, indireta, quando são criados artifícios para afastar a criança com deficiência da escola regular; (d) desrespeita-se o desenvolvimento da capacidade da criança com deficiência, impedindo-se que tal desenvolvimento ocorra com a preservação de sua identidade.

inclusão sem o devido preparo e cuidado, observando-se a singularidade do aluno em questão, está fadada ao insucesso que, aliás, será certamente imputado à própria pessoa com deficiência, em uma prática cruel que se assenta no modelo médico de se compreender a deficiência.

O Comitê sobre os Direitos das Pessoas com Deficiência, em seu Comentário Geral n. 4, dedicado ao direto à educação inclusiva, menciona os fatores que acabam por se revelar como barreiras a tal educação (ONU, 2016b, p. 2, tradução nossa), os quais passamos a comentar:

> (a) A incapacidade de compreender ou implementar o modelo de deficiência de direitos humanos, segundo o qual as barreiras dentro da comunidade e da sociedade, em vez de impedimentos pessoais, excluem as pessoas com deficiência;

Este fator talvez seja o mais relevante e que, de certa forma, influencia os demais. Não é em vão que a Convenção acentuou a necessidade de conscientização em seu artigo 8º, pois, em que pese os princípios e regras da Convenção esclarecerem o caminho a ser trilhado em harmonia com o paradigma social ou de direitos humanos, ainda há práticas influenciadas pelos modelos de prescindibilidade e médico, que têm lastro no preconceito e estigma próprios de tais paradigmas em relação às pessoas com deficiência.

No que concerne à educação, as falhas no processo de inserção da pessoa com deficiência são imputadas a ela que, via de regra, não foi "normalizada" como pretendido de forma a aceitar a receita da pedagogia hegemônica vigente que desconhece singularidades.[141] Como observam

[141] Salientam Moysés e Collares que: "Vivemos um tempo em que se coíbe singularidades e se formata subjetividades. Vivemos um tempo sem espaço para as diferenças entre eu e você, as diferenças entre todos nós, que constituem a riqueza da humanidade e sua potencialidade de soluções. Vivemos um tempo em que as desigualdades entre eu e você, as desigualdades entre todos nós, são naturalizadas. Vivemos um tempo sem espaço para o humano. Nesse tempo, mais do que nunca, assistimos a expansão desenfreada dos processos de patologização da vida. Problemas coletivos – em especial os de ordem política, econômica, social, cultural – são artificialmente transformados em problemas individuais; esses, por sua vez, assim como diferenças e desigualdades, são "desaparecidos" para serem reapresentados como doenças ou – eufemisticamente – como transtornos, por meio de discursos cientificistas. No chão da intolerância onde floresce a barbárie também floresce a patologização, uma retroalimentando a outra" (2018, p. 151).

Amarante e Rodrigues "são professores, coordenadores, diretores e também os profissionais da área médica procurando apontar um motivo pelo qual o estudante não aprende. E a culpa da não aprendizagem recai no estudante, afinal ele é o diferente" (2018, p. 134).

Exatamente pela incompreensão de que as pessoas com deficiência devem ser incluídas na sociedade com lastro no respeito pela diferença, devendo elas serem aceitas como parte da diversidade inerente à sociedade, buscando-se seu desenvolvimento sem prejuízo da preservação de sua identidade, é que o processo de inclusão escolar pode fracassar por não se lograr "normalizar" a pessoa com deficiência.

Aliás, nesta busca por normalizar o aluno, avessa às singularidades de cada pessoa, acaba-se por buscar na medicalização desenfreada o caminho para que o aluno seja tolerado na escola, retomando-se, assim, a prática comum do modelo médico de atribuir à medicina a "solução" para a deficiência.

Sobre o tema, ensinam Rodrigues e Amarante:

> Não pode deixar de sugerir uma inquietação frente a perspectiva docente enquanto criadora de patologias, que insiste em não aceitar as formas e processos de aprendizagem de cada um em sua singularidade, criando assim estigmas de que aquele que não se desenvolve na linha padrão de aprendizado necessita receber um diagnóstico da área médica, que subsidie a ideia de que há um problema localizado no cérebro. [...]
>
> A escola atualmente defende um discurso de diagnósticos com o apoio de profissionais de saúde, considerando comportamentos próprios de uma sociedade com tanta informação, tais como agitação, ansiedade, medo, tristeza, como se fossem problemas médicos como depressão, hiperatividade, bipolaridade e outros mais, como dificuldade escolar.
>
> O estudante 'desaparece' diante de tantos diagnósticos para explicar sua não aprendizagem, e ao acreditarem que o estudante tem problemas começam a tratar uma situação que seria educacional como se fosse uma questão médica, e nesse viés vão surgindo no cenário escolar profissionais da saúde que através de diagnósticos produzem a subjetividade das crianças. [...]
>
> Ao invés de buscar respostas através da medicalização, buscamos recursos, estratégias e soluções dentro do ambiente escolar.

> Atribuir a culpa do fracasso escolar às doenças e distúrbios é caminhar cada vez mais para o processo de medicalização da educação. E para fazer um caminho inverso da medicalização optamos por potencializar o fazer docente, numa perspectiva emancipadora. (2018, p. 131, p. 135-136)

Essa prática de buscar patologias para justificar o fracasso da não aprendizagem impede o desenvolvimento das pessoas com deficiência com a preservação de suas identidades, não se aceitando tais indivíduos como parte da diversidade humana a que alude o princípio insculpido no artigo 3º, "d", da Convenção, ferindo-se, igualmente, sua dignidade inerente (artigo 3º, "a").

Se o propósito da Convenção é assegurar às pessoas com deficiência o exercício pleno e equitativo de todos os direitos e liberdades fundamentais e promover o respeito pela sua dignidade inerente, como regra, tem-se que pensar a escola como um ambiente que acolha a diversidade e propicie a educação a todos, respeitando-se a dignidade das pessoas com deficiência neste mister.

Angelucci e Rodrigues nos brindam com uma preciosa lição sobre educação inclusiva:

> [...] a Educação é direito universal e intransferível, sendo necessário, portanto, que pensemos e experimentemos sistemas educacionais, currículos e relações que se comprometam com a liberdade de criar novos possíveis, de tal modo que o direito de toda e cada pessoa possa se efetivar. Portanto, há que se considerar o princípio da inclusão em sua radicalidade, qual seja, a de que não podemos mais nos relacionar com os espaços sociais construídos para 'nós', adequando-os para a chegada 'dos outros', sempre tomados como aqueles que serão recebidos por nós. (2018, p. 101-102)

Assim, a conscientização também no campo da educação é essencial para que se compreenda que o ambiente escolar deve se prestar, em regra, à educação de todos.[142]

---

[142] Nesse sentido pondera Angelucci: "Portanto, a conquista da escolarização, por parte da população com diferenças significativas deve ser muito celebrada. Estamos, no fim das contas, reconhecendo a legitimidade do direito: **a escola pertence a todos**" (2013, p. 242, tradução nossa).

Portanto, para a implementação efetiva da educação inclusiva, com a retirada das barreiras que impedem a plena inclusão das pessoas com deficiência nas escolas regulares, necessária a conscientização de todos os atores envolvidos quanto aos princípios e regras da Convenção, devendo-se assentar a ideia central de que o espaço educacional pertence a todos, sem possibilidade de discriminação em razão da deficiência.

> (b) Discriminação persistente contra pessoas com deficiência, agravada pelo isolamento daqueles que ainda vivem em instituições residenciais de longa duração, e baixas expectativas em relação àqueles em ambientes tradicionais, permitindo que os preconceitos e o medo aumentem e permaneçam sem contestação;

Este fator apontado pelo Comitê remete à realidade de algumas pessoas com deficiência que seguem sendo isoladas da sociedade, o que apenas afasta a possibilidade de inclusão social nos espaços de convívio social, em um cenário de marginalização.

Nesse contexto, o estigma que atinge as pessoas com deficiência de que são incapazes ou perigosas apenas permanecem e são cultivados por novas gerações que não têm a oportunidade de conviver com a diversidade, perpetuando-se a discriminação de tais pessoas que não ocupam o seu lugar na sociedade.

> (c) Falta de conhecimento sobre a natureza e as vantagens da educação inclusiva e de qualidade, e da diversidade, inclusive em relação à competitividade, na aprendizagem para todos; falta de contato com todos os pais; e falta de respostas apropriadas para apoiar as demandas, levando a medos e estereótipos deslocados de que a inclusão causará uma deterioração na qualidade do ensino ou, de outro modo, terá um impacto negativo sobre os outros;

O preconceito sobre os efeitos da presença de alunos com deficiência em ambiente de educação inclusiva revela-se como um entrave considerável à participação de tais indivíduos neste cenário coletivo.

No entanto, importante observar que, em regra, a educação inclusiva quando levada a efeito com o necessário suporte, por educadores conscientizados sobre a importância da participação das pessoas com deficiência de forma plena na sociedade, traz benefício a todos os envolvidos.

Nesse sentido, um estudo sobre as pesquisas efetuadas com relação aos efeitos acadêmicos e sociais da inclusão dos demais alunos, considerados "sem deficiência", revelou que em apenas 9% dos achados apontavam para efeitos negativos e os demais revelavam consequências neutras ou positivas (KALAMBOUKA *et al.*, 2007, p. 376), o que leva à conclusão que a inclusão não prejudica o desempenho dos alunos e, ainda, oportuniza a eles o convívio com a diversidade inerente à sociedade, propiciando a formação para a cidadania que não se implementa na plenitude em ambientes em que a exclusão é praticada.

Verifica-se, ainda, conforme aponta o estudo de Georgiadi *et al.* (2012, p. 538), que alunos de escolas inclusivas têm uma atitude mais positiva em relação às crianças com deficiência do que os alunos educados em ambientes não inclusivos.

Demais, disso, sob a ótica do aluno com deficiência, os ganhos pela inclusão no ambiente da escola regular que reproduza o cenário próprio da sociedade são evidentes, pois se o propósito do modelo social é a plena participação da pessoa com deficiência em sociedade, imperativo que tal inclusão ocorra também no ambiente escolar. Aliás, pontuam Dessemontet, Bless e Morin, que alunos com deficiência intelectual em escolas regulares têm um progresso acadêmico maior que seus pares educados em escolas especiais (2012, p. 580).

Portanto, se a educação inclusiva for levada a efeito com o apoio necessário aos alunos e aos próprios educadores, e estiverem todos os envolvidos imbuídos do propósito de eliminar as barreiras existentes para tanto, é grande a possibilidade de ganhos para todos os alunos, sob o prisma acadêmico e social.

> (d) Falta de dados e pesquisas desagregados (ambos necessários para o controle e desenvolvimento de programas), o que impede o desenvolvimento de políticas e intervenções efetivas para promover a educação inclusiva e de qualidade;

Fundamental que os Estados tenham os dados pertinentes para que seja possível a adoção de políticas mais assertivas no que concerne à educação inclusiva.

Demais disso, importante que sejam angariados dados relativos a todo o sistema de educação no que diz respeito às pessoas com deficiência, para que seja possível identificar se o direito de tais indivíduos de serem educados na perspectiva da educação inclusiva está sendo observado, seja nas escolas privadas, seja nas públicas.

Oportuno lembrar que o artigo 31, da Convenção é dedicado a estatísticas e coletas de dados que possam auxiliar na formulação de políticas no que concerne às pessoas com deficiência, dispositivo que deverá guiar as pesquisas a serem levadas a efeito no que concerne à educação inclusiva.

> (e) Falta de vontade política, conhecimento técnico e capacidade de implementar o direito à educação inclusiva, incluindo educação insuficiente de todo o corpo docente;

Evidentemente que se o Estado Parte não observar suas obrigações de executar e fiscalizar a implementação das políticas de um sistema educacional inclusivo, não haverá como se concretizar tal sistema previsto na Convenção.

Aliás, os parágrafos 2°, 3°, 4° e 5°, do artigo 24, da Convenção aludem às obrigações do Estado no sentido de assegurar o direito das pessoas com deficiência à educação inclusiva.

O parágrafo 2° menciona que as pessoas com deficiência não podem ser excluídas do sistema educacional geral em razão de sua deficiência, devendo ser adotadas as adaptações razoáveis quando pertinentes, providenciando-se o apoio necessário para maximizar o seu desenvolvimento acadêmico e social, de acordo com a meta da inclusão social plena.

No que concerne ao parágrafo 3°, estipula-se a obrigação dos Estados Partes de adotarem medidas para a facilitação do aprendizado, especialmente das pessoas com deficiência sensorial. Menciona o aludido dispositivo, por exemplo, a facilitação do aprendizado do braille, escrita alternativa, comunicação aumentativa e alternativa[143], do aprendizado da língua de sinais e promoção da identidade linguística da comunidade surda.

Destaca-se, ainda, do aludido parágrafo 3°, a disposição sobre a garantia de que a educação, especialmente, das crianças cegas, surdocegas e surdas, seja ministrada nas línguas e nos modos e meios de comunicação mais adequados ao indivíduo e em ambientes que favoreçam ao máximo seu desenvolvimento acadêmico e social.

---

[143] Oportuno ressaltar quanto ao acesso pelas pessoas com deficiência sensorial visual a obras publicadas, a importância do Tratado de Marraqueche firmado em 27 de junho de 2013 (BRASIL, 2018).

No que tange à capacitação do corpo docente, com o escopo de contribuir para o exercício do direito à inclusão, consoante o parágrafo 4º, do artigo 24 da Convenção, professores, inclusive com deficiência deverão ser habilitados para o ensino da língua de sinais e/ou braille e para capacitar profissionais e equipes atuantes em todos os níveis de ensino, sendo certo que a aludida capacitação deverá incorporar a conscientização da deficiência e a utilização de modos, meios e formatos apropriados de comunicação aumentativa e alternativa, além de técnicas e materiais pedagógicos, como apoio para os alunos com deficiência.

Interessante observar, ainda, o disposto no parágrafo 5º, do aludido artigo 24 da Convenção, ao mencionar que às pessoas com deficiência deva ser assegurado o acesso ao ensino superior, ao treinamento profissional de acordo com sua vocação, além do acesso à educação para adultos e formação continuada, sem discriminação e em igualdade de condições, com as adaptações razoáveis que se façam pertinentes a garantir tal direito.

> (f) mecanismos de financiamento inadequados e inapropriados para fornecer incentivos e adaptações razoáveis para a inclusão de alunos com deficiência, coordenação interministerial, apoio e sustentabilidade;

Outro problema identificado pelo Comitê sobre os Direitos das Pessoas com Deficiência foi a inadequação dos mecanismos de incentivo e adaptações razoáveis à inclusão de alunos com deficiência, o que acaba por impedir que a inclusão de tais pessoas no ambiente escolar ocorra.

Evidente que, além dos financiamentos adequados e outros incentivos quando pertinentes, importante que haja uma coordenação política no sentido de assegurar um sistema educacional inclusivo.

> (g) Falta de recursos legais e mecanismos para reclamar reparação por violações.

Esta constatação do Comitê aponta para a falta de acesso a mecanismos que garantam a fiel observância dos ditames da Convenção e que eventuais violações sejam objeto de reparação.

Aqui é evidente a obrigação do Estado de assegurar o pleno exercício de todos os direitos humanos e liberdades fundamentais das pessoas com deficiência, o que, aliás, é expressamente mencionado no artigo 4º da

Convenção e, para tanto, indispensável que os recursos jurídicos estejam acessíveis a todas as pessoas com deficiência.

O Comitê sobre os Direitos das Pessoas com Deficiência, ainda no bojo do Comentário Geral n. 4, pontuou sobre a diferença entre integração e inclusão no que tange à educação, salientando que:

> Integração é o processo de colocar pessoas com deficiência em instituições educacionais tradicionais existentes com o entendimento de que elas podem se ajustar aos requisitos padronizados de tais instituições. A inclusão envolve um processo de reforma sistêmica incorporando mudanças e modificações no conteúdo, métodos de ensino, abordagens, estruturas e estratégias na educação para superar barreiras com uma visão que sirva para fornecer a todos os alunos da faixa etária relevante uma experiência de aprendizado participativa e equitativa, que melhor corresponda às suas necessidades e preferências. Colocar os alunos com deficiência nas escolas regulares sem acompanhar as mudanças estruturais para, por exemplo, organização, currículo e estratégias de ensino e aprendizagem, não constitui inclusão. Além disso, a integração não garante automaticamente a transição da segregação para a inclusão. (ONU, 2016b, p. 3, tradução nossa)

Para que a inclusão escolar efetivamente ocorra há quatro características do sistema educacional que devem ser observadas: disponibilidade, acessibilidade, aceitabilidade e adaptabilidade (ONU, 2016b, p. 6).

A disponibilidade exige que instituições educacionais públicas e privadas de qualidade e, em quantidade suficiente, estejam disponíveis às pessoas com deficiência.

Por seu turno, a acessibilidade aponta como imperativo que todo o sistema educacional seja acessível a todos, inclusive prédios, ferramentas de comunicação e informação, currículo, materiais educacionais, métodos de ensino, avaliação, linguagem e serviço de apoio. Importante que as tecnologias assistivas sejam empregadas e que na hipótese de que se façam necessárias adaptações razoáveis, que elas sejam propiciadas no sentido de se assegurar o exercício do direito à educação inclusiva.

A aceitabilidade compreende a obrigação de que tudo que esteja relacionado à educação seja pensado em consideração à diversidade humana, observando-se as culturas, opiniões e línguas próprias das pessoas com deficiência de sorte que o projeto educacional de qualidade possa atender a todos.

Quanto à adaptabilidade, pugna tal característica pelo reconhecimento da singularidade de cada aluno, inclusive na forma de aprendizado, exigindo-se a criação de ambientes educacionais flexíveis, passíveis de adaptação em razão das diversas necessidades dos diferentes alunos. Importante observar que sempre que necessária for uma adaptação razoável, o direito da pessoa com deficiência nasce no momento em que tal acomodação se mostre pertinente, resguardando-se a universalidade do acesso à educação.

Destarte, verifica-se a dificuldade no reconhecimento das singularidades dos alunos no cenário educacional atual. Salienta Lajonquière que "[...] as crianças acabam sendo vítimas de um certo 'trator pedagógico' que pode condená-las à inibição intelectual ou à repetição ecolálica de conteúdos escolares" (2009, p. 23-24).

Neste cenário, desafortunadamente, ainda se busca a "normalização" da pessoa com deficiência, atitude própria do modelo médico (individual), no qual o objetivo é a "cura" de tal indivíduo ou que ele se aproxime ao máximo do considerado normal, em um "furor pedagógico" que acaba por anular esses sujeitos, aniquilando a possibilidade da educação.

Tal "furor pedagógico" vem de há muito, basta lembrar do famoso caso do menino selvagem do Aveyron capturado em Saint-Sernin-sur-Rance, na região de Aveyron. O menino selvagem foi solicitado às autoridades pela *Société des Observateurs de l'Homme* em Paris, instituição integrada por filósofos, naturalistas e médicos, como Pinel e seu discípulo Jean Marc Gaspard Itard.

Em novembro de 1800, Pinel divulgou seu entendimento de que o menino selvagem de Aveyron se assemelhava aos idiotas que se encontravam internados em Bicêtre pois as funções do sentido do menino selvagem não poderiam ser restauradas (LAJONQUIÈRE, 2010, p. 127). Itard, contudo, divergiu de seu mestre com a percepção de que as limitações apresentadas pelo menino selvagem derivariam da privação de contato social. Ele então conduziu o "tratamento moral" do selvagem, a quem foi atribuído o nome de Victor. No entanto, o aludido "tratamento moral" não surtiu o efeito augurado por Itard que abandonou a intervenção após cinco anos.[144]

[144] Sobre o tratamento de Itard dispensado a Victor, Lajonquière (2017, p. 91) esclarece que: "O dispositivo colocado em ação por ltard estava estruturado a partir da recusa sistemática do desejo. Não era mais do que uma espécie de arapuca

Nesse passo, deveras oportuna a comparação lançada por Lajonquière entre o tratamento moral de Itard aplicado a Victor e a experiência de Anne Sullivan, no sentido oposto, com Helen Keller, esta uma menina surda e cega desde um ano e meio de idade. O encontro entre Anne e Helen se deu quando a menina tinha sete anos, em Tuscumbia, localidade situada no extremo noroeste do Estado do Alabama, nos EUA, em 1887.

Os pais de Helen Keller haviam cogitado até mesmo encaminhá-la a um asilo, considerando não propriamente a sua deficiência sensorial, mas o reflexo no seu comportamento que tornava difícil a convivência. Nesse cenário é que Anne Sullivan é trazida para uma tentativa de educar a menina Helen, evitando seu encaminhamento naquela oportunidade à internação asilar.

Anne não tinha o *status* acadêmico de Itard, mas, diferentemente dele, não estava imbuída de seu "furor pedagógico" que colocou Victor na posição de objeto, augurando "fabricar o outro à nossa imagem e semelhança" (LAJONQUIÈRE, 2017, p. 81). As incertezas de Anne na condução do processo educativo de Helen revelam que ela, como sua aluna, tateava na escuridão para poder descobrir o outro, algo absolutamente diverso da certeza do saber que pairava no tratamento moral de Itard. Lajonquière aponta que:

> Anne queria simplesmente falar com Helen e para tanto recorria à única forma possível quando se trata de um interlocutor cego e surdo – o alfabeto manual. Por sua parte, ltard não *falava com* Victor, porém sim *falava dele* para outros através de seus relatórios, em particular endereçados a seus colegas da *Société des Observateurs de l'Homme* e ao ministro do interior. (2017, p. 94)

---

pedagógica, pois fosse qual fosse a resposta de Victor nos exercícios de estimulação metódica, ele nunca foi considerado como alguém animado por um desejo a ser reconhecido. [...] A fala de improviso, bem como aquela que era esperada, mas que tinha sido dada fora dos parâmetros previamente estabelecidos, era julgada como a expressão da natureza selvagem do menino. Ao mesmo tempo, responder como previsto, significava para Victor convalidar sua própria morte psíquica, na medida em que a demanda pedagógica o reduzia à condição de objeto de gozo para ltard. Nessas situações, o médico repetia a intervenção sob a forma de contraprova para assim se assegurar de que a resposta era aquela mesma que esperava. Jean ltard condenava Victor, inconscientemente, a escolher entre dois destinos: entregar-se à frenética ecolalia ou simplesmente não responder, ficando totalmente perdido perante a demanda numa espécie de colapso psíquico".

A implicação pessoal e íntima de Anne no processo educativo de Helen, valorizando as singularidades, propiciou que esta se posicionasse como sujeito de desejo, sendo que "Anne Sullivan sabia sem saber que Helen a amava. Mais ainda, como Anne se proibia corresponder a esse amor, fazia então operar a *ideia de pai* no miolo da educação" (LAJONQUIÈRE, 2017, p. 99).

O resultado da intervenção educativa de Anne propiciou a inserção de Helen no campo da palavra e da linguagem, sendo que Helen foi escritora, formou-se em filosofia, tendo inclusive apreendido versões orais do inglês e do francês, ou seja, logrou sua inclusão efetiva na sociedade; enquanto que Victor, abandonado por Itard, veio a falecer aos quarenta anos, nunca tendo sido reconhecido como sujeito de desejo.

A comparação entre as intervenções de Itard e Anne tem grande relevância ao pretendermos enfrentar o desafio da educação de pessoas com deficiência na atualidade, pois o discurso psicopedagógico hegemônico, ao se olvidar da necessidade de se resgatar na pessoa com deficiência o sujeito de desejo, aproxima-se de Itard, com seu "trator pedagógico" que conduz ao fracasso da educação. Tal poderá resultar em um impasse a induzir uma precipitada conclusão *à la Itard*, de que a educação pode não ser possível em relação a parcela de tal público, em especial das pessoas com deficiência, pois a massificação do ensino pouco tem a ver com o envolvimento pessoal propício a estabelecer o laço do desejo, como ensina a exitosa experiência de Anne Sullivan e Helen Keller.

Em suma, é desejável que os educadores ao se deparar com crianças que apresentem dificuldade em estabelecer o laço educativo, em vez de buscarem laudos médicos para as rotular e, assim, justificar a impossibilidade de aplicação do discurso psicopedagógico, inviabilizando seu posicionamento como sujeito por questões biológicas, procurem estabelecer o laço pedagógico e, para tanto, tenham o suporte das respectivas instituições de ensino, lembrando sempre que o aludido liame educativo não diz apenas da criança, mas também dele, adulto educador que deve, efetivamente, estar envolvido no propósito educacional inclusivo em relação às pessoas com deficiência.

A educação inclusiva tem papel fundamental no sentido de propiciar a plena e efetiva participação das pessoas com deficiência na sociedade, até mesmo para fornecer condições para o ingresso do indivíduo no mercado de trabalho de forma qualificada.

4.2.2 TRABALHO

A Convenção reservou o artigo 27 para o tema do trabalho e emprego, assentando que os Estados Partes reconhecem o direito das pessoas com deficiência ao trabalho, em igualdade de oportunidades com as demais pessoas em ambiente que seja inclusivo.

Nesse sentido, proíbe-se a discriminação baseada na deficiência em relação a todos os aspectos do trabalho, inclusive quanto a recrutamento, contratação, admissão, permanência no emprego, ascensão profissional, condições de trabalho, sendo certo que a acessibilidade deve ser garantida[145] e, em sendo o caso, as adaptações razoáveis devem ser adotadas para tanto no ambiente de labor, assegurando-se, ainda, a igualdade dos direitos trabalhistas e sindicais, bem como a aquisição de experiência no mercado aberto de trabalho.

Às pessoas com deficiência devem ser resguardadas, em igualdade de condições com as demais, as condições justas e favoráveis ao trabalho, inclusive no que tange à igualdade de remuneração pelo mesmo serviço, condições salubres de trabalho, devendo tais indivíduos serem protegidos contra o assédio no labor, cabendo aos Estados Partes assegurar que elas não sejam mantidas em escravidão ou em situação análoga a esta e, tampouco, submetidas a trabalho forçado ou compulsório.

As políticas de promoção do emprego são fundamentais, com o escopo da contratação no setor público e no setor privado, inclusive, com programas de ação afirmativa, incentivos e outras medidas pertinentes. A promoção de oportunidades de emprego e de ascensão profissional deve vir acompanhada pela assistência na procura, obtenção, manutenção e retorno ao emprego, com a implementação de programas de orientação

---

[145] O Comentário Geral n. 2, do Comitê sobre os Direitos das Pessoas com Deficiência mencionou que: "As pessoas com deficiência não podem efetivamente usufruir de seus trabalhos e direitos laborais, conforme descrito no artigo 27 da Convenção, se o local de trabalho não for acessível. Os locais de trabalho devem, portanto, ser acessíveis, como está explicitamente indicado no artigo 9º, parágrafo 1º, (a). A recusa em adaptar o local de trabalho constitui um ato proibido de discriminação baseada na deficiência. Além da acessibilidade física do local de trabalho, as pessoas com deficiência precisam de serviços de transporte e apoio acessíveis para chegar a seus locais de trabalho" (ONU, 2014b, p. 12, tradução nossa).

técnica e profissional, e serviços de colocação no mercado de trabalho e de treinamento profissional.[146]

Outro aspecto importante trazido pelo artigo 27 refere-se à promoção do trabalho autônomo, empreendedorismo e do desenvolvimento de cooperativas, esta última tida por Saraceno como "a forma organizacional mais inovadora; ela não só se constitui como o oposto da lógica da exploração do trabalho dependente, mas ainda como forma concreta de solidariedade" (2001, p. 134).[147]

A reabilitação profissional, manutenção do emprego e programa de retorno ao trabalho também devem ser promovidos pelos Estados Partes, tudo com o escopo de que à pessoa com deficiência seja resguardada a atividade laboral como meio de propiciar sua plena e efetiva participação social.

Interessante observar que o preconceito em relação às pessoas com deficiência também impede a efetiva inclusão de tais indivíduos no mercado de trabalho. Verifica-se que a

> [...] relação entre as pessoas com deficiência e o mundo do trabalho foi, ao longo da história, barrada, pois não havia lugar para a diferença na organização tradicional do mundo do trabalho, sendo a pessoa com deficiência relegada a trabalhos protegidos e não-remunerados, com caráter mais assistencial do que produtivo. (RIBEIRO; RIBEIRO, 2017, p. 205-206)

Tal estigma que afasta a pessoa com deficiência do mercado de trabalho, revela que a pessoa com deficiência pouco teria a aportar em uma relação laboral. Contudo, na realidade, quando a inclusão ocorre com o devido apoio, garantindo-se a acessibilidade efetiva ao ambiente laboral, as pessoas com deficiência têm muito a contribuir.

Nesse sentido, o estudo desenvolvido por Lindsay *et al.* é oportuno exatamente para afastar a crença enraizada na sociedade de que a pessoa com deficiência não teria o que contribuir na atividade laboral e, por

[146] Observou o Comitê sobre os Direitos das Pessoas com Deficiência no Comentário Geral n. 5 que: "A existência de serviços de apoio individualizados, incluindo assistência pessoal, é frequentemente uma pré-condição para o gozo efetivo do direito ao trabalho e ao emprego (art. 27)" (ONU, 2017a, p. 16, tradução nossa).

[147] O ilustre psiquiatra italiano acrescenta que as cooperativas "se constituem como lugares de promoção da autonomia bem como de proteção; funções que deveriam ser próprias de um bom serviço de saúde mental" (SARACENO, 2001, p. 134).

conseguinte, sua participação deveria ser vista como uma forma de caridade. Ele parte da análise de 39 artigos[148] sobre o tema para concluir que:

> Os resultados mostram que os benefícios da contratação de pessoas com deficiência incluem melhorias na lucratividade (por exemplo, lucros e custo-benefício, rotatividade e retenção, confiabilidade e pontualidade, lealdade do funcionário, imagem da empresa), vantagem competitiva (por exemplo, clientes diversos, lealdade e satisfação do cliente, inovação, produtividade, ética de trabalho, segurança), cultura de trabalho inclusiva e consciência de habilidade. Os benefícios secundários para pessoas com deficiência incluem melhor qualidade de vida e renda, maior autoconfiança, rede social ampliada e um senso de comunidade. (LINDSAY *et al.*, 2018, p. 634, tradução nossa)

Aludida pesquisa detalhou, ainda, que todos os estudos analisados relataram ao menos um benefício da contratação de pessoas com deficiência, sendo que seis deles apontaram que os lucros aumentaram com a contratação de pessoas com deficiência. Demais disso, oito estudos revelaram que a contratação de pessoas com deficiência aumentou o tempo de vínculo laboral, com redução na rotatividade (2018, p. 648).

Outro achado relevante refere-se a que em onze dos estudos analisados concluiu-se que as pessoas com deficiência eram confiáveis e pontuais, sendo que, em seis deles, foi apontada a lealdade como uma característica de tais funcionários. Em tal cenário, cinco artigos relataram que a contratação de pessoas com deficiência melhorou a imagem da empresa (LINDSAY *et al.*, 2018, p. 649).

Merece destaque, ainda, que quatorze estudos apontaram que um resultado da contratação de pessoas com deficiência foi fomentar uma cultura de inclusão e ambiente de trabalho inclusivo, sendo que nove estudos revelaram a produtividade como um benefício da contratação de pessoas com deficiência (LINDSAY *et al.*, 2018, p. 650), entre outros achados[149] que servem para comprovar que a barreira maior a ser transposta para o acesso das pessoas com deficiência ao mercado de trabalho é o preconceito.

---

148 Destes, 24 foram feitos nos EUA, 5 na Austrália, 5 no Canadá, 1 no Brasil, 1 em Israel, 1 na Lituânia, 1 na Holanda e 1 na Turquia (LINDSAY *et al.*, 2018, p. 637).

149 Menciona, ainda, a pesquisa que os estudos apontaram como benefícios da contratação de pessoas com deficiência, aspectos como vantagem competitiva, diversidade de clientela, habilidade para a inovação, ética no trabalho e segurança (LINDSAY *et al*, 2018, p. 649-650).

Assim, é fundamental a conscientização sobre a importância do trabalho da pessoa com deficiência, afastando-se a consideração pelo prisma da caridade que, de certa forma, desvaloriza as habilidades dessas pessoas e seu próprio potencial para inserção no mundo laboral, ainda que com o suporte adequado a que alude a Convenção.

4.2.3 SAÚDE

O artigo 25 da Convenção faz menção à saúde, apontando que os Estados Partes reconhecem que as pessoas com deficiência têm o direito de gozar do estado de saúde mais elevado possível, sem qualquer discriminação, devendo ser garantido o acesso aos serviços de saúde, inclusive aos de reabilitação.

As pessoas com deficiência deverão ter acesso a programas de atenção à saúde gratuitos ou a custos acessíveis, sendo que os serviços de saúde devem ser prestados o mais próximo possível de suas comunidades. Esta previsão que fomenta o atendimento no próprio território da pessoa com deficiência tem grande importância quando se lembra que no modelo de prescindibilidade, em especial sob a égide do submodelo de marginalização, por meio de um discurso médico, muitas pessoas com deficiência foram "depositadas" em instituições totais, onde sofriam toda sorte de humilhações.

Exatamente no sentido de se preservar a dignidade da pessoa com deficiência e reconhecer sua condição efetiva de sujeito é que se exige o consentimento livre e esclarecido quanto aos serviços na seara da saúde a serem prestados, devendo os Estados Partes definir regras de atuação ética e realizar atividades para conscientizar os profissionais da saúde acerca dos direitos humanos, da dignidade, autonomia e das necessidades das pessoas com deficiência.

A vedação de qualquer hipótese de discriminação na prestação dos serviços de saúde voltados à pessoa com deficiência abrange todos os serviços, inclusive os seguros de saúde e de vida.

Cumpre observar que a habilitação e a reabilitação foram tratadas em dispositivo em apartado, qual seja, o artigo 26 da Convenção. Diferentemente do que ocorria no modelo médico que, aliás, também ficou conhecido como modelo de reabilitação, tal dispositivo revela um propósito de habilitação e reabilitação muito mais amplo do que aquele praticado no modelo anterior, no qual a intervenção centrava-se na área de saúde, buscando-se a normalização do indivíduo.

A habilitação e a reabilitação insculpidas no referido artigo 26 auguram o maior grau de autonomia do indivíduo para a plena inclusão e participação em todos os aspectos da vida, sendo que os Estados Partes devem organizar, fortalecer e ampliar serviços e programas de habilitação e reabilitação nas áreas de saúde, emprego, educação e serviços sociais, lastreados em uma avaliação multidisciplinar das necessidades e pontos fortes de cada pessoa.

Ou seja, a habilitação ou reabilitação apenas centrada no corpo do indivíduo não mais se mostra suficiente em um modelo que não é individual, mas social. Ou seja, de rigor a consideração dos aspectos relativos à interação do indivíduo com o meio, sendo certo que o seu corpo não resta olvidado, pois dentro da abordagem multidisciplinar, os cuidados com a saúde devem estar presentes sempre com o escopo de se assegurar o bem-estar da pessoa com deficiência.

Pontuam Skempes, Stucki e Bickenbach que:

> Hoje, há um consenso de que a reabilitação é um importante recurso para pessoas com deficiência e suas famílias, e contribui diretamente para o seu bem-estar, bem como para o desenvolvimento social e econômico de toda a comunidade. Também é verdade que a noção contemporânea de cuidado especializado não pode ser entendida apenas em termos de intervenções médicas. Indiscutivelmente, a provisão de reabilitação abrangente é uma tarefa extremamente complexa, porque as metas de reabilitação não são dirigidas para o impedimento, mas estão centradas nas necessidades sociais e de saúde do indivíduo. Assim, uma série de serviços de reabilitação direcionados em múltiplos setores pode ser considerada apropriada para atender as necessidades da pessoa com deficiência, desde intervenções de saúde até apoio psicossocial e aconselhamento, treinamento vocacional, programas de retorno ao trabalho e adaptações e modificações ambientais. A entrega dessas ofertas é regulada de forma diferente em diferentes contextos, e cada tipo de serviço de reabilitação tem suas próprias especificações. (2015, p. 163-164, tradução nossa)

Aliás, somente a abordagem multidisciplinar pode propiciar melhoria na qualidade de vida da pessoa com deficiência, observando-se que:

> Qualidade de vida é um conceito de amplo alcance afetado de um modo complexo não só pela saúde física, como também pelo estado psicológico, nível de independência, relações sociais e fatores ambientais.

> [...] mensurar a qualidade de vida de um indivíduo diz respeito não só à avaliação do seu estado de saúde, mas também, à compreensão do paciente centrada na percepção sobre o funcionamento dos diversos aspectos de sua vida. (REBOUÇAS *et al.*, 2016, p. 73)

Sem prejuízo, relevante notar que todo o processo de habilitação ou reabilitação pode ser um instrumento profícuo à pessoa com deficiência, desde que preservada a sua dignidade e singularidade, não se confundindo com a habilitação e reabilitação de outrora, voltada exclusivamente para a normalização centrada na saúde física do indivíduo com deficiência.

Cumpre ressaltar que a pertinência de uma abordagem mais ampla, que não se limita ao corpo mas, também, abarca a sua atividade, com os aspectos da funcionalidade e, ainda, o contexto que engloba os fatores ambientais, levou a adoção a própria Classificação Internacional de Funcionalidade, Incapacidade e Saúde (CIF) da Organização Mundial da Saúde, que difere da Classificação Internacional de Doenças (CID), exatamente na medida em que

> [...] se propõe a retratar os aspectos de funcionalidade, incapacidade e saúde das pessoas, o que pode ser entendido como um objetivo geral, adquire um caráter multidisciplinar, com possibilidade de aplicação em todas as culturas e trazendo pela primeira vez a incorporação dos aspectos de contexto. [...] Entre seus objetivos específicos, está o de oferecer um modelo para a compreensão dos estados de saúde e de condições relacionadas, bem como de seus determinantes e efeitos, além de estabelecer uma linguagem comum para a descrição completa da experiência de saúde de um indivíduo, melhorando a comunicação entre as pessoas interessadas e os profissionais da área. (NUBILA; BUCHALLA, 2008, p. 327, grifo nosso)

Portanto, a Classificação Internacional de Funcionalidade, Incapacidade e Saúde (CIF) revela-se como um avanço, precisamente no sentido de uma compreensão multidisciplinar da abordagem da pessoa com deficiência, efetuando um "deslocamento paradigmático do eixo da doença para o eixo da saúde, trazendo uma visão diferente da saúde, que permite entender a condição ou estado de saúde dentro de contextos específicos" (NUBILA; BUCHALLA, 2008, p. 330).

Assim, com o advento do modelo social e consequente adoção do conceito de pessoa com deficiência constante do artigo 1º, da Convenção, a CIF mostra-se classificação muito mais adequada no que concerne às pessoas com deficiência do que aquela constante da CID.

Oportuno mencionar que a Convenção, ainda, pontuou para a necessidade de capacitação de equipes para os serviços de habilitação e reabilitação, ponderando que tais equipes devem estar afinadas com o modelo social, sob pena de práticas indesejadas próprias do modelo de normalização das pessoas (paradigma médico).

Evidente que os dispositivos e tecnologias assistivas projetados para pessoas com deficiência e relacionados com a habilitação ou reabilitação podem ser utilizados e as pesquisas devem ser incentivadas não só no sentido da obtenção de novas tecnologias mas, também, para reduzir os custos dos respectivos dispositivos.

4.3 IMPLEMENTAÇÃO E MONITORAÇÃO

O artigo 33 da Convenção salienta que os Estados Partes designarão ao menos um ponto focal no âmbito do respectivo governo para assuntos relacionados à implementação da Convenção, bem como, um mecanismo de coordenação a fim de facilitar as ações correlatas nos diferentes setores e níveis.

Ainda em âmbito nacional, os Estados devem garantir a existência de mecanismos para promover, proteger e monitorar a implementação da Convenção, assegurando que as pessoas com deficiência e suas organizações representativas estejam envolvidas plenamente em tal monitoramento.

Evidente que em âmbito nacional, além das esferas administrativas, o controle judicial da aplicação da Convenção é fundamental, inclusive para garantir a efetiva aplicação dos princípios e regras convencionais no sentido de assegurar o exercício dos direitos humanos e garantias fundamentais das pessoas com deficiência.

No âmbito da Organização das Nações Unidas, importante a criação pela Convenção do Comitê sobre os Direitos das Pessoas com Deficiência, cuja estrutura e atribuições encontram-se delineadas nos artigos 34 a 39, da Convenção, bem como, no Protocolo Facultativo à Convenção que dispõe sobre a competência do Comitê para receber e considerar comunicações submetidas por pessoas ou grupos de pessoas, ou em nome delas que aleguem violações das disposições da Convenção naqueles Estados signatários do aludido Protocolo.

Os artigos 35 e 36 da Convenção, referem-se aos relatórios dos Estados Partes sobre as medidas adotadas em cumprimento das obrigações convencionais, sendo que, dentro de dois anos da vigência da Convenção no respectivo Estado Parte, devida a apresentação do relatório inicial abrangente e, ao menos a cada quatro anos a partir de então, o Estado Parte deverá apresentar relatórios complementares.

Os relatórios devem ser analisados pelo Comitê que faz sugestões e recomendações que julgar pertinentes aos respectivos Estados. Interessante notar que desta análise das medidas adotadas pelos Estados, inclusive quanto a eventuais dificuldades no que concerne à aplicação de certos princípios ou regras convencionais, o Comitê angaria vastos e precisos elementos que propiciam a elaboração dos Comentários Gerais[150] que veiculam interpretações e considerações de extrema valia para a implementação efetiva das disposições convencionais.

No que concerne à atuação do Comitê de receber comunicações efetuadas por pessoas ou grupos de pessoas, ou, ainda, em nome deles, vem ela disciplinada no Protocolo Facultativo e, portanto, aplica-se aos Estados que aderiram a tal instrumento.

Recebida a comunicação, o Estado Parte respectivo é comunicado confidencialmente para no prazo de até seis meses se manifestar sobre a matéria. O Comitê, então, faz uma análise quanto à admissibilidade da comunicação, observando o disposto no artigo 2º[151], do Protocolo.[152] Admitida a comunicação, o Comitê enfrenta o mérito da comunicação

[150] *E.g.*: Comentário Geral n. 1 sobre o artigo 12: reconhecimento igual perante a lei (ONU, 2014a), Comentário Geral n. 7 sobre a participação de pessoas com deficiência, incluindo crianças com deficiência, por meio das suas organizações representativas, na implementação e monitorização da Convenção (ONU, 2018d).

[151] Dentre as causas de inadmissibilidade da comunicação, destacamos a subsidiariedade aventada na alínea "d", do artigo 2º, do Protocolo, que assenta que sejam esgotados todos os recursos internos disponíveis, salvo nos casos em que a tramitação deles se prolongue injustificadamente, ou seja, improvável que se obtenha com eles solução efetiva.

[152] Salienta-se que é possível a tomada de recomendações em caráter cautelar no sentido de se evitar danos irreparáveis à vítima ou às vítimas da violação alegada nos termos do artigo 4º, do Protocolo.

e, reconhecendo que houve inobservância de qualquer princípio e/ou regra convencional, estabelece as recomendações pertinentes ao respectivo Estado Parte.

O que se constata do teor dos entendimentos adotados pelo Comitê naquelas comunicações que foram admitidas e que, no mérito, concluiu-se pela violação de dispositivos da Convenção, é que, além da importância da adoção das recomendações para que o exercício do direito seja resguardado ao interessado e, eventualmente, danos causados sejam reparados, muito relevante se mostram as interpretações dadas pelo Comitê quanto à aplicação dos princípios e regras da Convenção.

Exemplificativamente, na Comunicação n. 3/2011 (ONU, 2012a), o pleito submetido ao Comitê era de que o autor, com síndrome de Ehlers-Danlos que não conseguia andar ou ficar em pé há vários anos, não podendo deixar sua residência em razão do risco de lesões, pudesse construir uma piscina de hidroterapia pois tinha indicação de efetuar reabilitação por meio dela que, contudo, deveria ser efetuada em sua própria residência, augurando-se, assim, a concessão da licença para a construção negada em âmbito nacional.

Por mais singelo que fosse o pleito, embora absolutamente relevante e essencial para o indivíduo interessado, o Comitê ao enfrentar o mérito da comunicação, abordou temas como o da adaptação razoável, direito à saúde, à reabilitação e à igualdade, fazendo alusão aos princípios da não discriminação, respeito pela diferença e pela aceitação das pessoas com deficiência como parte da diversidade humana e da humanidade e da igualdade de oportunidades (ONU, 2012a, p. 10-12).

Assim, além da relevância da comunicação para o próprio indivíduo diretamente interessado, as observações sedimentam a visão do conjunto de princípios e regras da Convenção e podem ser consideradas por todos os Estados Partes na formulação de suas políticas e mesmo na aplicação da Convenção no âmbito interno, além de orientar as próprias pessoas com deficiência sobre a extensão de seus direitos.

5

O SISTEMA CONSTITUCIONAL DE PROTEÇÃO DOS DIREITOS DAS PESSOAS COM DEFICIÊNCIA NO BRASIL

No Brasil, o cenário de preconceito com as pessoas com deficiência é uma marca que acompanha tais indivíduos,[153] desde as práticas do paradigma de prescindibilidade, no submodelo de eliminação, outrora adotadas, por exemplo, por algumas tribos indígenas e, no próprio submodelo de marginalização, nas inúmeras instituições totais ou mesmo demais locais em que as pessoas com deficiência foram excluídas do espaço comum em sociedade, até as praticadas sob o modelo médico, que apenas fomentou o estigma e a não aceitação de tais pessoas no seio da sociedade brasileira com suas próprias singularidades.

Atualmente, depara-se com o desafio da implementação do modelo social, também conhecido como de direitos humanos, agora insculpido no arcabouço constitucional pátrio. A riqueza da especificação dos direitos constantes da Convenção e, por consequência, da Constituição, é inédita e, ainda que a Constituição da República de 1988 já trouxesse dispositivos relativos às pessoas com deficiência, somente com a adoção da Convenção com *status* de emenda constitucional é que se pôde vislumbrar um sistema constitucional de proteção dos direitos das pessoas com deficiência.

Ao se observar as Constituições que precederam a de 1988, constata-se a pouca atenção despendida às pessoas com deficiência pela própria prática do isolamento a resultar em pouca participação delas em todas as áreas de convívio social. Algumas das menções a tais indivíduos encontradas nos

---

[153] *Vide* item 2.4.

diplomas constitucionais revestem-se de caráter depreciativo e reforçam o estigma de incapacidade e de periculosidade.

A Constituição de 1824 fez alusão à igualdade formal, constando do artigo 179, XIII, que "A Lei será igual para todos, quer proteja, quer castigue, o recompensará em proporção dos merecimentos de cada um", sendo que seu artigo 8º, I, estipulou como hipótese de suspensão do exercício dos direitos políticos a "incapacidade physica, ou moral" (BRASIL, 1824).

Na verdade, o que prevalecia naquela época no Brasil era o paradigma da prescindibilidade, não havendo espaço para as pessoas com deficiência no seio da sociedade. Portanto, estipular a mera igualdade formal no diploma constitucional em nada alterou a situação fática de exclusão das pessoas com deficiência.

No mesmo sentido, a Constituição de 1891 (BRASIL, 1891) fez alusão à igualdade formal em seu artigo 72, parágrafo 2º, mantendo-se a restrição ao exercício dos direitos políticos por "incapacidade física ou moral", nos moldes do artigo 71, parágrafo 1º (BRASIL, 1891).

Por seu turno, a Constituição de 1934, para além de fazer alusão à mesma igualdade formal (artigo 113, 1), mencionada nos diplomas constitucionais anteriores, trouxe em seu artigo 138, elementos que indicam a influência da eugenia em uma política voltada para a higienização social. Dispunha o aludido dispositivo:

> Art. 138. Incumbe à União, aos Estados e aos Municipios, nos termos das leis respectivas:
>
> a) assegurar amparo aos desvalidos, creando serviços especializados e animando os serviços sociaes, cuja orientação procurarão coordenar;
>
> b) estimular a educação eugenica;
>
> c) amparar a maternidade e a infancia;
>
> d) soccorrer as familias de prole numerosa;
>
> e) proteger a juventude contra toda exploração, bem como contra o abandono physico, moral e intellectual;
>
> f) adoptar medidas legislativas e administrativas tendentes a restringir a mortalidade e a morbidade infantis; e de hygiene social, que impeçam a propagação das doenças transmissiveis;
>
> g) cuidar da hygiene mental e incentivar a lucta contra os venenos sociaes. (BRASIL, 1934)

Ora, se profícua a menção das alíneas "a", "c", "d" e "e", no sentido de que, em tese, haveria uma preocupação com temas sociais relevantes, nos quais a assistência do Estado se faz necessária, as alíneas "b", "f" e "g" descortinam um estreito alinhamento com o movimento eugenista atrelado à prática da época de isolamento dos indivíduos que não se amoldavam aos padrões então estabelecidos pela sociedade em locais segregados do convívio social.

Sobre a eugenia no aludido dispositivo constitucional, observou Rocha que:

> A mesma Constituição que estabeleceu a garantia de ensino primário e sua gratuidade em todo o estado nacional brasileiro, também defendia através do Art. 138, o estímulo à educação eugênica como necessária ao país, defendida pelo discurso inflamado de parlamentares, médicos e políticos eugenistas que consideravam que ações de ordem social, filantrópica ou educativas seriam apenas paliativas e não resolveriam o problema da raça. (2018, p. 62)

Nesse sentido, o êxito do movimento eugenista em assentar a "educação eugênica" na Carta Maior, revela a força do referido movimento no Brasil na primeira metade do século XX, o que apenas fomentou o preconceito contra as pessoas com deficiência que estariam fora do plano de uma raça melhor que seria obtida por uma seleção artificial, inclusive por meio de reprodução seletiva.

Salienta-se que o artigo 110, "a" de tal diploma constitucional fazia alusão, ainda, à suspensão dos direitos políticos por incapacidade civil absoluta, observando que o rol de pessoas absolutamente incapazes estabelecido pelo Código Civil então vigente, incluía nos incisos II e III, do artigo 5º, os loucos de todo o gênero e os surdos-mudos, que não pudessem exprimir a sua vontade (BRASIL, 1916).

A Constituição de 1937 (BRASIL, 1937), por seu turno, não manteve a alusão expressa à eugenia.[154] O diploma reproduziu em caráter genérico o

[154] Embora o diploma de 1937 não tenha expressamente mencionado a educação eugênica, observa Simone Rocha que: "Os ideais de uma educação eugênica estão presentes na Constituição de 1937 que foi outorgada por Getúlio Vargas no dia 10 de novembro de 1937, no mesmo dia em que foi implantada a Ditadura do Estado Novo. É importante mencionar que a educação física, considerada

direito à igualdade formal (artigo 122, 1°) e a suspensão dos direitos políticos pela incapacidade civil (artigo 118, "a"). Por seu turno, a Constituição de 1946 também aludiu à igualdade formal (artigo 141, par. 1°) e a suspensão dos direitos políticos por incapacidade civil (artigo 135, par. 1°, I), merecendo destaque a alusão à previdência social inclusive para os inválidos (artigo 157, XVI).

A Constituição de 1967 (BRASIL, 1967) repetiu a alusão à previdência social contida no diploma anterior, em seu artigo 158, XVI, referindo-se à igualdade (artigo 150, § 1°) e suspensão dos direitos políticos aos absolutamente incapazes (artigo 144, I). No entanto, interessante observar que a Emenda Constitucional n. 1 de 1969 trouxe menção à educação das pessoas "excepcionais", disciplinando o artigo 175, parágrafo 4°, que: "Lei especial disporá sôbre a assistência à maternidade, à infância e à adolescência e sôbre a educação de excepcionais" (BRASIL, 1969).

Importa observar que esta menção constitucional à educação dos "excepcionais", em que pese inaugurar o tema expressamente em sede constitucional, já constava da primeira Lei de Diretrizes e Bases da Educação Nacional (Lei 4.024 de 1961), que dispunha:

> **TÍTULO X – Da Educação de Excepcionais**
>
> Art. 88. A educação de excepcionais, deve, no que fôr possível, enquadrar-se no sistema geral de educação, a fim de integrá-los na comunidade.
>
> Art. 89. Tôda iniciativa privada considerada eficiente pelos conselhos estaduais de educação, e relativa à educação de excepcionais, receberá dos poderes públicos tratamento especial mediante bôlsas de estudo, empréstimos e subvenções. (BRASIL, 1961)

Nesse estágio, fica evidente a influência do modelo médico de se compreender a deficiência, pois a pessoa somente poderia ser educada no sistema geral caso pudesse ser "enquadrada" nele, ou seja, o indivíduo é que deveria ser modificado (normalizado) para ingressar em tal sistema.

---

integrante da educação eugênica, tinha caráter obrigatório. Percebe-se que a obrigatoriedade exigida por lei está diretamente articulada a um ideal político que objetivava através das atividades físicas o condicionamento moral e disciplinador, indispensável para a formação de um estado totalitário e ao mesmo tempo populista" (2018, p. 69).

Em 1978, a Emenda Constitucional n. 12 veio tratar especificamente das pessoas com deficiência, dispondo que:

> Artigo único – É assegurado aos deficientes a melhoria de sua condição social e econômica especialmente mediante:
>
> I – educação especial e gratuita;
>
> II – assistência, reabilitação e reinserção na vida econômica e social do país;
>
> III – proibição de discriminação, inclusive quanto à admissão ao trabalho ou ao serviço público e a salários;
>
> IV – possibilidade de acesso a edifícios e logradouros públicos. (BRASIL, 1978)

Portanto, possível constatar que somente com o advento da aludida Emenda Constitucional é que as pessoas com deficiência vieram a receber uma atenção específica em âmbito constitucional, no sentido de proteção de seus direitos.

Evidente que os incisos I e II, do artigo único da Emenda n. 12 revelam a influência do modelo médico, pois a educação, ainda que de forma desejável, gratuita, seria a especial, sem qualquer alusão à sua perspectiva inclusiva, o que se explica, também, pelo momento em que prevalecia, desafortunadamente, a educação especial em espaços próprios. Por seu turno, o inciso II, menciona a reabilitação e assistência como formas de se modificar o indivíduo para propiciar a reinserção na sociedade, claramente um alinhamento com o modelo individual (médico).

Não obstante, a preocupação com as pessoas com deficiência em âmbito constitucional, por si só, já tem uma conotação positiva, pois revela que, de alguma forma, tais pessoas são percebidas como um grupo que merece que seus direitos sejam especificados. E nesse sentido, os incisos III e IV assentam normas que apontam para dois dos princípios atualmente consignados na Convenção, quais sejam, o da não discriminação e da acessibilidade.

No entanto, foi com a Constituição de 1988 que as pessoas com deficiência passaram a contar com diversas normas constitucionais especificamente voltadas a elas, em um diploma que já no seu preâmbulo anunciou o propósito de se instituir um Estado Democrático, destinado a assegurar o exercício dos direitos sociais e individuais, a liberdade, a segurança, o bem-estar, o desenvolvimento, a igualdade e a justiça como valores supremos de uma sociedade fraterna, pluralista e sem preconceitos.

Ou seja, ao mencionar que a sociedade que se augura é aquela fraterna, pluralista e sem preconceitos, o diploma constitucional afasta a possibilidade de consideração das pessoas com deficiência fora deste contexto de acolhimento efetivo dentro de tal pluralidade, sem os preconceitos que acompanham tais indivíduos no curso da história.

Por seu turno, o artigo 1°, III da Constituição estabelece como um dos fundamentos da República a dignidade da pessoa humana; enquanto o artigo 3°, I, III e IV, elencou entre seus objetivos a construção de uma sociedade livre justa e solidária; a erradicação da pobreza e da marginalização, além da redução das desigualdades sociais e regionais; e, a promoção do bem de todos, sem preconceitos de origem, raça, sexo, cor, idade e quaisquer outras formas de discriminação.

Salienta-se que o artigo 5°, *caput*, do diploma constitucional vigente, aludiu à igualdade perante a lei, sem distinção de qualquer natureza, garantindo-se a inviolabilidade do direito à vida, à liberdade, à igualdade, à segurança e à propriedade.

O artigo 7°, XXXI, da Constituição, por seu turno, trouxe a primeira alusão expressa à pessoa com deficiência ao estipular a "proibição de qualquer discriminação no tocante a salário e critérios de admissão do trabalhador portador de deficiência".[155] Por sua vez, o artigo 23, II, estabeleceu a competência comum[156] da União, dos Estados, do Distrito Federal e Municípios para "cuidar da saúde e assistência pública, da proteção e garantia das pessoas portadoras de deficiência" (BRASIL, 1988).

No que concerne à contratação de pessoas com deficiência pela administração pública direta ou indireta, o artigo 37, VIII, dispõe sobre a reserva de percentual de cargos e empregos públicos.

---

155 Aliás o artigo 37, VIII da Constituição estabelece que a lei reservará percentual dos cargos e empregos públicos para as pessoas portadoras de deficiência. Interessante observar que quanto à aposentadoria das pessoas com deficiência é possível a fixação de critérios diferenciados e requisitos próprios, seja no regime de previdência dos servidores públicos, seja no regime geral (artigos 40, par. 4°-A e 201, par. 1°, I).

156 Se foi estabelecida a competência comum para os cuidados com as pessoas com deficiência, no que concerne à competência para legislar, o artigo 24, XIV, da Constituição fixou a competência concorrente entre União, Estados e Distrito Federal.

O artigo 100, par. 2°, insculpiu que as pessoas com deficiência têm preferência, junto a idosos e a pessoas com doenças graves, ao recebimento de verbas alimentícias devidas pelas Fazendas Públicas Federal, Estaduais, Distrital e Municipais, em virtude de sentença judiciária.

Na seara da assistência social, o artigo 203 estabeleceu que ela deve ser prestada a quem necessitar, independentemente de contribuição à seguridade social, incluindo em seu escopo "a habilitação e reabilitação das pessoas portadoras de deficiência e a promoção de sua integração à vida comunitária" (inciso IV), e, "a garantia de um salário mínimo de benefício mensal à pessoa portadora de deficiência e ao idoso que comprovem não possuir meios de prover à própria manutenção ou de tê-la provida por sua família, conforme dispuser a lei" (inciso V).

Na seara da educação, a Constituição estabeleceu em seu artigo 208, III, que o Estado deve garantir "atendimento educacional especializado aos portadores de deficiência, preferencialmente na rede regular de ensino".

No que concerne ao direito à saúde, especificamente das crianças, adolescentes e jovens, o artigo 227, parágrafo 1°, II, menciona o dever do Estado de promover ações que contemplem a assistência integral a tais pessoas, inclusive com a criação de programas de prevenção e atendimento especializado para "as pessoas portadoras de deficiência física, sensorial ou mental, bem como de integração social do adolescente e do jovem portador de deficiência", aludindo ao "treinamento para o trabalho e a convivência, e a facilitação do acesso aos bens e serviços coletivos, com a eliminação de obstáculos arquitetônicos e de todas as formas de discriminação".

Dispõe, ainda, o parágrafo 2°, do mesmo dispositivo[157], no que tange à acessibilidade, que a lei deverá dispor sobre normas de construção dos logradouros e dos edifícios de uso público e de fabricação de veículos de transporte coletivo, com o objetivo de se garantir acesso adequado às pessoas com deficiência.

Portanto, as diversas menções às pessoas com deficiência no texto da Constituição de 1988 revelam ao menos uma atenção de maior relevância dispensada a essas pessoas em relação aos textos constitucionais anteriores,

---

[157] O artigo 244, da Constituição faz alusão a este artigo 227, parágrafo 2°, apontando que a lei deverá assegurar a adaptação dos logradouros, de edifícios de uso público e dos veículos de transporte coletivo atualmente existentes a fim de garantir acesso adequado às pessoas com deficiência.

ainda que a terminologia empregada nas alusões às pessoas com deficiência esteja muito atrelada ao modelo médico que na década de 1980, quando da elaboração do texto constitucional, preponderava de forma evidente.

5.1 O INGRESSO DA CONVENÇÃO NO ORDENAMENTO E A FORMAÇÃO DO SISTEMA CONSTITUCIONAL DE PROTEÇÃO DOS DIREITOS DAS PESSOAS COM DEFICIÊNCIA

A Emenda Constitucional n. 45 acresceu ao artigo 5º, da Constituição da República de 1988, os parágrafos 3º e 4º, este estipulando que o Brasil se submete à jurisdição de Tribunal Penal Internacional a cuja criação tenha manifestado adesão; e, aquele, assentando que os tratados e convenções internacionais sobre direitos humanos que forem aprovados, em cada Casa do Congresso Nacional, em dois turnos, por três quintos dos votos dos respectivos membros, serão equivalentes às emendas constitucionais.

Como salientam Araújo e Maia, os tratados e convenções têm natureza equivalente "às emendas constitucionais, no ápice de nosso ordenamento constitucional, desde que tenham observado o procedimento previsto no art. 5º, § 3º, da Lei Maior" (2018, p. 39).

A Convenção sobre os Direitos das Pessoas com Deficiência e seu Protocolo Facultativo inauguraram o procedimento de incorporação estabelecido pelo aludido artigo 5º, parágrafo 3º, da Constituição da República, tendo o Decreto Legislativo n. 186, de 09 de julho de 2008 (BRASIL, 2008), sido votado em dois turnos e aprovado por três quintos dos integrantes de cada Casa do Congresso[158], posteriormente promulgado por meio do Decreto n. 6.949 de 25 de agosto de 2009 (BRASIL, 2009).

Assim, a Convenção e seu Protocolo Facultativo integram formalmente a Constituição[159] e, se é certo que a Constituição de 1988 comparativamente aos diplomas constitucionais que a antecederam, avançou no que concerne ao tratamento dispensado às pessoas com deficiência, com o advento da

[158] Revela o artigo 1º, do Decreto Legislativo 186/08 que: "Fica aprovado, nos termos do § 3º do art. 5º da Constituição Federal, o texto da Convenção sobre os Direitos das Pessoas com Deficiência e de seu Protocolo Facultativo, assinados em Nova Iorque, em 30 de março de 2007" (BRASIL, 2008).

[159] Salientam Araújo e Maia que: "Tal Convenção foi incorporada ao Direito brasileiro de maneira a integrar não apenas materialmente, mas também formalmente, o texto da Constituição Federal [...]" (2018, p. 37).

incorporação da Convenção à Constituição, possível vislumbrar um sistema constitucional de proteção dos direitos das pessoas com deficiência.[160]

Tal conjunto de princípios e regras propiciam a especificação dos direitos das pessoas com deficiência ainda em sede constitucional, exigindo-se que todos os enunciados normativos que sejam incompatíveis com tal sistema constitucional sejam afastados do ordenamento[161] e, possibilitando, assim, a implementação do modelo social, com a busca da efetiva e plena participação social das pessoas com deficiência, sendo certo que tal sistema impõe as balizas das políticas públicas no que concerne às pessoas com deficiência. Nesse sentido, importante a lição de Canotilho sobre a posição hierárquico-normativa constitucional:

> A constituição é uma lei dotada de características especiais. Tem um brilho autónomo expresso através da forma, do procedimento de criação e da posição hierárquica das suas normas. Estes elementos permitem distingui-la de outros actos com valor legislativo presentes na ordem jurídica. Em primeiro lugar, caracteriza-se pela sua posição hierárquico-normativa superior relativamente às outras normas do ordenamento jurídico. [...] a superioridade hierárquico-normativa apresenta três expressões: (1) as normas constitucionais constituem lex superior que recolhe o fundamento de validade em si própria (autoprimazia normativa); (2) as normas da constituição são normas de normas (normae normarum) afirmando-se como uma fonte de produção jurídica de outras normas (leis, regulamentos, estatutos); (3) a superioridade normativa das normas constitucionais implica o princípio da conformidade de todos os actos dos poderes públicos com a Constituição. (2003, p. 1147)

Interessante observar que a acolhida em sede constitucional dos princípios e regras da Convenção deve se dar sob o prisma do "desenvolvimento

160 Araújo e Maia asseveram que: "Desde 2008, a Constituição brasileira conta com um detalhado sistema de proteção às pessoas com deficiência" (2018, p. 36).

161 Observa Ramos que dentre as consequências da equivalência da Convenção à emenda constitucional estão "a possibilidade de provocação do Supremo Tribunal Federal no seu papel de guardião da Constituição (ofensa ao bloco de constitucionalidade) até a revogação (ou não recepção) pura e simples de normas infraconstitucionais atuais incompatíveis com o novo modelo" (2018, p. 116).

constitucional" que, como ensina precisamente Canotilho, parte do pressuposto de que "as constituições não são 'sistemas fechados', antes se apresentam como conjuntos estruturantes/estruturados abertos à evolução ou desenvolvimento" (2003, p. 1140).

Assim, houve, com a incorporação da Convenção ao arcabouço constitucional do Brasil, um "desenvolvimento constitucional" evidente no que concerne à tutela dos direitos das pessoas com deficiência que espelha, em grande parte, a própria mudança de paradigma que ainda predominava na época da elaboração da Constituição (modelo médico, individual ou de reabilitação), para aquele que foi acolhido pela Convenção e que, atualmente, encontra-se em implementação nos países que aderiram a tal instrumento (modelo social ou de direitos humanos).

Salienta-se que, embora a Convenção tenha trazido princípios e regras de um novo paradigma para se compreender a deficiência, estabelecendo como propósito a promoção do respeito pela dignidade inerente das pessoas com deficiência[162], tal dignidade é, igualmente, um dos fundamentos da República Federativa do Brasil estampado na Constituição.[163]

Ou seja, com a especificação dos princípios e regras relacionados às pessoas com deficiência, a Constituição acolhe o modelo social, devendo os demais dispositivos constitucionais serem interpretados à luz dos princípios próprios de tal modelo que se encontram insculpidos no artigo 3°, da Convenção, tudo com o propósito comum da Convenção e da Constituição de se resguardar a dignidade da pessoa humana, aqui, especificamente, a da pessoa com deficiência.

Tal princípio da dignidade da pessoa humana que, repise-se, no Brasil é fundamento de nosso Estado Democrático de Direito, conforme ensina Barroso, é o fundamento e o objetivo do constitucionalismo democrático, sendo que após a Segunda Grande Guerra, "a dignidade

---

[162] Convenção sobre os Direitos das Pessoas com Deficiência, artigo 1°: "O propósito da presente Convenção é promover, proteger e assegurar o exercício pleno e eqüitativo de todos os direitos humanos e liberdades fundamentais por todas as pessoas com deficiência e promover o respeito pela sua dignidade inerente. [...]" (BRASIL, 2009a).

[163] Constituição da República de 1988, artigo 1°: "A República Federativa do Brasil, formada pela união indissolúvel dos Estados e Municípios e do Distrito Federal, constitui-se em Estado Democrático de Direito e tem como fundamentos: [...] III – a dignidade da pessoa humana; [...]" (BRASIL, 1988).

tornou-se um dos grandes consensos éticos do mundo ocidental, materializado em declarações de direitos, convenções internacionais e constituições" (2018, p. 288).

Exatamente sob a égide deste consenso ético da dignidade da pessoa humana e, por conseguinte, da pessoa com deficiência, é que, de forma harmônica, deve se dar a interpretação dos dispositivos constitucionais relativos aos direitos das pessoas com deficiência, considerando-se que o caminho para a dignidade da pessoa com deficiência exige a fiel observância dos princípios da Convenção, ora constitucionais, que, assentados no modelo social, podem propiciar a plena participação de tais pessoas na sociedade, em um cenário em que a sua dignidade seja, efetivamente, respeitada.

Portanto, a especificação dos direitos das pessoas com deficiência trazida pela Convenção à esfera constitucional, possibilita que o "valor supremo da dignidade humana" (COMPARATO, 2010, p. 68) seja resguardado no que concerne a tais indivíduos, sendo certo que os princípios da Convenção, aqui com *status* constitucional, podem assegurar o caminho interpretativo do sistema constitucional nesse sentido.

Evidente que, embora haja o propósito comum entre a Constituição e a Convenção de se garantir a dignidade da pessoa, a própria cronologia que separa um instrumento elaborado na década de 1980, para outro nascido já neste século, faz com que os dispositivos constitucionais que destoem da Convenção, até mesmo quanto à terminologia assentada em modelo não adotado por ela, sejam atualizados, sempre no sentido de se preservar a unidade constitucional.[164]

---

164 Sobre o tema, ensina Canotilho que: "[...] o princípio da unidade da constituição é uma exigência da 'coerência narrativa' do sistema jurídico. O princípio da unidade, como princípio de decisão, dirige-se aos juízes e a todas as autoridades encarregadas de aplicar as regras e princípios jurídicos, no sentido de as 'lerem' e 'compreenderem', na medida do possível, como se fossem obras de um só autor, exprimindo uma concepção correcta do direito e da justiça (Dworkin). Neste sentido, embora a Constituição possa ser uma 'unidade dividida' (P. Baldura) dada a diferente configuração e significado material das suas normas, isso em nada altera a igualdade hierárquica de todas as suas regras e princípios quanto à sua validade, prevalência normativa e rigidez" (2003, p. 1184).

Assim, por exemplo, verificamos que o texto da Constituição faz alusão à "integração"[165] da pessoa com deficiência, não havendo menção à "inclusão" de tais pessoas, termo próprio do modelo social.

No mesmo sentido, são diversas as menções à expressão, própria do modelo médico, "portadores" de deficiência. Nesse particular, oportuna a lição de Araújo e Maia:

> [...] a Constituição utiliza-se da expressão 'portadores de deficiência' (vide, por exemplo: art. 7º, XXXI; art. 37, VIII; art. 40, § 4º, I; art. 201, 1º; art. 203, IV e V; art. 208, III; art. 227, § 1º, II; art. 227, § 2º; art. 244). À época da promulgação do texto constitucional, possivelmente esta, 'portadores de deficiência', era a nomenclatura mais utilizada e mais avançada, consentânea, à época, com a realidade tratada. No entanto, tal expressão é desatualizada e não mais condiz com o atual tratamento deferido ao grupo vulnerável, que enfatiza estar-se tratando de pessoas, denotando um caráter social da questão, apontando para a deficiência como algo pertinente à sociedade e não ao indivíduo, e, dessa forma, prefere utilizar a expressão 'pessoas com deficiência'. Havendo nova norma, de hierarquia constitucional, que adota novo conceito e nova nomenclatura, tão significativa, seria de rigor a revisão dos dispositivos constitucionais que contam com a expressão desatualizada para referência ao grupo vulnerável, inclusive como forma de reforçar a Convenção como parte integrante da Constituição, dando congruência e uniformidade à Lei Maior. (2018, p. 44)

Assim, dentro do sistema constitucional de proteção dos direitos das pessoas com deficiência atualmente vigente, pautado no modelo social ou de direitos humanos, a definição estampada no artigo 1º da Convenção não deixa dúvida quanto à terminologia correta de alusão às "**pessoas com deficiência**" e, os princípios que norteiam este sistema insculpidos no artigo 3º da Convenção, em especial o da plena e efetiva participação e **inclusão** na sociedade (alínea "c"), revelam inequivocamente, os vocábulos adequados a um sistema que se afasta do modelo médico.

---

165 *Vide* artigo 24, XIV, artigo 203, IV e artigo 227, parágrafo 1º, II, todos da Constituição da República (BRASIL, 1988).

E aqui, oportuno, desde logo, ressaltar a relevância dos princípios que regem esse sistema constitucional de proteção dos direitos das pessoas com deficiência que se encontram plasmados no artigo 3º da Convenção. Isto porque, compreende-se tal sistema como o conjunto de princípios e regras[166] que tem por propósito assegurar às pessoas com deficiência a plena e efetiva participação e inclusão na sociedade, resguardando o exercício de seus direitos, sempre sobre os auspícios do valor maior da dignidade da pessoa humana,[167] sendo que na atividade interpretativa deve se dar máxima efetividade aos princípios.[168]

Oportuno, assim, salientar a importância dos princípios da Convenção, agora como princípios do sistema constitucional de proteção dos direitos das pessoas com deficiência no Brasil, aos quais deve se dar a aludida máxima efetividade na atividade interpretativa.

De início, verifica-se que o princípio do **respeito à dignidade inerente, a autonomia individual, inclusive a liberdade de fazer as próprias escolhas, e a independência das pessoas** especifica o valor maior da dignidade humana no sistema constitucional de proteção dos direitos das pessoas com deficiência.

Tal especificação descortina a importância da autonomia que, como salientou Barroso (2018, p. 291), "é no plano filosófico, o elemento ético da dignidade, ligado à razão e ao exercício da vontade em conformidade com determinadas normas".

---

166 Salienta Canotilho que a existência de regras e princípios "permite a decodificação, em termos de um 'constitucionalismo adequado' (Alexy: *gemässigte Konstitutionalismus),* da estrutura sistémica, isto é, possibilita a compreensão da constituição como **sistema aberto de regras e princípios**" (2003, p. 1162).

167 Lembra Miranda que: "Pelo menos, de modo directo e evidente, os direitos, liberdades e garantias pessoais e os direitos económicos sociais e culturais comuns têm a sua fonte ética na dignidade da pessoa, de *todas as pessoas.* Mas quase todos os outros direitos, ainda quando projectados em instituições, remontam também à ideia de protecção e desenvolvimento das pessoas" (2000, p. 181).

168 Canotilho elucida que o princípio da máxima efetividade "pode ser formulado da seguinte maneira: a uma norma constitucional deve ser atribuído o sentido que maior eficácia lhe dê. É um princípio operativo em relação a todas e quaisquer normas constitucionais, e embora a sua origem esteja ligada à tese da actualidade das normas programáticas (Thoma), é hoje sobretudo invocado no âmbito dos direitos fundamentais (no caso de dúvidas deve preferir-se a interpretação que reconheça maior eficácia aos direitos fundamentais)" (2003, p. 1224).

No que concerne às pessoas com deficiência, o preconceito arraigado na sociedade no sentido de se focar nos impedimentos do indivíduo, lançando-se sobre eles o estigma da incapacidade, acaba por prejudicar a autonomia individual, com a consequente impossibilidade de fazer escolhas e viver de forma independente.

Aliás, durante séculos predominou o submodelo de marginalização, verificando-se nele a supressão da autonomia individual em uma vida em locais separados, invariavelmente, instituições totais, espaços formalmente administrados, onde se retirava a autonomia e a independência da pessoa com deficiência, criando uma dependência cujos efeitos desconheciam os limites físicos e temporais da própria internação, pois se impregnavam nas pessoas outrora internadas pelo resto de suas vidas, como já pontuado.

Constata-se que a dignidade é valor que perpassa os demais princípios do sistema constitucional de proteção dos direitos das pessoas com deficiência, como, aliás, irradia efeitos em todo o arcabouço constitucional. Assim, a dignidade "impõe-se como núcleo básico e informador de todo o ordenamento jurídico, como critério e parâmetro de valoração e a orientar a interpretação e compreensão do sistema constitucional" (PIOVESAN, 2017, p. 101).

Em relação ao princípio da **não discriminação**, necessário observar que o inciso IV, do artigo 3º da Constituição da República, estabelece como um dos objetivos fundamentais da República do Brasil a promoção do bem de todos, sem preconceitos de origem, raça, sexo, cor, idade e quaisquer outras formas de discriminação.

José Afonso da Silva refere-se ao aludido artigo 3º da Constituição, lembrando da relação dos objetivos ali insculpidos com a dignidade da pessoa humana:

> É a primeira vez que uma Constituição assinala, especificamente, objetivos do Estado brasileiro, não todos, que seria despropositado, mas os fundamentais, e, entre eles, uns que valem como base das prestações positivas que venham a concretizar a democracia econômica, social e cultural, a fim de efetivar na prática a dignidade da pessoa humana. (2018, p. 107-108)

O escopo da promoção do bem de todos como objetivo constitucional que tem estreita relação com o valor da dignidade da pessoa, foi estabelecido com a expressa menção a seu caráter universal, afastando a possibilidade de preconceitos de origem, raça, sexo, cor, idade e quaisquer outras formas de discriminação, evidentemente, abrangendo as pessoas com deficiência.

A não discriminação, portanto, alinha-se com o objetivo constitucional de promoção do bem de todos, propósito que não se coaduna com a prática de qualquer diferenciação, exclusão ou restrição baseada na deficiência, com o escopo ou efeito de impossibilitar o reconhecimento ou o próprio exercício, em **igualdade de oportunidades** com os demais, de todos os direitos humanos.

Ou seja, os princípios da **não discriminação** e da **igualdade de oportunidades** estão intrinsecamente relacionados, na medida em que não há possibilidade de se estabelecer tal igualdade de oportunidades em um cenário em que se pratica a discriminação.

Portanto, a eliminação das barreiras que inferiorizam as pessoas com deficiência, acabando mesmo por discriminá-las, exige que se afaste a desigualdade em relação às demais pessoas no acesso às oportunidades. Destarte, no modelo adotado pela Convenção e, consequentemente, pelo sistema constitucional de proteção da pessoa com deficiência, pugna-se pelo que chamou Ramos de "gozo dos direitos sem discriminação" (2018, p. 118).

Nesse contexto, devemos observar que a promoção do bem de todos sem preconceitos de qualquer natureza, objetivo que se extrai do artigo 3º da Constituição, exige um olhar atento às peculiaridades de cada indivíduo, inclusive para que se possa prover eventuais adaptações razoáveis que se façam necessárias, propiciando-se, assim, a transposição das barreiras que impeçam a efetiva **igualdade de oportunidades** com as demais pessoas, em um cenário de **não discriminação**.

E é somente com a **igualdade de oportunidades** que se pode obter a **plena e efetiva participação e inclusão na sociedade**, princípio que está no âmago do modelo social e que se alinha com o objetivo insculpido no inciso I, do artigo 3º da Constituição, de se construir uma sociedade livre, justa e solidária.

Tal princípio da **plena e efetiva participação e inclusão na sociedade** rompe com os modelo anteriores de compreensão acerca das pessoas com deficiência, para reconhecê-las como sujeitos que devem ser incluídos com suas características próprias na sociedade, atentando-se para a singularidade de cada pessoa como algo positivo na construção de um ambiente social mais rico na diversidade.

Interessante observar a especial influência do princípio em tela no que concerne aos direitos sociais especificados na Convenção que, de certa forma, pavimentam o caminho da inclusão e participação de tais indivíduos na sociedade.

Assim, por exemplo, a regra estabelecida quanto à educação no artigo 24 da Convenção que assegura o sistema inclusivo de ensino em todos os níveis, em igualdade de oportunidades e, aquela insculpida no artigo 208, III, da Constituição, que dispõe sobre o dever do Estado em providenciar atendimento educacional especializado às pessoas com deficiência, preferencialmente na rede regular de ensino, devem ser sempre interpretadas à luz do princípio da **plena e efetiva participação e inclusão na sociedade**, pois quando se impede uma criança do convívio escolar com os demais, está se aniquilando a possibilidade da inclusão social no presente e, certamente, dificultando que ela ocorra no futuro, tudo em frontal desrespeito ao princípio em tela.

Isso porque o acesso ao trabalho, importante direito social, resta prejudicado quando a pessoa com deficiência já tem ceifada a possibilidade de se educar, considerando-se que a educação também possui o viés de preparar os indivíduos, com ou sem deficiência, para o mercado laboral. Ou seja, ao se marginalizar as pessoas com deficiência, excluindo-as do sistema de ensino regular, as barreiras para a inclusão no mercado de trabalho ficam acentuadas e dificultam a observância, em tal seara, da não discriminação, que, inclusive, já se encontrava mencionada na Constituição da República, em seu artigo 7º, XXXI e, agora, também restou especificada no artigo 27, da Convenção.

Ademais, a ausência de convívio entre as pessoas com deficiência com as demais apenas reforça o preconceito e impede que a diversidade própria da sociedade seja compreendida desde a infância por todos incluídos em um mesmo sistema de ensino. Tal sistema, aliás, que deveria formar cidadãos conscientes de que todos temos algo a aportar à sociedade.

Assim, na busca pela concretização do princípio da **plena e efetiva participação e inclusão na sociedade** é que se revela imprescindível a conscientização[169] de todos sobre o fato de que a diversidade é ínsita aos seres humanos

[169] Não é por outra razão que se dedicou um artigo para a conscientização na Convenção (8º).

e que todas as pessoas são iguais em dignidade e tem o que contribuir para a sociedade. Nesse passo, esclarecedora a lição de Araújo e Maia sobre a importância da convivência com as pessoas com deficiência desde a infância:

> Essa convivência com a diversidade deve se iniciar desde a mais tenra idade, desde os bancos escolares, pois assim são aumentadas as oportunidades de que as pessoas se desenvolvam com o conhecimento e o entendimento do outro. A educação inclusiva é, pois, essencial para o desenvolvimento das crianças com ou sem deficiência. Se, desde cedo, a criança é acostumada a conviver com um coleguinha com deficiência, certamente estará mais preparada para pensar no outro e em suas necessidades durante toda sua vida. Quando se tornar, na vida adulta, um profissional, seja de que área for, estará mais preparada para também pensar no outro quando do desenvolvimento de suas atividades. O engenheiro que conviveu desde cedo com alguém com deficiência certamente levará em conta sua percepção para projetar prédios acessíveis, independentemente de qualquer prescrição legal; o mesmo se pode dizer do profissional do Direito, que estará mais apto para atuar se tiver consciência da diversidade e das necessidades das outras pessoas. Também os agentes públicos, de quaisquer dos Poderes, estariam mais aptos a atuarem de acordo com a necessidade de incluir as pessoas com deficiência se tivessem presente a consciência da diversidade, propiciada pelo ensino inclusivo; as políticas públicas seriam elaboradas pelo legislador de forma mais humana, voltadas à inclusão, e assim seriam executadas pelo administrador público, bem como entendidas pelos juízes, nos casos que lhes fossem levados. (2018, p. 53)

Nesse passo, especial relevância tem o princípio do **respeito pela diferença e pela aceitação das pessoas com deficiência como parte da diversidade humana e da humanidade**. Tal princípio se contrapõe à exigência contida no modelo médico de normalização das pessoas com deficiência para que pudessem integrar a sociedade e, prega a compreensão das pessoas com deficiência como parte da diversidade humana, entendimento este que reforça o respeito pelas singularidades de cada indivíduo em uma sociedade plural.

O mencionado princípio assegura que a pessoa com deficiência tenha seu espaço na sociedade como tal, não se lhe impingindo um padrão de normalidade como requisito para sua inclusão e participação no ambiente coletivo.

Quanto ao princípio da **acessibilidade**, que engloba o acesso em igualdade de condições com as demais pessoas ao meio físico, ao transporte, à informação e à comunicação, inclusive aos sistemas e tecnologias da informação e comunicação, bem como aos demais serviços abertos ao público em geral, é ele fator deveras relevante para se viabilizar a efetiva e plena participação social das pessoas com deficiência.

Nesse passo, vale lembrar que a Constituição da República já mencionava em seu artigo 227, parágrafo 2º, que a lei deveria dispor sobre normas de construção dos logradouros e dos edifícios de uso público e de fabricação de veículos de transporte coletivo, a fim de garantir acesso adequado às pessoas com deficiência, relevante disposição constitucional e, com o advento da Convenção, em especial dos conceitos de desenho universal e adaptação razoável contidos no artigo 2º, e das regras estipuladas no artigo 9º, dedicado precisamente à **acessibilidade,** temos um conjunto de preceitos constitucionais que apontam de forma detalhada o caminho para a concretização do aludido princípio estampado no artigo 3º, "f", da Convenção.

No que concerne ao princípio da **igualdade entre o homem e a mulher** com deficiência, importante observar que a Constituição da República, de forma genérica, estabeleceu a igualdade entre homens e mulheres em direitos e obrigações na forma estabelecida no diploma constitucional (artigo 5º, I).[170]

Ocorre que se as pessoas com deficiência ainda sofrem considerável preconceito advindo de um estigma que as persegue, invariavelmente, com a pecha da incapacidade ou de outras marcas de desvalor, o certo é que as mulheres com deficiência têm a sua situação ainda mais agravada, na medida em que as barreiras à participação social parecem ainda maiores, pois podem elas serem submetidas a uma dupla discriminação, o que clama por uma atenção própria.

Exatamente por tal razão que o princípio em tela foi insculpido na Convenção, sendo que já no seu preâmbulo (alínea "q"), ponderava que as mulheres e as meninas com deficiência estão frequentemente expostas

[170] Vale observar que, especificamente no que concerne à atividade laboral, o artigo 7º, XX, da Constituição já dispunha sobre a proteção do mercado de trabalho da mulher, mediante incentivos específicos, nos termos da lei (BRASIL, 1988).

a maiores riscos, tanto no lar[171] como fora dele, de sofrer violência, lesões ou abuso, descaso ou tratamento negligente, maus-tratos ou exploração (BRASIL, 2009a), o que justifica a exigência das medidas apropriadas mencionadas no artigo 6º, da Convenção que visa resguardar os direitos das mulheres com deficiência em fiel observância do princípio insculpido no artigo 3º, "g", da Convenção.

Quanto ao princípio do **respeito pelo desenvolvimento das capacidades das crianças com deficiência e pelo direito das crianças com deficiência de preservar sua identidade**, cumpre salientar que sua formulação revela a preocupação com a tentativa de normalização das crianças com deficiência, visando que elas se enquadrem em um padrão estabelecido como aceitável pela sociedade.

Essa normalização é que aniquila a identidade das crianças com deficiência ao desvalorizar suas singularidades e, por tal razão é que o princípio *supra* objetiva a preservação da identidade da criança quando do desenvolvimento de suas capacidades, o que, aliás, deve se dar em relação a todas as crianças.

Tal princípio, agora constitucional, exige que as crianças com deficiência sejam acolhidas plenamente no cenário de diversidade próprio da sociedade e aponta que o processo educativo deva se guiar pela educação para a cidadania a que já aludia Oliver quando da formulação do modelo social (1996, p. 90), propiciando que as pessoas com ou sem deficiência, ou seja, todos os cidadãos possam conviver sem preconceitos e de forma solidária, atendendo-se, igualmente, aos objetivos de nossa República (artigo 3º, I e IV).[172]

---

[171] A título de exemplo, quando não há a concretização do princípio da autonomia e independência quanto às mulheres com deficiência, ainda no âmbito doméstico, a prática de violência contra elas pode ser facilitada para o homem agressor em razão de sua dependência dele, impedindo que a vítima encontre o necessário apoio para se ver livre de seu algoz.

[172] Nada mais pertinente do que se augurar uma educação para a cidadania no bojo do sistema constitucional de proteção dos direitos das pessoas com deficiência, considerando que a carta constitucional de 1988 é "a Constituição Cidadã, na expressão de Ulysses Guimarães, Presidente da Assembleia Nacional Constituinte que a produziu, porque teve ampla participação popular em sua elaboração e especialmente porque se volta decididamente para a plena realização da cidadania" (SILVA, 2018, p. 92).

Interessante observar que o artigo 227, parágrafo 1°, II, da Constituição disciplina que o Estado deverá promover programas de assistência integral à saúde da criança, do adolescente e do jovem, estabelecendo como um de seus preceitos:

> II – criação de programas de prevenção e atendimento especializado para as pessoas portadoras de deficiência física, sensorial ou mental, bem como de integração social do adolescente e do jovem portador de deficiência, mediante o treinamento para o trabalho e a convivência, e a facilitação do acesso aos bens e serviços coletivos, com a eliminação de obstáculos arquitetônicos e de todas as formas de discriminação. (BRASIL, 1988)

Evidente que tal dispositivo, à luz do sistema constitucional de proteção dos direitos das pessoas com deficiência que acolheu o modelo social ou de direitos humanos, deve ser lido, em atenção à unidade constitucional, afastando-se as expressões "portador(as) de deficiência", considerando a correta alusão a tais indivíduos como "pessoa(s) com deficiência", bem como, a "integração social", na verdade, sob a égide do modelo constitucional em vigor, refere-se à "inclusão social".

Tais atualizações do texto constitucional, como já detalhado, asseguram sua harmonia e atualidade e refletem a máxima efetividade aos princípios constitucionais que amparam o modelo de se compreender a deficiência em vigor em nosso país e que devem nortear a interpretação de todas as regras integrantes do corpo constitucional, sejam aquelas introjetadas pela própria Convenção, sejam aquelas esparsas no texto da Constituição.

5.2 AS CONSEQUÊNCIAS DO SISTEMA CONSTITUCIONAL DE PROTEÇÃO DOS DIREITOS DAS PESSOAS COM DEFICIÊNCIA NA LEGISLAÇÃO INFRACONSTITUCIONAL E NA ATUAÇÃO DO ESTADO

Os princípios e regras com *status* constitucional que se referem às pessoas com deficiência integram a ordem jurídica que "deve ser dotada de unidade e harmonia". A Constituição é um fator de unidade, "ditando os valores e fins que devem ser observados e promovidos pelo conjunto do ordenamento" (BARROSO, 2018, p. 335).

Aponta o ilustre constitucionalista que:

> No tocante à harmonia, é certo que o Direito não tolera antinomias. Quando uma nova Constituição entra em vigor, ela produz impacto sobre a ordem constitucional e sobre a ordem infraconstitucional preexistentes. [...] No que diz respeito ao direito infraconstitucional, as normas incompatíveis ficam automaticamente revogadas; já as que são compatíveis são revivificadas, passando a viger sob novo fundamento de validade e, consequentemente, sujeitas a novas dimensões de sentido. (BARROSO, 2018, p. 335)

No caso da Convenção sobre os Direitos das Pessoas com Deficiência, seu ingresso no arcabouço constitucional trouxe alterações de valores e objetivos especificamente em relação às pessoas com deficiência que devem ser observados e promovidos por todo o ordenamento.

Assim, leis anteriores que sejam incompatíveis com os princípios e regras trazidos pela Convenção, perdem sua validade, caso não seja possível dar-lhes uma interpretação conforme o sistema constitucional dos direitos das pessoas com deficiência.[173]

Nesse sentido, lembram Araújo e Maia no que concerne ao *status* da Convenção que a coloca no ápice do ordenamento:

> Como consequência dessa forma de internalização, temos que, tal qual ocorre com qualquer norma constitucional, a legislação infraconstitucional lhe deve observância, não podendo contrariá-la. Assim, todo o direito anterior à Convenção que contrarie suas disposições deve ser tido por revogado, e toda a legislação posterior deve ser consentânea com seus preceitos, sob pena de padecer de vício de inconstitucionalidade e, dessa forma, ser inválida. (2018, p. 40)

[173] Quanto à interpretação conforme, esclarece Barroso que: "Destina-se ela à preservação da validade de determinadas normas, suspeitas de inconstitucionalidade, assim como à atribuição de sentido às normas infraconstitucionais, da forma que melhor realizem os mandamentos constitucionais. [...] Como técnica de interpretação, o princípio impõe a juízes e tribunais que interpretem a legislação ordinária de modo a realizar, da maneira mais adequada, os valores e fins constitucionais" (2018, p. 341-342).

Portanto, as normas constitucionais sobre os direitos das pessoas com deficiência condicionam a validade e o próprio sentido de todo ordenamento, sendo certo, ainda, que em razão do princípio da supremacia constitucional, "nenhuma lei ou ato normativo – a rigor, nenhum ato jurídico – poderá subsistir validamente se for incompatível com a Constituição" (BARROSO, 2018, p. 340). Destarte, não se trata apenas de se afastar do ordenamento as leis que contrariam o sistema constitucional de proteção dos direitos das pessoas com deficiência mas, também, todos os atos normativos, eivados, em tal cenário, de inconstitucionalidade.

Nesse passo, claro que as políticas públicas devem observar igualmente o aludido sistema constitucional, sendo certo que o artigo 4°, da Convenção, estabelece de forma detalhada as obrigações dos Estados Partes na direção do compromisso de assegurar o pleno exercício de todos os direitos das pessoas com deficiência.

Observa-se, ainda, que a Convenção tratou de especificar os direitos individuais fundamentais das pessoas com deficiência e, nesse aspecto, ao ingressar no sistema constitucional, tais direitos restaram petrificados no arcabouço constitucional por força do disposto no artigo 60, parágrafo 4°, IV, da Constituição, que veda a possibilidade de deliberação de proposta de emenda constitucional tendente a abolir os direitos e garantias individuais.[174]

Oportuno, assim, observar que a:

> Constituição é dotada de força normativa e suas normas contêm o atributo típico das normas jurídicas em geral: a imperatividade. Como consequência, aplicam-se direta e imediatamente às situações nelas contempladas e sua inobservância deverá deflagrar os mecanismos próprios de sanção e de cumprimento coercitivo. (BARROSO, 2018, p. 338)

[174] Nesse exato sentido apontaram Araújo e Maia ao ponderar que: "Devemos notar, ainda, que a Convenção da ONU sobre os Direitos das Pessoas com Deficiência versa sobre direitos e garantias individuais dos integrantes desse grupo vulnerável e, assim, tendo sido incorporada formalmente à Constituição Federal em virtude de sua aprovação na forma prevista em seu art. 5°, § 3°, passou a integrar as chamadas cláusulas pétreas de nossa Lei Maior, não se admitindo deliberação pelo Congresso Nacional de proposta que tenda à sua abolição, conforme podemos extrair do art. 60, § 4°, IV, da Constituição da República" (2018, p. 42).

De fato, a força normativa da Constituição reclama que seus princípios e regras sejam aplicados como lei hierarquicamente superior. Lembra Canotilho que:

> [...] se o direito constitucional é direito positivo, se a constituição vale como lei, então as regras e princípios constitucionais devem obter normatividade regulando jurídica e efectivamente as relações da vida (P. Heck), dirigindo as condutas e dando segurança a expectativa de comportamentos (Luhmann). (2003, p. 1176)

Nessa toada, os princípios e regras do sistema constitucional de proteção dos direitos das pessoas com deficiência em vigor no Brasil devem regular as relações da vida desses indivíduos, dando-lhes segurança de que todos os direitos reconhecidos pelo Estado brasileiro na Convenção serão assegurados em um compromisso não só no âmbito internacional, mas também interno, na medida em que o ingresso da Convenção no arcabouço constitucional pátrio confere a tal diploma a força normativa própria em nosso ordenamento.[175]

[175] Ainda sobre a força normativa da Constituição, observa Canotilho a existência de uma "ruptura em relação à doutrina clássica, pode e deve falar-se da 'morte' das normas constitucionais programáticas. Existem, é certo, normas-fim, normas-tarefa, normas-programa que 'impõem uma actividade' e 'dirigem' materialmente a concretização constitucional. O sentido destas normas não é, porém, o assinalado pela doutrina tradicional: 'simples programas', 'exortações morais', 'declarações', 'sentenças políticas', 'aforismos políticos', 'promessas', 'apelos ao legislador', 'programas futuros', juridicamente desprovidos de qualquer vinculatividade. Às 'normas programáticas' é reconhecido hoje um valor jurídico constitucionalmente idêntico ao dos restantes preceitos da constituição. Não deve pois falar-se de simples eficácia programática (ou directiva), porque qualquer norma constitucional deve considerar-se obrigatória perante quaisquer órgãos do poder político (Crisafulli). [...] a positividade jurídico-constitucional das normas programáticas significa fundamentalmente: (1) vinculação do legislador, de forma permanente, à sua realização (imposição constitucional); (2) vinculação positiva de todos os órgãos concretizadores, devendo estes tomá-las em consideração como diretivas materiais permanentes, em qualquer dos momentos da actividade concretizadora (legislação, execução, jurisdição); (3) vinculação, na qualidade de limites materiais negativos, dos poderes públicos, justificando a eventual censura sob a forma de inconstitucionalidade, em relação aos actos que as contrariam" (2003, p. 1176-1177).

Como precisamente aponta Barroso, o debate sobre a força normativa da Constituição só teve início no Brasil a partir da década de 1980, pois

> [...] padecia o país de patologias crônicas, ligadas ao autoritarismo e à insinceridade constitucional. Não é surpresa, portanto, que as Constituições tivessem sido, até então, repositórios de promessas vagas e de exortações ao legislador infraconstitucional, sem aplicabilidade direta e imediata. Coube à Constituição de 1988, bem como a doutrina e à jurisprudência que se produziram a partir de sua promulgação, o mérito elevado de romper com a posição mais retrógrada [...]. (2018, p. 301)

Se hoje, para afastar a "insinceridade constitucional", evitando-se que a Carta seja considerada mero repositório de promessas vagas, reconhece-se a imperatividade de seus dispositivos e, na hipótese de sua inobservância, há de deflagrar os mecanismos próprios de cumprimento forçado (BARROSO, 2018, p. 301).

Portanto, as normas do sistema constitucional de proteção dos direitos das pessoas com deficiência que integra o arcabouço constitucional gozam de tal imperatividade, sendo certo, ainda, que ao tratarem de direitos humanos e liberdades fundamentais, os princípios e regras têm aplicação direta, não ficando à mercê da atividade legiferante infraconstitucional para que tenham eficácia.[176]

Considerando que o sistema constitucional de proteção dos direitos das pessoas com deficiência é composto por princípios e regras, relevante asseverar que tanto aqueles como estes são dotados de eficácia jurídica, sendo certo que o fato de os princípios terem um grau de abstração mais elevado que as regras, não se afasta a aplicação daqueles.

Barroso, ao asseverar que os princípios são dotados de eficácia jurídica, aponta três modalidades de eficácia, quais sejam: direta, interpretativa e negativa. Assinala o doutrinador que:

---

[176] Pondera Canotilho que a "aplicabilidade direta significa, desde logo, nesta sede – direitos, liberdades e garantias – a rejeição da 'ideia criacionista' conducente ao desprezo dos direitos fundamentais enquanto não forem positivados a nível legal. Neste sentido, escreveu sugestivamente um autor (K. Krüger) que, na época actual, se assistia à deslocação da doutrina dos 'direitos fundamentais dentro da reserva de lei' para a doutrina da reserva de lei dentro dos direitos fundamentais" (2003, p. 1178).

> Pela eficácia direta, já referida, também, como positiva ou simétrica, o princípio incide sobre a realidade à semelhança de uma regra, pelo enquadramento do fato relevante na proposição jurídica nele contida. [...]
>
> A eficácia interpretativa consiste em que o sentido e alcance das normas jurídicas em geral devem ser fixados tendo em conta os valores e fins abrigados nos princípios constitucionais. Funcionam eles, assim, como vetores da atividade do intérprete, sobretudo na aplicação de normas jurídicas que comportam mais de uma possibilidade interpretativa. [...]
>
> A eficácia negativa implica a paralisação da aplicação de qualquer norma ou ato jurídico que esteja em contrariedade com o princípio constitucional em questão. (2018, p. 363-364)

Oportuno constatar, contudo, que a Convenção elencou os princípios insculpidos no seu artigo 3º, propositadamente, compreensivos e, até mesmo redundantes, com o escopo de não deixar quaisquer lacunas que pudessem propiciar o descumprimento da Convenção no seu propósito de assegurar a plena inclusão e participação das pessoas com deficiência na sociedade.[177]

Mas não se limitou a Convenção a estabelecer um rol amplo de princípios, também apontou regras que assinalam o caminho da concretização dos princípios convencionais. Por exemplo, o princípio da não discriminação encontra-se insculpido no artigo 3º, "b" e, as regras contidas no artigo 5º revelam como assegurar a observância de tal princípio, mecanismo que se repete com os demais princípios convencionais.

Assim, tem-se um arcabouço constitucional como um verdadeiro sistema de normas relativas aos direitos das pessoas com deficiência a serem observadas por todos, seja na atividade legislativa, seja na formulação de políticas públicas ou mesmo na prática de qualquer ato jurídico, sendo certo que aludido sistema fornece detalhadas ferramentas aos intérpretes no mister de aplicar ao caso concreto os seus preceitos.

---

[177] Ramos sustenta que "os princípios da Convenção de 2006 têm inegável força normativa, em especial para direcionar o aplicador a interpretar todo o ordenamento jurídico (dado o caráter constitucional da Convenção no Brasil) no sentido da inclusão das pessoas com deficiência (2018, p. 123-124).

Já no artigo 1°, da Convenção, restou estabelecida definição de pessoa com deficiência que está lastreada no modelo social de se considerar a deficiência, o que anuncia o paradigma seguido pelas normas convencionais que, pelo *status* constitucional, deve ser observado por todas as normas infraconstitucionais.

Ou seja, qualquer lei ou ato normativo que não se coadune com as normas constitucionais não terá sido por ela recepcionado, na hipótese de anteceder sua vigência ao ingresso da Convenção no arcabouço constitucional e, se posterior for, estará marcado pela mácula da inconstitucionalidade, não subsistindo em nosso ordenamento.

Pertinente é o exemplo do artigo 4°, do Decreto 3.298/99 (BRASIL, 1999), com as alterações promovidas pelo Decreto 5.296/04 (BRASIL, 2004), que estabeleceu, com lastro exclusivamente no modelo médico, a definição de pessoa com deficiência.

Insculpiu-se em tal dispositivo que:

> Art. 4º É considerada pessoa portadora de deficiência a que se enquadra nas seguintes categorias:
>
> I – deficiência física – alteração completa ou parcial de um ou mais segmentos do corpo humano, acarretando o comprometimento da função física, apresentando-se sob a forma de paraplegia, paraparesia, monoplegia, monoparesia, tetraplegia, tetraparesia, triplegia, triparesia, hemiplegia, hemiparesia, ostomia, amputação ou ausência de membro, paralisia cerebral, nanismo, membros com deformidade congênita ou adquirida, exceto as deformidades estéticas e as que não produzam dificuldades para o desempenho de funções;
>
> II – deficiência auditiva – perda bilateral, parcial ou total, de quarenta e um decibéis (dB) ou mais, aferida por audiograma nas freqüências de 500HZ, 1.000HZ, 2.000Hz e 3.000Hz;
>
> III – deficiência visual – cegueira, na qual a acuidade visual é igual ou menor que 0,05 no melhor olho, com a melhor correção óptica; a baixa visão, que significa acuidade visual entre 0,3 e 0,05 no melhor olho, com a melhor correção óptica; os casos nos quais a somatória da medida do campo visual em ambos os olhos for igual ou menor que 60º; ou a ocorrência simultânea de quaisquer das condições anteriores;
>
> IV – deficiência mental – funcionamento intelectual significativamente inferior à média, com manifestação antes dos dezoito

anos e limitações associadas a duas ou mais áreas de habilidades adaptativas, tais como:

a) comunicação;

b) cuidado pessoal;

c) habilidades sociais;

d) utilização dos recursos da comunidade;

e) saúde e segurança;

f) habilidades acadêmicas;

g) lazer; e

h) trabalho;

V - deficiência múltipla - associação de duas ou mais deficiências.

A discrepância entre tal definição pautada no paradigma médico do aludido ato normativo e aquela em vigor no Brasil, em âmbito Constitucional, é apontada por Araújo e Maia, ao afirmarem que:

> O Direito brasileiro, então, utilizava-se de uma definição estritamente médica, com um rol fechado de situações a permitir a inclusão de alguém no grupo das pessoas com deficiência. A Convenção da ONU, por sua vez, trouxe uma definição social, aberta, que exige uma avaliação mais ampla para a identificação dos integrantes do grupo vulnerável. Ora, face ao caráter constitucional da nova definição, já que a Convenção da ONU foi introduzida em nosso ordenamento jurídico na forma prevista no art. 5º, § 3º, da Constituição Federal, não mais poderia ser utilizada a definição prevista no Decreto n. 3.298/1999, que foi posteriormente alterado pelo Decreto n. 5.296/2004. Se há uma norma de hierarquia constitucional apontando que o grupo das pessoas com deficiência deverá ser identificado de acordo com um critério social e aberto, não se pode admitir a utilização de uma norma que disponha acerca de um critério exclusivamente médico e com um rol fechado de situações. Temos, assim, que a introdução de uma nova definição de pessoas com deficiência pela Convenção da ONU, face a sua equivalência constitucional, alterou substancialmente a proteção desse grupo vulnerável, já que importou na alteração da composição do grupo das pessoas com deficiência e, dessa forma, nenhuma norma do Direito brasileiro que destoe de tal definição poderá ser validamente utilizada. (2018, p. 41-42)

Evidente que o sistema constitucional de proteção dos direitos das pessoas com deficiência parte exatamente da definição de pessoa com deficiência para lançar os princípios e regras pautados pelo modelo social ou de direitos humanos, não se sustentando qualquer lei, ato normativo, ou mesmo ato jurídico que esteja em desacordo com tal paradigma, como se dá com o dispositivo normativo acima mencionado.

Neste cenário, foi promulgada a Lei 13.146/15, conhecida como Lei Brasileira de Inclusão da Pessoa com Deficiência ou, ainda, Estatuto da Pessoa com Deficiência, tendo ela se preocupado "em conferir mais efetividade àquilo que já está previsto no plano Constitucional (e deveria já estar em implementação), desde a aprovação da Convenção da ONU" (ARAÚJO; MAIA, 2018, p. 49). Salienta-se que tal Lei deve observância à Convenção e sua interpretação deve sempre ser feita à luz dos princípios e regras convencionais.

Vale ressaltar que o parágrafo único do artigo 1°, da Lei 13.146/15 trouxe menção expressa ao fato de que o diploma teria como base a Convenção sobre os Direitos das Pessoas com Deficiência e seu Protocolo Facultativo, o que, segundo Maia e Araújo, indicaria que a Convenção seria "praticamente desconhecida pelo Direito brasileiro" (2018, p. 49).

Já no seu artigo 2°, a Lei Brasileira de Inclusão estabeleceu a definição de pessoa com deficiência seguindo os termos daquela insculpida na Convenção, aqui, também, evidenciando-se o propósito de reforçar os conceitos referentes ao modelo social ou de direitos humanos adotado.

Mas não se cinge a Lei Brasileira de Inclusão da Pessoa com Deficiência a repetir dispositivos da própria Convenção, traz, ainda, regras que procuram detalhar como deverá se dar a concretização dos princípios e regras da Convenção, o que está em sintonia com a obrigação geral assumida pelos Estados Partes, por meio do artigo 4°, 1, "a" e "b", da Convenção.

Por exemplo, após no artigo 2° repetir a definição de pessoa com deficiência constante da Convenção, o parágrafo primeiro de tal dispositivo, estabelece que a avaliação da deficiência, quando necessária, será biopsicossocial, realizada por equipe multiprofissional e interdisciplinar, elencando o rol de elementos que deverão ser considerados para tal mister.[178]

[178] Menciona o artigo 2°, parágrafo 1°, que: "A avaliação da deficiência, quando necessária, será biopsicossocial, realizada por equipe multiprofissional e interdisciplinar

Portanto, em que pese a Lei Brasileira de Inclusão pormenorizar as regras convencionais, o fato é que antes mesmo da mediação legislativa infraconstitucional, os princípios e regras da Convenção e, por conseguinte, do sistema de proteção constitucional dos direitos das pessoas com deficiência, já poderiam ser aplicados.

Nesse sentido, Canotilho lembra que a expressão "concretização" é utilizada para designar a "mediação legislativa no âmbito de direitos que dela não necessitam". Pondera o ilustre constitucionalista quanto à concretização que "o direito pode ser exercido directamente, mas a alarga ou concretiza melhor o modo de exercício" (2003, p. 1264).

Importante observar que a Lei Brasileira de Inclusão, como o restante do ordenamento jurídico, deve ser interpretada à luz do sistema constitucional de proteção dos direitos das pessoas com deficiência, dando-se máxima efetividade às normas constitucionais.[179]

O propósito concretizador da Lei Brasileira de Inclusão no que tange aos princípios e às regras da Convenção foi reconhecido pelo Supremo Tribunal Federal, quando da análise da Ação Direta de Inconstitucionalidade n. 5357, na seara da educação inclusiva. A Convenção trata do tema em seu artigo 24, estabelecendo que os Estados devem adotar um sistema de educação inclusivo em todos os níveis. Por seu turno, a Lei Brasileira de Inclusão estabeleceu em seus artigos 27 a 30, regras concretizadoras do sistema de educação inclusiva estampado na Convenção.

Com o escopo de atingir o objetivo de estabelecer um sistema educacional inclusivo, exigência da Convenção, a Lei Brasileira de Inclusão, considerando que as entidades de ensino privadas também compõem tal sistema, indicou que deveriam elas observarem os dispositivos elencados

e considerará: I – os impedimentos nas funções e nas estruturas do corpo; II – os fatores socioambientais, psicológicos e pessoais; III – a limitação no desempenho de atividades; e IV – a restrição de participação (BRASIL, 2015).

[179] Sobre o princípio da máxima efetividade, ensina Canotilho que ele "pode ser formulado da seguinte maneira: a uma norma constitucional deve ser atribuído o sentido que maior eficácia lhe dê. É um princípio operativo em relação a todas e quaisquer normas constitucionais, e embora a sua origem esteja ligada à tese da actualidade das normas programáticas (Thoma), é hoje sobretudo invocado no âmbito dos direitos fundamentais (no caso de dúvidas deve preferir-se a interpretação que reconheça maior eficácia aos direitos fundamentais)" (2003, p. 1224).

no seu artigo 28, parágrafo 1°, sem a possibilidade de cobrar valores adicionais para o cumprimento de tais deveres.[180]

[180] Lei 13.146/15, artigo 28, parágrafo 1º: "Às instituições privadas, de qualquer nível e modalidade de ensino, aplica-se obrigatoriamente o disposto nos incisos I, II, III, V, VII, VIII, IX, X, XI, XII, XIII, XIV, XV, XVI, XVII e XVIII do *caput* deste artigo, sendo vedada a cobrança de valores adicionais de qualquer natureza em suas mensalidades, anuidades e matrículas no cumprimento dessas determinações". As respectivas alíneas mencionadas têm o seguinte teor: "I – sistema educacional inclusivo em todos os níveis e modalidades, bem como o aprendizado ao longo de toda a vida; II – aprimoramento dos sistemas educacionais, visando a garantir condições de acesso, permanência, participação e aprendizagem, por meio da oferta de serviços e de recursos de acessibilidade que eliminem as barreiras e promovam a inclusão plena; III – projeto pedagógico que institucionalize o atendimento educacional especializado, assim como os demais serviços e adaptações razoáveis, para atender às características dos estudantes com deficiência e garantir o seu pleno acesso ao currículo em condições de igualdade, promovendo a conquista e o exercício de sua autonomia; [...] V – adoção de medidas individualizadas e coletivas em ambientes que maximizem o desenvolvimento acadêmico e social dos estudantes com deficiência, favorecendo o acesso, a permanência, a participação e a aprendizagem em instituições de ensino; [...] VII – planejamento de estudo de caso, de elaboração de plano de atendimento educacional especializado, de organização de recursos e serviços de acessibilidade e de disponibilização e usabilidade pedagógica de recursos de tecnologia assistiva; VIII – participação dos estudantes com deficiência e de suas famílias nas diversas instâncias de atuação da comunidade escolar; IX – adoção de medidas de apoio que favoreçam o desenvolvimento dos aspectos linguísticos, culturais, vocacionais e profissionais, levando-se em conta o talento, a criatividade, as habilidades e os interesses do estudante com deficiência; X – adoção de práticas pedagógicas inclusivas pelos programas de formação inicial e continuada de professores e oferta de formação continuada para o atendimento educacional especializado; XI – formação e disponibilização de professores para o atendimento educacional especializado, de tradutores e intérpretes da Libras, de guias intérpretes e de profissionais de apoio; XII – oferta de ensino da Libras, do Sistema Braille e de uso de recursos de tecnologia assistiva, de forma a ampliar habilidades funcionais dos estudantes, promovendo sua autonomia e participação; XIII – acesso à educação superior e à educação profissional e tecnológica em igualdade de oportunidades e condições com as demais pessoas; XIV – inclusão em conteúdos curriculares, em cursos de nível superior e de educação profissional técnica e tecnológica, de temas relacionados à pessoa com deficiência nos respectivos campos de conhecimento; XV – acesso da pessoa com deficiência, em igualdade de condições, a jogos e a atividades recreativas, esportivas e de lazer, no sistema

Evidente que a única forma de se estabelecer um sistema educacional inclusivo é que todas as instituições de ensino que o compõem adotem práticas, efetivamente inclusivas, afastando-se qualquer forma de discriminação, observando-se, assim, os princípios do sistema constitucional de proteção dos direitos das pessoas com deficiência, pois, obstáculos, financeiros ou de outra ordem, dirigidos especificamente para as pessoas com deficiência no ingresso ou na permanência na instituição de ensino ceifam a possibilidade da inclusão escolar e perpetuam o preconceito contra as pessoas com deficiência.[181]

Interessante notar que o que sustenta o sistema educacional inclusivo em todos os níveis, muito além da regra convencional e, portanto, constitucional, expressamente contida no artigo 24, da Convenção, são os

---

escolar; XVI - acessibilidade para todos os estudantes, trabalhadores da educação e demais integrantes da comunidade escolar às edificações, aos ambientes e às atividades concernentes a todas as modalidades, etapas e níveis de ensino; XVII - oferta de profissionais de apoio escolar; XVIII - articulação intersetorial na implementação de políticas públicas" (BRASIL, 2015).

181 Observa André de Carvalho Ramos que "a Convenção é explícita em estabelecer que as pessoas com deficiência *não podem* ser *excluídas* do sistema educacional geral sob alegação de deficiência. Assim, as crianças com deficiência *não* podem ser excluídas do ensino primário gratuito e compulsório ou do ensino secundário, sob as tradicionais (e infelizes) alegações de que "não acompanham" e que 'atrapalham o desenvolvimento da matéria e os demais alunos'. [...] Por outro lado, muitas vezes, as pessoas com deficiência, principalmente a mental, são matriculadas em escolas regulares, que as recebem com a expectativa que elas tenham um desempenho o mais próximo possível do aluno dito 'normal'. Caso esse desempenho não ocorra, a criança é 'convidada' a retirar-se e encaminhada para a chamada *escola especial*. Na maioria das vezes, na *escola especial*, a criança ou adolescente com deficiência fica *isolado* da sociedade em geral. Tais condutas violam a nova Convenção da ONU. [...] A luta dos empresários do ensino pela exclusão dessas despesas assemelha-se à luta (fracassada, diga-se) dos planos de saúde pela limitação de gastos em determinados casos, como o limite de dias na internação em unidades de terapia intensiva. Ora, *tal qual* ocorreu na área da saúde, aquele que busca lucros na educação deve saber que não pode ofertar um serviço discriminatório ou incompleto (depois de X dias na UTI, caso o paciente ainda necessite de tratamento, o que fazer?). Tais custos devem ser computados nos *custos gerais* da instituição de ensino, pois esta é obrigada a oferecer a estrutura adequada a todos os seus alunos, *todos mesmo*" (2018, p. 129-131).

princípios também convencionais e constitucionais, estampados no artigo 3º, da Convenção.

Destarte, não é possível pensar em respeito à dignidade inerente da pessoa com deficiência (artigo 3º, "a", da Convenção), não discriminação (artigo 3º, "b", da Convenção), plena e efetiva participação e inclusão na sociedade (artigo 3º, "c", da Convenção), respeito pela diferença (artigo 3º, "d", da Convenção), igualdade de oportunidades (artigo 3º, "e", da Convenção); acessibilidade (artigo 3º, "f", da Convenção) e, especialmente, o respeito pelo desenvolvimento das capacidades das crianças com deficiência e pelo direito das crianças com deficiência de preservar sua identidade (artigo 3º, "h", da Convenção), em um cenário em que as portas de qualquer estabelecimento de ensino estejam fechadas ou venham a se fechar, explícita ou tacitamente, em razão da deficiência.

Assim, todas as instituições de ensino devem observar os princípios e as regras convencionais quanto a um sistema inclusivo, sendo certo que a Lei Brasileira de Inclusão nada mais fez do que concretizar tais princípios e regras.

No entanto, logo após a promulgação da Lei Brasileira de Inclusão da Pessoa com Deficiência, a Confederação Nacional dos Estabelecimentos de Ensino – CONFENEN ingressou com a Ação Direta de Inconstitucionalidade suscitando que os dispositivos do § 1º do artigo 28 e artigo 30, *caput*, da Lei Brasileira de Inclusão seriam inconstitucionais.

Conforme resumiu trecho do relatório do Ministro Edson Fachin:

> A requerente alega violação aos arts. 5º, *caput*, incisos XXII, XXIII, LIV, 170, incisos II e III, 205, 206, *caput*, incisos II e III, 208, *caput*, inciso III, 209, 227, *caput*, § 1º, inciso II, todos da Constituição da República. O tema nesta Ação Direta de Inconstitucionalidade é a obrigatoriedade das escolas privadas de oferecer atendimento educacional adequado e inclusivo às pessoas com deficiência. Em apertada síntese, a requerente afirma que a Lei nº 13.146/2015 estabelece medidas de alto custo para as escolas privadas, violando os dispositivos constitucionais supra mencionados, o que levaria ao encerramento das atividades de muitas delas. (SUPREMO TRIBUNAL FEDERAL, 2016)

Na análise quanto ao pleito liminar formulado, o mencionado ministro relator o indeferiu, constando da ementa da decisão que:

> EMENTA: AÇÃO DIRETA DE INCONSTITUCIONALIDADE. MEDIDA CAUTELAR. LEI 13.146/2015. ESTATUTO DA PESSOA COM DEFICIÊNCIA. ENSINO INCLUSIVO. CONVENÇÃO INTERNACIONAL SOBRE OS DIREITOS DA PESSOA COM DEFICIÊNCIA. INDEFERIMENTO. 1. A Convenção Internacional sobre os Direitos da Pessoa com Deficiência concretiza o princípio da igualdade como fundamento de uma sociedade democrática que respeita a dignidade humana. **2. À luz da Convenção e, por consequência, da própria Constituição da República, o ensino inclusivo em todos os níveis de educação não é realidade estranha ao ordenamento jurídico pátrio, mas sim imperativo que se põe mediante regra explícita.** 3. A Lei nº 13.146/2015 indica assumir o compromisso ético de acolhimento e pluralidade democrática adotados pela Constituição ao exigir que não apenas as escolas públicas, mas também as particulares deverão pautar sua atuação educacional a partir de todas as facetas e potencialidades que o direito fundamental à educação possui e que são densificadas em seu Capítulo IV. 4. Medida cautelar indeferida. (SUPREMO TRIBUNAL FEDERAL, 2015, grifos nossos)

Aludida decisão de indeferimento da liminar pleiteada já sedimentava que a Convenção com *status* constitucional determinava a implementação do ensino inclusivo em todos os níveis, sendo certo que as escolas particulares também integram este sistema e, por conseguinte, as regras da Lei Brasileira de Inclusão apenas densificam os preceitos contidos no arcabouço constitucional.

Ao ser submetida a decisão do relator ao plenário do Supremo Tribunal Federal, os ministros, à unanimidade, decidiram pela conversão do julgamento do referendo quanto ao indeferimento da liminar, em julgamento definitivo, tendo o pleito sido julgado improcedente, por maioria, vencido apenas um ministro.

A ementa do julgamento repisou que a educação inclusiva em todos os níveis decorre da Convenção e, portanto, da Constituição:

> EMENTA: AÇÃO DIRETA DE INCONSTITUCIONALIDADE. MEDIDA CAUTELAR. LEI 13.146/2015. ESTATUTO DA PESSOA COM DEFICIÊNCIA. ENSINO INCLUSIVO. CONVENÇÃO INTERNACIONAL SOBRE OS DIREITOS DA PESSOA

COM DEFICIÊNCIA. INDEFERIMENTO DA MEDIDA CAUTELAR. CONSTITUCIONALIDADE DA LEI 13.146/2015 (arts. 28, § 1º e 30, *caput*, da Lei nº 13.146/2015). 1. A Convenção Internacional sobre os Direitos da Pessoa com Deficiência concretiza o princípio da igualdade como fundamento de uma sociedade democrática que respeita a dignidade humana. 2. **À luz da Convenção e, por consequência, da própria Constituição da República, o ensino inclusivo em todos os níveis de educação não é realidade estranha ao ordenamento jurídico pátrio, mas sim imperativo que se põe mediante regra explícita**. 3. Nessa toada, a Constituição da República prevê em diversos dispositivos a proteção da pessoa com deficiência, conforme se verifica nos artigos 7º, XXXI, 23, II, 24, XIV, 37, VIII, 40, § 4º, I, 201, § 1º, 203, IV e V 208, III, 227, § 1º, II, e § 2º, e 244. 4. Pluralidade e igualdade são duas faces da mesma moeda. O respeito à pluralidade não prescinde do respeito ao princípio da igualdade. E na atual quadra histórica, uma leitura focada tão somente em seu aspecto formal não satisfaz a completude que exige o princípio. Assim, a igualdade não se esgota com a previsão normativa de acesso igualitário a bens jurídicos, mas engloba também a previsão normativa de medidas que efetivamente possibilitem tal acesso e sua efetivação concreta. 5. O enclausuramento em face do diferente furta o colorido da vivência cotidiana, privando-nos da estupefação diante do que se coloca como novo, como diferente. 6. É somente com o convívio com a diferença e com o seu necessário acolhimento que pode haver a construção de uma sociedade livre, justa e solidária, em que o bem de todos seja promovido sem preconceitos de origem, raça, sexo, cor, idade e quaisquer outras formas de discriminação (Art. 3º, I e IV, CRFB). 7. A Lei nº 13.146/2015 indica assumir o compromisso ético de acolhimento e pluralidade democrática adotados pela Constituição ao exigir que não apenas as escolas públicas, mas também as particulares deverão pautar sua atuação educacional a partir de todas as facetas e potencialidades que o direito fundamental à educação possui e que são densificadas em seu Capítulo IV. 8. Medida cautelar indeferida. 9. Conversão do julgamento do referendo do indeferimento da cautelar, por unanimidade, em julgamento definitivo de mérito, julgando, por maioria e nos termos do Voto do Min. Relator Edson Fachin, improcedente a presente ação direta de inconstitucionalidade. (SUPREMO TRIBUNAL FEDERAL, 2016, grifos nossos)

Por mais evidente que seja a adoção pela Convenção, com *status* constitucional, do sistema de educação inclusivo em todos os níveis, importante o reconhecimento expresso da Suprema Corte não somente quanto à constitucionalidade dos dispositivos da Lei Brasileira de Inclusão da Pessoa com Deficiência no que tange às escolas particulares, mas também quanto à relevância dos princípios que sustentam o modelo adotado pela Convenção em oposição ao modelo médico. Nesse sentido, extrai-se do voto do Ministro Relator:

> Como é sabido, as instituições privadas de ensino exercem atividade econômica e, enquanto tal, devem se adaptar para acolher as pessoas com deficiência, prestando serviços educacionais que não enfoquem a questão da deficiência limitada à perspectiva médica, mas também ambiental. Esta última deve ser pensada a partir dos espaços, ambientes e recursos adequados à superação de barreiras – as verdadeiras deficiências de nossa sociedade. (SUPREMO TRIBUNAL FEDERAL, 2016)

Destaca-se, ainda, do aludido voto, a menção à importância do convívio com a diferença para a construção de uma sociedade inclusiva:

> É somente com o convívio com a diferença e com o seu necessário acolhimento que pode haver a construção de uma sociedade livre, justa e solidária, em que o bem de todos seja promovido sem preconceitos de origem, raça, sexo, cor, idade e quaisquer outras formas de discriminação (Art. 3º, I e IV, CRFB).
>
> [...]
>
> Frise-se o ponto: o ensino privado não deve privar os estudantes – com e sem deficiência – da construção diária de uma sociedade inclusiva e acolhedora, transmudando-se em verdadeiro local de exclusão, ao arrepio da ordem constitucional vigente. (SUPREMO TRIBUNAL FEDERAL, 2016)

Assim, o julgamento da ADI 5357 revela-se como um importante marco no sentido de se reconhecer a importância da educação inclusiva como meio de se assegurar a dignidade inerente à pessoa com deficiência na busca de sua participação efetiva na sociedade.[182]

---

[182] Destaca-se, ainda, alguns trechos de votos de ministros na ADI 5357 que têm relevância no sentido de reconhecer a importância da inclusão das pessoas com

Araújo e Maia destacam que o julgamento da ADI 5357,

> [...] expressamente reconhece a Convenção da ONU como norma com equivalência constitucional, tendo em vista a utilização da forma prevista no art. 5º, § 3º, da Constituição, para sua incorporação ao Direito brasileiro, o que cria a expectativa de mudança no cenário retratado de baixa efetividade da Convenção sobre os Direitos das Pessoas com Deficiência da ONU. (2018, p. 58)

---

deficiência, sem preconceitos: "A mim, particularmente, emociona-me o argumento relacionado à importância que tem, para as crianças sem deficiência, a convivência com crianças com deficiência. Uma escola que se preocupa em ir mais além da questão econômica, em preparar seus alunos para a vida, deve, na verdade, encarar a presença de crianças com deficiência como uma especial oportunidade de apresentar a todas as crianças, principalmente às que não têm deficiências, uma lição fundamental de humanidade, um modo de convivência sem exclusões, sem discriminações, num ambiente de solidariedade e fraternidade" (Ministro Teori Zavascki). "Os preceitos legais indigitados em absoluto destoam, também na minha ótica, do texto constitucional, considerada notadamente a aprovação, pelo Congresso Nacional, da Convenção da ONU sobre os Direitos da Pessoa com Deficiência e seu Protocolo Facultativo, nos moldes do artigo 5º, § 3º, da Constituição da República (Decreto Legislativo nº 186/2008), a lhe conferir o *status* de emenda constitucional. Esse documento internacional, incorporado com envergadura constitucional, repito, a nosso ordenamento jurídico, reafirma o conceito social de deficiência. [...] Tal conceito foi deslocado do tradicional viés biomédico para o viés biopsicossocial, a exigir significativo empenho de todos para a desconstrução das concepções até então cristalizadas no meio social. A deficiência, nesse conceito em evolução – consoante afirmado pela Convenção –, passa a ser compreendida como resultante da interação entre os referidos impedimentos e as barreiras obstrutivas da participação social. Cabe a toda a sociedade, então, empreender esforços para que essa interação seja positiva e capaz de propiciar a plena e efetiva participação das pessoas com deficiência na sociedade em igualdade de oportunidades com as demais pessoas" (Ministra Rosa Weber). "[...] o Direito brasileiro basicamente tem dois vetores importantes: a prevalência dos direitos humanos e a dignidade da pessoa humana que são, digamos assim, axiomas incompatíveis com a ideia de preconceito. [...] Se eu pudesse, assentaria como tese não jurídica, mas uma tese sob o ângulo vivencial, que o preconceito é a pior das deficiências. E, dessas pessoas preconceituosas, as escolas estão lotadas. Então, com muito mais razão, os deficientes devem ter esse direito assegurado" (Ministro Luiz Fux) (SUPREMO TRIBUNAL FEDERAL, 2016).

A menção à baixa efetividade da Convenção apontada por Araújo e Maia, ao menos até o advento da ADI 5357, pode ser confirmada no que concerne à educação inclusiva, pois como o próprio julgado salientou, a Convenção estabeleceu o sistema inclusivo em todos os níveis e, portanto, desde a promulgação de tal diploma, qualquer prática discriminatória em sentido contrário ao que foi determinado na norma com *status* constitucional, não se sustenta, ou seja, desde então já deveriam ser fielmente observadas as práticas inclusivas por todas as instituições que desenvolvem atividades de ensino no Brasil que, no entanto, somente se voltaram contra tal sistema quando veio ele a ser concretizado pela Lei Brasileira de Inclusão da Pessoa com Deficiência.

Em suma, pela ADI 5357 suscitou-se a inconstitucionalidade de norma concretizadora do próprio arcabouço constitucional de proteção dos direitos das pessoas com deficiência e o desate de tal medida judicial evidenciou, pelo tribunal guardião da constituição, o *status* constitucional do sistema inclusivo em todos os níveis.

Relevante salientar que, também no que concerne à atuação do Poder Público, deve ele observar em todas suas práticas, programas e políticas, de forma plena, os princípios e regras estabelecidos na Convenção, bem como estabelecer mecanismos para afastar práticas discriminatórias por qualquer pessoa em seu território.

O artigo 4º, da Convenção, vem exatamente no sentido de estabelecer obrigações gerais dos Estados Partes, inclusive no que concerne à sua atuação. O artigo 4º, "b" e "c" (BRASIL, 2009a), alude à adoção de medidas para afastar práticas discriminatórias, devendo o Estado levar em conta, em todos os programas e políticas, a proteção e a promoção dos direitos humanos das pessoas com deficiência.

Além de se abster da prática de qualquer ato incompatível com a Convenção e assegurar que as autoridades públicas e as instituições atuem em conformidade com a Convenção, os Estados devem, igualmente, tomar todas as providências para eliminar a discriminação baseada na deficiência por parte de qualquer pessoa, organização ou empresa privada.[183]

Nesse mister de atuar em conformidade com os ditames da Convenção e zelar para que seus preceitos sejam, efetivamente, praticados em seu território, oportuno que as observações do Comitê sobre os Direitos das

[183] *Vide* artigo 4º., "d" e "e", da Convenção (BRASIL, 2009a).

Pessoas com Deficiência sobre os relatórios periódicos apresentados pelos Estados sejam consideradas no sentido de se ajustar condutas que estejam discrepantes com os preceitos da Convenção.

Como exemplo, as observações do Comitê sobre o Relatório Inicial do Brasil (ONU, 2015c), já apontavam desafios importantes no que concerne à aplicação da Convenção no país. Extrai-se de tal documento a recomendação do Comitê no sentido de que, no Brasil, o Estado deva desenvolver uma estratégia sobre o tema deficiência para implementar o modelo de direitos humanos, incluindo-se nesse contexto, a revisão sistemática das leis, políticas e programas existentes e, quando necessário, promova seu alinhamento à Convenção (ONU, 2015c, p. 2).

Outra importante recomendação dirigida ao Brasil no aludido documento refere-se à adoção de um mecanismo para consultas sistemáticas às pessoas com deficiência, por meio de suas entidades representativas com o escopo de permitir sua efetiva participação na formulação de políticas, programas e leis que possam auxiliar na implementação plena dos preceitos da Convenção (ONU, 2015c, p. 2).

Essa consideração é deveras relevante, na medida em que a participação das pessoas com deficiência, por meio de entidades representativas, foi o que impulsionou a construção do próprio modelo social ou de direitos humanos e sua adoção pela Convenção, hoje em vigor na grande maioria dos países.

Fundamental, assim, a participação das pessoas com deficiência, bem como, as pessoas do seu convívio, como familiares e amigos, pois estes também sofrem o efeito do preconceito e do estigma, sendo indispensável que se propicie a tais pessoas manifestar sobre temas que, direta ou indiretamente, guardem alguma relação com seus interesses, especialmente na formulação de políticas públicas.

Outra relevante observação do Comitê quanto ao cenário que se verificou no Brasil, refere-se à acessibilidade. Ele expressamente recomendou que fossem tomadas medidas para garantir que os ambientes construídos, as infraestruturas de transporte e os serviços de informação e comunicação abertos ao público sejam acessíveis às pessoas com deficiência, especialmente nas áreas rurais e remotas (ONU, 2015c, p. 3).

No que concerne à educação (ONU, 2015c, p. 6), o Comitê apontou, com ênfase, a necessidade do Estado brasileiro consolidar um sistema educacional inclusivo de qualidade e implementar um mecanismo para monitorar, proibir e sancionar a discriminação baseada na deficiência, que venha a ser praticada em instituições públicas e particulares, promovendo-se as adaptações razoáveis em todas as instalações educacionais.

O Comitê expressou, ainda, a preocupação que crianças com deficiência teriam sua admissão nas escolas recusada ou lhe seriam impostas taxas extras para ingresso em tais estabelecimentos.

Vale lembrar que referido documento foi elaborado pelo Comitê na sua 14ª Sessão, ocorrida nos meses de agosto e setembro de 2015, sendo as observações apresentadas naquele mesmo mês de setembro, ou seja, pouco tempo depois da promulgação da Lei Brasileira de Inclusão da Pessoa com Deficiência que se deu em julho do aludido ano e, da propositura da ADI 5357 pela Confederação Nacional dos Estabelecimentos de Ensino – CONFENEN no mês de agosto de 2015, que pretendia afastar dispositivos da Lei Brasileira de Inclusão da Pessoa com Deficiência que concretizavam preceitos relacionados à educação inclusiva constante da Convenção.

Ou seja, enquanto o Comitê observava que havia dificuldade na implementação do sistema educacional inclusivo estabelecido na própria Convenção, propunha-se no Supremo Tribunal Federal uma Ação Direta de Inconstitucionalidade visando afastar exatamente preceitos da lei interna que, em cumprimento do dever do Estado brasileiro de implementar um sistema educacional inclusivo, pormenorizava o caminho para se atingir o sistema estabelecido na Convenção, integrante, pois, do próprio arcabouço constitucional.

Em que pese a firme e acertada posição do Supremo Tribunal Federal no deslinde da aludida ADI 5357, a própria propositura desta ação revela a acuidade da observação do Comitê sobre a resistência na implementação no Brasil de um sistema educacional verdadeiramente inclusivo, pois, se a pretensão ventilada na aludida ADI 5357 fosse atendida, incentivaria a continuidade das práticas mencionadas pelo Comitê em total desconformidade com os preceitos basilares da educação inclusiva estampados no artigo 24, da Convenção.

A atuação estatal de todos seus Poderes em conformidade com os princípios e regras do sistema constitucional de proteção dos direitos das pessoas com deficiência é necessária para se assegurar a efetiva participação social das pessoas com deficiência. Desde a garantia de um ordenamento infraconstitucional que observe as normas do arcabouço constitucional sobre os direitos das pessoas com deficiência, passando pela adoção de políticas, programas e ações de qualquer natureza, harmoniosas com tais normas, sempre considerando a dignidade de tais indivíduos, augurando-se a sua efetiva inclusão social.

Por fim, necessário, ainda, que exista efetiva acessibilidade à justiça, pois a ela cumpre assegurar a fiel observância dos direitos das pessoas com deficiência. Tal papel tem especial relevância em um cenário em que as práticas, seja do Estado, seja dos particulares, encontram-se, ainda, muito atreladas a modelos anteriores (de prescindibilidade e médico) que não propiciam a efetiva inclusão social das pessoas com deficiência.

Vislumbrando a importância da justiça neste mister de ajustar as práticas aos ditames da Convenção, é que seu artigo 13 trata do acesso à justiça, que deve se dar em igualdade de oportunidades com as demais pessoas, inclusive com as adaptações razoáveis que se façam pertinentes para assegurar o exercício dos direitos das pessoas com deficiência.

Para desempenhar tal papel, a Convenção salienta a necessidade de capacitação daqueles que trabalham na área de administração de justiça para que as práticas do próprio sistema de justiça estejam adequadas às exigências do modelo social de se compreender a deficiência.

Aliás, o Comitê sobre os Direitos das Pessoas com Deficiência na análise do relatório inicial apresentado pelo Brasil, ponderou a necessidade de se estabelecer um plano nacional de acessibilidade a instalações judiciais, bem como medidas que assegurem que os procedimentos judiciais contemplem as adaptações apropriadas para as pessoas com deficiência, sendo recomendável o treinamento efetivo das pessoas do sistema de justiça (ONU, 2015c, p. 4).

Outro ponto suscitado pelo Comitê (ONU, 2015c, p. 8) que tem grande destaque na formulação de políticas públicas é a coleta de dados estatísticos relativos à deficiência, nas diversas áreas, como saúde, educação, trabalho, participação política, acesso à justiça, proteção social e violência, considerando o gênero, idade, tipo de deficiência, dentre outros recortes relevantes da população em apreço que possam auxiliar na atuação do Estado para garantir a efetiva participação das pessoas com deficiência na sociedade.

5.3 O CAMINHO PARA A IMPLEMENTAÇÃO EFETIVA DOS DIREITOS DAS PESSOAS COM DEFICIÊNCIA NO BRASIL

Embora a Convenção tenha sido uma conquista das pessoas com deficiência no sentido de abraçar um modelo de se considerar a deficiência que resguarda a dignidade inerente de tais indivíduos e possibilita sua inclusão na sociedade, o fato é que a implementação efetiva dos direitos decorrentes de tal modelo enfrenta obstáculos não só no Brasil, mas em outros países.

Dentre tais obstáculos, destaca-se e, de certa forma atrela-se aos demais existentes, a falta de conscientização sobre a mudança de paradigma de como compreender a deficiência e as consequências decorrentes de tal alteração, com o deslocamento do conceito de deficiência do indivíduo com algum impedimento para a interação entre tal impedimento e as barreiras existentes na sociedade a impossibilitar a plena participação social.

Como resultado de tal falta de conscientização, o que se verifica são práticas discriminatórias com lastro nos modelos que não mais têm amparo em nosso ordenamento e que são toleradas pelo Estado, igualmente pela falta de compreensão dos valores que devem ser preservados para assegurar a dignidade da pessoa com deficiência. As práticas em desacordo com o modelo adotado em nosso sistema constitucional de proteção dos direitos das pessoas com deficiência resultam no esvaziamento da força da Convenção e exigem que o Estado faça cumprir os preceitos constitucionais em seu território como única forma de modificar esse estado das coisas.

Nesse sentido, vale salientar que a própria inovação trazida pela Convenção que, no Brasil, não se refere apenas ao seu conteúdo e, de forma evidente, opõe-se aos modelos anteriores de se considerar a deficiência, paradigmas estes envoltos em preconceito e desconsideração da dignidade inerente da pessoa com deficiência, mas também a própria forma de seu ingresso no ordenamento brasileiro, pois foi o primeiro instrumento de direitos humanos incorporado com *status* constitucional nos moldes do artigo 5º, parágrafo 3º, da Constituição da República de 1988.

Araújo e Maia salientam o fator de inovação da Convenção, ponderando que:

> [...] não é apenas na forma que a Convenção da ONU inova em nosso ordenamento jurídico, mas a inovação é bastante significativa com relação ao seu conteúdo. Tal novidade, também, ainda não foi bem absorvida por aqueles que têm a responsabilidade por sua implementação (e mesmo por aqueles que são destinatários dos direitos na Convenção contidos).
>
> A proteção ao grupo das pessoas com deficiência sofreu grande transformação, especialmente em razão do novo conceito de

> pessoas com deficiência adotado pela Convenção [...]. Passou-se de um sistema em que se entendia que a deficiência era algo inerente ao indivíduo (que era 'portador' de uma deficiência) para um sistema em que a deficiência é vista como algo que está na sociedade que, em razão de diversas barreiras, não é capaz de acolher a todas as pessoas da mesma forma, propiciando, como deveria, as mesmas oportunidades de inclusão.
>
> A pessoa com deficiência é vista como parte da diversidade humana, sendo que a sociedade deve estar preparada para acolhê-la, como acolhe as demais pessoas. A sociedade é que apresenta uma deficiência, que conta com barreiras, de diversas ordens, que impedem a plena e efetiva participação das pessoas com deficiência, e, dessa forma, devem ser eliminadas. Não são mais admitidas, pois, políticas segregacionistas ou meramente assistencialistas dirigidas às pessoas com deficiência, sendo exigidas medidas que objetivem sua efetiva inclusão na sociedade.
>
> Trata-se de uma mudança significativa no sistema de proteção ao grupo vulnerável, que rompe com os paradigmas anteriores e cria novos pressupostos, o que pode gerar alguma resistência em sua efetiva e necessária implementação. (2018, p. 51)

Portanto, há séculos as práticas de se prescindir da presença das pessoas com deficiência na sociedade se verificam e, quando se rompeu com o modelo de prescindibilidade, passou-se a um paradigma que apenas propiciava a aceitação da pessoa com deficiência se ela se aproximasse do padrão de normalidade, não sendo ela aceita como parte da diversidade inerente à humanidade.

O modelo atual que tem suas origens na década de 1970, mas que ao ser abraçado pela Convenção, espraiou-se por quase todo o mundo onde vigora tal instrumento, se considerarmos os séculos de vigência de práticas de exclusão, é muito recente e exige para sua implementação a firme posição do Estado no sentido de conscientizar as pessoas sobre os evidentes ganhos com sua adoção, especialmente por se diferenciar dos modelos anteriores por reconhecer a dignidade da pessoa com deficiência que é considerada partícipe da sociedade que tem a diversidade como característica inerente.

Assim, os esforços para a conscientização de todos para o fato de que nenhuma pessoa com deficiência deve ser excluída da sociedade em razão de deficiência é um passo da maior relevância. Importante que o Estado, especialmente por meio do sistema de justiça, neste contexto, assegure que nenhuma prática em descompasso com o sistema constitucional de proteção dos direitos das pessoas com deficiência seja tolerada, como fez quando da apreciação da ADI 5357, mandando uma clara mensagem de que a inclusão é mandamento constitucional, não estando ninguém autorizado a criar espaços educativos de segregação com lastro na deficiência, o mesmo se aplicando nos demais cenários.

Evidente que a conscientização deve se dar em todos os espaços, contudo, há um local que ela é estratégica e indispensável para a efetiva mudança de paradigma, a escola.

Implementar de forma plena a inclusão das pessoas com deficiência em todas as escolas regulares do país é o ponto fulcral para que se tenha as condições efetivas para a inclusão das pessoas com deficiência em sociedade.

Isso porque, de um lado, as crianças com deficiência, desde a mais tenra idade apreenderão que seu espaço é aquele comum com as demais crianças, havendo o apoio necessário para tanto, sempre com o intuito de fazer a inclusão da forma mais adequada tanto para a criança a ser incluída quanto para as demais, observando-se sempre, que o espaço educativo pertence a todas da mesma forma, garantindo-se a igualdade de oportunidades.

De outro lado, as demais crianças também terão a oportunidade, de forma natural, dentro de um projeto pedagógico que respeite as singularidades, de conviver com a diferença e, assim, sob os auspícios da ideia de uma educação mais ampla, lograr a formação de cidadãos, tão necessária ao nosso país nos dias em que vivemos.

Evidente que, especialmente nas escolas públicas, há escassez de recursos de toda ordem, contudo, isso não inviabiliza o desenvolvimento de profícuos projetos de educação inclusiva. Como exemplo de prática inclusiva em escola pública, tem-se a experiência da Escola Clarisse Fecury, situada em Rio Branco, no Estado do Acre. Sobre ela, descreve Rodrigo Mendes que:

> O compromisso da escola com a garantia do direito de todos estudarem não conflitava com sua missão de propiciar o desenvolvimento integral de seus alunos. Esse posicionamento era viabilizado por um conjunto de fatores, a começar pelas políticas públicas do território. Tive a oportunidade de conversar com os secretários municipal e estadual de educação, que trabalhavam em regime de colaboração. Ambos mostraram competência para desenvolver um modelo democrático de ensino. Uma das marcas

> desse modelo era o investimento contínuo em formação de educadores. Parcerias estabelecidas com outras instituições propiciavam diferentes tipos de suporte à equipe pedagógica da escola.
>
> [...]
>
> A escola entendia a avaliação como um processo contínuo ao longo do ano. Ao invés de aplicar provas pontuais, a equipe pedagógica utilizava um instrumento de avaliação baseado nas competências adquiridas pelos educandos e estabelecia notas para as diferentes atividades realizadas rotineiramente.
>
> Liderança comunitária, investimento contínuo em formação de educadores e reuniões diárias de planejamento eram algumas das estratégias que explicavam o êxito da escola na criação de condições genuínas de conciliar socialização e aprendizagem. (2018, p. 223-224)[184]

Portanto, a só escassez de recursos não impede que por meio da mobilização da sociedade, até mesmo para se estabelecer parcerias, seja viável implementar a educação inclusiva de forma adequada, de modo a afastar preconceitos e estigmas que apenas eternizam a exclusão das pessoas com deficiência.

As experiências como a da escola pública Clarisse Fecury comprovam que a inclusão feita adequadamente, atenta às singularidades de cada aluno, propicia um ganho em termos de formação para a cidadania de todas crianças e, ainda, garante um ensino de qualidade, afastando a dicotomia entre inclusão e aprendizagem. Nesse sentido, sugere Mendes, após descrever experiências educativas no Brasil e alhures, que:

> [...] nenhuma das referências aqui citadas rendeu-se à dicotomia 'educação para mercado *versus* educação para cidadania'. Mais do que isso, indicaram que é possível transcender as ciladas representadas pela escolha simplista entre dois extremos e perseguir uma educação baseada na soma.
>
> Sob outro ponto de vista, assumo a crença de que a educação que precisamos não deve se contentar com a formação de pessoas

184 Interessante salientar, ainda, do relato sobre a escola Clarisse Fecury, que: "As aulas de Libras eram frequentadas por todos (alunos, familiares e funcionários da escola), ou seja, não eram exclusivas para crianças surdas, eliminando, assim, as barreiras da comunicação" (MENDES, 2018, p. 223).

> que se limitam a seguir as regras do jogo, a enxergar o mundo tal como o herdamos. Precisamos buscar um tipo de educação que nutra o desenvolvimento de cidadãos críticos e incomodados. Isso implica considerarmos a formação de seres humanos capazes de romper com visões dicotômicas e interferir positivamente na complexa tessitura de uma sociedade coesa e igualitária.
>
> [...]
>
> Não bastasse ser um direito, a educação inclusiva é uma resposta mais inteligente às demandas do mundo contemporâneo. Incentiva uma pedagogia não homogeneizadora e desenvolve competências interpessoais. A sala de aula deveria espelhar a diversidade humana, não escondê-la. Claro que isso gera novas tensões e conflitos, mas também estimula as habilidades morais para a convivência democrática. O resultado final é uma educação melhor para todos. (2018, p. 230-231)

Constata-se que a educação inclusiva vem romper com a prática homogeneizadora, que ignora as singularidades e é prejudicial não só às crianças com deficiência, mas a todas as crianças, pugnando pelo olhar atento a cada estudante, suas características próprias, valorizando a diversidade e almejando uma formação do indivíduo não só pelo acúmulo de conhecimento teórico, mas pela vivência no seio da diversidade própria da sociedade, lapidando-se os tão augurados cidadãos com ferramentas para construir a desejada sociedade livre, justa e solidária com fundamento na dignidade da pessoa humana, como anuncia a Constituição da República de 1988.

A pessoa com deficiência que tem a oportunidade de desenvolver seus estudos em escola regular assegura seu ingresso facilitado na sociedade em diversos aspectos, por exemplo, no mercado de trabalho, além de estabelecer profícuas relações com as demais pessoas, absolutamente indispensáveis no sentido da inclusão social.

Contudo, se há experiências exitosas no sentido da inclusão escolar das pessoas com deficiência, certo é que muitos desses indivíduos ainda se encontram alijados da educação em escola regular e mesmo do convívio efetivo em sociedade.

O relatório produzido pela Human Rights Watch constatou exatamente esta realidade no Brasil, o que pode ser extraído de seu próprio título "Eles ficam até morrer – Uma vida de isolamento e negligência em instituições para pessoas com deficiência no Brasil" (HUMAN RIGTHS WATCH, 2018).

Tal documento revela que pessoas com deficiência ainda permanecem isoladas do convívio social por toda a vida, em claro alinhamento com o modelo de prescindibilidade. Especificamente no que concerne à educação, consta que: "Nas instituições visitadas pela Human Rights Watch, apenas frequentavam as escolas as crianças que os funcionários consideram possuir algum nível de autonomia" (2018, p. 37).

Tal situação exemplifica o descumprimento evidente dos preceitos que regem o sistema constitucional de proteção dos direitos das pessoas com deficiência. Se deve haver um sistema educacional inclusivo em todos os níveis, ninguém pode privar uma pessoa com deficiência de ser incluída em tal sistema. Óbvio, portanto, a presença do preconceito e do estigma em relação àquelas pessoas com deficiência que permanecem isoladas da sociedade.

E o aludido relatório revela outros elementos que apresentam um cenário deveras preocupante, no qual haveria a "negação da capacidade legal e privação ilegal de liberdade" (HUMAN RIGHTS WATCH, 2018, p. 48). Consta do relatório que:

> Em todas as instituições de adultos visitadas no Brasil, diretores ou funcionários disseram à Human Rights Watch que quase todas as pessoas que ali residiam não tinham reconhecida sua capacidade legal e estavam sob a curatela de outra pessoa, normalmente o diretor da instituição ou um parente. (2018, p. 48)

Ou seja, o preceito insculpido no artigo 12 da Convenção, que estabelece que as pessoas com deficiência gozam de capacidade legal não é observado na prática em tais instituições, na medida em que se pratica, como regra, a substituição da vontade da pessoa com deficiência e não o fornecimento do apoio para a tomada de decisões. Em suma, o que deveria ser absolutamente excepcional revela-se a regra adotada em tal cenário.[185]

Demais disso, no que concerne à privação de liberdade das pessoas exclusivamente por sua deficiência, tal atenta contra o disposto no artigo

[185] Ainda nos casos em que as pessoas com deficiência não apresentarem condições de autossustentabilidade ou amparo familiar, não se justificam internações em estabelecimentos que resultam em afastamento da sociedade, sendo em tais casos oportuna a oferta de residências inclusivas, com o escopo de propiciar um serviço de acolhimento que favoreça o convívio social, buscando-se a autonomia e respeitando-se na plenitude a dignidade de tais sujeitos de direitos.

14, da Convenção e é prática absolutamente dissonante do modelo social adotado em nosso arcabouço constitucional.

As experiências repugnantes de isolamento e desprezo à dignidade dos internos das instituições totais de outrora, como no Hospital Colônia de Barbacena ou Hospital Nacional de Alienados, não podem ser revisitadas agora em instituições de menor porte, mas com práticas similares de marginalização das pessoas com deficiência.

Assim, imperioso que seja garantido o convívio social a todas pessoas com deficiência e que o Estado cumpra seu papel de fiscalizar e coibir todas as práticas em desacordo com o modelo social adotado pelo Brasil, especialmente aquelas que atentam de forma cristalina contra a dignidade da pessoa com deficiência e sua condição própria de sujeito de direitos.

Exatamente para se assegurar a dignidade da pessoa com deficiência, é imperioso que seja efetivamente resguardado o exercício da capacidade legal pelas pessoas com deficiência, provendo-se o apoio necessário para tanto, nos termos delineados pelo artigo 12, da Convenção, devendo a legislação infraconstitucional ser interpretada à luz das disposições com *status* constitucional, sempre no sentido da garantia do princípio da autonomia individual, inclusive a liberdade de fazer as próprias escolhas, e a independência das pessoas (artigo 3º, "a", da Convenção), com o apoio necessário para tanto.

Nesse sentido, observam Figueiredo e Gonzaga no que tange à capacidade das pessoas com deficiência em cotejo com os princípios da Convenção ("CDPD"):

> É fato que as legislações civil e processual civil ainda precisam de ajustes e complementos que as tornem plenamente consentâneas com o novo paradigma da capacidade. Não obstante a existência de lacunas e inconsistências nas normas relativas ao tema, seria possível aos operadores do Direito conferir a tais normas uma interpretação progressiva, alinhada com os princípios da CDPD.
>
> Entretanto, o que vem ocorrendo na prática é a extensão da curatela a qualquer caso de 'discernimento reduzido' e não a sua aplicação, como medida excepcional, apenas a pessoas com impossibilidade de manifestação da vontade.
>
> Tais operadores do Direito, mesmo que por razões altruístas, estão desconectados dos objetivos mundiais de reconhecimento do direito de todas as pessoas com deficiência à capacidade. Até mesmo a opção do legislador brasileiro pela curatela – nos casos

> em que a pessoa não pode exprimir a vontade – já foi severamente criticada no âmbito da ONU, em seu respectivo comitê de acompanhamento. (2018, p. 95-96)

O que se verifica, portanto, é que as limitações ao exercício da capacidade das pessoas com deficiência devem ser consideradas medidas absolutamente excepcionais, sendo certo que sua duração e extensão devem se restringir ao necessário para prevenir abusos (artigo 12.4, da Convenção) e, somente nas hipóteses que insuficiente seja todo o apoio que deve ser provido às pessoas com deficiência pelo Estado para o exercício da capacidade legal (artigo 12.3, da Convenção).

O grande desafio para a implementação efetiva dos direitos das pessoas com deficiência no Brasil, no que concerne especificamente à autonomia de tais indivíduos, é que a inércia estatal em prover efetivo apoio, acarreta a prática, como regra, da substituição da vontade das pessoas com deficiência, em especial daquelas com deficiência mental ou intelectual, impedindo-se, assim, o exercício por elas de sua capacidade legal, à míngua do aludido apoio pertinente para tanto.

Ou seja, o sistema constitucional de proteção dos direitos das pessoas com deficiência, no que se refere à capacidade jurídica, exige uma atuação estatal de apoio ao exercício de tal capacidade pelas pessoas com deficiência e, se tal suporte não existe, é equivocado atribuir eventual exposição da pessoa com deficiência a abusos ao fato de ela ter passado a gozar de sua capacidade jurídica, pois a previsão de apoio e salvaguarda existe na Convenção.

O cerne da questão é que em vez de estabelecer o apoio necessário para que a pessoa com deficiência possa exercer sua capacidade com os suportes específicos que se façam necessários de acordo com suas peculiaridades, observando-se a singularidade de cada indivíduo, percorre-se o caminho menos complexo e, diga-se de passagem, inconstitucional, de se retirar o exercício da capacidade pela pessoa com deficiência em casos em que seria possível o desempenho apoiado de tal capacidade.

Evidente que há casos excepcionais que a curatela será necessária, mas ainda neste contexto, pontuam Figueiredo e Gonzaga que:

> Mesmo uma pessoa sem condições de manifestar a sua vontade tem uma história de vida que pode demonstrar suas inclinações e permitir que se saiba o que gostaria que fosse feito nesta ou

> naquela hipótese. Portanto, inclusive nesses casos, o curador precisará, sempre que solicitado, explicar a coerência das suas decisões com os potenciais desejos do curatelado. (2018, p. 98)

Assim, o que se busca é, sempre que possível, assegurar que a vontade da pessoa com deficiência seja respeitada, ainda que tenha de ser construída com amparo em seus gostos pessoais e atitudes anteriores, enfim, em elementos que tenham relação com a pessoa com deficiência, em sua singularidade, e não com o que o curador ou outro terceiro entenda que seria do melhor interesse dela.

O que permeia todo o caminho para a implementação do modelo social, inclusive no que concerne à autonomia das pessoas com deficiência, é a conscientização sobre a necessidade de inclusão efetiva e plena das pessoas com deficiência em sociedade e, para tanto, a diversidade deve ser compreendida como algo próprio da humanidade.

Aludida conscientização deve ser acompanhada da atuação estatal no sentido de implementar os preceitos do sistema constitucional de proteção dos direitos das pessoas com deficiência, aproximando-se, assim, a realidade vivenciada por tais pessoas daquela delineada por tal sistema, em seus princípios e regras.

Como bem pontuaram Matos e Oliveira:

> [...] o ponto nodal consiste em reconhecer que a formatação de adequado instrumental normativo, embora relevante, não corresponde ao fim do trajeto empreendido por defensores de direitos humanos, e sim, a um novo impulso que acompanha o contínuo processo de reconstrução da realidade, a fim de se disputarem também a partir das ferramentas jurídicas tais condições vigentes, que têm negado, sistematicamente, a plenitude da vida a referida parcela da população. (2016, p. 14)

Assim, toda a luta durante décadas para que houvesse um instrumento internacional que especificasse os direitos das pessoas com deficiência que resultou na adoção da Convenção na grande maioria dos países, representou uma primeira etapa no sentido de se assegurar a plena e efetiva participação das pessoas com deficiência na sociedade, com seus direitos devidamente amparados.

Cumpre nesta nova etapa, de um lado assegurar que os princípios e regras insculpidos na Convenção permaneçam íntegros, estando eles em nosso país insculpidos no sistema constitucional de proteção dos direitos das pessoas com deficiência e, de outro, o Estado deve garantir a efetiva implementação de seus preceitos em todo o território nacional, inclusive pela conscientização sobre o modelo adotado dos agentes públicos, como, de resto, de toda sociedade.

A inércia do Estado em assegurar que as pessoas com deficiência usufruam das conquistas normativas, acarreta um nefasto cenário de abismo entre o ordenamento e a prática. Lembram Matos e Oliveira sobre tal descompasso, apontando a importância da continuidade da lutas pela concretização dos direitos de tais indivíduos:

> A ampla recepção da Convenção de Nova Iorque no ordenamento jurídico pátrio, coroado com o Estatuto da Pessoa com Deficiência, sugere o instigante descompasso entre o trato normativo e este sofrimento humano experimentado cotidianamente pelas pessoas com deficiência
>
> [...]
>
> Na urgência pela inclusão plena das pessoas com deficiência à sociedade, a expectativa é que os processos de luta que caracterizam a essência dos direitos humanos encontrem, nos ecos de potência jurídica, suficiente instrumental para subsistir, para resistir e para conquistar espaços de condignidade. (2016, p. 16 e 26)

Não há dúvida de que a inclusão das pessoas com deficiência na sociedade é urgente, pois nada justifica o evidente descumprimento dos princípios e regras com *status* constitucional que exigem a participação plena e efetiva de tais pessoas e, o resultado da inobservância de tais preceitos constitucionais é o prolongamento do sofrimento das pessoas com deficiência que se deparam com um cenário atentatório à sua dignidade.

Inaceitável, em plena vigência do sistema constitucional de proteção dos direitos das pessoas com deficiência, que tenhamos situações como as relatadas pela Human Rights Watch de "abusos contra crianças e adultos com deficiência em instituições de acolhimento no Brasil", em pesquisa realizada em 19 instituições (2018, p. 2). Tal situação clama pela fiscalização efetiva de todas as entidades que acolham, por qualquer razão, pessoas com deficiência, sendo certo que entes estatais, especialmente o Ministério Público, terão papel fundamental no sentido de garantir o ajuste das condutas em desacordo com o arcabouço constitucional.

CONSIDERAÇÕES FINAIS

Tratar adequadamente dos modelos de se compreender a deficiência, estabelecendo-se as características de cada um deles, é um passo fundamental para que se possa reconhecer a qual paradigma as práticas constatadas na atualidade estão atreladas e, com isso, identificar aquelas que não se coadunam com o modelo social adotado pela Convenção.

Tal mister tem especial relevância para que não nos deixemos levar por instituições com "rótulos" de locais para tratamento que, na verdade, apontam para o isolamento, no sentido contrário da inclusão social que exige o modelo social.

No que concerne às "instituições totais", típicos locais de marginalização, importante descortinar seus efeitos nefastos, sendo que todas as narrativas relativas a tais instituições contidas neste trabalho, no Brasil e alhures, evidenciam que elas serviram muito mais como depósito de pessoas indesejadas pela sociedade do que como local para tratamento efetivo das pessoas internadas.

Aliás, relevante observar todo o sofrimento impingido às pessoas internadas em tais locais, seus relatos causam o necessário impacto para que em nenhuma hipótese tais estabelecimentos sejam "ressuscitados", ainda que com nova roupagem, para marginalizar pessoas com deficiência.

Demais disso, oportuna a constatação que um processo de desinternação mal planejado pode ter deslocado parte considerável de pessoas com deficiência, especialmente com limitações de natureza mental ou intelectual, de manicômios para prisões ou outros locais de segregação, ainda que de menor porte, seguindo seu calvário de isolamento da sociedade.

Quando se menciona a repugnante prática nazista de avaliar quais pessoas com deficiência deveriam ser eliminadas e quais poderiam continuar a viver, certamente tal procedimento causa repulsa, no entanto, ainda hoje no Brasil, como revelou o relatório da Human Rights Watch (2018), pessoas com deficiência podem ser compelidas a passar a vida toda em instituições de isolamento pelo entendimento de que não estariam aptas ao convívio social, ou seja, o mesmo modelo de prescindibilidade surte efeitos, evidenciando um abismo entre a realidade e o ordenamento jurídico em vigor.

Identificar, igualmente, que a prática nazista de esterilizações que antecedeu o extermínio efetivo das pessoas com deficiência sob a égide de tal regime, em uma solução de continuidade crescente da barbárie, deve nos fazer lembrar que a semente da eugenia germinou nos Estados Unidos da América e, tal prática foi inspiração para os nazistas que a levaram às últimas consequências.

A conclusão de que as pessoas com deficiência, que não se enquadravam na raça superior augurada pelo nazismo, foram as primeiras vítimas de tal regime, também tem relevância para afirmar que a reconstrução dos direitos humanos por meio da própria Declaração Universal dos Direitos Humanos, sofreu influência da constatação do extermínio praticado pelos nazistas, sendo que a universalidade da aludida Declaração deveria assegurar os direitos humanos daqueles que foram os primeiros atingidos pelas atrocidades nazistas.

Contudo, a construção da especificação dos direitos das pessoas com deficiência no bojo da ONU levou mais de meio século, até que, finalmente, foi possível a adoção de um instrumento internacional amplo, cujos princípios e regras, se observados, asseguram o respeito à dignidade dos indivíduos com deficiência e, com isso, garantem que tal grupo seja, efetivamente, abarcado pela universalidade insculpida na Declaração Universal dos Direitos Humanos.

Mas a implementação efetiva dos preceitos da Convenção, instrumento que vigora em grande parte dos países, enfrenta obstáculos, especialmente em razão da falta de conscientização sobre a importância da adoção do modelo social, também conhecido como de direitos humanos, como única forma de se propiciar a inclusão das pessoas com deficiência na sociedade, restando espraiadas práticas próprias de modelos anteriores, sem amparo na Convenção.

Além das práticas apoiadas no modelo de prescindibilidade que opera seus efeitos há séculos, o mais recente paradigma médico, também conhecido como modelo de reabilitação ou individual, impinge sofrimento às pessoas com deficiência, pois sustenta que a deficiência é uma questão individual da pessoa, a quem incumbe se normalizar para que possa ser integrada à sociedade.

Na seara da educação, que deveria ser uma "porta de entrada" para o convívio social amplo das pessoas com deficiência, extrai-se um retrato de como tais modelos sem assento convencional, ainda atingem as pessoas com deficiência.

Quando se verifica a dificuldade de se matricular crianças com deficiência em escolas regulares ou, ainda, de mantê-las em escolas que tenham um efetivo planejamento pedagógico lastreado em todos os princípios e regras da Convenção a propiciar sua inclusão na sociedade em contraponto ao seu encaminhamento a ambientes separados de estudo, sem o convívio com os demais alunos em escola regular, depara-se com um resquício do modelo de prescindibilidade.

Aliás, no Brasil, quando lei interna (Lei Brasileira de Inclusão da Pessoa com Deficiência) tratou de concretizar a eliminação de barreiras para que as crianças com deficiência pudessem, finalmente, ocupar o espaço que também é delas em escolas particulares, houve resistência manifestada pelo ajuizamento da ADI 5357, deixando claro que os resquícios do modelo de prescindibilidade estão muito vivos, inclusive nos locais que deveriam primordialmente propagar e praticar a inclusão. Quando quem deveria ensinar age em dissonância com a prática inclusiva, o resultado é desastroso no sentido de se ter na escola o espaço de diversidade que deve reproduzir o que é próprio da sociedade.

E, ainda no exemplo da educação, pode-se extrair marcas do modelo médico de se considerar a deficiência. Tal ocorre na disseminada prática da medicalização, que incide quando o aluno apresenta dificuldades de concentração, agitação ou outro comportamento qualquer que dificulta a aprendizagem, se lhe impinge o "trator pedagógico" a que alude Lajonquière (2009, p. 24). Nesse cenário, para que o aluno seja aceito na escola, exige-se sua normalização, revigorando a prática do modelo médico de conferir à medicina a "solução" para a deficiência.

Evidente que aqui não se pretende asseverar que as pessoas com deficiência não devam ter todos os cuidados em saúde que se façam pertinentes, como os demais indivíduos. Apenas, pondera-se que a medicina não deve ser utilizada como meio de aniquilar singularidades em nome de uma padronização ou da falta de competência ou interesse para efetuar a necessária inclusão escolar por quem esteja incumbido da missão educacional.

Portanto, quando se tem a clareza quanto a cada um dos modelos de se compreender a deficiência, possível identificar com precisão qual deles que está lastreando determinada ação, o que é um passo importante para cotejá-la com os preceitos legais aplicáveis.

Se a Convenção trouxe a fundamental mudança de paradigma de como se considerar a deficiência, deslocando-a dos impedimentos das pessoas com deficiência para a interação destas com diversas barreiras, que obstruem a participação plena e efetiva na sociedade em igualdades de condições com as demais pessoas, no Brasil, tal alteração sedimentou-se formalmente em âmbito constitucional, com o ingresso da Convenção no ordenamento, nos moldes do artigo 5º, parágrafo 3º, da Constituição da República.

Tal fato tem grande relevância, na medida em que o *status* constitucional impinge que todo o ordenamento infraconstitucional guarde fiel observância aos princípios e regras convencionais que apontam o caminho para que a inclusão das pessoas com deficiência ocorra com a preservação da dignidade inerente a tais indivíduos. Demais disso, é evidente que o Estado deve estabelecer políticas públicas em atenção às normas convencionais que, da mesma forma, devem nortear a atuação de todas as pessoas, devidamente conscientizadas da relevância da implementação efetiva da inteireza dos seus preceitos.

A extensão dos mencionados princípios e regras convencionais abraçados pela Constituição permitem identificar a existência de um verdadeiro sistema constitucional de proteção dos direitos das pessoas com deficiência, em que seus preceitos, com *status* constitucional, gozam de imperatividade, sendo certo, ainda, que as normas infraconstitucionais podem concretizar os princípios e regras de tal sistema, mas não afastam sua aplicação direta, bem como não podem contrariar ou reduzir a incidência de seus ditames.

Assim, desde a promulgação da Convenção, de rigor seria sua fiel observância, o que, no entanto, não ocorreu.

Evidente que romper com práticas atreladas à prescindibilidade das pessoas com deficiência ou à necessidade de normalização para ingresso na sociedade não é uma tarefa singela. São séculos de sedimentação de um estigma que relaciona a pessoa com deficiência à incapacidade, periculosidade, enfim, a conceitos de desvalor que obstam sua participação na sociedade.

Ao se afastar a pessoa com deficiência do convívio social, o que se faz é negar sua própria condição de sujeito de direitos. Por isso, o que se sustenta para assegurar o caminho no sentido do rompimento de tal amarras a paradigmas que não se alinham com os preceitos do modelo social ou de direitos humanos, é o reconhecimento de um sistema de princípios e regras que protegem os direitos das pessoas com deficiência, ou seja, deve se reconhecer, necessariamente, sua condição de sujeito de direitos, para, então, garantir que tais direitos não sejam violados.

Importante salientar que não se trata de garantir apenas o reconhecimento formal da condição de sujeito à pessoa com deficiência, mas assegurar que toda a gama de direitos insculpidos na Convenção sejam implementados, inclusive no que concerne ao apoio necessário ao exercício da capacidade legal.

Por muito tempo, as pessoas com deficiência foram consideradas como "minoria silenciosa", no sentido de que a exclusão social retira de tais indivíduos a possibilidade de se manifestar e de fazer valer seus direitos. Para corretamente aplicar o modelo social, necessário partir do reconhecimento de que a diversidade é própria da sociedade e que as pessoas com deficiência compõem tal diversidade que não deve ser tolerada, mas valorizada, sempre no propósito de promover o bem de todos, sem qualquer forma de discriminação, objetivo este da nossa República insculpido no artigo 3º, IV (BRASIL, 1988).

A resistência à implementação efetiva e plena dos princípios e regras da Convenção já era, de certa forma, esperada quando de sua elaboração. Não por outra razão, o seu artigo 8º foi dedicado exatamente à necessidade de conscientização para combater estereótipos, preconceitos e práticas nocivas em relação a pessoas com deficiência, promovendo a conscientização sobre as capacidades e contribuições delas, tudo com o objetivo de fomentar o respeito pelos direitos e pela dignidade de tais indivíduos.

Uma sociedade esclarecida sobre os benefícios da inclusão social das pessoas com deficiência, não somente para os indivíduos a serem incluídos, mas para todos, propicia uma mudança de atitude em relação a elas e, também, em relação ao próprio Estado, exigindo-se com a urgência que tem o assunto, que ele cumpra seu papel de garantir que os preceitos do sistema constitucional de proteção dos direitos das pessoas com deficiência sejam observados.

Todo o tratamento desprovido de qualquer dignidade conferido às pessoas com deficiência ao longo da história que se estende até hoje, revela que, se não há como modificar as barbáries do passado, há como se construir um futuro de inclusão social efetiva de tais indivíduos. Para tanto, indispensável a implementação dos preceitos da Convenção que foi insculpida sob os auspícios do modelo social de se compreender a deficiência que apregoa tal inclusão.

No Brasil, bem caminhamos com o ingresso formal da Convenção no cenário constitucional, cabendo a todos, assim, de um lado, preservar a integridade de seus preceitos constitucionalmente protegidos, aplicando-os na sua inteireza; e, de outro, exigir que o Estado desempenhe seu papel de garantir o efetivo cumprimento dos preceitos do sistema constitucional de proteção dos direitos das pessoas com deficiência em seu território, para se avançar como sociedade que congregue todos os indivíduos, respeitadas as singularidades de cada um.

REFERÊNCIAS

ALLEN, Garland E. The eugenics record office at Cold Spring Harbor, 1910-1940: an essay in institutional history. **Osiris Journal**. University of Chigago Press v. 2, p. 225-264, 1986.

ALMEIDA, Guilherme A. **Soberania, cosmopolitismo e o direito internacional dos direitos humanos**. 2004. Paper NEV/USP, São Paulo. Disponível em: http://nevusp.org/soberania-cosmopolitismo-e-o-direito-internacional-dos-direitos-humanos/. Acesso em: 28 fev. 2019.

ALSTON, Philip; GOODMAN, Ryan. **International Human Rights.** Oxford, Oxford University Press, 2013.

ALVES, José A. Lindgren. Direitos humanos: o significado político da conferência de Viena. **Lua Nova**, São Paulo, n. 32, p. 169-180, 1994. Disponível em: http://www.scielo.br/scielo.php?script=sci_arttext&pid=S0102-64451994000100009&lng=en&nrm=iso. Acesso em: 05 mar. 2019.

ALWIS, Rangita de Silva de. Mining the Intersections: Advancing the Rights of Women and Children with Disabilities Within an Interrelated Web of Human Rights. **Pacific Rim Law & Policy Journal Association**. v. 18, n. 1, p. 293-322, 2009. Disponível em: https://heinonline.org/HOL/P?h=hein.journals/pacrimlp18&i=295. Acesso em: 20 mar. 2019.

ANGELUCCI, Carla Biancha. De Forasteiros y humanos: reflexiones desde la psicología sobre la necesidad de la Educación Conjunta para Todos y todas. *In*: UNTOIGLISH, Giselda (Org.). **En la infancia los diagnósticos se escriben com lápiz**. Buenos Aires: Noveduc, 2013, p. 233-254.

ANGELUCCI, Carla Biancha; RODRIGUES, Isabel de Barros. Heranças Renitentes do Modelo Biomédico na Educação Especial: O que se Pe(r)de no Encontro entre Profissionais da Educação e da Saúde? *In*: AMARANTE, Paulo; PITTA, Ana Maria F.; OLIVEIRA, Walter F. de (Org.). **Patologização e medicalização da vida**: epistemologia e política. São Paulo: Zagodoni, 2018, p. 99-112.

APARICI, Gonzalo J. Carbonell. El movimiento de vida independiente em España. **Revista Española de Discapacidad**, v. 7, n. 2, p. 201-2014, 2019. Disponível em: https://doi.org/10.5569/2340-5104.07.02.12. Acesso em: 11 abr. 2020.

ARANHA, Maria Salete. Integração social do deficiente: análise conceitual e metodológica. **Temas em Psicologia**, Ribeirão Preto, v.2, n. 3, p. 63-70, 1995.

ARANHA, Maria Salete. Paradigmas da relação da sociedade com as pessoas com deficiência. **Revista do Ministério Público do Trabalho**, Brasília, ano XI, n. 21, p. 160-173, 2001.

ARAÚJO, Luiz Alberto D.; MAIA, Maurício. A efetividade (ou a falta de efetividade) da Convenção sobre os Direitos das Pessoas com Deficiência da ONU. *In*: GONZAGA, Eugênia A.; MEDEIROS, Jorge L. R. de. **Ministério Público, Sociedade e a Lei Brasileira de Inclusão da Pessoa com Deficiência**. Brasília: ESMPU, 2018, p. 35-58.

ARBEX, Daniela. **Holocausto brasileiro**. 21ª edição. São Paulo: Geração Editorial, 2018.

AREHEART, Bradley A. When Disability Isn't Just Right: The Entrenchment of the Medical Model of Disability and the Goldilocks Dilemma. **Indiana Law Journal,** Indiana, vol. 83, p. 181-232, 2008.

ARENDT, Hannah. **As origens do totalitarismo.** Tradução de Roberto Raposo. São Paulo: Companhia das Letras, 1989.

ARSTEIN-KERSLAKE, Anna. **Restoring Voice to People**: Realizing the Right to Equal Recognition Before the Law of People with Cognitive Disabilities. 2014. Tese de Doutorado – National University of Ireland, Galway (NUIG), Faculty of Business, Public Policy, and Law. Disponível em: https://aran.library.nuigalway.ie/handle/10379/5106. Acesso em: 03 abr. 2019.

ASSIS, Machado de. **O alienista**. Petrópolis: Vozes, 2016.

BARRETO, Lima. **Diário do Hospício: o cemitério dos vivos**. Rio de Janeiro: Secretaria Municipal de Cultura. Departamento Geral de Documentação e Informação Cultural, 1993.

BARROSO, Luís Roberto. **Curso de Direito Constitucional Contemporâneo** – Os Conceitos Fundamentais e a Construção do Novo Modelo. 7ª edição. São Paulo: Saraiva, 2018.

BARTLETT, Peter. The United Nations Convention on the Rights of Persons with Disabilities and Mental Health Law. **Modern Law Review**. v. 75, n. 5, 2012, p. 752-778. Disponível em: https://heinonline.org/HOL/P?h=hein.journals/modlr75&i=764. Acesso em: 18 abr. 2019.

BARUCHELLO, Giorgio; JOHNSTONE, Rachel L. Rights and Value: Construing the International Covenant on Economic, Social and Cultural Rights as Civil Commons. **Studies in Social Justice**. v. 5, n. 1, p. 91-125, 2011. Disponível em: https://journals.library.brocku.ca/index.php/SSJ/article/view/994. Acesso em: 17 mar. 2019.

BATISTÃO, Sandra Paula da Silva. **Educação inclusiva ou educação para todos?** Contribuições da teoria histórico-cultural para uma análise crítica da realidade escolar. 2013. 147 f. Dissertação (Mestrado em Ciências) – Programa de Pós-Graduação em Mudança Social e Participação Política, Escola de Artes, Ciências e Humanidades da Universidade de São Paulo. São Paulo, 2013.

BEAUDRY, Jonas-Sébastien. Beyond (Models of) Disability? **Journal of Medicine and Philosophy**. v. 41. n. 2, p. 210-228, 2016. Disponível em: https://doi.org/10.1093/jmp/jhv063. Acesso em: 16 abr. 2019.

BECKETT, Angharad E. "Challenging disabling attitudes, building an inclusive society": considering the role of education in encouraging non-disabled children to develop positive attitudes towards disabled people. **British Journal of Sociology of Education**. v. 30, n. 3, p. 317-329. 2009. Disponível em: https://doi.org/10.1080/01425690902812596. Acesso em: 22 jun. 2019.

BÍBLIA. Bíblia Sagrada. Tradução de Padre Antônio Pereira de Figueiredo. Edição Barsa, 1987.

BIGONNESSE, Catherine *et al*. The role of neighborhood physical environment on mobility and social participation among people using mobility assistive technology. **Disability and Society**, Londres, v. 33, n. 6, p. 866-893, 2018. Disponível em: https://doi.org/10.1080/09687599.2018.1453783. Acesso em: 28 abr. 2019.

BOUILLET, Dejana. Some Aspects of Collaboration in Inclusive Education – Teachers´ Experiences. **CEPS Journal**, v. 3, n. 2, 2013. Disponível em: https://www.pedocs.de/volltexte/2013/7995/pdf/cepsj_2013_2_Bouillet_Some_Aspects_of_Collaboration_in_Inclusive_Education.pdf. Acesso em: 20 jun. 2019.

BRASIL. Constituição Política do Império do Brasil de 1824. **Coleção de Leis do Império do Brasil** – 1824, p. 7, v. 1. Disponível em: http://www.planalto.gov.br/ccivil_03/constituicao/constituicao24.htm. Acesso em: 15 jul. 2019.

BRASIL. Constituição da República dos Estados Unidos do Brasil de 1891. **Diário Oficial da União**, 1891. Disponível em: http://www.planalto.gov.br/ccivil_03/constituicao/constituicao91.htm. Acesso em: 09 jul. 2019.

BRASIL. Código Civil de 1916 – Lei 3.071/16. **Diário Oficial da União**. Disponível em: http://www.planalto.gov.br/ccivil_03/leis/L3071impressao.htm. Acesso em: 15 jul. 2019.

BRASIL. Decreto n. 13.990 de 12 de janeiro de 1920, Promulga o Tratado de Paz entre os países aliados, associados e o Brasil de um lado e de outro a Alemanha, assinado em Versailles em 28 de junho de 1919. **Diário Oficial da União**, 1920. Disponível em: http://www.planalto.gov.br/ccivil_03/decreto/1910-1929/D13990.htm. Acesso em: 23 fev. 2019.

BRASIL. Constituição da República dos Estados Unidos do Brasil de 1934. **Diário Oficial da União**, 1934. Disponível em: https://www2.senado.leg.br/bdsf/bitstream/handle/id/137602/Constituicoes_Brasileiras_v3_1934.pdf?sequence=10. Acesso em: 09 jul. 2019.

BRASIL. Constituição dos Estados Unidos do Brasil de 1937. **Diário Oficial da União**, 1937. Disponível em: http://www.planalto.gov.br/ccivil_03/constituicao/constituicao37.htm. Acesso em: 09 jul. 2019.

BRASIL. Decreto n. 19.841 de 22 de outubro de 1945, Promulga a Carta das Nações Unidas, da qual faz parte integrante o anexo Estatuto da Corte Internacional de Justiça, assinada em São Francisco, a 26 de junho de 1945, por ocasião da Conferência de Organização Internacional das Nações Unidas. **Diário Oficial da União**, 1945. Disponível em: http://www.planalto.gov.br/ccivil_03/decreto/1930-1949/D19841.htm. Acesso em: 23 fev. 2019.

BRASIL. Constituição dos Estados Unidos do Brasil de 1946. **Diário Oficial da União**, 1946. Disponível em: http://www.planalto.gov.br/ccivil_03/constituicao/constituicao46.htm. Acesso em: 09 jul. 2019.

BRASIL. Lei 4.024 de 20 de dezembro de 1961 – Fixa as Diretrizes e Bases da Educação Nacional. **Diário Oficial da União**, 1961. Disponível em: http://www.planalto.gov.br/ccivil_03/LEIS/L4024.htm. Acesso em: 09 jul. 2019.

BRASIL. Constituição da República Federativa do Brasil de 1967. **Diário Oficial da União**, 1967. Disponível em: http://www.planalto.gov.br/ccivil_03/constituicao/constituicao67.htm. Acesso em: 09 jul. 2019.

BRASIL. Emenda Constitucional n. 1 de 17 de outubro de 1969. **Diário Oficial da União**, 1969. Disponível em: http://www.planalto.gov.br/ccivil_03/constituicao/Emendas/Emc_anterior1988/emc01-69.htm. Acesso em: 09 jul. 2019.

BRASIL. Emenda Constitucional n. 12 de 17 de outubro de 1978, Assegura aos Deficientes a melhoria de sua condição social e econômica. **Diário Oficial da União**, 1978. Disponível em: http://www.planalto.gov.br/ccivil_03/constituicao/Emendas/Emc_anterior1988/emc12-78.htm. Acesso em: 09 jul. 2019.

BRASIL. Constituição da República Federativa do Brasil de 1988. 05 de outubro de 1988. **Diário Oficial da União**. Disponível em: http://www.planalto.gov.br/ccivil_03/Constituicao/ConstituicaoCompilado.htm. Acesso em: 03 abr. 2019.

BRASIL. Decreto n. 99.710 de 21 de novembro de 1990, Promulga a Convenção sobre os Direitos da Criança. **Diário Oficial da União**, 1990.

Disponível em: http://www.planalto.gov.br/ccivil_03/decreto/1990-1994/D99710.htm. Acesso em: 19 mar. 2019.

BRASIL. Decreto n. 40 de 15 de fevereiro de 1991, Promulga a Convenção Contra a Tortura e Outros Tratamentos ou Penas Cruéis, Desumanos ou Degradantes. **Diário Oficial da União**, 1991. Disponível em: http://www.planalto.gov.br/ccivil_03/decreto/1990-1994/D0040.htm. Acesso em: 27 abr. 2019.

BRASIL. Decreto n. 591 de 06 de julho de 1992, Promulga o Pacto Internacional sobre Direitos Econômicos, Sociais e Culturais. **Diário Oficial da União**, 1992a. Disponível em: http://www.planalto.gov.br/ccivil_03/decreto/1990-1994/d0591.htm. Acesso em: 09 mar. 2019.

BRASIL. Decreto n. 592 de 06 de julho de 1992, Promulga o Pacto Internacional sobre Direitos Civis e Políticos. **Diário Oficial da União**, 1992b. Disponível em: http://www.planalto.gov.br/ccivil_03/decreto/1990-1994/d0592.htm. Acesso em: 09 mar. 2019.

BRASIL. Decreto n. 3.298 de 20 de dezembro de 1999, Regulamenta a Lei n. 7.853, de 24 de outubro de 1989, dispõe sobre a Política Nacional para a Integração da Pessoa Portadora de Deficiência, consolida as normas de proteção, e dá outras providências. **Diário Oficial da União**, 1999. Disponível em: http://www.planalto.gov.br/CciViL_03/decreto/D3298.htm. Acesso em: 29 ago. 2019.

BRASIL. Decreto 3.956 de 08 de outubro de 2001, Promulga a Convenção Interamericana para a Eliminação de Todas as Formas de Discriminação contra as Pessoas Portadoras de Deficiência. **Diário Oficial da União,** 2001. Disponível em: http://www.planalto.gov.br/ccivil_03/decreto/2001/D3956.htm. Acesso em: 03 abr. 2019.

BRASIL. Decreto n. 4.377 de 13 de setembro de 2002, Promulga a Convenção sobre a Eliminação de Todas as Formas de Discriminação contra a Mulher, de 1979. **Diário Oficial da União**, 2002. Disponível em: http://www.planalto.gov.br/ccivil_03/decreto/2002/D4377.htm. Acesso em: 19 mar. 2019.

BRASIL. Decreto n. 5.296 de 02 de dezembro de 2004, Regulamenta as Leis 10.048, de 8 de novembro de 2000, que dá prioridade de atendimento às pessoas que especifica, e 10.098, de 19 de dezembro de 2000, que estabelece normas gerais e critérios básicos para a promoção da acessibilidade das pessoas portadoras de deficiência ou com mobilidade reduzida, e dá outras providências. **Diário Oficial da União**, 2004. Disponível em: http://www.planalto.gov.br/ccivil_03/_Ato2004-2006/2004/Decreto/D5296.htm. Acesso em: 29 ago. 2019.

BRASIL. Decreto Legislativo 186 de 09 de julho de 2008, Aprova o texto da Convenção sobre os Direitos das Pessoas com Deficiência e de seu Protocolo Facultativo, assinados em Nova Iorque, em 30 de março de 2007. **Diário Oficial da União**, 2008. Disponível em: http://www.planalto.gov.br/ccivil_03/CONGRESSO/DLG/DLG-186-2008.htm. Acesso em: 03 ago. 2019.

BRASIL. Decreto 6.949 de 25 de agosto de 2009, Promulga a Convenção Internacional sobre os Direitos das Pessoas com Deficiência e seu Protocolo Facultativo, assinados em Nova York, em 30 de março de 2007. **Diário Oficial da União,** 2009a. Disponível em: http://www.planalto.gov.br/ccivil_03/_ato2007-2010/2009/decreto/d6949.htm. Acesso em: 23 fev. 2019.

BRASIL. Decreto 7.030 de 14 de dezembro de 2009, Promulga a Convenção de Viena sobre o Direito dos Tratados, concluída em 23 de maio de 1969, com reserva aos Artigos 25 e 66. **Diário Oficial da União**, 2009b. Disponível em: http://www.planalto.gov.br/ccivil_03/_Ato2007-2010/2009/Decreto/D7030.htm. Acesso em: 19 abr. 2019.

BRASIL. Lei 13.146 de 06 de julho de 2015, Institui a Lei Brasileira de Inclusão da Pessoa com Deficiência (Estatuto da Pessoa com Deficiência). **Diário Oficial da União**, 2015. Disponível em: http://www.planalto.gov.br/ccivil_03/_ato2015-2018/2015/lei/l13146.htm. Acesso em: 03 set. 2019.

BRASIL. Decreto 9.522 de 08 de outubro de 2018, Promulga o Tratado de Marraqueche para Facilitar o Acesso a Obras Publicadas às Pessoas Cegas, com Deficiência Visual ou com Outras Dificuldades para Ter Acesso ao Texto Impresso. **Diário Oficial da União**, 2018. Disponível em: http://www.planalto.gov.br/ccivil_03/_Ato2015-2018/2018/Decreto/D9522.htm. Acesso em: 10 jul. 2019.

BRUCE, Anna; QUINN, Gerard; KENNA, Pedraic. Disability and social justice: the International Covenant on Economic, Social and Cultural Rights. *In:* QUINN, G.; DEGENER, T. **The current use and future potential of**

United Nations human rights instruments in the context of disability. Nova York e Genebra: ONU, 2002, p. 79-131.

CANOTILHO, José Joaquim Gomes. **Direito Constitucional e Teoria da Constituição.** 7ª edição. Coimbra: Almedina, 2003.

CAPONI, Sandra. Uma Biopolítica da Indiferença. A Propósito da Denominada Revolução Psicofarmacológica. *In*: AMARANTE, Paulo; PITTA, Ana Maria F.; OLIVEIRA, Walter F. de (Org.). **Patologização e medicalização da vida: epistemologia e política**. São Paulo: Zagodoni, 2018, p. 17-37.

CASELLA, Paulo Borba. **Fundamentos do Direito Internacional Pós-moderno**. São Paulo: Quartier Latin, 2008.

CASELLA, P. B.; ACCIOLY, H; NASCIMENTO E SILVA, G.E. do. **Manual de Direito Internacional Público**. 23ª edição. São Paulo: Saraiva, 2017.

CHARLTON, James I. **Nothing About Us Without Us: Disability Oppression and Empowerment**. Berkeley: University of California Press, 2000.

CHATAIKA, T.; MCKENZIE, J. A.; SWART, E.; LYNER-CLEOPHAS, M. Acess to education in Africa: responding to the United Nations Convention on the Rights of Persons with Disabilities. **Disability and Society**, Londres, v. 27, n. 3, p. 385/398, 2012. Disponível em: https://doi.org/10.1080/09687599.2012.654989. Acesso em: 22 abr. 2017.

CHOI, A.; CALERO, J. The contribution of the population of disabled people to the attainment of Europe 2020 Strategy headline targets. **Disability and Society**, Londres, v. 28, n. 6, p. 853-873, 2013. Disponível em: https://doi.org/10.1080/09687599.2013.808573. Acesso em: 10 abr. 2017.

COMPARATO, Fábio Konder. **A afirmação histórica dos direitos humanos.** 7ª edição. São Paulo: Saraiva, 2010.

CONROY, Amy. Conroy, Amy. Patient Autonomy and the Realities of Substitute Decision-Making: Reassessing Advance Directives Legislation in Common Law Canada. **Windsor Review of Legal and Social Issues**, v. 34, n. 1, p. 36-58. 2013. Disponível em: https://heinonline.org/HOL/P?h=hein.journals/wrlsi34&i=44. Acesso em: 05 maio 2019.

COUTO, Rita. **Nos corredores do pinel: eugenia e psiquiatria.** 1999, 159 p. Tese de Doutorado – Faculdade de Filosofia, Letras e Ciências Humanas da USP, São Paulo, 1999.

CRUZ, Samara R.; ARAÚJO, Doracina A. C. A história da educação de alunos com surdez: ampliação de possibilidades?. **Revista Educação Especial.** Universidade Federal de Santa Maria, v. 29, n. 55, 2016. Disponível em: https://periodicos.ufsm.br/educacaoespecial/article/view/18832. Acesso em: 05 nov. 2018.

CUNHA, Felipe H. de M. A obrigação de realização do direito das pessoas com deficiência ao reconhecimento igual perante a lei conforme o direito internacional dos direitos humanos. *In*: GONZAGA, Eugênia A.; MEDEIROS, Jorge L. R. de. **Ministério Público, Sociedade e a Lei Brasileira de Inclusão da Pessoa com Deficiência**. Brasília: ESMPU, 2018, p. 143-166.

DAVIS, Paul. Wyatt v. Stickney: Did We Get It Right This Time? **Law and Psychology Review**, v.35, p. 143-165. 2011. Disponível em: http://link.galegroup.com/apps/doc/A269027996/AONE?u=capes&sid=AONE&xid=342e7c33. Acesso em: 23 mar. 2019.

DEGENER, Theresia. Disability and Freedom: the International Covenant on Civil and Political Rights (ICCPR). *In*: QUINN, G.; DEGENER, T. **The current use and future potential of United Nations human rights instruments in the context of disability**. Nova York e Genebra: ONU, 2002, p. 53-77.

DESPOUY, Leandro. **Human Rights and Disabled Persons.** Nova York: UN Publication, n. E.92.XIV.4, 1993. Disponível em: https://static.un.org/esa/socdev/enable/dispaperdes0.htm. Acesso em: 09 mar. 2019.

DESSEMONTET, R. S.; BLESS, G. The impact of including children with intellectual disability in general education classrooms on the academic achievement of their low-, average-, high-achieving peers. **Journal of Intellectual & Developmental Disability**. v. 38, n. 1, p. 23-30. 2013. Disponível em: https://doi.org/10.3109/13668250.2012.757589. Acesso em: 20 jun. 2019.

DESSEMONTET, R. S.; BLESS, G.; MORIN, D. Effects of inclusion on the academic achievement and adaptative behaviour of children with intellectual disabilities. **Journal of Intellectual Disability Research**. v. 56, part. 6, p. 579-587, 2012. Disponível em: https://doi.org/10.1111/j.1365-2788.2011.01497.x. Acesso em: 20 jun. 2019.

DIAS, Marília Costa. **Construções Discursivas Acerca da Deficiência Intelectual - Entre concepções e implicações para as políticas públicas.** 2017, 345 p. Tese de Doutorado - Faculdade de Educação da USP, São Paulo, 2017.

DONNELLY, Jack. **International Human Rights.** 4ª edição. Boulder: Westview Press, 2013.

DWORKIN, Ronald. **Taking Rights Seriously**. Massachusetts: Harvard University Press, 1977.

ESTIMADO, Roberta Baessa; SOFIATO, Cássia Geciauskas. A educação de surdos e cegos na França e no Brasil. **Revista Educação Especial**. v. 32, 2019. Disponível em: http://dx.doi.org/10.5902/1984686X33087. Acesso em: 02 abr. 2020.

FELLMETH, Aaron Xavier. **Paradigms of International Human Rigths Law**. Oxford: Oxford University Press, 2016.

FENG, Li; SASS, Tim R. What makes special-education teachers special? Teacher training and achievement of students with disabilities. **Economics of Education Review**. v. 36, p. 122-134. 2013. Disponível em: https://doi.org/10.1016/j.econedurev.2013.06.006. Acesso em: 20 jun. 2019.

FERREIRA FILHO, Manoel Gonçalves. **Direitos Humanos Fundamentais.** 15ª edição. São Paulo: Saraiva, 2016.

FERRES, Eva del R.; MEGÍAS, Jesús L.; EXPÓSITO, F. Gender-based violence against women with visual and physical disabilities. **Psicothema**, v. 25, n. 1, p. 67-72. 2013. Disponível em: https://doi.org/10.7334/psicothema2012.83. Acesso em: 06 maio 2019.

FIGUEIRA, Emílio. **Caminhando em Silêncio**: Uma introdução à trajetória das pessoas com deficiência na história do Brasil. São Paulo: Giz, 2008.

FIGUEIREDO, Ana Cláudia M. de; GONZAGA, Eugênia A. Pessoas com deficiência e seu direito fundamental à capacidade civil. *In*: GONZAGA,

Eugênia A.; MEDEIROS, Jorge L. R. de. **Ministério Público, Sociedade e a Lei Brasileira de Inclusão da Pessoa com Deficiência**. Brasília: ESMPU, 2018, p. 85-108.

FLYNN, Eilionóir. **Disabled Justice? Access to Justice and the UN Convention on the Rights of Persons with Disabilities**. Abingdon: Routledge, 2015.

FONTES, Fernando. **Pessoas com Deficiência em Portugal**. Coimbra: Almedina, 2016.

FOUCAULT, Michel. **A História da Loucura na Idade Clássica.** Tradução de José Teixeira Coelho Netto. São Paulo: Perspectiva, 1978.

FOUCAULT, Michel. **As palavras e as coisas: uma arqueologia das ciências humanas.** Tradução de Salma Tannus Muchail. São Paulo: Martins Fontes, 1999.

FRANÇA, T. Henrique. A normalidade: uma breve introdução à história social da deficiência. **Revista Brasileira de História & Ciências Sociais.** v. 6, n. 11, julho 2014, p. 105-123. Disponível em: https://www.rbhcs.com/rbhcs/article/view/205. Acesso em: 10 ago. 2018.

FRIES, Kenny. The Nazis' First Victims Were the Disabled. **The New York Times**, Nova York, 13 set. 2017. Disponível em: http://www.nytimes.com/2017/09/13/opinion/nazis-holocaust-disabled.html. Acesso em: 02 out. 2018.

GALTON, Francis. **Hereditary Genius.** Londres: Macmillan and Co., 1869. Disponível em: http://www.galton.org/books/hereditary-genius/1869-FirstEdition/hereditarygenius1869galt.pdf. Acesso em: 08 dez. 2018.

GALTON, Francis. **Inquiries Into Human Faculty and Its Development**. Londres: Macmillan and Co., 1883. Disponível em: http://www.galton.org/books/human-faculty/FirstEdition/humanfacultydeve00galt.pdf. Acesso em: 08 dez. 2018.

GAMA, Fábio R. H. **A Declaração das Nações Unidas sobre a Educação e Formação em Direitos Humanos**: Retórica e Perspectivas de Efetivação. 2012, 182 p. Dissertação de Mestrado – Direitos Humanos – Faculdade de Direito da USP, São Paulo, 2012.

GARGHETTI, F. C; MEDEIROS, J. G.; NUERNBERG, A, H. Breve História da Deficiência Intelectual. **Revista Electrónica de Investigación y Docencia (REID)**, n. 10, p. 101-116, 2013. Disponível em: http://www.revistareid.net/revista/n10/REID10art6.pdf. Acesso em: 30 ago. 2017.

GARLAND, R. **The eye of the beholder. Deformity & Disability in the Graeco-Roman World**. Londres: Duckworth, 1995.

GEORGIADI, Maria *et al.* Young Children´s Attitudes Toward Peers with Intellectual Disabilities: Effect of the Type of School. **Journal of Applied Research in Intellectual Disabilities**. v. 25, p. 531-541, 2012. Disponível em: https://doi.org/10.1111/j.1468-3148.2012.00699.x. Acesso em: 20 jun. 2019.

GOERING, Sara. Rethinking disability: the social model of disability and chronic disease. **Current Reviews in Musculoskeletal Medicine**, v. 8, junho 2015, p.134-138. Disponível em: https://link.springer.com/article/10.1007/s12178-015-9273-z. Acesso em: 26 set. 2018.

GOFFMAN, Erving. **Manicômios, prisões e conventos**. Tradução de Dante Moreira Leite. São Paulo: Perspectiva. 1974.

GOFFMAN, Erving. **Estigma** – Notas sobre a manipulação da identidade deteriorada. Tradução de Márcia Bandeira de Mello Leite Antunes. Rio de Janeiro: LTC, 1988.

GROCE, Nora. Disability ant the League of Nations: the Crippled Child´s Bill of Rights and a call for an International Bureau of Information, 1931. **Disability and Society**, v. 29, n. 4, p. 503-515, 2014. Disponível em: https://doi.org/10.1080/09687599.2013.831752. Acesso em: 02 out. 2018.

GUADET, J. **O Instituto dos Meninos Cegos de Paris**: sua história, e seus métodos de ensino. Tradução de José Álvares de Azevedo. Rio de Janeiro: Typographia de F. de Paula Brito, 1851. Disponível em: http://objdigital.bn.br/objdigital2/acervo_digital/div_obrasgerais/drg1464351/drg1464351.html#page/3/mode/1up. Acesso em: 02 abr. 2020.

GUNDERMAN, Dan. Revisiting the atrocities that once consumed the hall of Willowbrook State School in Staten Island. **New York Daily News**, Nova York, 09 abr. 2017. Disponível em: https://www.nydailynews.com/news/national/atrocities-consumed-halls-willowbrook-school-article-1.3030716. Acesso em: 23 mar. 2019.

HAYASHI, Reiko; OKUSHIRA, Masako. The independent living movement in Asia: solidarity from Japan. **Disability and Society**, v. 23, n. 5, p. 417-429, 2008. Disponível em: https://doi.org/10.1080/09687590802176991. Acesso em: 11 abr. 2020.

HUGHES, B.; PATERSON, K. The Social Model of Disability and the Disappearing Body: Towards a sociology of impairment. **Disability and Society**, Londres, v. 12, n. 3, p. 325-340, 1997. Disponível em: https://doi.org/10.1080/09687599727209. Acesso em: 10 jun. 2018.

HUMAN RIGHTS WATCH. "Eles ficam até morrer" – Uma vida de isolamento e negligência em instituições para pessoas com deficiência no Brasil. **Relatório**. Nova York, maio de 2018. Disponível em: www.hrw.org. Acesso em: 28 set. 2018.

JANNUZZI, Gilberta S. de M. **A educação do deficiente no Brasil**: dos primórdios ao início do século XXI. Campinas: Autores Associados, 2004.

KALAMBOUKA, A. *et al.* The impact of placing pupils with special educational needs in mainstream school on the achievement of their peers. **Educational Research**. v. 49, n. 4, p. 365-382. 2007. Disponível em: https://doi.org/10.1080/00131880701717222. Acesso em: 20 jun. 2019.

KIM, Eujung. "Heaven for disabled people": nationalism and international human rights imagery. **Disability and Society**, Londres, v. 26, n. 1, p. 93-106, 2011. Disponível em: https://doi.org/10.1080/09687599.2011.529670. Acesso em: 22 abr. 2017.

KIM, Kyung M.; FOX, Michael H. A comparative examination of disability anti-discrimination legislation in the United States and Korea. **Disability and Society**, Londres, v. 26, n. 3, p. 269-283, 2011. Disponível em: https://doi.org/10.1080/09687599.2011.560371. Acesso em: 22 abr. 2017.

KUMAR, Ashwin. Disability, rehabilitation and social control: A Foucauldian perspective. **International Journal of Human Sciences,** v. 8, n. 2, p. 400-409, 2011. Disponível em: https://www.j-humansciences.com/ojs/index.php/IJHS/article/view/1870/782. Acesso em: 28 set. 2018.

LAJONQUIÈRE, Leandro de. **Figuras do infantil**: a psicanálise na vida cotidiana com as crianças. Petrópolis: Vozes, 2010.

LAJONQUIÈRE, Leandro de. **Infância e Ilusão (psico)pedagógica**: escritos de psicanálise e educação. Petrópolis: Vozes, 2009.

LAJONQUIÈRE, Leandro de. O selvagem poderia ter falado? Ou das condições estruturais de uma educação. *In*: BANKS-LEITE, L.; GALVÃO, I.; DAINEZ, D. (Org.). **O garoto selvagem e o Dr. Jean Itard.** Campinas: Mercado de Letras, 2017, p. 79-100.

LINDSAY, Sally *et al.* A systematic Review of the Benefits of Hiring People with Disabilities. **Journal of Occupational Rehabilitation**, v. 28, p. 634-655, 2018. Disponível em: https://doi.org/10.1007/s10926-018-9756-z. Acesso em: 11 jul. 2019.

LUPINACCI, Luciana Gimenez Ribeiro. **O olhar do professor para a inclusão escolar** – Possíveis aproximações entre Educação e Psicanálise. 2015. 141 f. Dissertação (Mestrado) – Programa de Pós-Graduação em Educação. Área de Concentração: Educação Especial – Faculdade de Educação da Universidade de São Paulo. São Paulo, 2015.

MACDONALD, S.; DONOVAN, C.; CLAYTON, J. The disability bias: understanding the context of hate in comparison with other minority populations. **Disability and Society**, Londres, v. 32 n. 4, p. 483-499, 2017. Disponível em: https://doi.org/10.1080/09687599.2017.1304206. Acesso em: 22 abr. 2017.

MADRUGA, Sidney. **Pessoas Com Deficiência e Direitos Humanos** – Ótica da Diferença e Ações Afirmativas. 2ª edição. São Paulo: Saraiva, 2016.

MARCHETTI, Allen G. Wyatt v. Stickney: A Consent Decree. **Research in Developmental Disabilities**. v. 8, p. 249-259, 1987. Disponível em: https://doi-org.ez67.periodicos.capes.gov.br/10.1016/0891-4222(87)90007-2. Acesso em: 23 mar. 2019.

MATOS, Ana Carla H.; OLIVEIRA, Lígia Z. de. Além da Convenção de Nova Iorque; além do Estatuto da Pessoa com Deficiência: reflexões a partir de uma compreensão crítica dos direitos humanos. **Revista IBDFAM Famílias e Sucessões**. v. 16, p. 11-29, 2016.

McCALLUM, Ron; MARTIN, Hannah. Comment: The CRPD and Children with Disabilities. **Australian International Law Journal**. v. 20, p. 17-31, 2013.

Disponível em: http://www8.austlii.edu.au/cgi-bin/viewdoc/au/journals/AUIntLawJl/2013/3.html. Acesso em: 09 jun. 2019.

McCOY, Selina; BANKS Joanne. Simply academic? Why children with special education needs don´t like school. **European Journal of Special Needs Education**. v. 27, n. 1, p. 81-97, 2012. Disponível em: https://doi.org/10.1080/08856257.2011.640487. Acesso em: 20 jun. 2019.

MÉGRET, Frédéric. The Disabilities Convention: Human Rights of Persons with Disabilities or Disability Rights. **Human Rights Quarterly**. vol. 30, n. 2, p. 494-516, 2008). Disponível em https://heinonline.org/HOL/P?h=hein.journals/hurq30&i=498. Acesso em: 22 abr. 2019.

MEIRA, Sílvio A. B. **A Lei das XII Tábuas** – Fonte do Direito Público e Privado. 3ª edição. Rio de Janeiro: Forense, 1972.

MENDES, Rodrigo H. Ciladas da dicotomia entre inclusão e aprendizagem. *In*: GONZAGA, Eugênia A.; MEDEIROS, Jorge L. R. de. **Ministério Público, Sociedade e a Lei Brasileira de Inclusão da Pessoa com Deficiência**. Brasília: ESMPU, 2018, p. 221-233.

MICHAILAKIS, Dimitris. When Opportunity is the Thing to de Equalised. **Disability and Society**, Londres, v. 12 n. 1, p. 17-30, 1997. Disponível em: https://doi.org/10.1080/09687599727434. Acesso em: 28 mar. 2019.

MIRANDA, Jorge. **Manual de Direito Constitucional**. Tomo IV. 3ª edição, Coimbra: Coimbra Editora, 2000.

MONTEZ, Jennifer K.; HAYWARD, Mark D.; WOLF, Douglas A. Do U.S. states' socioeconomic and policy contexts shape adult disability? **Social Science & Medicine**. Ed. Elsevier Ltd., Amsterdam, v. 178, p. 115-126, 2017. Disponível em https://doi.org/10.1016/j.socscimed.2017.02.012. Acesso em: 28 set. 2018.

MOSTERT, M. P. Useless Eaters: Disability as Genocidal Marker in Nazi Germany. **Journal of Special Education**, 2002. v. 36, n. 3, p. 155-168. Disponível em: http://search.ebscohost.com/login.aspx?direct=true&db=aph&AN=7512089&lang=pt-br&site=ehost-live. Acesso em: 30 set. 2018.

MOYSÉS, Maria Aparecida A.; COLLARES, Cecília Azevedo L. Patologização da Vida de Crianças e Adolescentes em Tempos Sombrios. *In*: AMARANTE,

Paulo; PITTA, Ana Maria F.; OLIVEIRA, Walter F. de (Org.). **Patologização e medicalização da vida**: epistemologia e política. São Paulo: Zagodoni, 2018, p. 151-161.

NEIER, Aryeh. **The International Human Rights Movement**: A History. Princeton: Princeton University Press, 2012.

NOURSE, Victoria. Buck v. Bell. A Constitutional Tragedy from a Lost World. **Pepperdine Law Review**. vol. 39, 2013. Disponível em: https://digitalcommons.pepperdine.edu/plr/vol39/iss1/6. Acesso em: 09 dez. 2018.

NUBILA, Heloísa B. V. Di; BUCHALLA, Cassia M. O papel das Classificações da OMS – CID e CIF nas definições de deficiência e incapacidade. **Revista Brasileira de Epidemiologia**, 2008. v. 11, n. 2, p. 324-335. Disponível em: http://dx.doi.org/10.1590/S1415-790X2008000200014. Acesso em: 26 fev. 2019.

ODA, Ana M. G. R.; DALGALARRONDO, Paulo. História das primeiras instituições para alienados no Brasil. **História, Ciências, Saúde – Manguinhos**. Rio de Janeiro, vol. 12, n. 3, p. 983-1010, 2005. Disponível em: http://www.scielo.br/scielo.php?script=sci_arttext&pid=S0104-59702005000300018&lng=en&nrm=iso. Acesso em: 05 fev. 2019.

OLIVEIRA, Cristina B. de. Infância e Deficiência no Brasil: Uma História de Ocultação e Silenciamento. **Education Policy Analysis Archives/Archivos Analíticos de Políticas Educativas**, vol. 19, n. 16, p. 1-18, 2011. Disponível em: http://www.redalyc.org/articulo.oa?id=275019735016. Acesso em: 05 fev. 2019.

OLIVER, Michael. **Understanding Disability**: From Theory to Practice. New York: St. Martin's Press, 1996.

OLIVER, Michael. **Social Work with Disabled People**. 4ª edição. Londres: Palgrave Macmillan, 2012.

OLIVER, Michael. The social model of disability: thirty years on. **Disability and Society**, Londres, v. 28, n. 7, p. 1024-1026, 2013. Disponível em: https://doi.org/10.1080/09687599.2013.818773. Acesso em: 24 set. 2018.

OTHERO, Marília B. **Atenção à saúde da pessoa com deficiência**: necessidades sob a perspectiva dos sujeitos. 331 f. Dissertação (Mestrado em Ciências) – Faculdade de Medicina, Universidade de São Paulo, São Paulo, 2010.

ORAKHELASHVILI, Alexander. **Peremptory norms in international law.** Oxford: Oxford University Press, 2008.

ORGANIZAÇÃO DAS NAÇÕES UNIDAS (ONU). **Relatório da Comissão Social Temporária - E/41**, 1946. Disponível em: https://documents-dds-ny.un.org/doc/UNDOC/GEN/NL3/148/78/pdf/NL314878.pdf?OpenElement. Acesso em: 25 fev. 2019.

ORGANIZAÇÃO DAS NAÇÕES UNIDAS (ONU). **Declaração Universal dos Direitos Humanos.** Aprovada pela Resolução 217 A (III) da Assembleia Geral, 1948. Disponível em: https://www.ohchr.org/EN/UDHR/Documents/UDHR_Translations/por.pdf. Acesso em: 10 fev. 2019.

ORGANIZAÇÃO DAS NAÇÕES UNIDAS (ONU). **Social Commission Report - Sixth Session** - E/CN.5/221, 1950a. Disponível em: https://documents-dds-ny.un.org/doc/UNDOC/GEN/NL3/000/38/PDF/NL300038.pdf?OpenElement. Acesso em: 26 fev. 2019.

ORGANIZAÇÃO DAS NAÇÕES UNIDAS (ONU). **Economic and Social Council Resolution 309 E** (XI), 1950b. Disponível em: https://documents-dds-ny.un.org/doc/UNDOC/GEN/NR0/759/56/IMG/NR075956.pdf?OpenElement. Acesso em: 26 fev. 2019.

ORGANIZAÇÃO DAS NAÇÕES UNIDAS (ONU). **Rehabilitation of the Handicapped.** New York, Social Welfare Information Series, 1953. Disponível em: https://ia801707.us.archive.org/19/items/rehabilitationof00unse/rehabilitationof00unse.pdf. Acesso em: 27 fev. 2019.

ORGANIZAÇÃO DAS NAÇÕES UNIDAS (ONU). **Economic and Social Council Resolution 1086 K** (XXXIX), 1965. Disponível em: https://documents-dds-ny.un.org/doc/UNDOC/GEN/NR0/760/97/IMG/NR076097.pdf?OpenElement. Acesso em: 26 fev. 2019.

ORGANIZAÇÃO DAS NAÇÕES UNIDAS (ONU). **General Assembly Resolution 2856** (XXVI), 1971. Disponível em: http://www.un-documents.net/a26r2856.htm. Acesso em: 22 mar. 2019.

ORGANIZAÇÃO DAS NAÇÕES UNIDAS (ONU). **General Assembly Resolution 3447** (XXX), 1975. Disponível em: https://www.ohchr.org/en/professionalinterest/pages/rightsofdisabledpersons.aspx. Acesso em: 22 mar. 2019.

ORGANIZAÇÃO DAS NAÇÕES UNIDAS (ONU). **General Assembly Resolution 31/123**, 1976. Disponível em: https://documents-dds-ny.un.org/doc/RESOLUTION/GEN/NR0/303/06/IMG/NR030306.pdf?OpenElement. Acesso em: 22 mar. 2019.

ORGANIZAÇÃO DAS NAÇÕES UNIDAS (ONU). **General Assembly Resolution 37/52,** 1982a. Disponível em: http://www.un.org/documents/ga/res/37/a37r052.htm. Acesso em: 22 mar. 2019.

ORGANIZAÇÃO DAS NAÇÕES UNIDAS (ONU). **General Assembly Resolution 37/53,** 1982b. Disponível em: http://www.un.org/documents/ga/res/37/a37r053.htm. Acesso em: 22 mar. 2019.

ORGANIZAÇÃO DAS NAÇÕES UNIDAS (ONU). **World Programme of Action Concerning Disabled Persons.** 1982c. Disponível em: https://ia802602.us.archive.org/32/items/worldprogrammeof00unit/worldprogrammeof00unit.pdf. Acesso em: 22 mar. 2019.

ORGANIZAÇÃO DAS NAÇÕES UNIDAS (ONU). **Economic and Social Council Resolution 1985/17.** 1985. Disponível em: http://ap.ohchr.org/documents/E/ECOSOC/resolutions/E-RES-1985-17.doc. Acesso em: 11 fev. 2019.

ORGANIZAÇÃO DAS NAÇÕES UNIDAS (ONU). **General Assembly – 42nd. Session** – Summary Record of the 16th Meeting – Third Committe. 1987. Disponível em: https://documents-dds-ny.un.org/doc/UNDOC/GEN/N87/562/57/img/N8756257.pdf?OpenElement. Acesso em: 27 mar. 2019.

ORGANIZAÇÃO DAS NAÇÕES UNIDAS (ONU). **General Assembly – 44th. Session** – Summary Record of the 16th Meeting – Third Committe. 1989a. Disponível em: https://documents-dds-ny.un.org/doc/UNDOC/GEN/N89/565/52/img/N8956552.pdf?OpenElement. Acesso em: 27 mar. 2019.

ORGANIZAÇÃO DAS NAÇÕES UNIDAS (ONU). **Resolution 44/25 of the General Assembly**. Convention on the Rights of the Child. 1989b. Disponível em: https://www.ohchr.org/en/professionalinterest/pages/crc.aspx. Acesso em: 15 jun. 2019.

ORGANIZAÇÃO DAS NAÇÕES UNIDAS (ONU). **General Assembly Resolution 46/119** – The protection of persons with mental illness and the improvement of mental health care. 1991. Disponível em: https://www.un.org/documents/ga/res/46/a46r119.htm. Acesso em: 28 mar. 2019.

ORGANIZAÇÃO DAS NAÇÕES UNIDAS (ONU). **General Assembly Resolution 48/96** – Standard Rules on the Equalization of Opportunities for Persons with Disabilities. 1993a. Disponível em: http://www.un.org/documents/ga/res/48/a48r096.htm. Acesso em: 22 fev. 2019.

ORGANIZAÇÃO DAS NAÇÕES UNIDAS (ONU). **Vienna Declaration and Programme of Action.** 1993b. Disponível em: https://www.ohchr.org/en/professionalinterest/pages/vienna.aspx. Acesso em: 24 fev. 2019.

ORGANIZAÇÃO DAS NAÇÕES UNIDAS (ONU). **Letter dated 2 May 2000 from the Permanent Representative of China to the United Nations addressed to the Secretary-General.** A/54/861–E/2000/47. 2000. Disponível em: https://www.un.org/documents/ecosoc/docs/2000/e2000-47.pdf. Acesso em: 04 abr. 2019.

ORGANIZAÇÃO DAS NAÇÕES UNIDAS (ONU). **General Assembly Resolution n. 56/168: Comprehensive and integral international convention to promote and protect the rights and dignity of persons with disabilities**, 2001. Disponível em: https://www.un.org/esa/socdev/enable/disA56168e1.htm#3. Acesso em: 23 fev. 2019.

ORGANIZAÇÃO DAS NAÇÕES UNIDAS (ONU). **Comprehensive and integral international convention to promote and protect the rights and dignity of persons with disabilities**. A/57/357. 2002. Disponível em: https://documents-dds-ny.un.org/doc/UNDOC/GEN/N02/550/22/pdf/N0255022.pdf?OpenElement. Acesso em: 04 abr. 2019.

ORGANIZAÇÃO DAS NAÇÕES UNIDAS (ONU). **Comprehensive and integral international convention to promote and protect the rights and dignity of persons with disabilities**. Report of the second session of the Ad Hoc Committee on a Comprehensive and Integral International Convention on the Protection and Promotion of the Rights and Dignity of Persons with Disabilities A/58/118 e Corr. 1. 2003. Disponível em: https://documents-dds-ny.un.org/doc/UNDOC/GEN/N03/420/14/pdf/N0342014.pdf?OpenElement. Acesso em: 04 abr. 2019.

ORGANIZAÇÃO DAS NAÇÕES UNIDAS (ONU). **Report of the third session of the Ad Hoc Committee on a Comprehensive and Integral International Convention on the Protection and Promotion of the Rights and Dignity of Persons with Disabilities.** A/AC.265/2004/5. 2004a. Disponível em: https://documents-dds-ny.un.org/doc/UNDOC/GEN/N04/382/49/pdf/N0438249.pdf?OpenElement. Acesso em: 04 abr. 2019.

ORGANIZAÇÃO DAS NAÇÕES UNIDAS (ONU). **Report of the Ad Hoc Committee on a Comprehensive and Integral International Convention on the Protection and Promotion of the Rights and Dignity of Persons with Disabilities on its fourth session**. A/59/360. 2004b. Disponível em: https://documents-dds-ny.un.org/doc/UNDOC/GEN/N04/502/20/pdf/N0450220.pdf?OpenElement. Acesso em: 04 abr. 2019.

ORGANIZAÇÃO DAS NAÇÕES UNIDAS (ONU). **Report of the Ad Hoc Committee on a Comprehensive and Integral International Convention on the Protection and Promotion of the Rights and Dignity of Persons with Disabilities on its fifth session.** A/AC.265/2005/2. 2005a. Disponível em: https://documents-dds-ny.un.org/doc/UNDOC/GEN/N05/248/29/pdf/N0524829.pdf?OpenElement. Acesso em: 04 abr. 2019.

ORGANIZAÇÃO DAS NAÇÕES UNIDAS (ONU). **Report of the Ad Hoc Committee on a Comprehensive and Integral International Convention on the Protection and Promotion of the Rights and Dignity of Persons with Disabilities on its sixth session.** A/60/266. 2005b. Disponível em: https://documents-dds-ny.un.org/doc/UNDOC/GEN/N05/463/96/pdf/N0546396.pdf?OpenElement. Acesso em: 04 abr. 2019.

ORGANIZAÇÃO DAS NAÇÕES UNIDAS (ONU). **Compilation of General Comments and General Recommendations adopted by Human Rights Treaty Bodies**. HRI/GEN/1/Rev.8, 2006a. Disponível em: https://digitallibrary.un.org/record/576098. Acesso em: 07 mar. 2019.

ORGANIZAÇÃO DAS NAÇÕES UNIDAS (ONU). **Report of the Ad Hoc Committee on a Comprehensive and Integral International Convention on the Protection and Promotion of the Rights and Dignity of Persons with Disabilities on its seventh session**. A/AC.265/2006/2. 2006b. Disponível em: https://documents-dds-ny.un.org/doc/UNDOC/GEN/N06/240/42/pdf/N0624042.pdf?OpenElement. Acesso em: 04 abr. 2019.

ORGANIZAÇÃO DAS NAÇÕES UNIDAS (ONU). **Final report of the Ad Hoc Committee on a Comprehensive and Integral International Convention on the Protection and Promotion of the Rights and Dignity of Persons with Disabilities**. A/61/611. 2006c. Disponível em: https://documents-dds-ny.un.org/doc/UNDOC/LTD/N06/645/30/pdf/N0664530.pdf?OpenElement. Acesso em: 04 abr. 2019.

ORGANIZAÇÃO DAS NAÇÕES UNIDAS (ONU). **General Assembly Resolution 61/106 – Convention on the Rights of Persons with Disabilities**. A/RES/61/106. 2006d. Disponível em: https://documents-dds-ny.un.org/doc/UNDOC/GEN/N06/500/79/pdf/N0650079.pdf?OpenElement. Acesso em: 04 abr. 2019.

ORGANIZAÇÃO DAS NAÇÕES UNIDAS (ONU). **Convención sobre los Derechos de las Personas con Discapacidad y Protocolo Facultativo.** 2006e. Disponível em: https://www.un.org/disabilities/documents/convention/convoptprot-s.pdf. Acesso em: 17 abr. 2019.

ORGANIZAÇÃO DAS NAÇÕES UNIDAS (ONU). **Convention relative aux droits des personnes handicapées et Protocole facultatif**. 2006f. Disponível em: https://www.un.org/disabilities/documents/convention/convoptprot-f.pdf. Acesso em: 18 abr. 2019.

ORGANIZAÇÃO DAS NAÇÕES UNIDAS (ONU). **From Exclusion to Equality: Realizing the rights of persons with disabilities**. Handbook for Parliamentarians. UN Office of the High Commissioner for Human Rights (OHCHR), n. 14, 2007a. Disponível em: https://www.refworld.org/docid/49fab8192.html. Acesso em: 20 abr. 2019.

ORGANIZAÇÃO DAS NAÇÕES UNIDAS (ONU). **General Comment n. 9 – The rights of children with disabilities**. Committee on the Rights of the Child. CRC/C/GC/9, 27/02/2007, 2007b. Disponível em: https://tbinternet.ohchr.org/_layouts/15/treatybodyexternal/Download.aspx?symbolno=CRC%2fC%2fGC%2f9&Lang=en. Acesso em: 09 jun. 2019.

ORGANIZAÇÃO DAS NAÇÕES UNIDAS (ONU). **General Comment n. 12 – The right of the child to be heard**. Committee on the Rights of the Child. CRC/C/GC/12, 2009. Disponível em: https://tbinternet.ohchr.org/_layouts/15/treatybodyexternal/Download.aspx?symbolno=CRC%2fC%2fGC%2f12&Lang=en. Acesso em: 16 jun. 2019.

ORGANIZAÇÃO DAS NAÇÕES UNIDAS (ONU). **Views adopted by the Committee on the Rights of Persons with Disabilities at its 7th session**. CRPD/C/7/D/3/2011. 2012a. Disponível em: https://juris.ohchr.org/Search/Details/1984. Acesso em: 11 abr. 2019.

ORGANIZAÇÃO DAS NAÇÕES UNIDAS (ONU). **Thematic study on the issue of violence against women and girls and disability**. United Nations High Commissioner for Human Rights. A/HRC/20/5. 2012b. Disponível em: https://www2.ohchr.org/english/issues/women/docs/A.HRC.20.5.pdf. Acesso em: 06 maio 2019.

ORGANIZAÇÃO DAS NAÇÕES UNIDAS (ONU). **Views adopted by the Committee on the Rights of Persons with Disabilities at its tenth session**. CRPD/C/10/D/4/2011. 2013a. Disponível em: https://juris.ohchr.org/Search/Details/1988. Acesso em: 11 abr. 2019.

ORGANIZAÇÃO DAS NAÇÕES UNIDAS (ONU). **Concluding observations on the combined seventh and eighth periodic reports of Hungary, adopted by the Committee at its fifty-fourth session**. Committee on the Elimination of Discrimination against Women. CEDAW/C/HUN/CO/7-8. 2013b Disponível em: https://tbinternet.ohchr.org/_layouts/15/treatybodyexternal/Download.aspx?symbolno=CEDAW/C/HUN/CO/7-8&Lang=En. Acesso em: 08 jun. 2019.

ORGANIZAÇÃO DAS NAÇÕES UNIDAS (ONU). **General comment No. 14 (2013) on the right of the child to have his or her best interests taken as a primary consideration (art. 3, para. 1)**. Committee on the Rights of the Child. CRC/C/GC/14. 2013c. Disponível em: https://tbinternet.ohchr.org/_layouts/15/treatybodyexternal/Download.aspx?symbolno=CRC%2fC%2fGC%2f14&Lang=en. Acesso em: 09 jun. 2019.

ORGANIZAÇÃO DAS NAÇÕES UNIDAS (ONU). **General Comment No. 1 – Committee on the Rigths of Persons with Disabilities – Eleventh session**. CRPD/C/GC/1. 2014a. Disponível em: https://tbinternet.ohchr.org/_layouts/treatybodyexternal/Download.aspx?symbolno=CRPD/C/GC/1&Lang=en. Acesso em: 11 abr. 2019.

ORGANIZAÇÃO DAS NAÇÕES UNIDAS (ONU). **General Comment No. 2 – Committee on the Rigths of Persons with Disabilities – Eleventh**

session. CRPD/C/GC/2. 2014b. Disponível em: https://tbinternet.ohchr.org/_layouts/treatybodyexternal/Download.aspx?symbolno=CRPD/C/GC/2&Lang=en. Acesso em: 11 abr. 2019.

ORGANIZAÇÃO DAS NAÇÕES UNIDAS (ONU). **Views adopted by the Committe on the Rights of Persons with Disabilities at its eleventh session**. CRPD/C/11/D/8/2012. 2014c. Disponível em: https://juris.ohchr.org/Search/Details/1989. Acesso em: 11 abr. 2019.

ORGANIZAÇÃO DAS NAÇÕES UNIDAS (ONU). **Views adopted by the Committe on the Rights of Persons with Disabilities at its eleventh session**. CRPD/C/D/2/2010. 2014d. Disponível em: https://juris.ohchr.org/Search/Details/2005. Acesso em: 11 abr. 2019.

ORGANIZAÇÃO DAS NAÇÕES UNIDAS (ONU). **Views adopted by the Committee on the Rights of Persons with Disabilities at its twelfth session**. CRPD/C/12/D/10/2013. 2014e. Disponível em: https://juris.ohchr.org/Search/Details/2007. Acesso em: 11 abr. 2019.

ORGANIZAÇÃO DAS NAÇÕES UNIDAS (ONU). **Views adopted by the Committe on the Rights of Persons with Disabilities at its twelfth session**. CRPD/C/12/D/5/2011. 2014f. Disponível em: https://juris.ohchr.org/Search/Details/2006. Acesso em: 11 abr. 2019.

ORGANIZAÇÃO DAS NAÇÕES UNIDAS (ONU). **Concluding observations on the initial report of Mexico**. Committee on the Rights of Persons with Disabilities. CRPD/C/MEX/CO/1. 2014g. Disponível em: https://tbinternet.ohchr.org/_layouts/15/treatybodyexternal/Download.aspx?symbolno=CRPD%2fC%2fMEX%2fCO%2f1&Lang=en. Acesso em: 08 jun. 2019.

ORGANIZAÇÃO DAS NAÇÕES UNIDAS (ONU). **Views adopted by the Committee on the Rights of Persons with Disabilities at its thiteenth session**. CRPD/C/13/D/9/2012. 2015a. Disponível em: https://juris.ohchr.org/Search/Details/2008. Acesso em: 11 abr. 2019.

ORGANIZAÇÃO DAS NAÇÕES UNIDAS (ONU). **Views adopted by the Committee on the Rights of Persons with Disabilities at its thiteenth session**. CRPD/C/14/D/21/2014. 2015b. Disponível em: https://juris.ohchr.org/Search/Details/2087. Acesso em: 11 abr. 2019.

ORGANIZAÇÃO DAS NAÇÕES UNIDAS (ONU). **Concluding observations on the initial report of Brazil – Committee on the Rights of Persons with Disabilities**. CRPD/C/BRA/CO/1. 2015c. Disponível em: https://tbinternet.ohchr.org/_layouts/treatybodyexternal/Download.aspx?symbolno=CRPD%2fC%2fBRA%2fCO%2f1&Lang=en. Acesso em: 11 abr. 2019.

ORGANIZAÇÃO DAS NAÇÕES UNIDAS (ONU). **General Comment No. 3 – Committee on the Rigths of Persons with Disabilities**. CRPD/C/GC/3. 2016a. Disponível em: https://tbinternet.ohchr.org/_layouts/treatybodyexternal/Download.aspx?symbolno=CRPD/C/GC/3&Lang=en. Acesso em: 11 abr. 2019.

ORGANIZAÇÃO DAS NAÇÕES UNIDAS (ONU). **General Comment No. 4 – Committee on the Rigths of Persons with Disabilities**. CRPD/C/GC/4. 2016b. Disponível em: https://tbinternet.ohchr.org/_layouts/treatybodyexternal/Download.aspx?symbolno=CRPD/C/GC/4&Lang=en. Acesso em: 11 abr. 2019.

ORGANIZAÇÃO DAS NAÇÕES UNIDAS (ONU). **Views adopted by the Committee on the Rights of Persons with Disabilities**. CRPD/C/15/D/11/2013. 2016c. Disponível em: https://juris.ohchr.org/Search/Details/2142. Acesso em: 11 abr. 2019.

ORGANIZAÇÃO DAS NAÇÕES UNIDAS (ONU). **Views adopted by the Committee on the Rights of Persons with Disabilities**. CRPD/C/16/D/7/2012. 2016d. Disponível em: https://juris.ohchr.org/Search/Details/2144. Acesso em: 11 abr. 2019.

ORGANIZAÇÃO DAS NAÇÕES UNIDAS (ONU). **General Comment No. 5 – Committee on the Rigths of Persons with Disabilities**. CRPD/C/GC/5. 2017a. Disponível em: https://tbinternet.ohchr.org/_layouts/treatybodyexternal/Download.aspx?symbolno=CRPD/C/GC/5&Lang=en. Acesso em: 11 abr. 2019.

ORGANIZAÇÃO DAS NAÇÕES UNIDAS (ONU). **Views adopted by the Committee on the Rights of Persons with Disabilities**. CRPD/C/18/D/22/2014. 2017b. Disponível em: https://juris.ohchr.org/Search/Details/2390. Acesso em: 11 abr. 2019.

ORGANIZAÇÃO DAS NAÇÕES UNIDAS (ONU). **Views adopted by the Committee on the Rights of Persons with Disabilities**. CRPD/C/18/D/30/2015. 2017c. Disponível em: https://juris.ohchr.org/Search/Details/2392. Acesso em: 11 abr. 2019.

ORGANIZAÇÃO DAS NAÇÕES UNIDAS (ONU). **Concluding observations on the initial report of Canada**. Committee on the Rights of Persons with Disabilities. CRPD/C/CAN/CO/1. 2017d. Disponível em: https://tbinternet.ohchr.org/_layouts/15/treatybodyexternal/Download.aspx?symbolno=CRPD%2fC%2fCAN%2fCO%2f1&Lang=en. Acesso em: 20 maio 2019.

ORGANIZAÇÃO DAS NAÇÕES UNIDAS (ONU). **Concluding observations on the initial report of the United Kingdom of Great Britain and Northern Ireland**. Committee on the Rights of Persons with Disabilities. CRPD/C/GBR/CO/1. 2017e. Disponível em: https://tbinternet.ohchr.org/_layouts/15/treatybodyexternal/Download.aspx?symbolno=CRPD%2fC%2fGBR%2fCO%2f1&Lang=en. Acesso em: 20 maio 2019.

ORGANIZAÇÃO DAS NAÇÕES UNIDAS (ONU). **Realization of The Sustainable Development Goals by, for and with Persons with Disabilities**. Flagship Report on Disability and Development. Department of Economic and Social Affairs, 2018a. Disponível em: https://www.un.org/development/desa/disabilities/wp-content/uploads/sites/15/2018/12/UN-Flagship-Report-Disability.pdf. Acesso em: 20 mar. 2019.

ORGANIZAÇÃO DAS NAÇÕES UNIDAS (ONU). **The United Nations and Disability: 70 years of the work towards a more inclusive world.** Division for Social Policy and Development. Nova York, 2018b. Disponível em: https://www.un.org/development/desa/disabilities/wp-content/uploads/sites/15/2018/01/History_Disability-in-the-UN_jan23.18-Clean.pdf. Acesso em: 26 fev. 2019.

ORGANIZAÇÃO DAS NAÇÕES UNIDAS (ONU). **General Comment No. 6 – Committee on the Rigths of Persons with Disabilities**. CRPD/C/GC/6. 2018c. Disponível em: https://tbinternet.ohchr.org/_layouts/treatybodyexternal/Download.aspx?symbolno=CRPD/C/GC/6&Lang=en. Acesso em: 11 abr. 2019.

ORGANIZAÇÃO DAS NAÇÕES UNIDAS (ONU). **General Comment N. 7 – Committee on the Rigths of Persons with Disabilities**. CRPD/C/GC/7. 2018d. Disponível em: https://tbinternet.ohchr.org/_layouts/treatybodyexternal/Download.aspx?symbolno=CRPD/C/GC/7&Lang=en. Acesso em: 11 abr. 2019.

ORGANIZAÇÃO DAS NAÇÕES UNIDAS (ONU). **Views adopted by the Committee on the Rights of Persons with Disabilities**. CRPD/C/19/D/19/2014. 2018e. Disponível em: https://juris.ohchr.org/Search/Details/2393. Acesso em: 11 abr. 2019.

ORGANIZAÇÃO DAS NAÇÕES UNIDAS (ONU). **Views adopted by the Committee on the Rights of Persons with Disabilities**. CRPD/C/19/D/26/2014. 2018f. Disponível em: https://juris.ohchr.org/Search/Details/2394. Acesso em: 11 abr. 2019.

ORGANIZAÇÃO DAS NAÇÕES UNIDAS (ONU). **Concluding observations on the combined fifth and sixth periodic reports of Norway**. Committee on the Rigths of the Child. CRC/C/NOR/CO/5-6. 2018g. Disponível em: https://tbinternet.ohchr.org/_layouts/15/treatybodyexternal/Download.aspx?symbolno=CRC%2fC%2fNOR%2fCO%2f5-6&Lang=en. Acesso em: 09 jun. 2019.

ORGANIZAÇÃO DAS NAÇÕES UNIDAS (ONU). **Concluding observations on the combined second and third periodic reports of Spain**. Committee on the Rights of Persons with Disabilities. CRPD/C/CAN/CO/2-3. 2019a. Disponível em: https://tbinternet.ohchr.org/_layouts/15/treatybodyexternal/Download.aspx?symbolno=CRPD%2fC%2fESP%2fCO%2f2-3&Lang=en. Acesso em: 20 maio 2019.

ORGANIZAÇÃO DAS NAÇÕES UNIDAS (ONU). **Concluding observations on the initial report of Norway**. Committee on the Rights of Persons with Disabilities. CRPD/C/NOR/CO/1. 2019b. Disponível em: https://tbinternet.ohchr.org/_layouts/15/treatybodyexternal/Download.aspx?symbolno=CRPD%2fC%2fNOR%2fCO%2f1&Lang=en. Acesso em: 09 jun. 2019.

ORGANIZAÇÃO DOS ESTADOS AMERICANOS (OEA). **Inter-American Convention on the Elimination of all Forms of Discrimination Against Persons with Disabilities**. 1999a. Disponível em: http://www.oas.org/juridico/english/treaties/a-65.html. Acesso em: 03 abr. 2019.

ORGANIZAÇÃO DOS ESTADOS AMERICANOS (OEA). **Convención Interamericana para la Eliminación de Todas las Formas de Discriminación Contra las Personas con discapacidad**. 1999b. Disponível em: http://www.oas.org/juridico/spanish/tratados/a-65.html. Acesso em: 03 abr. 2019.

ÖZLER, S. Ilgü. The Universal Declaration of Human Rights at Seventy: Progress and Challenges. **Ethics & International Affairs.** Carnegie Council for Ethics in International Affairs. Cambridge, v. 32, n. 4, p. 395-406, 2018. Disponível em: https://doi.org/10.1017/S0892679418000588. Acesso em: 18 fev. 2019.

PACHECO, K.; ALVES, V. L. A história da deficiência, da marginalização à inclusão social: uma mudança de paradigma. **Acta Fisiátrica**, São Paulo, v. 14, n. 4, p. 242-248, 2007. Disponível em: https://www.revistas.usp.br/actafisiatrica/article/view/102875. Acesso em: 29 set. 2018.

PALACIOS, Agustina. **El modelo social de discapacidad: orígenes, caracterización y plasmación en la Convención Internacional sobre los Derechos de las Personas con Discapacidad**. Madri: Grupo Editorial Cinca, 2008.

PANTANO, L. **La discapacidad como problema social.** Un enfoque sociológico: reflexiones y propuestas. Buenos Aires: Eudeba, 1993.

PARLETT, Kate. **The Individual in the International Legal System**: Continuity and Change in International Law. Cambridge: Cambridge University Press, 2011.

PESSOTTI, Isaías. **Deficiência mental**: da superstição à ciência. São Paulo: T. A. Queiroz Editor; EDUSP, 1984.

PICCOLO, Gustavo M.; MENDES, Enicéia G. Nas pegadas da história: tracejando relações entre deficiência e sociedade. **Revista Educação Especial,** Santa Maria, v. 25, n. 42, p. 29-42, 2012. Disponível em: http://dx.doi.org/10.5902/1984686X4611. Acesso em: 28 set. 2018.

PINILLA-RONCANCIO, Monica. Disability and social protection in Latin American countries. **Disability and Society**, Londres, v. 308, n. 7, p. 1005-1020, 2015. Disponível em: https://doi.org/10.1080/09687599.20151059316. Acesso em: 22 abr. 2017.

PIOVESAN, Flávia. Direitos Humanos Globais, Justiça Internacional e o Brasil. **Revista da Fundação Escola Superior do Ministério Público do Distrito Federal e Territórios**. Brasília, v. 15, p. 93-110, 2000. Disponível em: http://www.escolamp.org.br/ARQUIVOS/15_07.pdf. Acesso em: 26 fev. 2019.

PIOVESAN, Flávia. **Direitos Humanos e o Direito Constitucional Internacional.** 17ª edição. São Paulo: Saraiva, 2017.

PORTUGAL. Resolução da Assembleia da República n. 56/2009 – Aprova a Convenção sobre os Direitos das Pessoas com Deficiência, adoptada em Nova Iorque em 30 de Março de 2007. **Diário da República**. 1ª série, n. 146, 2009. Disponível em: https://dre.pt/pesquisa/-/search/493187/details/maximized. Acesso em: 17 abr. 2019.

QUINN, Gerard; DEGENER, Theresia. The application of moral authority: the shift to the human rights perspective on disability through United Nations "soft" law. *In*: QUINN, Gerard; DEGENER, Theresia. **The current use and future potential of United Nations human rights instruments in the context of disability**. Nova York e Genebra: ONU, 2002, p. 29-46.

RAMOS, André de Carvalho. Convenção da ONU sobre os Direitos das Pessoas com Deficiência e o paradigma da inclusão. *In*: GONZAGA, Eugênia A.; MEDEIROS, Jorge L. R. de. **Ministério Público, Sociedade e a Lei Brasileira de Inclusão da Pessoa com Deficiência**. Brasília: ESMPU, 2018, p. 109-141.

REBOUÇAS, Cristiana B. de A. *et al.* Avaliação da qualidade de vida de deficientes visuais. **Revista Brasileira de Enfermagem**, v. 69, n. 1, p. 72-78, 2016. Disponível em http://dx.doi.org/10.1590/0034-7167.2016690110i. Acesso em: 10 fev. 2019.

RIBEIRO, Marcelo A.; RIBEIRO, Flávio. Pessoas com deficiência e mundo do trabalho: uma nova possibilidade de relação na contemporaneidade? *In*: SILVA, Shirley; DIGIAMPIETRI, Luciano (Org.). **(Re) Conhecendo a USP – contribuições do ensino, da pesquisa e da extensão no campo das deficiências**. São Paulo, FEUSP, 2017.

RIESER, Richard. **Implementing Inclusive Education**: A Commonwealth Guide to Implementing Article 24 of the UN Convention on the Rights of Persons with Disabilities. 2ª edição. Londres: Commonwealth Secretariat, 2012.

ROCHA, Simone. A educação como projeto de melhoramento racial: uma análise do art. 138 da constituição de 1934. **Revista Eletrônica de Educação**, v. 12, n. 1, p. 61-73, 2018. Disponível em: http://dx.doi.org/10.14244/198271992116. Acesso em: 09 jul. 2019.

RODRIGUES, Maria G. A.; AMARANTE Paulo. Por Outras Relações na Escola pela Lógica da Desmedicalização: Cartografia de Mediação Escolar com Crianças Autistas. *In*: AMARANTE, Paulo; PITTA, Ana Maria F.; OLIVEIRA, Walter F. de (Org.). **Patologização e medicalização da vida**: epistemologia e política. São Paulo: Zagodoni, 2018, p. 129-149.

ROSA, J. Guimarães. **Primeiras Estórias**. 16ª edição. Rio de Janeiro: Nova Fronteira, 2016.

ROSENTHAL, Eric; RUBENSTEIN, Leonardo S. International Human Rights Advocacy under the "Principles for the Protection of Persons with Mental Illness". **International Journal of Law and Psychiatry**, v. 16, p. 257-300, 1993. Disponível em: https://doi.org/10.1016/0160-2527(93)90001-U. Acesso em: 23 mar. 2019.

SABATELLO, Maya. Children with Disabilities: A Critical Appraisal. **International Journal of Children's Rights**. v. 21, n. 3, p. 464-487, 2013. Disponível em: https://heinonline.org/HOL/P?h=hein.journals/intjchrb21&i=476. Acesso em: 20 mar. 2019.

SALLES, Anna C.; MIRANDA, Lilian. Desvincular-se do manicômio, apropriar-se da vida: persistentes desafios da desinstitucionalização. **Psicologia & Sociedade**. Belo Horizonte, v. 28, n. 2, p. 369-379, 2016. Disponível em: http://dx.doi.org/10.1590/1807-03102016v28n2p369. Acesso em: 24 set. 2018.

SANTOS, Boaventura de S. Direitos Humanos: o desafio da interculturalidade. **Revista Direitos Humanos**. Brasília: Secretaria Especial dos Direitos Humanos da Presidência da República, n. 2, p. 10-18, 2009.

SARACENO, Benedetto. **Libertando Identidades**. Da reabilitação psicossocial à cidadania possível. 2ª edição. Rio de Janeiro: Instituto Franco Basaglia/Te Corá, 2001.

SEITENFUS, Ricardo. **Manual das Organizações Internacionais**. 5ª edição. Porto Alegre: Livraria do Advogado, 2008.

SHALOWITZ, D.; GARRETT-MAYER, E.; WENDLER, D. The Accuracy of Surrogate Decision Makers: A Systematic Review. **JAMA Internal Medicine**. v. 166, n. 5, p. 493–497, 2006. Disponível em: https://jamanetwork.com/journals/jamainternalmedicine/fullarticle/409986. Acesso em: 04 maio 2019.

SHAPIRO, J. **No Pity: People with Disabilities Forging a New Civil Rights Movement**. New York: Times Books, Random House, 1994.

SIEGEL, Charles D. Fifty years of disability law: The relevance of the universal declaration. **ILSA Journal of International & Comparative Law**, v. 5, n. 2, p. 267-280, 1999. Disponível em: https://heinonline.org/HOL/P?h=hein.journals/ilsaic5&i=313. Acesso em: 24 mar. 2019.

SILVA, José Afonso da. **Curso de Direito Constitucional Positivo.** 41ª edição. São Paulo: Malheiros, 2018.

SKEMPES, D; STUCKI, G.; BICKENBACH, J. Health-Related Rehabilitation and Human Rights: Analyzing States´ Obligations Under the United Nations Convention on the Rights of Persons with Disabilities. **Archives of Physical Medicine and Rehabilitation**, v. 96, n. 1, p. 163-173, 2015. Disponível em: https://doi.org/10.1016/j.apmr.2014.07.410. Acesso em: 11 jul. 2019.

SOUZA, J. Belarmino de. Cegueira, Acessibilidade e Inclusão: Apontamentos de uma Trajetória. **Psicologia: Ciência e Profissão**, v. 38, n. 3, p. 564-571, 2018. Disponível em: https://doi.org/10.1590/1982-3703000092018. Acesso em: 07 fev. 2019.

STAINTON, Tim. Reason, grace and charity: Augustine and the impact of church doctrine on the construction of intellectual disability. **Disability and Society**, Londres, v. 23, n. 5, p. 485-496, 2008. Disponível em: https://doi.org/10.1080/09687590802177056. Acesso em: 02 out. 2018.

STEIN, Michael A. Disability Human Rights. **California Law Review**, Berkeley, vol. 95, p. 75-121, 2007.

STERN, Alexandra Minna. Eugenics, sterilization, and historical memory in the United States. **História, Ciências, Saúde – Manguinhos**, Rio de Janeiro, v.23, supl., p. 195-212, 2016. Disponível em: http://dx.doi.org/10.1590/S0104-59702016000500011. Acesso em: 09 dez. 2018.

STIKER, Henri-Jacques. **A history of disability**. Ann Arbor: University of Michigan Press, 1999.

SUPREMO TRIBUNAL FEDERAL. Decisão sobre pedido liminar na ADI 5357. Relator Edson Fachin. **DJe 234**, publicado em 19/11/2015. Disponível em: http://portal.stf.jus.br/processos/downloadPeca.asp?id=308194577&ext=.pdf. Acesso em: 12 set. 2019.

SUPREMO TRIBUNAL FEDERAL. Acórdão da Ação Direta de Inconstitucionalidade n. 5357. Relator Ministro Edson Fachin. **DJe 240**, publicado em 11/11/2016. Disponível em: http://redir.stf.jus.br/paginadorpub/paginador.jsp?docTP=TP&docID=12012290. Acesso em: 12 set. 2019.

TAIAR, Rogério. **Direito Internacional dos Direitos Humanos**. Uma discussão sobre a relativização da soberania face à efetivação da proteção internacional dos direitos humanos. 321 f. Tese (Mestrado em Direitos Humanos) – Faculdade de Direito, Universidade de São Paulo, São Paulo, 2009.

TAVARES, André R. **Curso de Direito Constitucional**. São Paulo: Saraiva, 2009.

TIWARI, A.; DAS, A.; SHARMA, M. Inclusive education a "rhetoric" or "reality"? Teachers´ perspectives and beliefs. **Teaching and Teacher Education**. v. 52, p. 128-136, 2015. Disponível em: https://doi.org/10.1016/j.tate.2015.09.002. Acesso em: 20 jun. 2019.

TORREY, E. Fuller et al. **More Mentally Ill Persons Are in Jails and Prisons Than Hospitals**: A Survey of the States. 2010. Disponível em: https://www.treatmentadvocacycenter.org/storage/documents/final_jails_v_hospitals_study.pdf. Acesso em: 29 mar. 2019.

TRIGO, Miguel. Modelos em saúde: perspectiva crítica sobre as origens e a história. **Revista Portuguesa de Saúde Pública**, Lisboa: Escola Nacional de Saúde Pública, vol. 18, n. 2, p. 5-22, 2000.

TRINDADE, Antônio A. Cançado. The interdependence of all human rights – Obstacles and challenges to their implementation. **International Social Science Journal**. Vol. 50, n. 158, p. 513-523, 1998. Disponível em: https://

onlinelibrary.wiley.com/doi/abs/10.1111/1468-2451.00164. Acesso em: 04 mar. 2019.

UNESCO. **The Salamanca Statement and Framework for Action on Special Needs Education**. 1994. Disponível em: http://www.unesco.org/education/pdf/SALAMA_E.PDF. Acesso em: 20 jun. 2019.

UPIAS: The Union of the Physically Impaired Against Segregation. **Fundamental Principles of Disability**. Londres: The Union of the Physically Impaired Against Segregation, 1976.

USA. US District Court for the Middle District of Alabama, **325 F. Supp. 781-786**, 1971. Disponível em: https://law.justia.com/cases/federal/district-courts/FSupp/325/781/2594259/. Acesso em: 23 mar. 2019.

USA. US Supreme Court. **United States Reports**. v. 274, 1926.

VEEN, Ineke v. d.; SMEETS, Ed.; DERRIKS, Mechtild. Children with special education needs in the Netherlands: number, characteristics and school carrer. **Educational Research**. v. 52, n. 1, p. 15-43. 2010. Disponível em: https://doi.org/10.1080/00131881003588147. Acesso em: 20 jun. 2019.

VLACHOU, Anastasia. **Struggles for Inclusive Education. An Ethnographic Study**. Buckingham: Open University Press, 1997.

WOOD, Richard. Exploring how the social model of disability can be revigorated for autism: in response to Jonathan Levitt. **Disability and Society**, Londres, vol. 32, n. 7, p. 1090-1095, 2017. Disponível em: https://doi.org/10.1080/09687599.2017.1328157. Acesso em: 24 set. 2018.

WORLD CONFERENCE ON EDUCATION FOR ALL. **World Declaration on Education for All**. 1990. Disponível em: http://www.unesco.org/education/pdf/JOMTIE_E.PDF. Acesso em: 20 jun. 2019.

Impresso em outubro 2020